As Origens da Civilização Adâmica – III

VIDA DE ABEL

Época: Oito mil e trezentos anos antes de Jesus Cristo

Josefa Rosalía Luque Alvarez
(Sisedon de Trôade)

AS ORIGENS DA CIVILIZAÇÃO ADÂMICA – III

VIDA DE ABEL

Tradução
HÉLIO MOURA

Cotejada com os originais por
HUGO JORGE ONTIVERO
MONICA FERRI

EDITORA PENSAMENTO
São Paulo

Título do original:
Orígenes de la Civilización Adámica — III
Vida de Abel

Copyright © FRATERNIDAD CRISTIANA UNIVERSAL
Casilla de Correo nº 47
C.P. l648 — Tigre (Prov. Buenos Aires)
República Argentina.

CAPA — Michelangelo Buonarroti (1475-1564)
A criação da mulher.

Edição	Ano
1-2-3-4-5-6-7-8-9	98-99-00

Direitos de tradução para a língua portuguesa
adquiridos com exclusividade pela
EDITORA PENSAMENTO LTDA.
Rua Dr. Mário Vicente, 374 — 04270-000 — São Paulo, SP
Fone: 272-1399 — Fax: 272-4770
E-mail: pensamento@snet.com.br
http://www.pensamento-cultrix.com.br
que se reserva a propriedade literária desta tradução.

Impresso em nossas oficinas gráficas.

SUMÁRIO

Biografia 7
O Sepulcro de Cristal 9
Amanhecendo 15
Ethea, Num-ma-ki, "A Paz" 21
Sisedon de Trôade 31
A Tribo de Asagg 39
A Volta dos Mensageiros 43
Os Kobdas da Montanha 46
O Kobda Arquivista 51
O Escravo de Si Mesmo 59
Nas Tendas Circassianas 65
O Despertar de Vladiko 71
Espigas de Trigo 78
Do País da Neve 82
Aurora e Ocaso 88
Ninguém Chora em Num-ma-ki? 93
Fredik de Kusmuch 97
A Justiça e o Amor 105
O Noivado 114
Rosas Brancas 131
A Rede de Prata 140
Medhuajel de Baudemir 147
Ressurreição 153
Entre as Neves do Norte 161
As Filhas de Nórthia 169
Walkíria de Kiffauser 178
A Mulher de Bronze 184
A Matriarca Kobda 190
Os Prisioneiros de Nórthia 208
A Visão dos Cumes 218
Sangue e Neve 228
As Rosas Vermelhas 234
O Veleiro Branco 242
Os Fantasmas do Mar 253
Entre o Céu e o Mar 271

"A Matriarca Descansa" 281
Os Missionários em Frixos 293
O Santuário de Kaldis 305
O Despertar de Vadina 315
Os Filhos de Chal-Moksis 321
As Roseiras Florescem 333
Iniciando o Regresso 340

JOSEFA ROSALÍA DEL CORAZÓN DE JESÚS LUQUE ALVAREZ
☆ 18-3-1893 — † 1º-8-1965

BIOGRAFIA

Fundou a Escola "Fraternidad Cristiana Universal" no ano de 1939, no Santuário de Negadá, situado numa ilha do Delta Argentino.

Teve como base moral e espiritual o cultivo interior, o "conhecimento" de si mesma e a união íntima com a Divindade através da meditação, em relação ao indivíduo em particular e à divulgação do ideal cristão pelo exemplo e pela divulgação das obras.

Nasceu na cidade de Vila Dolores, província de Córdoba, na República Argentina, no dia 18 de março de 1893, sendo seus pais Don Rafael Eugenio Luque e Dona Dorotea Alvarez. Foi educada no Colégio das Carmelitas Descalças da Cidade de Córdoba.

Escritora de pena ágil, com asas de condor, sobrevoou os planos terrestres até pousar na morada dos escolhidos pela Eterna Lei para descerrar os Véus do Arquivo da Luz, onde tudo está gravado com decalques a fogo.

Que foi que viu sua mente iluminada? Ela presenciou um formidável apocalipse quando a Maga Invisível dos Céus descerrou diante dela seu véu de desposada, e deixou a descoberto as glórias, os triunfos, as lutas, as abnegações, os sofrimentos e esplendores da morte dos amantes do Amor e da Justiça por um ideal de libertação humana!

Que mais? As vidas dos missionários divinos, que, limpando de ervas daninhas os campos, abriam sulcos para a semeadura do Amor Fraterno nas almas que seriam as encarregadas de fazê-la frutificar o cento por um.

E por último? As vidas messiânicas de um Arcanjo do Sétimo Céu dos Amadores que, deixando sua morada de Paz e Amor, descia ao plano terrestre para misturar-se com as pequenas almas inconscientes do seu destino; e também para que, na sua mão, no seu manto, se abrigassem os que quisessem deixar de ser almas enchafurdadas no lodo das próprias paixões, dos desejos insatisfeitos e dos egoísmos que foram formando cicatrizes e manchando as vestes que cobrem a Essência Divina.

Tudo isso e muito mais ela viu nesse espelho brilhante e límpido como não há outro, e, descendo em precipitado vôo, mas com grande dor, transferiu para o papel tudo quanto sua mente viu e seu coração sentiu.

A ti, leitor amigo, é oferecido, com todo o amor, o que o seu amor criou através de mais de trinta anos de escrita: *Origens da Civilização Adâmica, Harpas Eternas, Cumes e Planícies, Moisés*, etc., prosa e poesia mística e profana.

Ao iniciar a leitura desta sua última obra, terminada antes de partir para sua morada na Luz, peço que o faças com a sinceridade daquele que busca a Verdade, a Luz e o Amor. Se, ao final dela, teu coração encontrou o que ansiava, elevemos uma prece de eterno agradecimento ao Altíssimo, e a ela, a sempre-viva de teu amor refletido em teus semelhantes.

Assim daremos cumprimento em nós mesmos ao ideal do nosso Divino Guia e Instrutor: "AMAR A DEUS SOBRE TODAS AS COISAS E AO PRÓXIMO COMO A NÓS MESMOS."

O Sepulcro de Cristal

Enquanto a Eterna Lei aproximava as almas de Vladiko e Mabi para realizar desse modo a evolução daquele povo, as inteligências malignas procuravam também os instrumentos necessários para impedi-lo, e os encontraram em todos aqueles que se haviam enriquecido à custa da dor desse mesmo povo e da escuridão mental na qual se achava submergido o príncipe.

— Esses magos de vestimenta azul — diziam raivosos — serão a nossa ruína. Por que havemos de tolerar que um punhado de estrangeiros venha mandar em nós? Por que havemos de suportar que uma mulher misteriosa e daninha se assenhoreie assim da vontade do Scheiffa, causando a desorganização do povo?

— A mim — disse um deles — ocorreu o que jamais um homem da minha estirpe podia esperar. Obrigou-me o Scheiffa a dar vinte medidas de trigo, vinte de azeite e dez de vinho a um escravo velho no qual mandei dar trinta açoitadas por não ter cumprido uma ordem minha, e, para o cúmulo, os irmãos da maga azul tiraram a ele, à sua mulher e às suas filhas das minhas tendas e os instalaram perto das oficinas, talvez para seus prazeres e turvos negócios.

— Meus servos — disse outro — tiveram a insolência de pedir cada um duas peles de ovelha para dormir e uma ração de queijo e manteiga, porque já não lhes é suficiente o seu alimento de pescado seco e milho cozido.

— É necessário acabar com esses estrangeiros — acrescentou um terceiro — que vieram sublevar o povo, fazendo-o crer que somos todos iguais e que o servo tem o mesmo direito do amo de ser considerado e feliz.

Estes protestos dos egoístas ferozes que abundavam em toda parte começaram a formar uma espessa rede em torno dos kobdas. Estes aparentavam não se dar conta do que ocorria para evitar alarmes entre o povo, que cada dia se tornava mais afeiçoado a eles por causa do bem-estar que as novas ordens lhe proporcionavam.

Um dia, Núbia e Mabi foram chamadas com urgência aos estábulos de uma tenda bastante afastada, onde uma escrava acabava de dar à luz três meninas e, num acesso de loucura que lhe havia acometido, queria estrangulá-las. Não havia forma de acalmá-la, segundo diziam. As duas kobdas correram para lá deixando todas as suas ocupações, pois o caso era urgentíssimo. Apenas tinham entrado, as duas foram envolvidas em mantas de pele e fortemente atadas. Núbia ficou presa como um fardo a um dos postes nos quais atavam os animais; Mabi sentiu-se levada no ombro como um saco de trigo e logo posta num carro, que depois correu por um áspero caminho produzindo-lhe fortes sacudidas que deixavam seu corpo dolorido pelos golpes. Em sua boca amordaçada sentia já o sabor do próprio sangue, e a dor produzida pelas fortes ligaduras fez-lhe perder o conhecimento. Caiu ela num profundo desmaio do qual despertou completamente gelada, embora ainda coberta de peles e já sem mordaça e sem ligadura alguma.

Na mortiça luz do entardecer, percebeu encontrar-se numa espécie de gruta que parecia toda feita de pedaços de cristal, na qual havia superfícies planas, côncavas ou convexas, asperezas salientes, agudas arestas, infinidade de figuras irregulares como árvores de cristal suspensas do teto, com as raízes para cima e a ramagem apoiada no solo; enfim, algo tão fora do conhecido por ela que não podia precisar em princípio se aquilo era realidade ou uma ilusão de seus sentidos. Pôde levantar-se e começou a apalpar tudo quanto a rodeava.

Recordou ter ouvido de algumas kobdas anciãs, provenientes dos países do gelo, que era bastante comum a existência de cavernas naturais onde as infiltrações de água iam congelando-se, chegando assim a produzir, talvez em muitíssimos anos, o que chamamos estalactites: milhares de gotas superpostas formando estranhas figuras, o maravilhoso conjunto que parecia água convertida em pedra, onde a escassa claridade da tarde se refletia com suaves tonalidades de ametista e ouro.

Chegou à entrada e percebeu encontrar-se dentro de um labirinto de rochas que pareciam de gelo, onde não se percebia rumor algum de vida.

— Eis aqui a minha sepultura de cristal e o meu sudário de neve! — exclamou Mabi, quando comprovou estar completamente só naquele estranho lugar.

Logo a envolveram os negrumes da noite, e a intensidade do frio não lhe permitiria ver o amanhecer do dia seguinte. O frio, a fome, a angústia própria da situação começavam a esgotár todas as suas energias e até impedi-la de voar com o pensamento em busca de suas alianças espirituais para reconfortar-se na terrível hora de prova pela qual estava passando. Como um pássaro ferido de morte, deixou-se cair sobre as mantas de peles onde fora envolvida e fechou seus olhos a quanto a rodeava, como se quisesse buscar, no profundo esquecimento de todas as coisas, vibrações de paz e sossego para seu espírito atormentado.

— Se ainda devo viver — murmurou — a Eterna Lei tirar-me-á deste sepulcro de cristal e neve; e se por lei devo deixar já a matéria, que o Eterno Amor receba o meu espírito em seu seio para continuar cumprindo em outro plano seus imortais destinos... Abel!... Hélia!... Mãe Shiva!... Ada!... Bohindra!... Mãe Évana!... Adamu, meu pai de adoção, Pangrave Aldis, meu pai Hélia-Mabi, Núbia!... Todos os irmãos que me amaram e que talvez chorem por haver-me perdido! Eu vos abraço a todos nesta hora, caso seja ela a final. Eu vos espero na Luz; até logo.

Grande negrume fez-se em sua mente ao mesmo tempo que a escuridão da noite, como um imenso manto de sombra, estendia-se sobre aquele sepulcro de cristal. E a jovem kobda perdeu a consciência de sua existência.

Ao mesmo tempo que as duas mulheres kobdas foram tomadas prisioneiras, os kobdas seus irmãos foram encerrados juntos na imensa pocilga destinada a engordar porcos. Tinham sido atraídos para ali também com um engano. Deixaram-nos enfiados em sacos de couro e com fortes mordaças para impedi-los de gritar.

Contudo, este trabalho foi visto por um escravo fugitivo que se ocultara sob um montão de palha seca encontrado junto à pocilga; já na entrada da noite, ele saiu do esconderijo e, abrindo os sacos, deu liberdade aos kobdas. Ignorava quem eram, pois tinham sido despojados de suas túnicas, e apenas julgou serem talvez infelizes que iriam ser arrojados à meia-noite do alto de um despenhadeiro como faziam com freqüência, tratando-se de escravos velhos já inúteis para o trabalho.

O mesmo fugira justamente para se livrar de uma morte segura, pois desde que as novas ordens obrigavam os amos a manter os escravos velhos e enfermos sem exigir deles trabalho algum, eram mortos ocultamente, encerrando-os assim amordaçados em sacos para ocultar seu delito.

Ao ver as cabeleiras dos kobdas e seu aspecto todo, compreendeu que não eram escravos e julgou reconhecer em Jobed o homem de vestimenta azul que sempre acompanhava o Scheiffa ensinando-lhe a língua dos kobdas. Estes olharam para ele com imensa piedade, vendo-o extenuado pela fome e com suas pernas e braços horrivelmente retorcidos pelo reumatismo.

— Se conseguires desatar um de nós — disse Jobed, que foi o primeiro a quem o escravo tirou a mordaça — será suficiente, visto que tuas mãos não conseguem mais. — Acadsu e Ibrin, já anciãos, achavam-se com os membros adormecidos por causa das fortes amarras, e só depois de longo tempo puderam andar. Núbia foi encontrada na parte mais escura do estábulo pelo pastor ao ir guardar suas cabras. Houvera passado despercebida entre um montão de sacos de milho e hortaliças empilhadas ali, se não fosse por um queixume que ele escutou daquele lado.

A notícia chegou logo à tenda do Scheiffa e grande número de pessoas se levantou armada de lanças e adagas para defender os kobdas assim vexados e ultrajados.

O clamor subiu de tom quando se soube que a Maga Azul, a amada Asagg, não aparecia em parte alguma.

— Acalmai-vos. Ela aparecerá sã e salva! — exclamaram em alta voz os kobdas, procurando tranqüilizar aquelas heterogêneas massas de escravos, anciãos, mulheres e crianças que haviam sido a porção do povo mais favorecida pelo ensinamento dos kobdas.

O Scheiffa estava fora de si pela cólera, e quando fez vir à sua presença aqueles de seus homens que mais ardentes protestos tinham dito contra Mabi e seus irmãos, esperou-os com dez arqueiros prontos para atirar, disposto a acabar com todos eles, um por um. Foi necessário que os kobdas se interpusessem entre os arqueiros e as vítimas e que a promessa de encontrar Mabi apaziguasse aquela tempestade de ira que ia desatar-se numa chuva de flechas envenenadas, cortando vidas aos montões.

De repente, um escravo forte e alto como um gigante abriu passagem entre a multidão e, abraçando-se aos pés do Scheiffa, chorava e falava em sua estranha língua. Jobed compreendeu que aquele pobre ser fora forçado, com terríveis ameaças, a conduzir a jovem kobda àquela gruta onde se achava sepultada viva.

O Scheiffa e os kobdas, seguidos de grande parte do povo com archotes e tochas, empreenderam o caminho guiados pelo escravo. O acidentado do terreno e a escuridão da noite tornavam mais dificultoso e longo o trajeto. Apenas passada a meia-noite, encontraram-se na gruta de cristal que, à luz dos archotes e das tochas, tomava o aspecto avermelhado e resplandecente de uma caverna de espelhos e fogo.

Uma pequena mancha escura sobre a brilhante brancura do pavimento era tudo o que havia naquela imensa caverna. Aquela mancha negra era a manta de pele na qual Mabi se envolvera para aguardar seu fim.

— Morta Asagg!... Está morta!... — gritou enfurecido o Scheiffa, quando aberta a manta, viu o corpo da jovem exânime como uma flor lânguida e murcha cortada em seu talo e arrojada ao longo do caminho.

Os kobdas ajoelharam-se em torno dela e escutaram que aquele coração ainda batia.

— Asagg não está morta — disse-lhe Jobed ao ouvido. — Acalmai-vos e ao vosso povo, que nós nos encarregaremos dela.

Convinha afastar nesse instante o alterado Vladiko, cuja ira e desespero entorpeceriam o trabalho mental que precisavam fazer para reanimar o organismo de sua pobre irmã quase moribunda.

Depois de longo tempo, Mabi voltou à vida, ao ver os kobdas ao seu redor, disse com apagada voz:

— Não vos esperava, mas o Amor vos trouxe ao meu lado. Havia-me despedido já da vida física, mas vejo que ela não quer afastar-se de mim.

— A Lei Eterna quer que vivas, menina, porque ainda não completaste o teu trabalho — disse Ibrin, enquanto lhe fazia beber um xarope reconfortante.

— Repara, jovem, os que te esperam — acrescentou Acadsu afastando-se um pouco para que Mabi visse a turba junto à porta, lutando por olhar para dentro para ver se via ainda a Maga Azul que lhes trouxera, segundo eles, a abundância e dias serenos de paz e alegria.

— Atravessarei com minhas flechas todos os causadores desta desgraça — disse o Scheiffa à multidão — e arrojarei os cadáveres aos porcos.

Estas palavras pronunciadas em tom irritado chegaram aos ouvidos de Mabi, que já havia recobrado suas faculdades.

— O Scheiffa esquece os nossos convênios — disse. — Quão difícil é afastar dos seres que têm o poder a idéia de exercer a vingança disfarçada de justiça com os que os ofenderam! — exclamou a jovem, olhando para Vladiko ainda alterado e nervoso.

Como se a força destes pensamentos o houvessem atraído, o príncipe voltou a cabeça para o interior da gruta, e viu Mabi já sentada e correu para ela, dizendo:

— Vives, Asagg!... Vives porque venceste o ouro e a morte... Vives para que a tua mão armada da minha pulseira seja a que dê o sinal aos meus arqueiros para disparar flechas no coração dos perversos!...

— Calai, por piedade, calai! Não faleis como um insensato — disse Mabi, voltando para o outro lado seus olhares angustiados. — Que diferença haveria então entre Asagg e os que quiseram aniquilá-la? Se para isto pusestes a vossa pulseira no meu braço direito, tomai-a novamente, que eu não sou executora de vinganças mas mensageira de paz e amor.

Vladiko olhou para os kobdas, como que perguntando se aquela linguagem era ainda efeito do estado mental da jovem. Eles o compreenderam, mas como não era o momento de entrar nessas questões, um deles disse:

— Calma, Scheiffa, tudo tem a sua hora. Neste momento devemos ocupar-nos com nossa irmã que não poderá andar por seus pés, e esta caverna é demasiado fria para permanecer nela um momento mais. — Ainda não havia terminado estas palavras quando Vladiko tirou de si sua capa de peles, colocou-a sobre os ombros de Mabi e, levantando-a nos braços como a uma criança recém-nascida, começou a andar mudo e silencioso em direção ao acampamento.

Um clamor imenso ressoou no meio daquela solidão de neve, e começou o desfile das tochas seguindo o Scheiffa.

Jobed procurou alguns homens fortes que, em cadeiras de mão, conduziram os dois kobdas anciãos os quais, se com grandes esforços tinham podido chegar até a caverna, o cansaço e o frio haviam entorpecido seus membros de tal maneira que se sentiam impossibilitados para andar por si mesmos.

Já clareava a aurora quando Vladiko entrou com sua carga na tenda de Mabi, onde Núbia e outras mulheres do povo, ao redor de um formoso fogo, preparavam xaropes quentes para reconfortar aqueles cuja chegada aguardavam de um momento para outro.

— Aqui tendes a vossa filha — disse à anciã, deixando Mabi sobre um dos estrados colocados em torno da fogueira. As duas kobdas se abraçaram, chorando em grandes soluços, como se nesse instante desafogassem uma dor intensa por longo tempo contida.

As mulheres ali presentes entreolharam-se assombradas daquela grande dor, pois tinham a impressão de que as kobdas, serenas sempre, não choravam nem se irritavam jamais. Depois olharam aterradas para o Scheiffa, pensando que talvez a Maga Azul já não era amada por ele e que tinha caído no ódio de seu senhor. Entretanto Vladiko, silencioso, de pé ao resplendor do fogo, parecia uma estátua de mármore rosado, com sua vestimenta de couro curtido ao branco, que a vermelha labareda tingia em intervalos com tonalidades carmesim.

— Mulheres de vestido azul! — exclamou finalmente o Scheiffa quando as kobdas serenaram-se. — Quão profundo é o vosso pranto! Como não é ódio, mas amor o que há em vosso pranto, levantais labaredas imensas de amor nos corações que ouvem os vossos soluços e vêem as vossas lágrimas. Chorar de ira e despeito vi muitas vezes, e uma irresistível fúria exasperava meus nervos; entretanto, o pranto do amor é suave e meigo como o orvalho, e enche também de suavidade e doçura. Vossos irmãos estarão chegando, pois me seguiam, embora um pouco de longe. Asagg!... — disse aproximando-se de Mabi, que o observava em silêncio. — Perdão pelas minhas palavras na caverna. Não serei eu o juiz dos que te agravaram, mas tu mesma. Eu os dou a ti como escravos; farás com eles o que for da tua vontade. Devem estar já na prisão, segundo as ordens que dei antes de sair.

As mulheres olharam para ele com terror.

— Scheiffa!... Scheiffa!... — murmurou uma delas, prostrando-se aterrada aos pés do príncipe.

— Que há? — interrogou ele, alarmado.

— Uma porção do povo, entre os quais estavam nossos pais e maridos, os apunhalaram enquanto eram conduzidos para a prisão. Perdão para eles, Scheiffa... Perdão! Julgaram agir do vosso agrado, e, como a indignação era grande, não puderam conter-se!... — A infeliz mulher começou a chorar enquanto as outras tinham ficado paralisadas pelo medo.

— Acalmai-vos, boa mulher! — disse o Scheiffa. — Eu mesmo fiz demasiado esforço para não abrir com a minha adaga, um por um, aqueles perversos que ousaram pôr as suas mãos criminosas sobre Asagg e seus irmãos.

— Esses infelizes já estão mortos? — interrogou Mabi com grande amargura, vendo fracassado o plano que forjara sobre as palavras que o príncipe lhe dissera há alguns momentos: "Eu os dou a ti como escravos; farás com eles o que for da tua vontade."

— Foram levados para as prisões assim feridos como ficaram — respondeu a mulher. Mabi olhou para Vladiko e ele entendeu aquele olhar.

— Asagg quer que vivam! — disse, e saiu da tenda em direção à grande tenda-calabouço.

Poucos momentos depois chegavam os kobdas trazidos nos braços da multidão. A tenda de Mabi encheu-se de gente, pois todos queriam ver a Maga Azul para estar certos de que não morreria e fazer-lhe repetidas perguntas, assegurando-se de que não estava irritada com o povo.

O egoísmo daqueles pobres seres saía à luz com uma sinceridade que fazia os kobdas rir.

— É verdade que não fareis secar as nossas semeaduras?

— Não fareis morrer os nossos cabritinhos, nem secar os úberes das nossas cabras?

— Não fareis vir longas chuvas para apodrecerem os nossos queijos e o pescado que está secando?

— Mas vós julgais em verdade que eu sou uma maga? Acabai, por favor, com essas necessidades próprias das errôneas crenças que alimentais, e vivei na realidade da vida. Pensai somente que sou uma mulher amada por vosso Scheiffa, e a quem Deus trouxe para junto de vós para que faça o quanto seja possível por vossa felicidade. Se uns quantos inconscientes me julgaram prejudicial aos seus interesses, já lhes demonstraremos, se viverem, que também eles terão a sua porção de paz e felicidade se souberem merecê-la. — Com tais palavras, Mabi aquietou a multidão.

A aurora apagou com suas tochas de topázios e rubis os archotes dos circassianos que se dispersaram pelo acampamento, cada qual buscando a sua tenda, enquanto cantavam em grandes vozes:

— A Maga Azul vive e nos tornará felizes porque não se irritou contra nós.

— Não virão chuvas malignas apodrecer o nosso pescado!

— Não morrerão os nossos cabritinhos nem se esgotará o leite das nossas cabras.

— Haverá abundância de frutas, milho e manteiga, porque a Maga Azul nos ama e os deuses lhe dão poderes para multiplicar ao cento por um as nossas colheitas.

— Nossas cabras terão as suas crias de duas a três, porque ajudamos a salvar Asagg e seus irmãos.

— Minhas redes estarão cheias de pescado porque trouxe em meus braços um dos irmãos da Maga desde a caverna de cristal até aqui!...

Tais eram os cantares dos circassianos ao amanhecer daquele dia, no qual os

Filhos de Numu tinham obtido a primeira vitória sobre as forças do mal que se haviam unido para aniquilá-los.

AMANHECENDO

Como formidável tinha sido a tempestade no grande acampamento circassiano, foi plácido e sereno o amanhecer para uma vida espiritual e fisicamente melhor, pois o amoroso perdão da família kobda, ali residente, para os autores da grande borrasca, devia dar necessariamente os mais formosos frutos de paz, abundância e amor.

Os delinqüentes, que haviam escapado com vida da fúria incontível do povo, foram conduzidos por Vladiko perante o pavilhão dos kobdas para que estes, reunidos em conselho, dissessem o que pediam em represália dos grandes agravos sofridos.

Os culpados eram quase todos altos personagens na corte de Vladiko ou em seu exército de arqueiros, e apareceram arrastando pesadas correntes e com as vestimentas rasgadas e cobertas de lodo, sangue e imundícies.

O povo enfurecido, naquele dia do desastroso acontecimento, arrojara neles tudo o que de mais imundo pôde encontrar ao seu alcance para injuriá-los e vexá-los. O leitor bem adivinhará a fúria contida e surda que devia rugir naqueles corações habituados a causar a humilhação e a dor, mas não a senti-las na própria carne.

Eram oitenta e dois, quase todos em idade madura e alguns poucos chegando à ancianidade. Atrás deles ia uma centena de arqueiros e vinte homens encobertos com uma espécie de máscara de tecido vermelho, que eram os verdugos armados de uma corda tecida de fios de couro para cingi-la ao pescoço dos réus, uma vez que houvessem sido condenados à pena capital que, neste caso, devia ser a mais horrível e infamante de todas, segundo o sentir e o pensar daquele povo: a forca, deixando abandonados os cadáveres à putrefação e à voracidade faminta dos abutres e feras da selva. Foi aquele um longo processo que durou várias horas, pois os kobdas não podiam fazer justiça a olhos fechados e era necessário obter minuciosa informação.

Por sua parte, o povo amotinado ao redor da tenda dos kobdas procurava pressionar o ânimo dos juízes, gritando em todos os tons:

— Enforcai-os, porque eles venderam nossas filhas e mulheres, deixando-nos em troca a fome e a miséria.

Cada qual trazia à luz os danos e prejuízos particulares que havia recebido daqueles homens, espécie de vampiros, tão comuns em todas as coletividades humanas onde uma administração defeituosa facilita a exploração por parte de uns poucos contra as massas do povo que ainda, com grandes murmurações, continua alimentando aquela insaciável avareza.

Quando os kobdas resolveram o gênero de justiça que deviam fazer, Jobed, que era como se sabe o intérprete, subiu ao alto pedestal, do qual se falava ao povo, e disse:

— Vosso Scheiffa quer que nós sejamos os juízes no caso presente. Averiguamos a fundo a culpabilidade destes homens; sabemos até que ponto foram verdugos do seu próprio povo, ao qual despojaram de diversas maneiras, não somente de seus bens e propriedades, como, também, entrando no santuário dos afetos mais íntimos, pisotearam os vossos sentimentos, despedaçando a vossa honra, desmembrando as vossas famílias e semeando a fome e a dor nos vossos lares.

"Segundo as leis e costumes, mereceriam a morte, mas nem sempre as leis humanas estão de acordo com a Eterna Lei de Justiça que encaminha os povos para o grande ideal de felicidade e paz a que aspiram e buscam. Estes homens que aqui vedes, acabrunhados sob o peso do vosso ódio e da sua própria miséria, têm também esposas, mães, filhos, irmãos, que talvez não tenham responsabilidade alguma nos atos criminosos de seus pais e que, pela infamante sentença, seriam reduzidos à maior miséria, à escravidão nas mais odiosas condições de vida que se possa imaginar, e isto até a quarta ou quinta geração.

"Os bens e propriedades dos réus voltam ao erário do Estado sem que vós sejais compensados de forma alguma pelos males que, por causa deles, viestes a sofrer. Se confiais em Asagg e em nós, que somos seus irmãos, encontraremos uma justiça nova capaz de corrigir o erro, remediando e sanando os seus efeitos.

"Aqueles que foram prejudicados em seus bens, terão os mesmos devolvidos aumentados, segundo o número de anos da data em que sofreram o despojo.

"Os que foram privados de membros da família para fazê-los escravos, terão os mesmos devolvidos com dotes que os ponham em condições de viver honrosamente.

"Estes homens, culpados da vossa dor, permanecerão reclusos nas grandes oficinas que criamos, onde trabalharão para sustentar as suas famílias e para pagar os danos e prejuízos que causaram, se os tesouros que possuem não conseguirem saldar amplamente a dívida.

"Estais de acordo com esta nova justiça que trazem os kobdas?"

Um grande clamor de aprovação ressoou no primeiro instante, mas, passado o eco formidável daquele vozerio, ouviram-se vozes isoladas de protesto e descontentamento.

— Há filhos jovens mortos na escravidão por maus tratamentos recebidos, pela fome, pelos açoites, pela dor!...

"Há filhas e esposas vendidas a chefes estrangeiros, das quais não se voltou a saber mais nada!

"Com que se pagará tudo isto, dizei, com que se pagará?"

— Compreendo a vossa dor perante aquilo que parece irremediável — respondeu o kobda intérprete —, mas com a morte destes homens tampouco remediaríeis esse mal; enquanto que, vivendo, serão obrigados a dar os dados necessários para encontrar o paradeiro das vossas filhas e esposas vendidas.

"Como indenização dos filhos varões mortos na escravidão, dar-se-á aos pais, em capital acumulado, o máximo daquilo que pode ganhar um bom trabalhador em tantos anos quantos os que esses filhos faltaram ao lar paterno até o momento atual. Suas vidas não podem ser devolvidas, é verdade, nem sequer tirando desses homens cem vidas que tivessem, mas se houver entre os pais prejudicados ancião sem um ser a seu lado para consolo e apoio, temos na Tenda-Refúgio grande número de adolescentes e jovens órfãos que seriam felizes em vos servir como filhos de adoção, se fordes capazes de amá-los como se vêem amados por nós, que nunca os havíamos conhecido até que os levamos a essa escola de trabalho e estudo, onde procuram conquistar a sua felicidade presente e futura."

A voz do kobda intérprete calou e profundo silêncio reinou ao seu redor. O Scheiffa fez ressoar uma espécie de flauta com uma longa e sonora vibração e esperou. O silêncio continuava quieto e profundo, mesmo depois da terceira chamada.

Era o sinal de que o processo tinha terminado com o perfeito acordo de todas as partes interessadas no conflito.

Então apareceu um numeroso agrupamento de músicos e dançarinos de ambos os sexos, que, vistosamente ataviados, realizaram danças e cantos festejando o acontecimento.

A multidão foi desaparecendo pouco a pouco, ficando somente o doloroso grupo dos delinqüentes, cujas cadeias ressoavam ao mais ligeiro movimento.

Havia entre eles tipos de todos os graus de baixeza e maldade a que desce o ser humano, quando se empenhou em rolar abismo abaixo pela vertente do mal.

— Estais de acordo em continuar vivendo? — perguntou o intérprete.

— Como escravos não, como livres sim — respondeu o que parecia ter autoridade sobre os demais.

— A escravidão criada e usada por vós em prejuízo de vossos irmãos já não existe neste país — voltou a dizer o kobda. — Contudo, a liberdade que quereis vos será tirada pelo tempo que determinou a vossa própria vida criminosa e que será determinado também, daqui em diante, pela conduta que observardes. Quero dizer que não sereis livres até haver pago tudo quanto despojastes e até que a vossa norma de vida no presente redima o vosso passado, dando provas de verdadeira regeneração; pois, enquanto quiserdes ser perversos, não se poderão desatar as vossas mãos para que voltem a saciar-se com vítimas indefesas. Sois, pois, os vossos próprios juízes e os vossos próprios carcereiros. Quando decidirdes ser homens de bem, a porta do vosso cárcere-oficina estará amplamente aberta para vós.

Os condenados, vestidos com as roupas comuns usadas nas oficinas, foram introduzidos, já despojados de suas cadeias, no imenso recinto fortificado que servia de correcional para os acusados de diversas desordens.

Entretanto, Mabi, estendida em seu estrado de repouso, lutava entre a vida e a morte por causa do excesso de frio suportado na caverna de neve, que lhe produzira uma paralisia nas extremidades inferiores, a qual se ia estendendo para a coluna vertebral. Grande esgotamento de forças dava a todo o seu aspecto exterior uma extrema lassidão, obrigando-a a permanecer semi-adormecida horas e horas. Logo propagou-se o alarme entre as pessoas mais imediatas à sua tenda, e, começando pelo Scheiffa, novamente acendeu-se o furor que os kobdas tinham conseguido aplacar contra os delinqüentes causadores de tais desgraças.

— Se Asagg morrer, a cólera dos deuses desatar-se-á sobre este povo e todos pereceremos — diziam angustiados. — Mas vale a morte dos criminosos causadores de tanto mal, antes que sejamos todos aniquilados.

Novamente o egoísmo, denominado comumente *instinto de conservação*, manifestava suas fauces famintas de vítimas, julgando erroneamente consolidar a própria felicidade com o aniquilamento de seres humanos.

— Nós vos prometemos que Asagg não morrerá desse mal — asseguravam os kobdas ao povo inquieto dia e noite ao redor da tenda. — Deixai em paz esses desventurados irmãos nossos, que já têm sobre si bastante carga com os seus próprios delitos, e não entorpeçais com vossos pensamentos de ódio a cura de Asagg.

"Embora haja muito egoísmo no vosso amor para com ela, ainda nos ajudaríeis grandemente a restabelecê-la se esquecêsseis de uma vez por todas os vossos rancores e ódios."

Enquanto Jobed, que era o mais jovem, se misturava entre o povo para acalmá-lo, os dois anciãos, que apenas podiam andar por seus pés desde os últimos incidentes, sentados à porta da tenda de Mabi, respondiam aos curiosos que logo seriam portavozes entre a multidão, e formavam barreira fluídica defensiva para que não chegassem à enferma as vibrações pesadas do exterior.

Entretanto, Vladiko sentia-se invadido por profunda e silenciosa angústia, que aumentava à medida que ia sendo despertada a sua consciência adormecida, seu Eu superior, afogado temporariamente pela borrasca que havia posto em letargia todas as suas faculdades espirituais.

— Morrerá Asagg? — era a pergunta que fazia várias vezes por dia aos dois kobdas anciãos entretidos em debulhar espigas de milho e legumes que iam encerrando em pequenas sacolas de fibra vegetal para serem repartidas entre os anciãos e mães enfermas que não podiam fazê-lo por si mesmos.

— Procurai, Scheiffa, merecer a vida, a saúde e o amor de Asagg com pensamentos cheios de luz e grandeza e com atos que estejam de acordo com a nova lei que fizemos chegar ao vosso conhecimento. — Como o viram tão entristecido e meditabundo, temerosos de que aquele espírito jovem ainda na corrente de evolução a que recentemente chegava sofresse uma forte depressão moral que o fizesse retroceder horrorizado do mal que ele mesmo causara, conseguiram de Núbia a permissão para introduzi-lo junto à jovem postada no leito.

De pé, como uma estátua no centro da tenda, Vladiko observou por longo tempo o rosto pálido e extenuado da jovem kobda mergulhada em profundo sono. Comparou-a em seu pensamento com aquela imagem vivaz, alegre e risonha que ele vira na selva naquele dia quando a toda força a conduziu ao seu acampamento. Pareceu-lhe ver uma dourada avezinha cantando alegre num ramo, e ele um caçador que a feria com flechas, deixando-a sem vida junto à borda do caminho. Comparou-a a uma formosa flor das cores do céu aberta em todo o esplendor de sua beleza, e que um animal imundo arrancava do talo, pisoteava e deixava desfeita entre a folharada morta que o vento arrastava pelos campos.

Uma dor aguda, como uma picada de áspide no coração, fez-lhe exalar um surdo gemido, e dando um passo precipitado caiu de joelhos junto ao leito de Mabi e ocultou seu rosto entre as peles que a cobriam.

Viu-se a si mesmo tão perverso e criminoso como aqueles a quem queria levar à forca poucos dias antes. Encontrou-se tão indigno do amor daquela mulher, tão merecedor de seu desprezo, tão sobrecarregado de negruras em sua própria vida, tão desnudo de qualidades grandes e belas que pudessem agradá-la, que, no fundo do seu eu íntimo, fez promessa aos deuses de pôr Asagg à frente de seu povo e fugir para suas distantes montanhas nativas, onde escolheria o penhasco mais elevado e sombrio e se despenharia ao abismo para buscar na morte silenciar seu remorso.

Mas a Eterna Lei marcava outros rumos ao príncipe circassiano a quem a dor acabava de despertar.

Durante esta longa e dolorosa meditação de Vladiko, ajoelhado junto ao leito de Mabi, Núbia olhava em silêncio pela abertura de uma cortina, compreendendo tudo quanto ocorria com ele. Com seu pensamento sereno e forte, chamou o espírito de Mabi que certamente viajava pelos lugares onde deixara tudo quanto amava sobre a Terra. A jovem despertou; e, para evitar sua natural surpresa, a anciã fez aparecer seu rosto por entre as pregas do cortinado e, pondo o indicador sobre os lábios, recomendou silenciar. Mabi fechou novamente seus olhos, procurando em seu amplo horizonte espiritual a força necessária para enfrentar a luta percebida com a dor desesperada e profunda daquele homem que, esquecendo sua altivez e orgulho de dominador, estava ali como um servo castigado e ferido, de joelhos junto a seu leito.

Mabi sentiu em seu coração o roçar gelado da angústia daquele outro coração que a si mesmo acusava de brutal e bárbaro verdugo. Imensa piedade encheu sua alma até fazê-la transbordar, e, retirando dentre as peles que a cobriam sua mão direita enfraquecida pela enfermidade, deixou-a cair suavemente sobre aquela madeixa de ouro pálido, pois tal era o aspecto da cabeça de Vladiko, languidamente submergida entre as brancas peles do leito.

A suave carícia daquela mão desfalecida causou no príncipe a forte impressão de uma corrente elétrica que houvesse aberto repentinamente os ferrolhos de bronze com os quais aprisionava toda a sua angústia para amordaçá-la no fundo de seu peito, e, sem poder conter-se, prorrompeu em soluços profundos semelhantes aos ramos que o vento desgalha numa escura noite de tempestade.

Mabi continuava passando e repassando suavemente sua mão pálida de enferma sobre aquela cabeça estremecida pelos soluços.

— Vladiko! — disse finalmente quando o viu mais acalmado. — Esqueci o passado e pensai que apenas neste momento me conhecestes. Se os que conhecem a grande lei do amor, que é luz, paz e vida em todos os mundos, não fossem capazes de perdoar e de amar, onde então buscariam as humanidades a água fresca para aplacar a sua sede?

Vladiko tomou em silêncio aquela mão que o chamara novamente para a vida com uma intensa vibração de piedade e ternura e a levou em silêncio aos lábios.

Sentia-se incapaz de falar, sem forças sequer para coordenar novamente seus pensamentos numa ordem diferente do negro e agitado horizonte mental onde estava submerso um momento antes. Tinha visto em sua mente e quase apalpado o descarnado e alto penhasco onde ia buscar a morte ante a treva desesperada do remorso, e se encontrava repentinamente vencido pela piedade e a ternura daquela jovem enferma à qual ele, em sua louca paixão, havia tornado desventurada.

— Mulher de vestido azul! — disse em voz baixa quando pôde ordenar suas idéias. — Se eu houvesse ainda duvidado de que tinha a própria Asagg sob minhas tendas, a ternura inefável da tua piedade sobre mim o haveria amplamente revelado!...

— Percebi que pensáveis morrer, despedaçando contra uma rocha esse coração que me amou tanto e antes de agora — disse novamente Mabi, animando sua voz para fortalecer e reanimar o decaído espírito de Vladiko, que ainda se via envolvido nas negruras de sua inconsciência. — Mas a Eterna Lei quer que vivais e eu também o quero.

— Tu queres que eu viva!... E para que, Mabi... meiga e terna Mabi, como te chamam os teus irmãos, se a minha vida é uma cadeia para a tua liberdade? Porque é Asagg, eu sei que, embora te deixasse novamente livre para voltar ao teu país, tu não partirias do meu lado. Há em mim algo que me diz que não partirias.

A jovem sorriu tristemente e tomou a mão direita do príncipe, que continuava ajoelhado junto ao leito.

— O vosso coração não mentiu, Vladiko, porque é verdade que eu não partiria. Há também em mim algo a me dizer que as nossas vidas estão unidas como estas mãos enlaçadas neste instante.

— Então me amas?... Serás feliz ao meu lado? Tornar-te-ão feliz o meu amor e a adoração do meu povo? — perguntou ansioso o príncipe.

— Chamemos como quisermos a esta profunda piedade e ternura que sinto por vós e pelo vosso povo; entretanto, sei que é uma grande força suave e meiga que me retém ao vosso lado, não obstante o amor existente no meu coração para com os seres e lugares que amei desde a infância. Se isto é o grande amor que buscastes em mim, se isto vos faz feliz, se isto é luz e felicidade perante vós e para os vossos, recolhei-o, Vladiko, como às gotas que regam os vossos campos, como às notas suaves dos cânticos de amor dos vossos pastores e lavradores, como à rosada claridade das tochas acesas para iluminar o vosso caminho.

Núbia, que escutava este diálogo de duas almas que se encontravam finalmente na eternidade de Deus, aproximou-se dos anciãos kobdas que debulhavam espigas para dizer:

— Finalmente amanhece o dia, meus irmãos, depois da cruel borrasca; cantam os passarinhos e florescem as amendoeiras! A dor que suportamos juntos varreu as últimas nuvens que enegreciam o horizonte, e à luz rosada da aurora, as duas almas que se buscavam nas trevas encontraram-se ao amanhecer.

— Antes de sairmos de "A Paz" — disse um dos kobdas — já se sabia que Mabi não chegaria a Num-ma-ki, porque na metade do caminho estava o pedestal onde devia sentar-se.

— Bendigamos ao Altíssimo, que conduz as almas ao cumprimento do seu destino — respondeu o outro.

Nesse instante apareceu Vladiko à porta da tenda, e seu rosto parecia iluminado de felicidade.

— Mas este não é o Scheiffa que entrou há alguns instantes — disse Acadsu gracejando.

— Como? — perguntou Vladiko.

— Assim mesmo — acrescentou o ancião Ibrin, sem deixar de debulhar suas espigas —, porque o Scheiffa de há alguns instantes trazia a morte dentro de si, e este que agora sai acaba de nascer para a vida e o amor.

— Quereis que eu o participe ao povo? — perguntou novamente o príncipe, compreendendo as alusões dos dois anciãos.

— Fazei-o, fazei-o — responderam os três kobdas — e assim renascerá a paz e o sossego de que necessitamos para restabelecer Mabi, que está esgotada.

Poucos momentos depois, ressoavam os ares com cânticos de júbilo e glória.

A tenda de Mabi foi rodeada por muralhas de gente que esperavam ansiosamente para saber para que haviam ressoado aquelas músicas e aqueles cânticos.

Um jovem arauto vestido de gala subiu ao alto do pedestal e, usando um grande megafone de ouro resplandecente, usado apenas para esses casos, fez ouvir ao povo estas palavras:

— Asagg vive e ama o nosso Scheiffa, com o qual se unirá em matrimônio daqui a seis luas. Suspendei os trabalhos e as contendas, porque os deuses deixaram ouvir sua voz de perdão e amor para seu povo.

"Viva Asagg, prometida do nosso Scheiffa! Viva o Scheiffa, pai do seu povo! Saúde e paz para os homens de vestimenta azul, que nos trouxeram a felicidade e o amor!"

Assim brilhou o amanhecer de sossego e paz naquele povo que, pelos pórticos dourados do amor, entrava no concerto da mais alta e nobre civilização daquele tempo.

ETHEA, NUM-MA-KI, "A PAZ"

No dia seguinte saíram mensageiros em três direções: para "A Paz", para Num-ma-ki e para o país de Ethea, a fim de estabelecer a solidariedade e a união com aqueles três grandes centros de povoação da Aliança onde residiam todos os amores humanos de Asagg, como dizia Vladiko, cujo transbordamento de felicidade parecia obrigá-lo a cantar em todos os tons que amava e era amado por Asagg.

Seguindo os mensageiros, chegaremos também com eles para visitar novamente aquelas paragens onde, irradiando-se das almas dos kobdas a Sabedoria e o Amor, continuavam se acendendo fogos plenos de vida e calor, de suavidade e paz para todos aqueles que, dóceis à grande doutrina de fraternidade humana, iam anulando em si mesmos as tiranias do egoísmo.

Shiva, à chegada de Abel e de sua filha Hélia, teve uma grande reação que até lhe permitiu abandonar o leito em dias e horas determinados, quando as circunstâncias do clima, da atmosfera e das correntes espirituais lhe permitiam pôr em ação as últimas energias de seu organismo esgotado.

Quatro luas tinham passado desde que Abel e Hélia se haviam separado de sua irmã Mabi, deixando-a cativa e oprimida pela dor entre o povo circassiano; e muito embora as correntes telepáticas se houvessem mantido sem interrupções notáveis, uma vaga de inquietação sacudia às vezes as almas de Shiva e de Hélia por causa da prisioneira.

As graves alterações psíquicas sofridas pelos kobdas que acompanhavam Mabi, assim como por aqueles que se encontravam em torno de Shiva quase moribunda, necessariamente causaram algumas lacunas mais ou menos longas, motivo pelo qual todos desejavam notícias dentro do plano físico onde todos atuavam.

Os mensageiros de Vladiko iam satisfazer esse grande anelo comum.

Os kobdas, como infatigáveis cultivadores do espírito humano, jamais descuidavam da ativa vida extraterrestre que leva, ainda na matéria, todo ser consciente de seu elevado e nobre destino como ser filiado a uma grande aliança redentora. Assim, quando eram enviados mensageiros, estes iam carregados dos relatos psicográficos diários que os sensitivos escreventes ou de transe tinham recolhido do plano astral, a fim de comprovar e controlar faculdades supranormais que tratavam de desenvolver no mais alto grau possível nas condições da vida terrestre.

Os mensageiros de Vladiko foram portadores de tudo o que, durante aquelas quatro luas, haviam gravado, em seus volumes de telas enceradas, os kobdas residentes entre o povo circassiano, como acompanhantes da jovem prisioneira.

Somente Mabi não gravara um único sinal em sua caderneta, se bem que, em alguns momentos de transe, havia conseguido sentir o suave eflúvio de suas alianças espirituais de séculos, principalmente da parte de Abel, Bohindra, Hélia e Ada, com quem tinha profundas afinidades.

Seguindo em primeiro lugar o mensageiro que partiu para o país de Num-ma-ki, encontrar-nos-emos em sua capital engalanada como para as grandes solenidades, Shiva não queria partir do plano físico sem deixar seu povo seguro na paz e no bem-estar por muito tempo. Hélia-Mabi, seu esposo, era quase um estrangeiro naquela terra onde chegara em sua infância e por onde passara sem deixar vestígio e sem ser conhecido de forma alguma. Era esta uma razão muito suficiente para que, uma vez desaparecida Shiva, aqueles antigos invasores gomerianos, que tinham sido o açoite deste povo durante tantos anos, intentassem novamente apoderar-se dele para reduzi-lo mais uma vez à escravidão e à miséria.

Aproveitou-se uma tarde morna e serena para que Shiva, chegando-se à janela dianteira de sua morada, se deixasse ver pela multidão apinhada ao seu redor.

Abel, que fora apresentado ao povo como representante do kobda-rei, Chefe da

Grande Aliança do Eufrates e do Nilo, falou à multidão para manifestar as resoluções tomadas pela amada Manh-Shiva, cuja grave enfermidade os mantinha pesarosos e cheios de incerteza.

— Meus irmãos! — disse o Homem-Luz. — À minha chegada a esta terra, escutei gemidos e soluços e vi refletida a angústia em todos os semblantes; ouvi que de todos os lábios surgia esta pergunta:

"'Que será de nós e de nossos filhos se morrer Suisini Manh-Shiva, que tão felizes nos fez desde sua chegada à terra que a viu nascer?'

"A Lei Eterna, à qual ela se uniu para fazer a vossa felicidade, permitiu-lhe viver até poder dar-vos uma filha sua, alma da sua alma e sangue do seu sangue, para que continue suas obras de amor e consolo junto a vós, e isto não só por ser sua filha segundo as leis físicas, mas porque a sabe animada das mesmas aspirações e sentimentos que ela teve junto de vós.

"Entretanto, como a Lei dos povos da Aliança proíbe a um príncipe ou chefe de tribo erigir-se em governante sem contar com a aceitação e o amor do seu povo, eu vos interrogo neste instante solene: quereis por soberana e mãe a jovem Hélia, filha de Shiva e Hélia-Mabi, neta do vosso antigo príncipe Arazan?"

— Nós a queremos, a queremos!... Porque tem o mesmo coração da mãe e é a pequena Manh-Shiva!... — ressoou uma grande voz, e logo o vozerio da multidão a repetir as mesmas palavras, agitando ramos de árvores, arrojando flores à janela, onde a pobre Shiva chorava e ria abraçando sua filha que foi chamada nesse instante, enquanto Hélia-Mabi e Abel, de pé de ambos os lados, contemplavam com profunda emoção aquele entusiasmo popular perante o quadro comovedor da mãe cuja vida física se diluía por momentos e da filha que começava a sua.

Shiva reuniu num supremo esforço as poucas energias que lhe restavam e disse ao povo:

— Tanto vos amei que vos deixo, ao partir, o mais precioso legado que vos posso dar: minha filha, que será para vós como se eu houvesse rejuvenescido para fazer-vos feliz por longo tempo mais. Prometei que a amareis como amastes a mim e que vos sentireis seus filhos, dispostos a vos sacrificar pela sua felicidade como ela o está a sacrificar-se pela vossa.

As mulheres começaram a chorar em grandes soluços enquanto os homens enchiam o ambiente com suas aclamações e promessas.

— Amaremos a pequena Shiva como amamos a vós, Suisini Manh... Suisini Manh! Meiga e boa como o pão e o mel! Do paraíso vereis como o vosso povo cumpre o seu juramento.

Durante longo espaço de tempo continuou o clamor, fazendo chorar a Shiva e à filha, nas quais se reavivava a certeza de que tinham ambas poucos dias para estar juntas.

Sem já poder continuar falando, em face da profunda emoção que a embargava, Shiva desprendeu seu diadema e o véu branco de rainha kobda e, ajudada por seu esposo e Abel, colocou-os sobre a cabeça inclinada de sua filha, cujo rosto juvenil, embelezado pela emoção, a assemelhava a essas transparentes figuras alegóricas que os artistas da antigüidade esboçavam para representar a tristeza dos povos junto à tumba de seus heróis.

O povo viu então que outro véu branco cobria a cabeça de Shiva, sua cabeleira solta, que o zéfiro tíbio daquela tarde agitava suavemente; e prorrompeu em novas aclamações, promessas e juramentos de fidelidade e amor.

— Agora já não sou senão a vossa mãe abençoando-vos antes de morrer. — E estendeu suas mãos, pálidas como açucenas murchas, sobre o povo que ela fizera feliz com seus sacrifícios e sua abnegação. A multidão não pôde conter-se mais e caiu de joelhos chorando amargamente, enquanto se ouvia a voz trêmula de Shiva dizendo:

— Que o Altíssimo Deus, que governa os mundos e os seres e alenta todas as coisas, vos proporcione com abundância as dádivas da terra e, mais do que tudo, a sua Paz e o seu Amor pelos séculos dos séculos!

Hélia abriu seus braços, significando com isto que abraçava seu povo segundo era o costume naqueles países, e recebeu uma chuva de ramalhetes e coroas de flores que as donzelas lhe arrojavam do alto dos elefantes brancos, que faziam guarda de honra em ambos os lados da janela.

A enferma, que havia esgotado todas as suas forças, caiu desfalecida nos braços do esposo, que a conduziu ao leito. As cortinas da janela fecharam-se e o povo começou a dissolver-se, levando na alma uma dupla emoção; a partida da Suisini-Manh, *a divina mãe*, e a chegada da Pequena Shiva, à qual denominaram desde aquele momento "*Man-ina*", que significava mãezinha ou mãe pequena. Dez dias depois diluía-se a vida física de Shiva como um suspiro perdido no espaço, como suave ressonância de um canto a se desvanecer na imensidão, como o eflúvio de um beijo que continuasse em imperceptíveis vibrações de serenidade e amor.

A morte ocorreu passada a meia-noite, motivo que ajudou suas alianças espirituais encarnadas a acudir à evocação do seu amor quando, sentindo-se já morrer, teve forças para chamar:

— Mabi, Iber, filhos amados do meu coração... Bohindra, meigo e santo rei kobda dos meus dias de tempestade e dor; Rainha Ada; Évana... Adamu... Aldis... minhas irmãs de "A Paz", que curastes as feridas da Shiva desventurada, mendiga, sozinha no mundo, que chegou à vós num dia distante. Estejais comigo nesta hora em que a Eterna Lei me concede o descanso, a paz e o amor!... Eu vos amarei por toda a eternidade!...

O último beijo de Hélia, ajoelhada junto ao leito, e as mãos de Hélia-Mabi secando seu rosto, foram, talvez, as derradeiras sensações físicas da moribunda, que abriu seus olhos à chegada de Abel chamado em tal instante. Ele aproximou-se para dizer:

— Parte serena, amada Shiva, que o nosso amor te acompanhará até o seio de Deus no qual te submerges. Eterno Amor!... Piedade Infinita!... Recebe esta centelha de ti mesmo, que, depois da dura jornada, busca o sossego e a paz!

Suave corrente de amor, doçura e íntimo gozo estendeu-se pelo ambiente, fazendo compreender aos mais sensitivos que as alianças espirituais de Shiva, encarnadas e desencarnadas, tinham acudido para acompanhá-la a franquear o umbral da grande porta para a imensidão infinita. Ela sorria olhando para o teto do aposento como se belas imagens lhe sorrissem por sua vez. Fez um leve esforço em levantar para lá seus braços, que caíram frouxos sobre o leito ao mesmo tempo que um profundo suspiro, o derradeiro, escapou de seus lábios.

Assim terminou a vida física deste ser, cujos caminhos de evolução estiveram sempre marcados pelas dores morais mais íntimas e pela meiga piedade que até no meio de grandes amarguras soube dar aos seres que a rodeavam.

O outro dos mensageiros de Vladiko se havia dirigido para o país de Ethea para levar a Iber a mensagem de adesão e afeto do homem que ia unir-se com sua irmã Mabi.

Longas e detalhadas escritas em papiros davam notícia ao irmão das vicissitudes pelas quais passara a jovem kobda e seus acompanhantes desde que ela foi retida pelo príncipe. Jobed havia-se ocupado de ir anotando dia por dia tudo quanto lhes ocorrera desde sua chegada ao bosque no meio do qual se achava o acampamento circassiano. Mabi acrescentara este breve aditamento final:

"Meu irmão: depois que tiveres lido o relato dos acontecimentos ocorridos aqui, direis se encontrais os passos da minha lei demarcando esta rota ou se é só uma emboscada do Mal para entorpecer nossos caminhos. Vladiko fez o quanto pode um homem que ama para conquistar o amor da amada; e se realmente é verdade que só parcialmente estou conquistada, parece-me que o gosto ou o desgosto dos que eu amo produzirão a decisão final. Há três luas de prazo. Que a Luz da Divina sabedoria esteja conosco. Mabi."

Os mensageiros escolhidos para as missões de importância eram homens da absoluta confiança do chefe de um povo, sob o ponto de vista de sua lealdade e da capacidade de representar seu príncipe perante um povo estrangeiro.

Os três mensageiros de Vladiko foram escolhidos pelos kobdas dentre os cem homens chamados *kora-forcas*, que tinham de antemão sido escolhidos para as grandes viagens. Kora-forcas, naquela língua, significava mais ou menos isto: *corredor forte*. O grupo ou corpo de kora-forcas era, pois, composto de homens amplamente conhecedores de todos os caminhos, das formas de locomoção, dos perigos e dificuldades de algumas travessias e que tinham, além do mais, certos princípios dos idiomas mais vulgarizados na época.

Em todos os povos da antigüidade, os emissários ou mensageiros formavam uma classe social, casta ou profissão para a qual os mais antigos, quando se sentiam já sem forças, preparavam um sucessor. Deviam ser homens de grande responsabilidade moral e material, e, segundo a missão fosse de maior ou menor importância, o mensageiro deixava como refém ou garantia, como diríamos hoje, a seu príncipe ou soberano, sua própria família e seus bens, para que, se ele não cumprisse o devido, sua família passasse a ser escrava daquele e todos seus bens fossem para o erário público.

Como é de supor, este costume originava também muitos abusos tanto da parte dos príncipes como dos próprios mensageiros.

Queria um príncipe apoderar-se da esposa ou da filha de um mensageiro, ou também de seus bens, e isto sem que aparecesse perante o povo o mais leve sinal de injustiça ou arbitrariedade? Preparava uma emboscada ao emissário que perdia a vida ou a mensagem, ou era vendido aos piratas como escravo e transportado para países distantes de onde nunca mais voltava.

O mensageiro, por sua vez, realizava às costas do chefe lucrativos negócios no maior segredo, servindo de espião a diversos príncipes ou de agente aos grandes piratas que tinham seus esconderijos subterrâneos na costa dos mares. A sabedoria e a prudência dos kobdas regulamentaram esses costumes, de forma que os mensageiros, em todos os povos da Aliança, não pudessem causar danos a seu chefe nem recebê-los dele.

Este esclarecimento veio para fazer compreender ao leitor o esmero com que os kobdas, companheiros de Mabi, tinham escolhido os três emissários, cada um dos quais levava consigo uma breve gravação que dizia: "Confiai nele porque é um homem justo", e na parte inferior o pequeno selo com o qual os kobdas referendavam todo documento que emanava deles: o cordeiro deitado sobre um livro, símbolo da Bondade e da Sabedoria.

O emissário que chegou ao país de Ethea foi levado por Selyman a visitar as obras mais importantes realizadas em benefício daquele povo para que levasse uma notícia exata a seus irmãos, os kobdas, que, entre o povo circassiano, começavam recentemente o grandioso apostolado da fraternidade e do amor.

Seguindo, pois, o emissário, observaremos também nós o que ocorria naquele país que nos foi tão familiar nos começos deste relato.

Iber estava convalescente de uma ferida nas costas que alcançara seu pulmão direito. Recordará o leitor que no Monte Kasson se albergava a jovem viúva do Cheru da Trácia, à espera de que o Thidalá-Rei de todos os povos da Aliança lhe fizesse justiça, ou seja, que a pusesse, bem como a seu filho, na posse de seus domínios. Enquanto Bohindra procurava obter legalmente uma aliança pacifista e conciliatória entre os diversos grupos que se despedaçavam como feras famintas na Trácia, passou bastante tempo, ou seja, o suficiente para que a jovem viúva esquecesse o Cheru assassinado e se sentisse atraída por um novo amor.

A anciã Elhisa começou a sentir que suas forças físicas decaíam, razão que obrigava Iber a visitá-la com muita freqüência, tratando de convencê-la de que já havia merecido o glorioso nome de *Livro Vivo* e que devia partir para Negadá, onde todos sabiam que se achava sua alma gêmea, seu grande irmão Adonai, o Pharaome, que conhecemos ao lado de Abel, o Homem-Luz, e de Marvan, o tempestuoso príncipe de Artinon.

Luvina, à grande auxiliar de Elhisa, estava já em condições de substituí-la e somente se esperava a chegada de um veleiro que devia ancorar de um momento para outro, trazendo de Negadá um reforço de mais dez mulheres kobdas para ajudá-las na árdua missão de instrutoras de berecinas e servas. Iber pedira também alguns kobdas para auxiliar Selyman no cuidado dos anciãos e enfermos, que aumentavam de dia para dia.

A Cherua da Trácia, muito jovem e muito bela, julgava-se portanto com todos os direitos de ser amada por qualquer príncipe da Terra, e pareceu-lhe muito natural e lógico enamorar-se de Iber, o jovem kobda que, por escolha de Elhizer e dos anciãos, governava os países de Ethea e Nairi.

Aquele jovem simples, modesto e afável em extremo grau, atraía-a poderosamente.

— Por que não vestis a púrpura dos príncipes? — perguntara ela numa oportunidade que teve de falar-lhe.

— Porque a túnica azulada dos kobdas me ajuda melhor a ser irmão antes que senhor destes povos — respondera Iber com sua simplicidade habitual.

— Não tendes o desejo de fundar aqui uma grande dinastia para perpetuar o vosso nome por longas épocas? — perguntou novamente a princesa, cujo nome era Safira.

— Vós não compreendeis, Cherua, a alma dos homens de vestimenta azul, e não a compreendeis porque ignorais a luz que os ilumina. Como pode agradar-me a fundação de tal dinastia se a grande ciência da vida me fez saber que, se hoje ocupo este posto por circunstâncias especiais, com a morte tudo isto termina, e, se tiver sido um príncipe, em minha futura encarnação terrestre serei um servo ou um esfarrapado mendigo que talvez tenha que recolher o pão dos monturos onde se arrojam desperdícios?

"E ainda com o agravante de carregar em cima de minha consciência a terrível responsabilidade de que o governo destes povos seja patrimônio por séculos e séculos dos que pelo sangue sejam meus descendentes, quer sejam bons ou maus, auxílio ou ruína destes mesmos povos. Não, Cherua, não sonheis encontrar na alma de um kobda, consciente do que tal nome significa, essas mesquinhas ambições que para ele estão fora de toda razão e de toda lógica. Kobda significa *coroa*, e coroa de justiça, amor e paz deve ser a vida do kobda que, por especiais circunstâncias, foi levado a governar povos."

Tais conversações começaram a iluminar a alma daquela jovem e bela mulher com resplendores que até então ela não tinha sonhado, mas, ao mesmo tempo, fizeram nascer nela um amor intenso ao jovem kobda que lhe parecia um homem demasiado grande, demasiado nobre e bom, comparando-o em sua mente com todos quantos havia conhecido.

O alto chefe guerreiro, o mais fiel confidente do Cheru assassinado, seguira sua viúva ao desterro e a amava secretamente sem haver-lhe manifestado jamais seu amor. Sonhava com um futuro de felicidade quando ela deixasse por sua vez de sonhar em voltar a ocupar o derrubado trono e se resignasse em viver a modesta vida de uma mulher esposa e mãe, em qualquer paragem da Terra que lhe brindasse hospitalidade.

Foi testemunha do novo amor nascido na alma da princesa, e julgou então oportuno fazer valer seus merecimentos como fiel servidor do Cheru e de todos os seus interesses de família, para convencê-la de que, antes de um estrangeiro, estava ele, que a havia amado na desgraça e que tantas vezes se expusera à morte para salvar a ela e a seu pequeno filho.

A Cherua, que por momentos tinha a altivez de tirana, como em outros tinha suaves ternuras de donzela, recebeu com desprezo sua amorosa declaração e o humilhou com esta comparação:

— Como hei de pensar em unir minha vida à tua, uma vez que, sem o amparo do Cheru, não és ninguém, quando tenho meu coração cheio com a bela imagem deste príncipe vestido de azul? Se te atreveres a fazer-me novamente tão louca insinuação, farei com que te expulsem deste recinto e te enforquem por ter ofendido a dignidade da tua soberana.

Foi demasiado humilhante o agravo para aquele homem, que já havia vários anos estava silenciando e sufocando dentro de si aquela grande paixão amorosa que chegou a subjugá-lo completamente.

Cego de ira e despeito, assestou uma punhalada no jovem kobda quando este entrava na Mansão das berecinas. Com o mesmo punhal com que o havia ferido, abriu sua própria garganta, rolando seu corpo banhado em sangue pela escadaria de pedra que Iber acabava de subir para fazer a visita de despedida à anciã Elhisa, pois acabavam de participar-lhe que o veleiro estava à vista e que devia ancorar no porto de Dhapes duas horas depois.

Este breve relato inteirou, pois, o leitor das causas por que o mensageiro de Vladiko encontrou convalescendo de uma enfermidade o jovem kobda, soberano de Ethea, a quem fora enviado.

A anciã Elhisa encontrava-se, nessa circunstância, em Dhapes, onde devia embarcar para Negadá. Sua saída de Kasson fora uma espécie de fuga à meia-noite para evitar as cenas dolorosas do adeus de suas netinhas, das berecinas, das servas, de toda quela povoação que se formara em torno da suntuosa mansão transformada pela magia do Amor em templo de trabalho e estudo.

Dali surgia, como de um abundante manancial, a paz, a felicidade e a abundância para todos aqueles que se aproximavam de suas portas, procurando orientar suas vidas para os amplos horizontes que vislumbravam através do ensinamento das Filhas de Numu.

Elhisa deixava, pois, ali tão íntimos e profundos afetos que ela disse a Iber, despedindo-se dele:

— Sim, meu filho, é necessário que o meu espírito descanse das profundas emoções de tanto amor e tanto carinho que me foram prodigados nesse amado Monte Kasson, onde muito padeci pela ignorância e pelas debilidades humanas; contudo muito mais tenho que agradecer à Bondade Suprema pela felicidade que sinto ao ver esse horto começando a florescer.

Iber apresentou o mensageiro de Mabi a Elhisa e a informou do ocorrido com suas duas irmãs.

— Fostes os três colocados como calhandras no alto de uma pequena torre, porque em cada vinda do Verbo de Deus é necessário inundar de amor a humanidade para que não aniquile a si mesma nos séculos de escuridão que hão de vir. — E disse ao mensageiro:

"Dizei às duas irmãs de Iber que uma velhinha kobda de setenta e três anos anuncia que as esperará em Negadá quando também seus campos de lavoura começarem a florescer."

— E a mim, não esperareis lá? — interrogou Iber, quando Elhisa já saía para embarcar.

— A ti mais cedo que a elas, pois, quando tomares por esposa a *menina das rosas brancas*, não darás um vôo com ela de "A Paz" até o outro lado do mar?

— Deus o dirá! — respondeu gravemente o kobda, como se tal pensamento o houvesse submergido repentinamente numa escuridão que o assustava.

Selyman e outros kobdas acompanharam Elhisa e quatro servas, que a seguiam para vestir a túnica azulada no velho santuário de Negadá.

Presenciado tudo isto pelo mensageiro circassiano, vemo-lo pouco depois mergulhado em profundas meditações.

— Que tendes? — perguntou Iber, vendo-o silencioso a seu lado.

— Encontro-me desorientado em meu pensar — respondeu. — Entre meu povo estávamos todos convencidos de que a vossa irmã é a encarnação de Asagg, a divindade protetora da nossa raça desde há séculos.

— E isto perturba a vossa paz?

— Aqui vim conhecer esta anciã que acaba de partir e cujas obras me fazem pensar se também será Asagg; e as outras mulheres de vestido azul que ali ficam fazendo idênticas obras e amando do mesmo modo que ela, não serão também Asaggs iluminando e guiando os homens? Qual é então a verdadeira Asagg se todas elas se parecem?

— Meu amigo — respondeu Iber —, se vamos a isso, cada porção de humanidade tem seu Asagg, ou seja, seus enviados, seus protetores, seus guias, porque a grandeza infinita da Alma Criadora não pode deixar abandonado nem o menor e mais insignificante de seus filhos, se ele mesmo não se afastar por sua própria vontade do pequeno caminho que lhe foi traçado. Se minha irmã Mabi será ou não a encarnação do vosso espírito protetor, não o sei, contudo estou convencido de que, na época presente, encarna ela pelo menos o pensamento da vossa Asagg.

"Por outro lado não vos assombreis nem estejais assim pensativo e perturbado, e não procureis ver nos homens e nas mulheres kobdas a não ser o que somos: criaturas humanas como todas as demais, que nos propusemos a derramar a paz, a felicidade e o amor entre os homens e o cumprimos da melhor forma possível e até à custa de grandes esforços. Enquanto os kobdas estiverem verdadeiramente animados deste grande desejo de amor, paz e fraternidade para todos os seres, estamos como transformados em instrumentos aptos para que a Eterna Energia Criadora e Conservadora nos tome à sua vontade para derramar todo o Bem que dela emerge sobre a humanidade preparada para recebê-lo.

"Mas se por desgraça os kobdas deixassem evaporar esses grandes princípios de amor e justiça, de fraternidade e concórdia, deixaríamos de servir de instrumento da divina energia e não poderíamos já ser como a vossa Asagg sobre os povos; mas, arrastados pela inconsciência e pelos egoísmos humanos, causaríamos talvez grandes desastres sob os quais nos veríamos nós mesmos esmagados. As leis da Eterna Justiça são imutáveis, e se às vezes os homens não compreendem seus caminhos, é porque se colocam num ponto de observação que não é adequado.

"Suponde que o vosso chefe, ao apoderar-se de minha irmã, houvesse agido brutalmente com ela, convertendo-a numa das mulheres que tinha para a sua satisfação; certamente ela não teria sido uma Asagg para o vosso povo. Suponde que a minha irmã, desesperada de se ver afastada dos seus, houvesse dado a morte a si mesma ou houvesse escapado dentre vós para seguir o impulso do seu coração que a chamava para junto de sua família carnal; tende certeza de que tampouco teria sido Asagg para o vosso povo. Vós teríeis continuado com todos os padecimentos que havia entre vós, e ela, colocada num lugar que não era o seu, não haveria encontrado paz nem sossego, como não o encontra o organismo que tem um osso, um órgão, uma víscera fora do lugar.

"Às vezes dizemos: se eu tivesse tal capacidade e tão grandes meios, que obras grandiosas realizaria! Acreditai, meu amigo, todos os kobdas têm a profunda convicção de que, se é verdade que um ser é capaz de realizar obras de amor e justiça tendo à sua disposição grandes meios, a Eterna Energia lhos dá, porque seria uma imperfeição em sua Eterna Justiça desperdiçar essa vontade plenamente decidida para o Bem."

Enquanto Iber e o mensageiro continuavam dialogando sobre os acontecimentos relacionados com sua irmã e os kobdas que se encontravam entre o povo circassiano, e a Mangrave Elhisa fazia-se à vela rumo a Negadá, sigamos com o leitor o terceiro emissário circassiano que chegara a "A Paz", nas margens do Eufrates.

Por avisos espirituais, tinham ali conhecimento de que Mabi havia sido retida por um príncipe e que com ela tinham ficado Núbia, Ibrin, Acadsu e Jobed na qualidade de guardiães até que os acontecimentos lhes demarcassem o melhor caminho a seguir. Contudo, a chegada do emissário era para os kobdas a comprovação material dos avisos extrafísicos e o conhecimento em detalhes de tudo quanto ocorrera.

— Pobre filha Mabi! — exclamou com lágrimas nos olhos a sensível e meiga Évana. — Teu coração anunciava o sacrifício próximo, e por isso resistias em partir do lar dos teus amores! Que a força divina esteja contigo.

Bohindra reuniu o Conselho ao qual foram admitidos Ada, Évana e as Instrutoras do Santuário de mulheres, para dar leitura ao longo informe que os kobdas companheiros de Mabi tinham escrito para que o Alto Conselho de "A Paz" pudesse formar juízo sobre se haviam agido de acordo com a Lei, e dar-lhes, ao mesmo tempo, uma opinião sobre o rumo a seguir daí em diante.

Contudo, antes de tomar resoluções em face dos acontecimentos ocorridos, e antes que os três mensageiros retornassem ao ponto de partida, o Alto Conselho precisou suprimir essa tarefa para se despedir de um de seus Livros Vivos que partia para o plano espiritual.

SISEDON DE TRÔADE

Não obstante a grande serenidade com que os kobdas presenciavam a partida do plano físico ou desencarnação de seus irmãos, a de Sisedon causou profunda emoção, principalmente nos kobdas de idade madura que, por tantos anos, o tiveram por companheiro nas íntimas tragédias do espírito e no desenvolvimento de sua vida coletiva, como instituição consagrada a ser nave salvadora de todos os náufragos humanos.

Bohindra amava-o ternamente como a um irmão fiel que o tivesse visto nascer, pois, quando ele chegou de Otlana, desesperado, fugindo de sua própria dor íntima e cruel, Sisedon era um kobda jovem e lhe foi designado como vizinho de aposento para consolá-lo, arrancando-o pouco a pouco de seu terrível estado de enervamento e pessimismo. Tinham vivido, sofrido e lutado juntos durante mais de sessenta anos, contando o tempo antes e depois da transmigração de Bohindra, e bem compreenderá o leitor que aquelas duas almas chegaram a conhecer-se e compreender-se do modo mais amplo e completo que se pode conceber. Não havia outro, entre os kobdas, que durante tanto tempo tivesse visto de perto a Sisedon, motivo pelo qual foi o kobda-rei o destinado a fazer a crônica de sua vida através da qual conhecerá também o leitor quem era Sisedon, o Pharaome que aparece ao iniciar este relato, que comprou aos piratas Johevan e Aldis e lhes disse ao recebê-los:

— Não vos quero escravos servis, mas discípulos decididos e fiéis; e porque sei que uma dolorosa tragédia vos trouxe para o meu lado, eu vos digo que sem a dor nenhum homem se torna grande, e que dia chegará em que bendireis as vossas dores do momento presente.

Por sobre o ombro do kobda-rei que escreve, leiamos nós a vida humana terrestre deste ser que tão proeminente lugar ocupou naquela civilização.

Era originário do mundo que os kobdas chamaram "Arco de Ouro" por sua atmosfera amarelenta viva, brilhando como ouro polido nos abismos siderais, e veio para este planeta quando se preparava a primeira encarnação messiânica do Guia que lhe foi designado no grandioso Conselho das Inteligências Superiores para propender à evolução dos mundos novos. Espírito inquieto, audaz e analisador, extremamente ansioso de conhecer e inquirir, não esteve permanentemente nesta Terra durante os longos milênios transcorridos, mas, por intervalos de uma a outra vida terrestre, alçava vôo para outros mundos e outros universos, razão pela qual suas encarnações foram muito afastadas umas das outras e de longa duração, tendo realizado algumas de mais de um século com o mesmo corpo físico.

Na existência em que o conhecemos como Sisedon, tinha nascido na Eubéia* de pais de modesta condição que, carregados de prole e miséria, viram-se obrigados a ceder este filho a uma mulher de alta posição que dera à luz um menino morto na

---

* A posterior Tebas da Grécia.

ausência de seu marido, chefe de uma tribo poderosa, e temia sua ira se ao regresso de uma campanha guerreira, lhe desse a notícia da morte de seu primeiro descendente varão.

A beleza física e seu excessivo desenvolvimento como menino de poucos dias cativaram o pai, que se sentiu orgulhoso do filho que aquela esposa lhe dera. Contudo, foi tão desmedido o amor deste pai para com essa mulher e esse menino que ele desprezou duramente as outras mulheres e suas filhas, para só enaltecer esta que lhe trouxera como oferenda tão belo filho varão. Quando este contava só quatro anos de idade, houve alguém que estava no segredo da troca que a mãe havia efetuado por temor ao repúdio ou à morte, e esse alguém revelou e provou tal circunstância para tomar vingança de um desprezo amoroso que lhe fizera a mãe adotiva do pobre menino. Esta mulher, em previsão de futuras contingências, havia enviado para outro país os verdadeiros pais, de forma que, relegada a uma escura caverna, nada pôde fazer em favor do órfão que assim se via arrojado ao azar. O chefe da tribo usou ainda de um pouco de clemência por causa da extraordinária beleza e precocidade da criança, que foi encomendada a uma escrava fiel daquela mulher.

Chegou aos dezenove anos e foi amado por duas das filhas daquele senhor, as quais, em seu ódio recíproco que seu próprio amor promovia, de tal modo o assediavam com grandes baixezas que ele pediu ao tutor que o agrupasse ao corpo de remeiros de seus barcos de transporte; e, numa travessia do Mar Grande, sua embarcação chocou-se contra um recife e parte da tripulação foi salva pelos kobdas peregrinos que constantemente vigiavam a costa do mar. Assim chegou Sisedon ao Santuário de Negadá, onde o leitor o conheceu anos depois, quando suas tempestades íntimas se haviam acalmado e pôde ser um homem-farol para seus outros irmãos.

Mas antes de chegar ao oásis iluminado de perene arrebol, que é a suave serenidade do espírito que lutou consigo mesmo e venceu, tremendas borrascas de dor sacudiram-no intimamente.

Quando os kobdas peregrinos que o salvaram do naufrágio o conduziam a um de seus Refúgios na costa do mar, encontraram numa caverna três seres abandonados e perseguidos pelos homens. Eram um homem de idade madura, uma jovem e um menino de dez anos, cujas vestimentas rasgadas denotavam que um bom lapso de tempo os retinha ali sem auxílio de espécie alguma. A jovem e o menino pouco podiam andar por seus pés, por causa das feridas abertas neles pelo contínuo caminhar descalços entre rochas e sarçais em busca de moluscos ou de pesca, como também de pequenos animais de caça para se alimentar.

Depois de reanimá-los com os xaropes e gelatinas concentradas que os kobdas peregrinos levavam consigo para este fim, continuaram seu caminho pela costa do mar, sustentando sobretudo a jovem e o menino, que desfaleciam de extenuação e cansaço. Ainda faltava mais ou menos uma milha para chegarem ao Refúgio mais próximo quando a pobre moça caiu ao solo como um corpo sem vida, o que obrigou o pai e o jovem Sisedon a formar uma cadeira de mãos com seus braços enlaçados para conduzi-la.

Não obstante sua mísera vestimenta, seus cabelos desordenados e o esgotamento que a consumia, ainda se podia perceber nela os encantos físicos das mulheres de sua raça.

Eram eles do país de Adalis, suaves, meigos e tranqüilos. O pai fora chefe de uma tribo conquistada por estrangeiros, que o amarraram no fundo de uma caverna, aonde o seguiu ocultamente sua filha acompanhada do menor de seus irmãos, pois os outros tinham perecido na luta.

A mãe desaparecera em meio da desordem e julgavam que houvesse sido destinada como escrava ao serviço dos novos amos.

O leitor poderá adivinhar o gênero de dor que amargava, pois, aqueles seres. Chegados ao Refúgio, escondido entre um labirinto de montanhas, os kobdas consagraram-se a curar de corpo e de espírito seus protegidos, e a pobre jovem e o menino começaram a reagir.

Enquanto aguardavam a chegada de alguns dos barcos que a cada lua saíam de Negadá recolhendo os salvos e conduzindo provisões, medicamentos e roupas, estabeleceu-se, como é natural, uma intimidade familiar entre Sisedon e a pobre jovem encontrada na caverna. Ele tinha dezenove anos e ela somente dezesseis. O pai e os kobdas viram sem assombro que chegaram a amar-se.

— Ambos nascestes para Numu dentre as ondas do mar, e não será um crime o vosso amor se souberdes fazer dele uma lâmpada que ilumine daqui para diante o vosso caminho — disseram os kobdas peregrinos vendo a grande afinidade que se havia despertado entre aquelas duas almas cuja vida física tinha sido açoitada por idêntica borrasca.

O amor curou em ambos suas dores íntimas e a própria juventude cooperou em sua rápida transformação. Sisedon e Eulália sentiam-se, em seu grande otimismo de enamorados, possuidores de uma felicidade que ninguém nem nada podia destruir.

Quando chegou o veleiro que deveria conduzi-los para o ponto que eles quisessem, Sisedon quis unir sua sorte à família desterrada, e, abençoado o seu amor pelo pai da jovem e auspiciado pelos kobdas que os haviam recolhido, foram instalados numa povoação da costa do Mar Grande cujo chefe era irmão de um dos kobdas e homem de bons sentimentos, embora dominado, como era natural, pelos usos e costumes de seu tempo. É necessário ter em conta que na época não existia ainda a Grande Aliança para proteger com sua lei todos os povos que a formaram.

O pobre lar de Sisedon florescia de amor e paz em meio ao trabalho ao qual se dedicava aquela povoação: o coral e a púrpura que abundavam naquela região.

A chegada de uma filhinha encheu de luz a vida do pobre avô, até que, morto o velho chefe, passou a substituí-lo seu filho primogênito, recém-chegado de uma campanha guerreira onde conquistara grandes carregamentos de ouro e pedras preciosas, além de várias centenas de escravos que trazia também como despojo de guerra. Era toda uma povoação mineira da costa que ele subjugara e que trazia a seu serviço para ampliar as explorações do coral e da púrpura. Aquele jovem senhor, cheio do orgulho e da força que dá o triunfo, chamou todos os homens jovens e as mais belas mulheres para formar uma corte como usavam os grandes príncipes de outras regiões. Eulália, que era de uma beleza exótica no país, não tardou em atrair os olhares do jovem chefe, que sem mais preâmbulos chamou Sisedon e lhe disse:

33

— Agrada-me a tua mulher. Quanto queres por ela?

— Não a vendo — respondeu o jovem que apenas tinha então vinte e um anos — porque eu a amo e é mãe de uma filhinha de um ano.

— Mando-te como capitão do meu maior barco de transporte e percorrerás o mundo levando nossas mercadorias. Não vale mais tudo isso que a pobreza que tens hoje e na qual passarás toda uma vida com a tua mulher e a tua filha?

— Eu não a vendo por nenhum preço — respondeu firmemente o jovem — e sou feliz com a minha pobreza.

— Está bem, está bem — respondeu o chefe. — Vejo que não és homem amante da fortuna.

Em sua ausência, Eulália foi arrebatada de sua casa, morto seu pai por defendê-la, e sua filhinha abandonada meio morta num palheiro com as perninhas deslocadas, sem dúvida pela violência com que foi arrojada.

A ocorrência passou como um assalto de ladrões noturnos, mas Sisedon, que conhecia a cobiça do jovem chefe, sabia donde tinha vindo a sua desgraça. A menina morreu entre seus braços dois dias depois como conseqüência do rude golpe sofrido, e ele encontrou-se sozinho no mundo e com sua mente enlouquecida pela dor daquela tragédia que, num abrir e fechar de olhos, o submergia num abismo sem fundo. Rondou como louco por vários dias pelas imediações do acampamento do chefe, armado de um punhal e de arcos e flechas, fingindo ser um fabricante deles e que procurava vendê-los entre os escravos daquele senhor; mas foi reconhecido por um deles, e, avisado, o chefe deu ordem de captura ou morte contra o audaz mancebo que assim permitia a si mesmo disputar a mulher que ele havia querido para si. Quando ia ser preso, deu morte a um dos escravos, feriu a outro e se arrojou ao mar, buscando a salvação na fuga ou na morte antes de se ver cativo.

Novamente Sisedon nasceu para Numu dentre as ondas do mar. Grande nadador, como todos os homens de seu país, pôde manter-se um tempo até que a maré o arrojou já desfalecido sobre a areia da costa. O calor do sol do meio-dia fê-lo voltar à vida física. Encontrando-se ainda próximo da povoação de sua desgraça, começou a andar para o oriente sem abandonar a costa do mar. Viu o veleiro do mastro azul e, com um pedaço de suas próprias roupas convertido em bandeira, fez sinais que foram prontamente atendidos.

Desta vez Sisedon não ficou novamente no caminho, mas, esquecido de tudo quanto existia, submergiu-se no negro abismo de sua própria dor, ao mesmo tempo que se encerrava silencioso no pequeno camarote que lhe foi designado no veleiro salvador.

Duas luas mais tarde, quando o barco regressou a Negadá, disseram os kobdas do Conselho, vendo-o entrar na hospedaria de homens para ser convenientemente vestido:

— Eis aqui outra avezinha ferida buscando o calor do ninho. Tanto como é formoso e galhardo, deve ser profundo e cruel o tormento que o sacode.

— Sempre a dor! — acrescentou outro. — Sempre a dor servindo de rede à Eterna Sabedoria para conduzir seus filhos ao caminho da Paz e do Conhecimento.

Chegou um tempo que havia muitos postulantes, e, como cada qual tinha sua tragédia íntima e cruel, logo estabeleceu-se essa sincera amizade que nasce de iguais dores, e o jovem Sisedon, duas vezes náufrago e duas vezes salvo pelos Filhos de Numu, iluminou-se de claridade entre o amor e a sabedoria daqueles homens que, como ele, tinham sofrido e amado e que, por própria vontade, se haviam constituído em consoladores e guias de todos os açoitados pelas tempestades da vida...

Mas, antes de chegar a essa serena quietude, que abismos de solidão e angústia tinham gelado aquele coração!

Não podia afastar de sua mente os delírios febris produzidos pela barbárie humana que sacudira como um vendaval sua vida de vinte e dois anos.

Sua filhinha morta em seus braços com o corpo desfeito pelo golpe feroz; Eulália perdida para sempre e propriedade humilhante de um chefe que não veria nela a não ser uma entre tantas!...

O irmão de treze anos desaparecido sem saber qual foi seu destino... não era tudo isto um excesso de dor para ser suportado por um só coração? Os instrutores kobdas compreenderam-no, pois vários dentre eles tinham sofrido o mesmo na própria carne, e se valeram do transe para atenuar aquele profundo sofrer. Como a Eterna Energia jamais se declara incapaz de produzir o bem em toda centelha de Si Mesma quando encontra alguma disposição lógica para isto, a reação veio para o jovem Sisedon que, através de um prisma novo, contemplou sua própria situação. Durante os longos transes diários que lhe provocava o mandato mental de um dos instrutores, viu o espírito já desencarnado de sua filhinha, e de tal forma a viu que quase chegou a sentir alegria de que não estivesse a seu lado. Sendo tão disseminado, então, o uso da força mental do homem para realizar vinganças criminosas, uma daquelas jovens filhas de seu tutor, que o haviam amado, pagou uma forte soma a um dos sacerdotes de seu culto para vingar a afronta sofrida.

— Quero — disse ela — que se ele chegar ao amor, que seja desventurado. Que se tiver filhos, sejam cobras que lhe devorem as entranhas.

Aquela criaturinha deslocada por um golpe era um ser atrasado e maligno, impulsionado para a vida física antes da hora conveniente e unicamente para realizar uma vingança. Viu igualmente que Eulália, tão ternamente amada por ele, se achava muito à vontade na vida de esplendor e riqueza que lhe brindava seu novo senhor, e que a recordação do primeiro esposo não afetava em nada sua felicidade. Finalmente viu o irmão dela que, fugindo como um corço pelas rochas da margem do mar, fora albergado por um pescador onde esperava o veleiro do mastro azul que já os havia recolhido em outra oportunidade.

— Irei contigo, Sisedon, meu irmão — dizia o menino cada vez que no transe se punha em contato com ele. Aquele menino veio a ser nosso kobda Zhain, que chegou um ano depois a Negadá e que foi o coroamento do santuário de paz e quietude que o atormentado Sisedon tratava de construir em seu próprio interior. O amor efêmero e fugaz de Eulália foi se apagando lentamente em seu coração como a recordação de um sonho penoso do qual nos despertamos felizes de que não tenha sido uma realidade.

Quando mais tarde a Divina Sabedoria iluminou seu horizonte, compreendeu que tinha também um dever para com a que fora sua esposa e também para com sua filha, não obstante serem ambas de uma evolução muito inferior à sua. Seu pensamento iluminado desse amor superior que *sabe extrair do fundo de todas as coisas o que de mais formoso existe nelas* tratou de impulsionar aqueles dois espíritos para um plano mais elevado do que aquele no qual se encontravam.

O jovem Sisedon, quando levava seis anos de kobda, teve conhecimento de que Eulália, caída em desgraça de seu senhor, tinha procurado os kobdas peregrinos solicitando amparo para sua orfandade; e fora conduzida por eles àquela Casa-Refúgio que Elhisa fundara acompanhada de Sênio antes do nascimento de Abel. Os métodos de ordem, trabalho e concentração mental usados pelas kobdas cultivaram grandemente esse espírito, e quando Eulália chegou aos vinte e oito anos de idade quis também vestir a túnica azulada e, com outras aspirantes, foi conduzida a Negadá.

— Meu pensamento — disse Sisedon — não se havia perdido no vazio. Quão grande e boa é tua Justiça Eterna, meu Deus!

Quando, rememorando o passado, ela o interrogou sobre aquela filhinha que não voltou a ver, ele respondeu serenamente: — Voltou ao plano espiritual de onde fora arrancada em plena perturbação, e nesta hora, está recentemente encarnada numa família de nossos lavradores, para onde o Amor Eterno a trouxe para iniciar seu progresso na Luz.

Foram os primeiros triunfos de Sisedon nos caminhos do apostolado em favor dos pequenos; mas foram os que fortificaram sua fé no supremo ideal de redenção e amor a que fora chamado. Via Eulália, Zhain e a menina que tinha sido sua filha, e dizia a si mesmo:

— Três almas conduzidas para a Luz pela força do meu pensamento, é uma boa conquista! Contudo, é ainda demasiado pouco comparado com o caudal que a Divina Sabedoria pôs em minhas mãos. Posso ainda ajudar muitas Eulálias, muitos Zhaines e muitos pequenos perturbados trazidos desastrosamente para a vida física sem haver despertado ainda do furor e dos delírios produzidos por mortes violentas!

Adquirindo seu espírito brios de gigante, nas horas de concentração visitava com seu pensamento as cavernas onde morriam de desespero inumeráveis seres; visitava os campos desolados por guerras e devastações, chamando para a luz e o amor os espíritos que, encarcerados em seu próprio cadáver já em vias de putrefação, sentiam o terror do desconhecido e se aferravam cada vez mais àqueles frangalhos de matéria morta.

Quando mais tarde sua idade lhe permitiu sair ao exterior, fez parte de diversos grupos de kobdas peregrinos e sua inclinação particular à análise minuciosa de raças e povos, de costumes e crenças, levou-o a fundar em Negadá uma classe para estudar, como todos os que sentissem igual afeição, a evolução humana terrestre através dos séculos e das idades.

As almas errantes, nossos próprios irmãos desencarnados, cooperaram nessa obra, acrescentando às descobertas de Sisedon muitas outras que eles percebiam; tudo o que veio a enriquecer o grande Arquivo Kobda de Negadá sobre as origens do homem neste planeta e sobre sua passagem lenta e penosa desde as mais rudimentares formas de vida até seu estado atual.

Foi Sisedon um dos que mais propendeu para a ampla liberdade que devia ter o kobda para seguir seus próprios impulsos para uma ou outra atividade, e, desde que ele foi levado ao seio do Alto Conselho, se delinearam com mais perfeição os agrupamentos segundo os estudos e atividades aos quais os kobdas deveriam dedicar-se.

A Astronomia, a Geografia e a Geologia tiveram seus grandes cultores, da mesma forma que a Botânica, a Mineralogia e a Química.

Junto às ciências, floresceram as artes; e os pintores, escultores e músicos viram-se poderosamente animados a fomentar em si mesmos suas afeições e seus entusiasmos.

O lema de Sisedon era: "Que saia a alma para o exterior", ou seja, que o Eu superior de cada ser se exteriorize em suas obras, o que ajuda o progresso material e a evolução espiritual.

— Se, dos grandes sacrifícios dos nossos pais e fundadores — dizia ele — recolhemos o bem-estar material, a paz e a abundância que temos, é justo que lhes rendamos esta bela compensação de nossa capacidade mental e física, para realizar toda obra de bem e adiantamento. Eles fizeram a sua parte extremamente dolorosa e pesada de preparar a terra para a nossa semeadura. Somos responsáveis pelas fadigas e dores deles, incapacitados por nossa inércia, e somos responsáveis por nossos próprios talentos e capacidades, inutilizados às vezes por falta de tino para orientá-los no sentido conveniente.

As inscrições se multiplicaram em todos os pórticos, colunatas, passeios, corredores e pátios, para avivar constantemente a chama dos entusiasmos individuais e coletivos:

"Cada abelhinha em sua tarefa."

"Exterioriza a tua alma em tuas obras."

"Do mar da inconsciência, extrai as brancas pérolas e adorna-te com elas."

"Teu tesouro interior não é somente para teu uso."

"Se não utilizas a água do teu manancial, ela irá perder-se nos pântanos."

"Se a tua luz não ilumina ninguém, tu mesmo ficarás às escuras."

"A alma verdadeiramente grande é aquela que faz com perfeição até as menores coisas."

"Kobda lavrador, lembra-te que laboras o pão com o qual alimentas teus irmãos."

"Kobda pintor, pensa em povoar de belas imagens a mente de teus irmãos."

"Kobda poeta e músico, pensa em elevar para Deus as almas de teus irmãos."

"Kobda historiador, astrônomo, arqueólogo, geógrafo, pensa em iluminar com a verdade a alma de teus irmãos."

"Kobda pastor, lembra-te que a medida do cultivo e do amor que dás hoje aos teus animais, é a que marcará no futuro sua capacidade de seguir-te quando eles forem humanidade e tu, seu instrutor."

"Kobda médico, kobda distribuidor, põe todo o teu amor nos remédios e alimentos que distribuis, e seus efeitos benéficos serão centuplicados."

Quando Sisedon foi eleito Pharaome, depois de doze anos atuando no Alto Conselho, foi para dizer a todos os kobdas reunidos em Assembléia Geral:

— Que o vosso amor fraterno me ajude a ser justo e fiel seguidor do Pensamento Divino.

Até aqui tinha escrito o kobda-rei quando lhe anunciaram que o mensageiro de Mabi esperava a audiência final, pois devia partir na madrugada seguinte. Já a família estava reunida com o Alto Conselho do Santuário de Mulheres Kobdas no Pavilhão da Rainha, onde deviam despedir o mensageiro depois de haver-lhe entregue o que se usava em tais casos: rolos de papiro onde cada qual gravava seus próprios sentimentos; relatos de acontecimentos ocorridos durante a ausência e que pudessem servir de estímulo e alento àqueles a quem eram dirigidos.

A Rainha Ada enviava a Mabi um véu branco tecido por ela; Évana, um tapete tecido com lãs de múltiplas cores representando uma passagem da infância de Abel, brincando com os três filhinhos de Shiva em torno de Madina, que os observava como amorosa ama-de-leite; as anciãs instrutoras remetiam-lhe um exemplar da Lei escrita em pequenas lâminas de papiro encerradas num estojo de cobre e prata; e Bohindra, conhecedor profundo da alma de Mabi, reuniu num rolo de papiro todos os seus cantos, todos os seus poemas com sua respectiva música, para que a pobre desterrada sentisse, lá longe, voejar junto dela a alma terna e amorosa daquele que fora por várias vezes seu pai.

Aldis não podia esquecer o atormentado Johevan de sua juventude, e mandou também para a jovem cativa uma dádiva extremamente apropriada. De sua estada em Negadá trouxera muitas cópias de vidas de diversos espíritos, e muito em particular de seus mais íntimos, entre eles Milcha, Johevan, Adamu e Évana. Tomou, pois, o rolo pertencente a Johevan e, encerrando-o num tubo de cobre, acrescentou-o às dádivas que o mensageiro devia levar. Jovialmente disse aos demais:

— Assim se inteirará Johevan de *por que* se encontra cativo e desterrado.

O kobda-rei, em sua mensagem escrita, fazia a promessa de visitá-la no dia de seu desposório, se prorrogassem duas luas mais a data, para que coincidisse com o tempo em que ele devia encontrar-se com o grande Príncipe do Norte, Lugal Marada, nas pradarias do país de Nairi. Para então preparariam também um reforço de pessoal com elementos vindos dos santuários de Negadá, para a finalidade que haviam insinuado Núbia e os kobdas companheiros, que, em tão vasto campo de trabalho, se viam atormentados pela impossibilidade de atender a todas as necessidades de ordem espiritual e material. Quando a reunião estava por terminar, chegaram agitadas e apressadas três jovens kobdas, companheiras de Mabi, que juntamente com ela e sua irmã tinham vestido a túnica azulada, e traziam uma caixa de couro de búfalo lustrada em negro e com aplicações de cobre. Nela estava encerrada uma coleção de túnicas azuladas tecidas por elas e de diversas medidas e qualidades, em lã e algodão, e cada uma levava uma etiqueta indicando algo que encheria de satisfação a alma dos kobdas desterrados:

"Tecida com lã dos cordeirinhos de Abel, fiada por Évana e Ada."

"Tecida com algodão fiado e tecido há anos por nossa amada Shiva."

"Tecida pelas velhinhas que Mabi recolheu antes de partir."

Em tal estilo eram as diversas indicações que ilustravam aquela variedade de túnicas para os desterrados entre um povo estrangeiro e nômade, no meio do qual os kobdas se veriam em dificuldade para proporcionar a si mesmos sua vestimenta habitual.

A TRIBO DE ASAGG

Quem era Asagg? Era um espírito originário de Urano que se encontrou no planeta Terra em viagem astral de exploração astronômica. Era membro entusiasta de uma Escola de Estudos Siderais, ou como dizemos vulgarmente, fazia parte de uma Academia de Astronomia. Tivera naquela aula uma forte polêmica sobre as manchas que se observavam no disco resplandecente do Sol; desejoso de chegar ao mais acertado juízo e conhecedor das faculdades do espírito para se afastar do corpo e ir para determinados lugares, propôs a si mesmo fazer ensaios que depois de muito tempo lhe deram resultado. Estava no último período do longo inverno de seu planeta; os habitantes lutavam contra a neve para evitar as conseqüências dos grandes desmoronamentos que logicamente ocorrem, causando perda de vidas e catástrofes sem conta.

Asagg deixou seu corpo adormecido em seu próprio observatório e, ajudado por psíquicos experimentados, estendeu seu vôo para o astro soberano do nosso sistema para averiguar, se fosse possível, a natureza de suas manchas. Sua surpresa foi enorme ao certificar-se, pela aproximação, de que uma daquelas manchas era um pequeno planeta a girar em torno do grande Sol em cujos incêndios de luz e calor se achava envolvido.

Que descobrimento colossal para o jovem astrônomo uraniano, que poderia apontar a seus velhos professores seu grosseiro erro ao qualificar de mancha solar todo um mundo povoado de seres de toda espécie, e ainda de seres inteligentes capazes de pensar, amar e compreender! Mas eis que sua vaidade não devia ficar satisfeita por obra e graça de um enorme bloco de neve que se despenhou sobre sua casa, na qual habitava sozinho com sua mãe anciã, a qual foi afastada propositadamente pelo filho com o fim de que nenhum ruído perturbasse seu sono, ainda que este se prolongasse além do normal. Sem dúvida, o ruído espantoso causado pelo gelado bloco ao cair sobre a vivenda produziu-lhe a morte instantânea. Não sentia a atração material da vida física e, por outro lado, uma vaga perturbação o envolveu repentinamente, até que, passado certo tempo, esclareceu-se novamente sua consciência e as Inteligências unidas à evolução deste planeta ajudaram-no a compreender o que ocorrera.

Asagg pensou para si mesmo: "Visto que não me é possível continuar vivendo naquele pobre corpo, ficarei por enquanto nesta *mancha do Sol*, a qual é na verdade um planeta pequeno, mas cheio de vida e belezas, cujas condições atmosféricas e astrais oferecem vantagem apreciável para mim.*" E ficou neste planeta por muitos séculos, se bem que fazendo excursões astrais de tanto em tanto ao seu mundo de origem, numa das quais pôde fazer chegar a seus companheiros a notícia de sua magna descoberta. Mas os velhos professores daquela Academia eram como os inumeráveis sábios desta Terra: não aceitavam mensagens dos mortos cuja realidade científica não podiam na época comprovar.

Profundamente ferido em seu amor-próprio por aquela negação *a priori* do que ele apalpara como uma grande verdade, Asagg retornou para esta Terra, onde consagrou suas atividades a diversas fases das Civilizações pelas quais ia passando.**

Atraiu para si muitos espíritos de seu planeta de origem e, como existe lá mais desenvolvimento do sentimento fraternal e de companheirismo, encarnaram todos em conjunto nos países do Norte, que hoje são a Suécia, a Noruega e a Rússia Austral, porque encontraram talvez mais condições afins com seus costumes e gênero de vida uraniana: serenos, tranqüilos e sóbrios, com mais clara noção dos deveres impostos pela solidariedade entre todos os habitantes de um mesmo mundo e ainda entre todos os globos que povoam o vasto universo.

Tal era o gênio tutelar do povo circassiano, no meio do qual se encontraram os kobdas sem havê-lo buscado nem desejado. Isto ocorreu pela vinculação astral e remota com Jobed, que não só era dessa raça e dessas regiões, como era também uraniano dos atraídos por Asagg ao globo terrestre. Como todos eram seres já com acentuados impulsos para o bem e a justiça, ao encontrar-se neste planeta, por lógica natural procuraram unir-se às falanges de espíritos conscientes da Eterna Verdade, e eis aqui o caminho por onde se encontraram com os seguidores do Homem-Luz, do Guia e Instrutor desta humanidade. Asagg conhecia, pois, desde tempos remotos, ou seja, desde a época de Juno, os caminhos da evolução humana, a qual ele impulsionava e dirigia, e se achava fortemente vinculado a todos os discípulos e continuadores da obra do Grande Mestre.

Asagg, fiel à missão, guiava aquela porção de humanidade uraniana radicada neste globo para que cooperasse também pela evolução conjunta, e, em tal sentido, a impulsionava a se reunir com os *homens da luz*, como designavam os kobdas.

Havendo simultaneamente uma justiça a ser cumprida entre Mabi e Vladiko, pelas razões que o leitor já conhece, Asagg quis valer-se do impetuoso e ardente amor do venusiano Vladiko para pôr em contato os Filhos de Numu com sua raça protegida. Semelhantes no sentir e no pensar, os de Urano e os de Vênus, vemo-los neste caso formar uma civilização conjunta, aproximando-se com isto da grande solidariedade universal para a qual nos encaminhamos, embora com passos demasiado lentos em nosso parecer de habitantes desta pequena Terra, que tudo queremos numa única vida, para não dizer num só dia.

---

* Esta mancha de Sol era o planeta Terra, que de vários planetas deste sistema solar aparece como uma mancha sobre o disco do Sol, segundo o ponto de onde seja observado.

** Atualmente encarnado num sábio inglês muito admirado no mundo científico.

Quase todos os espíritos que escolheram e adotaram como caminho de sua evolução o estudo sideral são viajantes do espaço infinito, que tratam de percorrer em todas as direções, procurando com insaciável afã ampliar seus conhecimentos referentes às vidas milenares de estrelas e sóis.

O espírito Asagg era uma dessas inquietas mariposas celestes que vão absorvendo continuamente o néctar nas flores de luz acesas aos milhões pela inesgotável Energia Criadora da Eterna Potência.

Havendo descoberto, em suas longas e contínuas explorações siderais, que em outros sistemas planetários estava já estabelecida a solidariedade entre as humanidades que os povoavam, aspirava grandemente a estabelecê-la no nosso, e, ao formar um agrupamento encarnado na Terra, o impulsionava para os kobdas semeadores da fraternidade nessa época da vida terrestre, como lutava em seus períodos de espírito livre no espaço para formar um grande agrupamento de seres desencarnados de diversos planetas e sistemas, propendendo para a grande solidariedade universal.

— É a única forma — dizia Asagg — de levar a cada globo a notícia da vida nos demais e de sair da errônea concepção que formamos da vida espiritual eterna. A evolução das humanidades fica retardada imensamente pelo errado conceito do absoluto em cada globo. Os uranianos, por exemplo, julgam que seu globo é o soberano centro do Universo, e, com exceção dos poucos observadores estudiosos, julga-se o mesmo de igual maneira nesta Terra, cujos habitantes têm a vaidosa e louca pretensão de ser os reis da criação.

"Daqui surgem as tiranias dogmáticas, com todo o seu cortejo de intransigências e furor, querendo subjugar em seu punho de ferro todos os pensamentos e todas as consciências.

"Em nosso pequeno sistema planetário" — continuava palestrando Asagg com seus companheiros de estudos siderais — "só Júpiter, Vênus e Aquamundi entraram completamente pela porta de ouro da Verdade no grande templo da Sabedoria. Lá não se diz, como nos globos habitados por humanidades ainda ignorantes da infinita multiplicidade de mundos habitados: '*Somos os reis da Criação*'; nem lá se levantam seitas religiosas com hierarquias sacerdotais, cujo chefe supremo se qualifique, com orgulho inaudito, representante único de toda a grandeza, de todo o poder, de toda a autoridade da Divindade.

"— Vinde, vinde, por piedade" — disse Asagg aos espíritos originários de Júpiter, Vênus e Netuno — "vinde encarnar nesta Terra, em Urano, Marte, Mercúrio, Saturno, no vasto arquipélago de nossos asteróides, onde as humanidades se odeiam, se despedaçam, crendo-se os mais fortes, os únicos seres capacitados para ser os senhores do que eles chamam seu mundo central, sua posse eterna de toda a criação, sua soberania infinita sobre tudo quanto vive e respira."

Tomando nós, amigo leitor, as palestras astrais de Asagg, devemos condoer-nos da sombria ignorância dos dirigentes da evolução espiritual terrestre, que ainda ousam proclamar tão desastroso e errado princípio e ainda têm sobre clâmide de púrpura as manchas de sangue dos milhares de mártires da verdade e da ciência, que tiveram a coragem de pensar e afirmar que esta Terra é uma noz flutuando no espaço entre a infinita multiplicidade de globos habitados.

Reis-sacerdotes, obrigando as sociedades a render-lhes uma adoração como a verdadeiras divindades, foram, em todas as épocas que passaram sobre esta Terra, os causadores das guerras fratricidas, da dor, da ignorância e de todos os ódios que encadeiam ainda esta humanidade que se deixa arrastar manietada à carruagem de ouro do egoísmo brutal. Se os dirigentes da evolução espiritual deixassem transluzir a *Grande Verdade* para as multidões, dizendo: "Somos uma colônia de lavradores nesta Terra, somos abelhinhas emigrantes de outros globos que pousamos nosso pé neste pequeno planeta, talvez por breve tempo e para cooperar no progresso universal, no amor universal", seria possível, pergunto, que uma educação baseada em tais princípios pudesse conviver com o feroz egoísmo formado por toda espécie de tirania e despotismo, acendendo todas as ambições e precipitando os seres na vertigem de todos os crimes? Certamente que não. Eis aqui por que os que se arvoraram em chefes supremos da humanidade, com todos os poderes divinos, estão empenhados em que a *Grande Verdade* se mantenha oculta; e até quando os séculos passam e passam, eles sempre evocam o mesmo motivo: *a humanidade não está preparada para estes conhecimentos.*

É a humanidade que não está preparada, pergunto eu, ou sois vós, chamados únicos representantes de Deus, que não quereis abandonar a vossa ridícula e fictícia representação?

Pensai apenas um momento que em Marte, Urano e Mercúrio, nossos vizinhos, haverá também, talvez, seres que se denominam Chefes Supremos, representantes da Divindade sobre todas as almas; e pode ser que isto vos dê a tentação de exteriorizar o vosso desgosto com anátemas por tamanho desacato à vossa suprema autoridade. Se o vosso dogma, se o vosso credo, se a vossa Igreja é a única verdadeira e eterna existente no Universo, como vos arranjareis para fazer entrar em vosso círculo todas as almas encarnadas em todos os planetas que Deus semeou como pó de ouro no vasto Universo?

Acreditai em mim! Para o ser que já descobriu a verdade, a vossa chefia suprema e absoluta sobre o Universo é tão fictícia quanto o efêmero reinado de um palhaço numa noite de apresentação teatral.

Quão grande e excelsa é, em compensação, a missão verdadeiramente civilizadora dos astrônomos encarnados em todos os planetas, pois são os avançados pregoeiros da Grande Verdade, através da qual todas as inteligências se iluminam com a clara visão da infinita majestade de Deus como Causa Suprema, como Eterna Energia Criadora, como Ilimitado Poder!

Inclinemo-nos ante esses iluminados paladinos da Verdade, que, como a Asagg da tribo circassiana de Vladiko, voam como borboletinhas pelas flores de luz do espaço infinito, para contar aos seres de todos os mundos a grandiosa epopéia da vida universal.

A VOLTA DOS MENSAGEIROS

Ela foi para os kobdas desterrados como um imenso abraço no qual sentiram bater os corações que lhes eram tão ternamente amados. Precisaram usar de toda a sua serenidade e domínio interior para não se sentir sacudidos por tão variadas e fortes impressões. Vagos indícios haviam tido por via espiritual dos acontecimentos ocorridos, mas a confirmação no plano físico produz as mesmas vibrações de dor ou felicidade dos acontecimentos e pensamentos que os animaram.

A desencarnação de Shiva e a dor da jovem Hélia ao ver-se afastada para sempre do meigo ninho de seus amores mais profundos nas margens do Eufrates; a tragédia que Iber suportara no Monte Kasson, em razão da qual se achava ainda profundamente afetado em seu corpo físico; a partida de Sisedon ao plano espiritual sem que eles pudessem dizer-lhe o profundo e significativo *até logo*; e, unido a tudo isto, um acúmulo de detalhes e circunstâncias que exigiam mais ou menos imperiosamente a ocupação do pensamento e da vontade dos kobdas.

Mabi, como a mais jovem de todos eles, e de mais viva e inquieta imaginação, foi a mais abalada pelas múltiplas impressões que surgiram dos tubos de cobre trazidos pelos mensageiros de tão longas distâncias.

O acampamento circassiano havia mudado notavelmente de aspecto durante as duas luas transcorridas.

Vladiko, o brusco e furibundo Vladiko, transformara-se num jovem alegre e vivaz, dócil instrumento do pensamento e da vontade dos kobdas, que pela persuasão conseguiam dele o quanto queriam. Ajustava-se-lhe perfeitamente o meigo qualificativo de *menino* com que os kobdas anciãos o chamavam na intimidade e quando o povo estava longe.

— Eu não tive infância, adolescência ou juventude. Agora começo a desfrutar das delícias da infância e da adolescência — respondia quando Mabi ou seus irmãos o advertiam de algum detalhe ou fato que punha quase em ridículo sua seriedade de Scheiffa, chefe supremo de um povo numeroso.

Vamos referir um deles para que o leitor faça um estudo comparativo entre o Vladiko que conheceu à chegada dos kobdas e o Vladiko amado e feliz do momento presente.

Tinha sido aberta uma grande aula para explicar a Lei Divina às mulheres e aos homens, de forma que as grandes verdades conhecidas pelos kobdas fossem compreendidas por todo aquele povo. Núbia e Mabi ensinavam às mulheres três dias na semana e nos outros três dias os kobdas ensinavam aos homens.

Ocorreu que, num dia de instrução das mulheres, Vladiko, disfarçado com as roupas de uma das anciãs cegas pelas quais Mabi tinha grande predileção, apresentou-se para a instrução confundido entre a multidão.

Foi o primeiro a chegar e, quieto num cantinho, esperava a palavra de Asagg. Núbia e Mabi dominavam já em certa medida o idioma daquela gente, ou seja, o suficiente para fazer-se compreender por ela.

Quando a jovem kobda explicava a forma de evolução das almas através das espécies inferiores, dizendo:

— Todo animalzinho é uma criatura de Deus, e não só não deveis fazê-los padecer inutilmente, como deveis propender a tornar mais agradável a vida deles, a fim de que quando chegarem a ser homens, não haja neles nada de rebeldia nem de ódio. Tal é a forma de preparar em suas mais remotas origens a fraternidade das humanidades futuras...

Nesse preciso momento, a *velhinha cega*, que tudo havia preparado de antemão, e junto com outras auxiliares que tinha, soltou no recinto uma boa porção de inquietos e brincalhões esquilos brancos e negros, dessa diminuta espécie que tanto abundava entre aquela povoação. Subindo nas cortinas, nas paredes, nas portas e até nas cabeças das participantes, deram motivo a uma explosão de risos e correrias de um extremo para o outro da grande sala. Foi impossível continuar naquele dia a instrução, que, por força, teve que se transformar em hora de riso e diversão ante o espetáculo dos travessos e brincalhões equilibristas que tão insensivelmente se introduziram na severa reunião.

A velhinha, autora de tamanha travessura, tinha desaparecido favorecida pelos tumultos, e as kobdas, incapazes de acalmar aquela tempestade de risos, tiveram que conformar-se em participar da tumultuosa alegria geral.

— É o Scheiffa que voltou a ser menino e nos obriga a associar-nos à felicidade que sorri dentro dele — começou-se a sussurrar entre aquela afluência feminina. Quando cada família voltou para a sua casa, logo foi coisa de domínio público que Vladiko, disfarçado de velhinha cega, tinha sido o autor daquela travessura.

Quando chegou a hora da visita diária que fazia a Mabi, depois de cantado o hino da tarde, ela, tomando uma atitude de seriedade e disposta a fazer uma exemplar justiça, disse:

— E agora, senhor revoltoso, que mereceis que vos faça?

— O que quiseres, senhora mestra — respondeu Vladiko, fazendo grandes esforços para conter o riso.

— Continuando assim, ides ficando insuportável. Acaso não havia outro momento para rir e brincar? Observai que sois um chefe de povo e agis como uma criança brincalhona — continuou dizendo a jovem kobda.

— Perdoa-me, Mabi — disse finalmente Vladiko, tornando-se sério repentinamente conforme era o seu caráter. — Lembra-te que fui tão desventurado antes de conhecer-te que o meu coração estava seco e entorpecido de espanto e frio, e que hoje a felicidade de saber que sou amado por ti explode dentro do meu próprio ser e me força a fazer loucuras, provocando riso e alegria em todos, porque parece que a minha alma necessitava dessa explosão de felicidade nos demais.

— Está bem, eu vos perdôo desta vez, mas que não volte a se repetir — disse Mabi. — E vos imponho uma dura penitência.

— De verdade? É possível? — perguntou o Scheiffa, demonstrando um medo e um susto que não sentia. — Por piedade, não sejas tão severa com este pobre delinqüente.

— Eu o serei e muito. Já o verás. Daqui a seis dias completa seus vinte e três anos de vida terrestre o meu irmão Abel, e eu quero inaugurar nesse dia a Tenda-Santuário que está sendo construída, para atrair seu espírito em tal dia e para o sentirmos espiritualmente ao nosso lado. Se, em vez de andar recolhendo esquilos para fazer uma travessura, vos dispuserdes com empenho a apressar os trabalhos, ficarei imensamente grata, pois observei que a Tenda-Santuário só necessita de pequenos detalhes para estar pronta. Com isto já sabeis que esse é o meu castigo pelo vosso desacato à minha autoridade de mestra do vosso povo.

— Verdadeiramente estás zangada, Mabi?

— Um pouquinho... um pouquinho!... — respondeu sorridente a jovem kobda, que tampouco podia subtrair-se à lembrança das cômicas cenas provocadas pelos animaizinhos travessos saltando pelas cabeças das mulheres assistentes da reunião.

A visita de Vladiko terminou com a leitura dos papiros que Mabi havia recebido dos três pontos para onde foram os mensageiros.

As ternuras de sua irmã Hélia, que detalhava sua vida entre seu pai e Abel e seus temores relativos ao momento em que este se ausentasse do seu lado ao regressar a "A Paz", comoviam profundamente a alma de Mabi que tão intimamente conhecia sua irmã. As confidências reflexivas e profundas de seu irmão Iber, que tamanho caudal de experiência tinha acumulado nos anos que vinha suportando a pesada carga de dirigir um povo, enchia a alma da jovem de ansiosos pensamentos relacionados com sua própria vida. Finalmente, os transbordamentos de amor e ternura que lhe chegavam de seu ninho natal em "A Paz" emocionaram-na tão profundamente que acabou regando com lágrimas de emoção e ternura aqueles longos papiros onde via flutuar as almas que lhe eram amadas. Para obrigá-la novamente a rir, quando ela estava absorvida em alguma leitura comovente, num abrir e fechar de olhos Vladiko vestia uma das túnicas vindas do Eufrates, a mais curta de todas, que somente lhe chegava aos joelhos, prendia em sua própria cabeça um véu de mulher kobda e, com uma comicidade até então desconhecida nele, aproximava-se com um turíbulo queimando perfumes ao mesmo tempo que lhe dizia:

— Que suba até Numu a minha felicidade de viver!

A partir desse momento, uma extraordinária animação pôs em atividade aquela gente ordinariamente tão passiva e sossegada. Não somente era esperada a visita do Thidalá do Eufrates e do Nilo, como também a daquele outro poderoso Chefe do Norte, Lugal Marada, que haviam escolhido esse formoso vale das Montanhas Sagron para a entrevista a realizar.

Os Kobdas da Montanha

Enquanto isto ocorria entre a grande tribo nômade de Asagg, do outro lado da grande montanha, ou seja, em Num-ma-ki, junto ao lago Uran, desenrolavam-se outros acontecimentos. Tinham chegado mensageiros do santuário kobda estabelecido havia três séculos entre o labirinto de formosas e férteis montanhas do sudeste do Mar Cáspio. Já que tão próximo se achava pediam a Abel uma visita, para o que enviavam homens de toda a confiança e excelentes cavalgaduras, habituadas a caminhar pelos desfiladeiros e vertentes.

Desde há tempos tinham aqueles kobdas comunicação freqüente com Shiva, a qual pensara em trazer para Num-ma-ki um reforço de pessoal para que a ajudasse na instrução de seu povo.

Os anciãos kobdas, conselheiros e auxiliares que haviam sido de Shiva, estavam chegando já à condição de *Livros Vivos* em razão do esgotamento de suas forças físicas; e a jovem Hélia, já que sua lei a forçava a ficar à frente daquele povo, pedia também a segurança e o consolo de ter junto de si uma boa porção dos Filhos de Numu. Em quem senão neles poderia confiar a jovem soberana do país de Num-ma-ki?

Estas razões foram suficientemente poderosas para impelir Abel a empreender a viagem que, entre ida e volta, empregaria uma lua. Tinha verdadeiramente grande desejo de conhecer a obra realizada pelos *kobdas da montanha*, como chamavam os do Mar Cáspio, entre os quais se achavam vários que lhe eram conhecidos e quase familiares através de seus irmãos de Negadá e do Eufrates. Viviam ali dois irmãos mais jovens de Adonai, o filho primogênito da anciã Elhisa, que, como seu irmão Elhizer, se refugiara no santuário kobda deixando a seus filhos o cuidado do povo.

No santuário de mulheres encontravam-se as esposas e escravas que tinham sido de Selyman, as berecinas e escravas do filho de Elhisa, as sobrinhas e irmãs do velhinho Sênio, que era originário daqueles países e que, com a força de seu pensamento cheio de amor, havia encaminhado para a Luz todos os seres que se aproximaram para pedir-lhe amparo e proteção.

Os kobdas, que com Abel saíram do Eufrates, acompanharam-no também nesta curta viagem, que foi costeando a grande montanha que hoje se chama Elburz e naquela época Albores, aludindo sem dúvida ao fato de que suas altas cristas, coroadas de neve, apareciam até enorme distância tingidas de rosa e ouro ao amanhecer e ao pôr-do-sol. Antes de chegar ao santuário deviam passar pela cidade fundada pelos kobdas denominada Soldan, nome que tivera um avô de Sênio, dono daquela região e grande auxiliar dos Filhos de Numu em suas obras de misericórdia e piedade para com os inválidos.

Embora o santuário se encontrasse a duas milhas montanha adentro, foi conhecido também com o nome daquela cidade e se dizia para designá-los: os kobdas montanheses ou os kobdas de Soldan.

Era esta cidade, como todas as de montanha, lavrada nas rochas da encosta sudeste da grande cordilheira, cuja maravilhosa fertilidade cobria de vegetação, como jardins suspensos, as paredes e os tetos, não aparecendo senão as cavidades das portas como únicos lugares vazios do verde e da florida folhagem que invadia tudo. A cidade toda parecia um parque ao qual davam maior encanto e originalidade as alterações do terreno e o nível desigual das habitações, ruas e caminhos. Era muito freqüente ver que o pátio, que se abria ante a entrada de uma habitação, era o teto de pedra de outras.

Contudo, esta Soldan parecia ser uma colossal escadaria construída para gigantes subir. O fato era que os soldaneses foram utilizando os entrecortados altiplanos da própria montanha para edificar suas casas, de forma a se ver fortemente protegidos pelas mesmas serranias das quais dominavam a planície e entre as quais se encontravam amuralhados.

Era um grande ramo da raça ária a que povoava aquela região, e o chefe era um sobrinho do kobda Erech que, como se sabe, havia fugido dessa região com sua mãe Nolis, perseguido pela rainha guerreira Shamurance. Era membro da tribo de Soldan e por enlaces matrimoniais tinha posto o governo daquele povo nas mãos de um sobrinho seu de nome Batro, que mantinha boa amizade com os kobdas, embora não fosse homem de grandes ideais nem capaz de atividades de ordem superior.

De formoso aspecto e caráter bondoso e pacífico, aqueles soldaneses viviam consagrados à vida íntima do lar que era para cada qual seu templo, seu laboratório, seu mundo único de atividade. Cada família era como uma pequena colônia que buscava bastar-se a si mesma. De suas cabras, ovelhas, oliveiras e vinhas tirava toda a sua vida. O resto do mundo não lhe interessava absolutamente. Era, pois, algo muito desonroso um homem ou mulher pedir socorro aos demais; porque, segundo eles, as necessidades de cada qual jamais deviam aparecer, a não ser no seio da família, ainda que fosse a quarta ou quinta geração.

Com este hermetismo familiar absolutamente fechado tiveram os kobdas montanheses que lutar. Como fazer-lhes compreender que todos os seres humanos deviam amar-se e proteger-se mutuamente?

Até seus gênios tutelares ou deuses eram propriedade de cada família, e era considerado como uma grande usurpação, como um latrocínio horrível, invocar um gênio ou deus que não fosse o seu, herdado de seus distantes bisavós.

Os kobdas foram considerados ali como estrangeiros até que indivíduos de todas as famílias se viram forçados por acontecimentos dolorosos a refugiar-se na Casa de Numu, cuja elevada sabedoria foi derramando-se lentamente entre os soldaneses que, apesar de conservar cada qual a forte tendência para os vínculos familiares, pelo menos chegaram a aceitar que um só "*Ahura-Manda*", o Eterno, era o Soberano Princípio de todas as coisas e pai de todos os deuses familiares. Assim vemos que foram os kobdas montanheses que prepararam o terreno para a elevada doutrina de Zoroastro, o grande apóstolo do Irã antigo.

Desta tribo ou raça soldanesa emigraram grandes ramificações nos séculos que seguiram à civilização kobda, e uns foram para leste, para os vales do Indo, e se conservam ainda nos parsis daquela região hoje compreendida na Índia Oriental; os outros emigraram para o oeste e deram origem aos bretões, franceses, suíços e holandeses da atualidade.

O culto da família e do lar persiste ainda vigoroso e forte em todas as raças que derivaram dos formosos e tranqüilos soldaneses, que viviam sua vida patriarcal aprazível e serena nos flancos do monte Albor, cujo nome parecia de acordo com o amanhecer para a verdade e para a luz que os kobdas acenderam entre aquela formosa e exuberante natureza.

— Desde que *Ahura-Manda* submergiu no abismo o gênio mau que açoitou esta terra (aludiam a Shamurance) tudo é calma e sossego em nosso país — diziam invariavelmente os soldaneses a todo estrangeiro que os interrogava sobre a orientação de suas atividades e vidas.

Imediatamente se conclui que os kobdas de Soldan não tinham podido realizar uma obra de vasto alcance como os de Negadá e do Eufrates, e que por muito tempo haviam permanecido dispersos nas mais afastadas cavernas daquele labirinto de montanhas sem dar sinais de vida, julgando-se aniquilados uns e outros.

A época em que o kobda Erech e Nolis, sua mãe, fugiram para o sul, tinha sido para os soldaneses como o passar de um vendaval de sangue e fogo, pois a Rainha Guerreira fez uma excursão pilhando escravos, animais e frutos da terra. Para salvar suas vidas, o povo e os kobdas abandonaram tudo, refugiando-se nas cavernas da montanha.

Quantos sacrifícios e dores haviam passado até reunir-se novamente e resgatar os que tinham sido feito escravos por aquela perversa mulher, cuja tirânica vontade não encontrava barreiras para contê-la!

Os soldaneses chegaram a venerar os kobdas como gênios benéficos postos por Ahura-Manda em sua terra para dar-lhes a abundância e a paz, pois estavam a par de que eles tinham vencido a maligna mulher, encarnação do Gênio do Mal.

Kobdas e povo acabavam de entrar numa era de paz e prosperidade depois de longos anos de reconstrução do que aquele torvelinho de horrores havia destruído.

Os Filhos de Numu, com inaudita paciência, tinham desenterrado dentre as rochas o que puderam salvar de seu Arquivo das Idades e de todas as suas obras de metalurgia, a que se dedicaram com preferência pela abundância de material que as montanhas lhes obsequiavam.

Os anciãos que tinham visto passar aqueles dias como uma hecatombe de sangue disseram a Abel:

— "Extrair do fundo de todas as coisas o que de mais formoso existe nelas", diz a nossa Lei; e, não podendo viver à luz do Sol nem do ar destas montanhas, sepultamo-nos nas entranhas da rocha e extraímos a beleza e a bondade. — E mostraram-lhe lâminas de cobre e de diversos tipos de pedras ou de pastas elaboradas com certa argila vermelha que se encontrava em lagos subterrâneos e que, seca ao Sol, adquiria uma consistência semelhante à do ladrilho que nós conhecemos. Todas aquelas lâminas estavam gravadas e contavam longas e emocionantes histórias que o fogo não podia destruir como destruíra os papiros ou as telas enceradas nas quais eles anteriormente tinham escrito seu Arquivo.

— Julgávamos ser por todo o resto de nossa vida atual — disseram os anciãos — os kobdas subterrâneos; alguns de nós passamos onze anos sem ver a luz da superfície a não ser às escondidas, pois os caça-homens da rainha pirata vigiavam as saídas e os caminhos da montanha. Alguns tiveram a sorte de ficar juntos em pequenos grupos de dois, três ou quatro, contudo outros estavam cada qual solitário em sua caverna, alimentando-se como podiam de sementes ou frutos silvestres, de raízes e ovos de pássaros, até que nossos irmãos desencarnados começaram a dar-nos notícias nos sonhos a uns e outros de que estávamos vivos e salvos, disseminados na montanha.

"Os que primeiramente foram recebendo os avisos começaram a fazer excursões ao amanhecer e ao cair da tarde, hora em que se retiravam os caçadores da rainha. Oh, bendito jovem! Então não havíeis ainda chegado a esta Terra, que parecia desfazer-se de angústia em todas as formas nas quais pode padecer a alma que está encarnada.

"Alguns dos kobdas mais anciãos não resistiram a tão terrível vida, e foram encontrados secos como múmias na profundeza das cavernas. Ao lado de cada esqueleto era encontrado algum sinal, uma gravação na própria rocha com o nome e alguns detalhes da tragédia. Essas mesmas gravações demonstravam ainda a íntima convicção de nossos irmãos de que eram membros de uma aliança redentora combatida pelas forças do mal que vinham para desalojá-la da Terra.

"Só dois casos pudemos observar de um desespero que até hoje nos causa intensa dor.

"Junto ao nome do kobda morto havia frases de desespero e angústia como estas:

" 'Justiça Divina! Eu te busco e não te encontro! Amor Eterno! Eu te chamo e não me respondes! Quais são os seres inteligentes com alma-razão, e quais as feras com alma-instinto? Enganei-me de caminho ou equivoquei-me de ideal. Buscador do amor, não era esta Terra o meu campo. O ódio e a força bruta são os ideais deste planeta. Sofrer por algo, se compreende, mas sofrer por nada e para nada, não pode ser.'

"Todos os indícios nestes dois casos apontam para o suicídio, sabe-se lá por que meios. Ambos os esqueletos se achavam em posição desordenada e violenta, enquanto os outros surgiam estendidos horizontalmente no lugar mais apropriado para leito e ainda apresentavam restos das peles e mantas de que se haviam servido como cobertas.

"Comoviam algumas inscrições cheias de grandeza na dor.

" 'Numa vida anterior' — dizia uma — 'sei que fui um chefe de tribo que fez morrer amarrados em cavernas os maridos ou pais de donzelas que me interessavam, ou escravos que me causavam aborrecimentos. É Justiça Divina que sem nenhuma cadeia que me amarre, morra também eu no fundo de uma caverna, atacado pela paralisia a me impedir de buscar alimento. Justiça Eterna! Que a minha dor desta hora apague tudo o que causou um dia a minha inconsciência!' "

Os kobdas que permaneciam no santuário da montanha não eram senão duzentos e sessenta, pois os outros residiam em Casas-Refúgio entre as aldeias e povoações vizinhas, desde que a Grande Aliança do Eufrates e do Nilo havia conseguido tranqüilizar todos aqueles povos entregues na época à vida normal de trabalho.

No santuário permaneciam só os sensitivos, os arquivistas e os que estavam consagrados ao estudo das ciências daquela época, cujos ramos mais vulgarizados eram a Astronomia, a Botânica, a Química e a Mineralogia em relação com as necessidades da humanidade da época. Havia também postulantes que começavam sua vida espiritual e Livros Vivos que a estavam terminando.

Abel, com muita graça e sutileza, disse:

— Até agora conheci o amor dos kobdas das pradarias do Eufrates e do Nilo; vou conhecer agora o amor dos kobdas da montanha.

— Será um amor duro e pesado como a rocha, meu filho — respondeu o Pharaome, naquela época um irmão daquela Nolis, mãe do kobda Erech, cujos parentes, juntamente com os de Sênio e de Adonai, o Pharaome de Negadá, formavam quase todos os povos que rodeavam o santuário. Eram três grandes tribos da mesma raça as que, em aliança com os kobdas, encaminhavam aquela porção de humanidade terrestre pelos caminhos da civilização e do progresso.

Este Pharaome chamava-se Sodoman e era homem ainda jovem, pois contava só cinqüenta e dois anos de idade. Quando Abel o interrogou sobre as atividades às quais havia dedicado sua vida, respondeu:

— Afeiçoei-me aos caminhos de Antúlio e escolhi a rota dos astros e o coração dos homens para empregar neles esta etapa da minha vida eterna.

— Conseguistes avançar muito? — interrogou o jovem kobda, ansioso como sempre pelos raios de luz que pudesse recolher de seus sábios irmãos.

— Não, meu filho — respondeu Sodoman. — Acredito que os mundos siderais me deram o quanto deles é possível perceber na atualidade; e isso porque estão tão longe!... Mas o coração do homem é uma selva tão emaranhada e selvagem que por ela se avança quase em trevas, porque pouquíssimas tochas resistem aos furacões desencadeados nela.

"Penso que passar-se-ão ainda muitos séculos antes que os buscadores da verdade possam dizer cientificamente que possuem todo o segredo da alma humana em relação com a Causa Suprema, com as humanidades de outros mundos, na infinita sucessão de idades e séculos que passaram e que passarão até chegar...

Como o Pharaome deixou em suspenso a frase, Abel interrogou-o:

— Até chegar a quê?

— Temi causar-vos desencanto e dor; és ainda tão jovem! Ia dizer até chegar à compreensão do Bem e da Justiça, da qual há apenas uma ligeira noção entre reduzidos grupos da humanidade terrestre.

— Como, Pharaome? Como? Em vinte e quatro anos da minha existência, vi tanto Bem, tanta Justiça e tanto Amor ao meu redor! — exclamou Abel, assombrado das amargas frases de Sodoman.

— Oh, meu filho!... Até hoje só escutaste os cantos de amor de Bohindra e não respiraste outra atmosfera além das brisas suaves e perfumadas dos cedros de "A Paz", nas margens do Eufrates e nas pradarias do Nilo, onde mil e duzentos anos de amor e sacrifício dos kobdas purificaram até as raízes dos bosques, as ervas dos campos e as areias dos rios. Contudo, os vales de Negadá e os vales de "A Paz" não são a humanidade terrestre, meu filho. Foram reunidos nessas duas regiões legiões de espíritos vindos de outros planetas na qualidade de missionários que se agruparam para impulsionar novamente esta humanidade grosseira e primitiva. A

Eterna Lei te fez aparecer entre essa escolhida porção para que assim se cumpra os seus secretos desígnios.

"Mas, não!... Tua face torna-se pálida... Teus olhos enchem-se como de um abismo de terror... Ainda não é a hora, jovem bendito, de que a tua alma de rolinha vislumbre as negruras do coração humano terrestre!"

— Oh, quão grande e sublime é o amor dos kobdas da montanha, duro e tenaz, invencível como as rochas sobre as quais vivem!... — exclamou Abel, reagindo à dura impressão que as palavras rudes e frias de Sodoman lhe haviam causado.

— Já te disse que é um amor rochoso, duro e pesado como a pedra — respondeu o Pharaome enquanto lhe entregava uma grossa capa azulada como costumavam usar ali na temporada de frios intensos. — Cobre-te — disse. — Vamos conhecer esta casa e os teus irmãos que estão terminando a Assembléia de Consultas, pois a tua chegada aqui era esperada ao ocaso e madrugaste.

Os kobdas companheiros de viagem de Abel já se encontravam junto dos outros na grande sala das assembléias.

Um deles disse ao vê-lo chegar:

— Aqui, como lá, sois o mais jovem em idade. E é assim que por enquanto, senhor delegado do Thidalá, continuais sendo um garotinho. Com isto, *menino*, vamos brincar, pois aqui a gente é demasiado rude e grave, pois todos estão contagiados das rochas, e é necessário extrair deles o riso e a alegria como se extrai o mel de um favo fechado.

Todos celebraram a brincadeira, e o amor rochoso dos kobdas da montanha traduziu-se em longos abraços no Bem-Aventurado que, em toda parte, aparecia como a luz do amanhecer no meio das trevas.

O KOBDA ARQUIVISTA

— São muito pobres os kobdas montanheses — disse o Pharaome Sodoman a Abel e seus companheiros, enquanto iam percorrendo os diversos compartimentos do santuário. — Para quem viu Negadá e vive em "A Paz", esta deve parecer-lhe uma desmantelada habitação de caverna. Refiro-me às riquezas de ordem espiritual, bem o compreendes, pois, quanto à forma exterior de vida, é mais ou menos igual à de lá.

"Destruído e dispersado por vários anos, nosso Arquivo das Idades foi ficando reduzido a estas pilhas de lâminas de pedra ou de cobre, onde só temos podido conservar nomes, datas e breves detalhes de vidas anteriores dos que passaram por estas abóbadas. Compreenderás perfeitamente que escrever em pedra ou em metal não é escrever num papiro ou numa tela encerada. Somente agora que julgamos mais segura a nossa vida começamos a formar o Arquivo de rolos de papiro tal como tens em Negadá e em 'A Paz'. Nosso arquivista-maior é um dos dez kobdas fundadores deste santuário, que realiza a sua terceira encarnação nestas montanhas e volta a formar fileira entre os kobdas montanheses, sem dúvida para cooperar em consolidar a obra fundada há três séculos."

— Justamente procede da mesma forma como fizeram os fundadores da Grande Fraternidade Kobda há mil e duzentos anos — respondeu Abel.— Quem, senão os criadores de uma obra, hão de sacrificar-se para perpetuá-la através dos séculos em benefício da humanidade?

— Nosso arquivista-mor é grande sensitivo. Agora vais conhecê-lo — disse Sodoman, encaminhando-se pela colunata baixa de pedra cinzenta em cujo final se achava o Arquivo. — É originário de Aquamundis,* como sabes que o chamaram os nossos exploradores siderais tendo em conta os relatos dos sensitivos que, em estado de transe, dão notícias dos globos que a Eterna Lei lhes permite visitar.

— Aqui o tens — disse, apresentando o arquivista. — Este habitante do Mundo da Água talvez tenha precisado fazer inauditos esforços para se aclimatar nesta Terra. Como seus longos transes nos permitem adquirir conhecimentos muito interessantes, ele mesmo pode referir-te algo do muito que tem recebido dos seus irmãos daquele distante mundo, que os olhos humanos terrestres ainda não chegaram a perceber.

— Eu vos vi na sala de assembléias — disse Abel — quando saudei a todos ao chegar, e confesso que senti uma suave atração por vós, mais acentuada que pelos demais. Algo como uma reminiscência distante de uma proteção ou tutela paternal da vossa parte para comigo.

— Recordais — perguntou o arquivista — a vida distante de Juno, o Mago das Tormentas, e de Vesta, sua esposa cega?

— Eu a conheci no Arquivo de Negadá e a recordo muito bem.

— Naquela época distante fui o pai de Vesta, que vos abrigou em vossa orfandade e vos deu sua filha cega por companheira.

— E desde então permaneceis nesta Terra? — voltou Abel a perguntar. — Oh, senhor aquamundiano, que longo abandono fizestes do vosso globo de origem!

— Não deveis julgar assim, pois a Eterna Lei me permite visitá-lo de tanto em tanto; além do mais, tenho correspondência telepática e auditiva com amigos daquele planeta que, encarnados ou desencarnados, me visitam em meu desterro.

— Enquanto sogro e genro se entendem, vamos nós percorrendo o que vos falta por ver — disse o Pharaome aos kobdas companheiros de Abel; e do arquivo passaram às oficinas de escultura e gravação, que era um dos meios de subsistência dos kobdas montanheses. A depuração dos metais em bruto extraídos das entranhas da rocha, o polimento das pedras preciosas, principalmente as esmeraldas, abundantes

---

* Assim chamavam os kobdas pré-históricos ao planeta que nossos astrônomos chamaram Netuno, e que não era visível da Terra.

naquelas íngremes montanhas, proporcionavam-lhes material de trabalho para grande quantidade de operários que tinham aprendido com os kobdas aquelas rudes e delicadas fainas.

— Os príncipes que habitam os formosos vales do *Trovejante** são os compradores de toda esta manufatura de cobre, ouro e pedras preciosas que vedes. Dão-nos em troca seus formosos elefantes, peles curtidas, lãs de diversas classes e seu trigo, suas frutas e seu pescado salgado, que nos proporcionam bom alimento nestas montanhas.

Assim explicava Sodoman a forma de vida dos kobdas montanheses aos kobdas da pradaria, que passaram a achar demasiado fácil a sua vida comparada com a vida entre as rochas imponentes e áridas dos Montes Albores.

Neste meio tempo, Abel e o kobda arquivista, em íntima confidência espiritual, entendiam-se demasiado bem, não apenas como genro e sogro, segundo a sutil alusão do Pharaome à época de Juno na perdida Lemúria, mas como dois bons companheiros de uma longa viagem que se encontraram um instante num oásis do deserto e bebem juntos umas gotas de água cristalina.

O kobda arquivista tinha todo o aspecto dos grandes sensitivos e sua irradiação pessoal era tão fortemente simpática que se o amava desde o primeiro momento. Seus cinqüenta e dois anos pareciam quarenta, fenômeno que ocorre ordinariamente a essas pessoas de grande sensibilidade postas ao serviço de um alto e sublime ideal de justiça, amor e fraternidade. Rodeados sempre e compenetrados da aura benéfica de suas elevadas alianças espirituais, parecem imunes à ação destruidora do tempo, e chegam à ancianidade conservando certo aspecto juvenil que os torna agradáveis e atraentes.

— Sabemos que a humanidade do vosso mundo de origem — disse Abel — é mais evoluída que a da Terra, mas deveis conhecer bem os meios pelos quais eles avançaram e a razão desse adiantamento. Não obstante mais afastados do Sol central do sistema, com elementos de vida mais mesquinhos, conseguiram progredir mais espiritualmente.

— Não o conheço tão bem quanto pensais — disse Valker, pois tal era o nome do arquivista. — Entretanto, eis alguns detalhes da humanidade daquele afastado globo. Segundo as percepções do meu próprio espírito em estado de transe e os relatos obtidos de espíritos daquele planeta, a causa dos progressos da humanidade que o habita é a seguinte:

"Bem sabeis que é um globo onde predomina a água como elemento principal; e que só sobressaem dela uns poucos promontórios de pedra vermelha inapta para a vegetação. Lá a flora e a fauna provêm todas da água, e a humanidade aperfeiçoou-se em fabricar suas moradas na água, da mesma forma como o fez com seus parques e jardins. As enormes folhas e talos de determinadas espécies alimentícias e medicinais crescem, como as nossas espécies parasitas, no tronco de outras árvores. As

---

* O torrentoso e grande rio Indo da atualidade era assim chamado naquela época distante, porque o ruído de suas cataratas e torrentes era ouvido a longa distância.

habitações de fibras vegetais lenhosas, cobertas e entrelaçadas com as peles de grandes animais marinhos, oferecem o aspecto de imensas barcaças flutuantes no meio de uma exuberante vegetação aquática que sobressai do elemento líquido, como verdadeiras montanhas de folhagem. Segundo os conhecimentos que tenho daquele mundo, um intenso calor próprio emana de sua própria conformação e, apesar de estar tão afastado do Sol Central, nem por isto é árido e frio como se poderia supor.

"A forma de vida na qual o direito de propriedade é sempre limitado às coisas de uso pessoal é, no meu ponto de vista, uma das causas do inegoísmo e do progresso espiritual daquela humanidade. Como poderiam discutir ou lutar pela porção de água sobre a qual flutuam? Lá não podem existir os limites nem as fronteiras nem a separatividade de raças e povos. A água é lá a grande auxiliar da fraternidade e do amor, e os poucos habitantes desses promontórios de rocha que sobressaem da água formam as raças mais atrasadas e primitivas. São os *selvagens* daquele mundo, como diríamos nós, e entre eles disputam o pedaço de rocha onde abriram o seu covil.

"A água dá-lhes o alimento, pois, para isto, tudo está entre as ondas intermináveis que os rodeiam; aquela fauna riquíssima e variada lhes proporciona uma vida fácil, o que lhes permite dedicar-se às atividades mentais por muito mais tempo que os habitantes desta Terra, por exemplo, onde o feroz egoísmo da propriedade territorial produz lutas e ódios que causam quase toda a dor própria desta humanidade.

"Alguns de seus mares são de águas termais, o que produz uma temperatura agradável nos longos invernos; e para aqueles mares cálidos levam suas habitações flutuantes na época do frio. Se nesta Terra esta operação seria demasiado onerosa, não é lá, pois sabemos que cada estação dura pelo menos quatro décadas dos anos terrestres, como seu ano, um século e meio. Assim, quando os aquamundianos (netunianos) emigram para os mares quentes, sabem que o fazem por um lapso de tempo bastante regular, ou seja, uns quarenta anos terrestres. É assim que esta forma de vida, à qual os obriga a conformação física do planeta, impossibilita ali os ódios de raças e até os sujeita a proteger-se uns aos outros em seu eterno flutuar sobre as águas.

"Lá as tiranias e os despotismos não podem prosperar porque tanto o grande senhor quanto o menor operário sentem-se pequenos e fracos quando uma agitada e bravia marulhada sacode a suntuosa tenda ou a pobre cabana. Todos se estreitam, todos se necessitam e amarram umas às outras as habitações flutuantes para oferecer maior resistência à enorme massa de água que os rodeia por toda parte e da qual extraem toda a sua riqueza, todo o seu bem-estar, todas as suas indústrias, toda a sua civilização. Sabemos que todos os inventores de aparatos ou de construções em que se utiliza a água como força motriz são originários daquele mundo, como o são igualmente os mais hábeis e peritos marinheiros que às vezes causam assombro pelo domínio das tempestades do mar. Se algum inconsciente quer às vezes erigir-se em tirano, quando menos o espera, encontra-se sozinho com sua família em sua suntuosa tenda, da qual desprenderam suas habitações, uma após outra, todo o numeroso povo que o rodeava. Oh!... A superfície líquida do globo seria muito boa escola para os despóticos magnatas terrestres, que se julgam donos e senhores de tudo quando assentam o pé num pedaço de terra da qual se apropriaram pela astúcia ou pela força."

— Os aquamundianos têm notícia deste globo Terra, como nós o temos deles? — interrogou Abel, ansioso de prolongar ainda mais aquela interessante conversa.

— Pelos meios físicos, não; mas unicamente pelas mensagens espirituais, do mesmo modo como nós a respeito deles, como dos outros globos siderais. A grande Lei da Solidariedade Universal impulsiona os seres pensantes a encarnar em todos os globos de um sistema ou de vários sistemas planetários que se acham vinculados pelas alianças milenares e das Inteligências Superiores que os guiam e dirigem. Às vezes estas encarnações são coletivas e forçadas, quando se trata de porções retardadas de humanidade, cuja permanência prejudica a evolução espiritual de um planeta que ascende já a maior perfeição.

"Outras vezes estas emigrações interplanetárias são livremente aceitas como uma missão redentora para a humanidade inferior.

"Naquele planeta que foi minha pátria de origem, há grande quantidade de sensitivos, principalmente videntes e auditivos.

"A tênue claridade solar lhes dá sempre uma suave penumbra como a dos ocasos e das noites de Lua cheia terrestres, e a eletricidade e o magnetismo da água produzem tão formidáveis e puras correntes que facilitam grandemente as manifestações espirituais elevadas. Esta é, ao meu ver, a razão pela qual naquele globo se têm mais abundantes notícias de todos os planetas do sistema e de outras nebulosas e sistemas que apenas são conhecidos nesta Terra.

"Vêem-se eles eternamente entre a água e o céu, e isto torna-os naturalmente contemplativos e místicos; e como a água, seu elemento, está tão intimamente relacionada com as influências astrais, por força e por necessidade, os aquamundianos (netunianos) são dados às explorações celestes, e isto somente faz com que compreendam a vida universal de um modo muito mais elevado e de acordo com a Eterna Verdade do que se compreende em outros globos de constituição física diferente. A origem planetária influi muito na orientação e nos gostos de um espírito, e o vosso profundo sentimento de amor fraterno vós o trazeis, no meu entender, e deixando entre parênteses o vosso grau de evolução, de Sírio, vosso planeta de origem; quero dizer com isto que também sois aquamundiano, mas do sistema de Sírio."

— Acreditai que tudo isto é novidade para mim; e sabei que estive em Negadá, foco e centro de toda a sabedoria kobda!

— Na verdade, só recentemente viemos a conhecer isto com maior certeza, pois bem sabeis que o severo controle que temos por norma para todas as nossas explorações suprafísicas nos proíbe de comentar um assunto novo até que pelo menos vinte sensitivos, ignorante cada um do que os outros descobriram, nos dêem uma possibilidade de certeza razoável e lógica. Desde que viestes a esta encarnação, foi dada a voz de chamada a todos os sensitivos de todos os nossos santuários e refúgios, tanto de homens como de mulheres, para averiguar tudo relacionado com a vossa vida como Guia desta humanidade, com o fim de nos pormos todos em condições de secundar com acerto a vossa quinta jornada messiânica. Cada sensitivo devia guardar o mais profundo segredo do resultado de sua investigação, e, até chegar ao número vinte, nem sequer o Alto Conselho de Negadá, que era o depositário dos informes que iam chegando, podia abrir algum dos rolos de papiro encerrado em dupla coberta de pele e cobre. Pouco antes de sairdes de Negadá, chegaram lá os últimos informes que faltavam, e a caravana da lua passada trouxe-me uma cópia dos vinte informes solicitados pelo Alto Conselho de Negadá, com a adição de trinta e dois informes obtidos pelos sensitivos principiantes, a quem o Alto Conselho nada havia solicitado, mas cujas faculdades psíquicas captaram, sem dúvida, a onda atraída pelos médiuns de maior experiência neste tipo de explorações. Esta é a razão pela qual não encontrastes isto no Arquivo de Negadá.

— Isto significa — disse Abel — que agora tendes novos conhecimentos interplanetários?

— *Temos* é a palavra, pois o que um kobda descobre é de todos os kobdas e de todo aquele que quer saber. Antes sabíamos que éreis siriano, pois vínheis daquele sistema, e até houve um sensitivo que vos viu sair como uma centelha luminosa do próprio Sírio. Agora temos este ponto claramente elucidado, conforme vereis. Assim como existem globos que, de acordo com o ponto de vista de observação que se tome, aparecem como pequenas manchas em nosso Sol, de igual modo aparecia o vosso planeta de origem, a estrela mais próxima de Sírio, que chamamos Siriazul em razão da atmosfera azulada que a envolve; e isto foi o que fez crer aos médiuns sensitivos que éreis daquele globo. Devereis saber que o vosso Guia Tutelar se incorporou à falange de Inteligências Criadoras que já não se encarnam mais e vão concentrando-se em cada Sol Central de Sistema; e, em torno daquele grande foco de luz e energia criadora, rondáveis como uma mariposazinha ao redor de uma chama, onde se havia submergido algo que vos era imensamente querido. Assim rondaremos nós, vossos companheiros e seguidores, em torno do foco de Energia e Luz do Sol Central deste Sistema quando, depois de muitos milhares de séculos, vos confundirdes como um resplendor com outros resplendores, como uma chama com outras chamas, até que alguém maior e mais consciente do que nós diga, como disseram a vós naquelas distantes épocas passadas:

"— A quem buscais em torno deste Sol?"

"— Àquele que me deu a luz e a vida, o que de centelha me fez ascender ao que sou.

"— A partir de agora, buscai-o dentro de vós mesmo, porque se ele se refundiu na Luz Eterna, está em vós que sois centelha; se ele se fundiu na Eterna Energia, está em vós, que sois vibração; se ele se refundiu com o Amor Eterno, está em vós quando amais; e não busqueis fora de vós o que vive em vós e está compenetrado convosco como o ar que respirais e a água que bebeis; e neste instante em que o buscais, estais todo saturado e quase absorvido por ele."

Abel inclinou a cabeça, que apoiou em seus braços cruzados sobre a mesa do Arquivo, como que oprimido pelo peso daquela profunda sabedoria ou deslumbrado pela força de uma claridade demasiado viva.

— Incomensurável grandeza a de Deus!... — murmurou Abel em voz baixa, como se saísse de um abismo recém-descoberto. — Luz Eterna, Amor Eterno, Beleza incompreendida pela pequena inteligência humana!... Agora compreendo como é Deus!... Bendita seja esta hora pelos séculos dos séculos!

"Segundo isto" — continuou dizendo Abel — "cada Sol, centro de um sistema planetário, é um conglomerado de força dinâmica potentíssima emanada daquelas puríssimas Inteligências chegadas por seu próprio esforço em milhares de séculos à perfeição absoluta?"

— Tal é nossa opinião, baseada, como vedes, na escrupulosa observação de nossos sensitivos e nos relatos espirituais recebidos por telepatia, transaudição ou pelo estado de transe.

— Contudo, este refundimento na Eterna e Imutável Energia, Luz e Amor, significa perder a personalidade individual? — interrogou novamente o jovem kobda.

— Até certo ponto julgamos que sim, quando chega o momento, e procurarei fazer-me compreender. Somente em estado de Espíritos Puros se pode habitar os sóis, centros de sistemas, que, como sabeis, giram acompanhados de sua corte de estrelas e satélites seguindo a rota desconhecida de órbitas incomensuráveis, ao redor de um ponto central que não conhecemos nem percebemos nem podemos definir enquanto somos habitantes destes pequenos mundos inferiores, por causa do nosso grau de evolução ou das missões que aceitamos.

"Sabemos que o nosso Sistema vai se encaminhando desde há séculos para uma mesma direção, que é sem dúvida a sua imensa órbita marcada. Em nossas formas de medida e cálculo não podemos precisar em que imensos períodos de tempo realiza cada Sistema Planetário a sua volta, que é o seu ano, ao redor daquele ignorado Ponto Central, Princípio Eterno de Vida, Luz e Amor. Como tudo no Universo obedece a uma lei de transformação contínua, esses sóis centrais chegam à velhice e à decrepitude quando cumprem sua missão de servir de morada às Inteligências Superiores que já passaram o período das encarnações e enquanto elas criavam e forjavam os mundos, sistemas e nebulosas ao impulso do seu poderoso pensamento."

— E então?... E então? — interrogou Abel.

— Oh! Então aquelas Inteligências são como que absorvidas pelo Princípio Eterno de Vida, por esse Ponto Central em redor do qual giram todos os sistemas planetários, todas as constelações; e unificadas aquelas Puras Inteligências com o Atman, com a Causa, são também Atman e Causa, Princípio e Fim de todas as coisas.

"Tal é, meu filho, o nosso supremo destino. Chegadas as Inteligências à Verdade Suprema e Absoluta, e postas em harmonia com o Eterno Amor e com a fecunda Energia Criadora, que são? São a Verdade, são a Energia, são o Amor; são todas igualmente a Imutável e Infinita Lei.

"Suponde um imenso tanque de mármore branco onde cada ser esvazia uma ânfora de água até fazê-lo transbordar. Cada porção de água está ali, mas tudo é água e não podeis separar a vossa porção das demais.

"Suponde uma imensa lâmpada alimentada de azeite perfumado e suavíssimo, onde cada ser esvazia seu cântaro de azeite produzindo todos juntos a viva labareda que ilumina um vasto recinto. A vossa porção de azeite está ali, produzindo luz e calor, e podeis chamá-lo azeite de nardo, de oliva, de jacinto ou de qualquer outra delicada essência; mas não podeis separar o vosso azeite dos outros, embora tenhais a certeza de que está ali.

"Suponde novamente que enchamos um imenso recinto de pétalas das rosas perfumadas do Irã com o objetivo de extrair-lhes a essência. Todas são pétalas, todas se transformam em essência, da qual podereis tomar umas gotas, mas não podereis precisar se essas gotas provêm da vossa cestinha de pétalas, que, embora sabendo estarem ali, não podeis distinguir nem separar. Compreendeis?"

— Eu vos compreendo; sim, eu vos compreendo, porque as vossas formosas figuras são claras e nítidas. Mas dizei-me: chegadas as Inteligências a essa plena união com o Eterno, Imutável e Indivisível, ouvem elas o pensamento, a prece, o clamor das pequenas almas que as compreenderam e amaram?

— A boa lógica e o bom discernimento nos diz que o percebem com maior precisão e clareza que antes de chegar a tão elevado estado, pois, tendo adquirido a capacidade de ver tudo, saber tudo, penetrar tudo, nem uma única vibração de amor lhes pode ser alheia, pois são o Eterno Amor vibrando em todos os seres. Eis por que a nossa Lei aconselha a elevação do nosso pensamento à Divindade como um meio de atrair forças benéficas ao nosso campo de ação em benefício da humanidade da qual fazemos parte. É como se bebêssemos uma ânfora de água daquele tanque de mármore branco; como se fizéssemos entrar por nossa janela um raio luminoso daquela lâmpada alimentada por muitos cântaros de azeite perfumado; como se re-colhêssemos em nossas mãos gotas de essência extraída daquele grande montão de pétalas de rosas do Irã. Tal é o efeito do pensamento elevado à Eterna Energia, ao Eterno Amor, à Verdade Suprema, quer se chame oração, prece ou súplica ao ato de buscá-los com o nosso pensamento, com o nosso vivo anelo, com o nosso mais puro e ardente amor.

"Dir-se-á que, se essa Eterna Energia e Amor Eterno penetram tudo, a elevação do pensamento, a oração, a prece ou súplica é inútil, pois já estamos como que absorvidos por sua infinita ubiqüidade.

"E é assim em verdade; contudo, os kobdas dizem: quando chove, todo os cam-pos são regados igualmente, tanto os que desejavam a chuva como os que não; entretanto, recebe maior quantidade aquele que fez aquedutos e represas ou cisternas onde a água ficou depositada e guardada para, no tempo da seca, poder molhar a plantação. Choveu para todos, no entanto teve maior quantidade de água aquele que se preparou para recolhê-la e guardá-la.

"Assim também ocorre com quem reza e quem não reza. Ambos estão penetrados igualmente pela Energia e pelo Amor Eternos, mas com a diferença de que aquele que recolhe a água em suas cisternas a retém, e o que deixa correr sem preocupar-se em recolhê-la e guardá-la acaba por perdê-la."

— Essas elevadas e puras Inteligências permanecem eternamente no mesmo estado? — interrogou Abel depois de uns momentos de silêncio meditativo e pro-fundo.

— Havendo chegado à perfeição absoluta, chegaram também a ser Imutáveis, Indivisíveis, Invariáveis em si mesmas, mas com uma capacidade infinita de produzir e criar, sem deter-se jamais em sua ilimitada atividade. Nebulosas e mais nebulosas, mundos e mais mundos vão surgindo dessa Eterna Energia, que os conserva, impul-siona e transforma em evolução permanente avançando de acordo com o desenvol-vimento progressivo dos seres e humanidades que os habitam.

"Tal é Deus, meu irmão, tal é a Eterna Verdade segundo puderam vislumbrá-la depois de longas meditações e explorações suprafísicas os homens de toga azul.

"O que nos falta é conseguir que o homem deste globo, que começa, queira chegar a perguntar:

" 'Quem é Deus e quem sou eu?' "

O Escravo de Si Mesmo

"Quem é Deus e quem sou eu?" Esta profunda pergunta, como uma centelha de fogo, reaparecia vivamente no horizonte mental de Abel na manhã seguinte, enquanto escalava solitário a montanha em cuja escarpa se levantava o santuário. Um tortuoso caminho bordeado de arbustos foi levando-o quase insensivelmente para uma elevação a noroeste do edifício, do qual se dominava um vasto panorama em todas as direções.

Às suas costas estendia-se, como um imenso manto de ouro e rubis, o Mar Hircânio, cujas águas em quietude nesse instante pareciam fazer parte dos céus tingidos do rosa e ouro do crepúsculo, e, ao mesmo tempo, das cristas mais altas da grande montanha, na qual pareciam resplandecer os mesmos delicados matizes dos céus e do mar.

Chegando ao alto daquela soberba esplanada, o jovem kobda, fatigado pela subida, sentou-se numa saliência da rocha e, deixando vagar seu olhar pelo vasto panorama que se lhe oferecia à vista, recordou novamente as últimas palavras do kobda arquivista:

"... Falta-nos conseguir que o homem terrestre queira chegar a perguntar: *quem é Deus e quem sou eu?*"

— Eis que nestas breves palavras — pensava Abel, dialogando com seu eu íntimo na solidão de seu próprio pensamento — está encerrado todo o programa da minha vida atual e de outras que se hão de seguir.

"Porque o homem terrestre não chegou a fazer a si mesmo esta pergunta, ele é egoísta, tirano, déspota e desventurado até no ar que respira e na água que bebe!

"Porque não sabe quem é Deus e quem é ele, amarra com cadeias outros homens e os faz seus escravos, e estes inclinam a cabeça, porque tampouco sabem quem é Deus e quem são eles!

"Odeiam-se, matam-se e devoram-se uns aos outros como possuídos por um desvario de loucura... Por quê?... Oh! Por quê? Por uns estádios de terra em que hoje pisam e que amanhã cobrirão os seus ossos. Por umas manadas de gado que excedem mil vezes o necessário para alimentar suas vidas e cuja excessiva abundância não lhes dá uma só migalha de felicidade, da qual gozariam se, havendo pensado *quem é Deus e quem são eles*, não houvessem despojado seus semelhantes do que necessitavam para sustentar suas vidas. Mas como descobrir, em sua profunda cegueira, a visão esplendorosa da Verdade?..."

Uma meditação profunda o absorveu, a ponto de que seu próprio pensamento parecia silenciar.

Repentinamente, seu olhar fixou-se numa coluna de formigas cujo passar pelo mesmo lugar havia aberto um caminho entre a miúda folhagem que atapetava a montanha. O caminho perdia-se tortuoso entre os arbustos e reaparecia ao longe como uma faixa branca no verde-escuro da erva. Observador por natureza, Abel deu-se conta de que aquela multidão de formigas emigrava para outra paragem, pois todas iam e nenhuma voltava. Olhou para o lugar de onde partia a emigração e encontrou o grande formigueiro derrubado por uns pequenos quadrúpedes, espécie de ursinhos em miniatura, a devorar com ânsia os ovos e as formigas que iam nascendo.

Teve a idéia de seguir a emigração e, caminhando uns passos, percebeu que as formigas se haviam apoderado de uma colméia abandonada, quem sabe por que circunstância, e se deleitavam com o mel silvestre que caía como topázio líquido pelas rupturas abertas no favo.

— Oh!... — exclamou o jovem kobda filósofo. — Então, se não fosse por aqueles feios animaizinhos que vos destroem e devoram, não teríeis encontrado o doce favo de mel?

"Eis aqui o símbolo exato desta humanidade, que só acicatada pela dor caminhará para o mel divino do Eterno Amor que é o seu destino, a sua felicidade e sua paz! Daí o fato de os elevados ideais e as grandes doutrinas redentoras não germinarem ordinariamente a não ser entre as classes açoitadas pelo infortúnio.

"Por isso os kobdas, os homens da Sabedoria, buscam os doloridos, os abandonados, os inutilizados da vida para assinalar-lhes o caminho da luz e da felicidade, que raramente é aceito pelos homens embriagados pelos prazeres grosseiros da matéria.

"Sofre, humanidade, sofre, padece e chora, pois unicamente através do cristal do teu próprio pranto contemplarás a visão esplendorosa de Deus!"

Viu que um postulante de idade viril se aproximava pelo mesmo caminho pelo qual ele tinha subido. Quis ir a seu encontro, mas o postulante fez sinal com a mão para esperar.

— Perdoai-me — disse — interromper a vossa meditação solitária, mas é tanta a minha necessidade de vos falar em intimidade que não pude resistir ao desejo de vos seguir!

— Agistes perfeitamente bem, meu irmão — respondeu Abel — e nada tenho que vos perdoar. Como vivi nas pradarias, estas imponentes montanhas me atraem de modo irresistível e quis contemplar a natureza destes cumes silenciosos. Que desejais de mim? Se me for possível, atender-vos-ei com o maior prazer.

— Todos vos chamam "*o Homem-Luz*", enquanto eu poderia chamar-me *o ho-*

mem-trevas. Não seria justo que um pouco da vossa luz viesse para mim, e que um pouco das minhas sombras fossem convosco?

— Sentai-vos comigo nestas rochas e falemos. Deus derramará luz nas vossas trevas, se verdadeiramente assim o desejais. Eu vos vi entre os postulantes do santuário e o vosso traje também o indica; como podeis, portanto, ter tantas trevas habitando num santuário da Luz?

Ao fazer esta pergunta, Abel olhou fixamente nos olhos de seu interlocutor e percebeu neles o desgosto, a inquietação, a íntima tortura produzida por ansiedades malignas e perturbadoras.

— Faz só dez luas que habito o santuário — respondeu o postulante — e já estava prestes a pedir meu desligamento pelo fato de não encontrar aqui o que vim procurar. De repente ouvi falar da chegada do Homem-Luz e esperei a vossa chegada. Desta entrevista depende que eu fique aqui para sempre ou que me afaste também para sempre.

— Que a Sabedoria e o Amor estejam comigo! — exclamou intensamente o jovem kobda, evocando do fundo de seu pensamento a Divindade, causa e origem de todo o bem. — Que a Sabedoria e o Amor estejam comigo, porque de mim, para dizer a verdade, pouco vos posso dar, pois bem vedes: são escassos os anos que pude dedicar ao estudo das almas e talvez necessite aprender tanto quanto vós. Entretanto, assim como o zumbido de um inseto ou o canto de uma ave podem às vezes servir de orientação a um viajante, de igual maneira pode Deus valer-se de mim para vos enviar um raio de claridade. Falai, pois, que estou à vossa disposição.

— Tenho trinta e cinco anos — continuou o postulante — e, desgostoso de tudo, vim para cá julgando encontrar a felicidade na vida sem lutas desses homens dedicados às coisas profundas e ocultas ao comum dos seres. Filho de uma família de boa posição, desfrutei de todas as coisas agradáveis que têm a vida. Tive esposas que me amaram e julguei amá-las, alguns filhos que ainda são adolescentes, mas que não necessitam de mim. Tive numerosos servos e servas, campos e gados; contudo, em nada encontro satisfação duradoura. Um momento, uns dias, no máximo uma ou duas luas de entusiasmo em cada troca de cenário, e logo novamente as trevas, o desgosto, a inquietação e o desinteresse. Onde, pois, está o meu verdadeiro lugar no meio da humanidade?

"Julguei que estaria bem entre os homens de vestimenta azul, e o desejo de conhecer a fundo o segredo de sua grandeza e felicidade trouxe-me a este santuário há dez luas; mas, uma vez saciado o meu desejo de conhecê-los na intimidade, isto já não me interessa mais."

— E agora — interrompeu Abel — vos acicata o desejo de averiguar quem é este Homem-Luz, como ouvistes chamar-me, e quereis satisfazer esse desejo e aborrecer-vos depois novamente. Na verdade, meu irmão, padeceis de grave enfermidade moral que vos inutiliza para toda obra boa e mais ainda para vós mesmo. Entretanto, esta vossa enfermidade somente vós mesmo podeis curá-la.

"Afastai da vossa mente a idéia de que habita em mim um poder suprafísico para salvar todas as dificuldades. Eu não sou senão um espírito que iniciou sua rota ascendente há longas idades, por ter surgido da Eterna Energia antes que seus irmãos da atual etapa terrestre.

"Lembrai que ninguém salva ninguém se ele mesmo não o procura e não quer ser salvo.

"Eu posso indicar o caminho da vossa paz e felicidade, mas não vos posso obrigar a segui-lo.

"Mas que vos posso dizer além do que já disseram os vossos instrutores do santuário, que vos ensinaram mais com o exemplo que com a palavra?"

— Assim é em verdade — respondeu o postulante. — No entanto, eles já são anciãos e neles já emudeceu todo o fervor da vida com os seus desejos e delírios, as suas ansiedades e ambições. Em compensação, vós sois um jovem de dez anos a menos que eu, e quero chegar a compreender como, em tal idade, podeis desfrutar da calma serena e radiante que aparece em todo o vosso aspecto exterior.

— Porque, graças a Deus, não estou enfermo da alma como vós — respondeu Abel. — E não estou enfermo porque, habitando desde muito pequeno ao lado dos kobdas, fui educado na restrição de todos os desejos inúteis ou daninhos que comumente os homens convertem em necessários e imprescindíveis.

"Tive uma infância muito formosa e feliz, porque um ancião kobda, para quem havia emudecido também o fervor da vida, segundo a vossa frase, cuidou de que eu não comprazesse nenhum desejo que estivesse fora de ordem, e isso nas pequeninas coisas em que se pode fixar a mente de um menino.

"— Quero comer esta fruta — dizia eu ao inolvidável Sênio, meu instrutor da meninice.

"— Não, filhinho — dizia ele. — Esta fruta está verde e prejudicará a tua saúde, e tu prejudicarás a árvore arrancando-a antes do tempo. Toma esta outra, que está madura e que te dará boa nutrição.

"— Quero esse ninho de calhandras — dizia eu.

"— Agora não, filhinho, porque os ovos estão com filhotes e não poderias comer os ovinhos nem aproveitar as avezinhas, que morreriam imediatamente.

"— Quero trazer as pequenas renas ao estábulo para brincar com elas — expressava eu.

"— Não, filhinho, neste momento são entregues às mães acabadas de ordenhar, e é justo que as pobrezinhas, que nos dão parte do seu alimento, tomem também a sua porção e aprendam a pastar. Brincarás com elas daqui a três horas, quando voltarem a se afastar das mães.

"Tal foi a minha educação de menino até os doze anos passados no santuário, onde meus desejos inúteis ou prejudiciais continuaram recebendo a poda necessária para não crescer onde não era justo nem razoável, e eis que me encontro em plena juventude sem maiores vendavais nem tormentas com que lutar e tendo adquirido já o hábito de vencê-los e o poder de dominá-los. É verdade que tenho bastante domínio sobre o meu mundo interior, mas isto não implica nenhum milagre, pois é simplesmente o resultado do hábito já contraído desde a infância de agir de acordo com a justiça e a razão, e não conforme o capricho e o desejo.

"Em compensação vós, meu irmão, tivestes certamente uma educação muito

62

diferente da minha. Em criança, apenas abríeis a vossa boca para expressar um desejo, já haveria várias pessoas dispostas a satisfazê-lo, fosse razoável ou não. Na adolescência, vós mesmo procurastes e encontrastes a forma de satisfazê-los. Os vossos olhos, ouvidos, mãos e paladar não receberam nenhuma negativa da vossa parte em tudo quanto quiseram, e isso desenvolveu com tanta exuberância as vossas paixões que, ao chegar à puberdade e à juventude, já eram elas como uma manada de mamutes enfurecidos a quem ninguém podia conter. Esses desejos e caprichos fartados por vós até o máximo dão agora esta triste compensação; fizeram de vós um joguete seu, vos esfalfam e se agitam a seu bel-prazer sem que haja em vós um mínimo de força ou autoridade para lhes dizer: *quietos, que quem manda sou eu.*

"Tomastes mulheres por momentâneos caprichos de entusiasmo que julgáveis amor, e satisfeito um desejo vem outro e mais outro, como as ondas incessantes do mar que se sucedem sempre sem deter-se jamais. Tereis talvez causado sofrimentos e dores, distúrbios e inquietações sem conta para satisfazer os vossos desejos de adolescente e jovem; e se as circunstâncias vos permitirem, continuareis causando-os em vossa idade madura e na ancianidade, porque os vossos desejos mandam em vós com tirania despótica, e o vosso eu inteligente, acovardado e semi-embrutecido como um escravo já encadeado, não tem sequer forças para protestar. Se agora me seguistes a esta solidão, foi também impulsionado pelo desejo curioso de saber o segredo da minha paz e quietude.

"Já o tendes, pois: é o de não ter satisfeito jamais um desejo que não fosse razoável e justo.

"Dizeis que tendes esposas e filhos. Essas mulheres vos terão amado, essas crianças sentirão falta do autor de seus dias, ou talvez amaldiçoarão o vosso nome, e tomarão o vosso exemplo também como norma de suas vidas. Talvez essas crianças recebam a mesma viciada educação que vós recebestes e aumentarão no futuro a multidão dos inconscientes, perturbados e descontentes que em nada encontram a paz e o sossego até que, enchida a taça da justiça, se esvazie um dia sobre eles e comece a expiação forçada pela Eterna Lei, que poda, civiliza, corta e fere sem piedade para curar de uma vez por todas esses perpétuos enfermos do desejo que tudo querem e nada têm a não ser essa desnudez gelada da alma que não soube governar seus sentidos nem mandar em seu corpo, o qual tem que suportar depois enfermidades e misérias, frutos da indevida satisfação do desejo."

O postulante apoiou a cabeça entre suas duas mãos e exalou um suspiro do mais profundo do seu coração.

— Como dizeis, tal foi feito — disse finalmente depois de breve silêncio. — O desejo foi a minha lei desde menino, e hoje o desejo é como um monstro voraz e insaciável no fundo do meu próprio ser. Atormentado por satisfazer meus desejos em tudo o que se pôs perto de mim, sei que também estou atormentando meus companheiros e meus instrutores. Afastar-me-ei do santuário e serei como um fantasma errante pelo mundo, devorado pelo meu desejo e descontente em toda parte. Serei como uma ave de mau agouro que levará a dor a toda parte, porque só inquietação e amargura pode dar de si aquele que somente isso possui... Serei como uma pedra que vai rolando pela montanha até tropeçar com o abismo em cujo fundo escuro vai estatelar-se...

— Não, não e não, meu irmão! — disse Abel, tomando uma de suas mãos. — Querei e pensai juntamente comigo que o vosso Eu mandará em vós e não que o desejo seja o vosso tirano, e decidi finalmente ser um homem consciente do dever e não um ente abúlico, dominado por uma matéria corrompida e viciosa.

"Se a vida do santuário não vos satisfaz, reuni-vos à primeira das vossas esposas e regularizai a situação das outras e de todos os vossos filhos..."

— Elas me fizeram dar carta de soberania em vista do meu abandono injustificado, bem como para meus filhos, que não me conhecem, não me amam nem esperam nada de mim. Meus caprichos cansaram toda a minha tribo e, onde aparece Garbi, aparece um fantasma de turbulência e inquietação.

— Então vos convencei, meu irmão, de que o santuário kobda é o único lugar do vosso refúgio, porque só os homens da Sabedoria e do Amor são capazes de suportar um ser que se tornou insuportável até para si mesmo.

"Que decidis?" — voltou Abel a insistir, vendo-o permanecer em silêncio.

— Morrer!... — disse surdamente Garbi. — Porque não existe para mim um lugar sobre a Terra. Não sirvo para nada nem ninguém necessita de mim.

— E se eu encontrasse esse lugar que vos serve e conhecesse a pessoa que necessita de vós?... — interrogou o Homem-Luz sem dar-se por vencido ante aquela obstinada tenacidade, e havendo sentido, sem saber por que, a vibração sutil e profunda do pensamento de Solânia, a mulher forte que redimira Marvan.

— Eu iria a esse lugar e para junto de tal pessoa, se me assegurásseis que lá encontraria a paz e o sossego.

— Eu vos asseguro!... — respondeu Abel com tal firmeza e energia que quase assustou seu interlocutor. "É meu... É meu!", vibrava a onda telepática do pensamento de Solânia que estava de turno na concentração espiritual, terminado o hino do amanhecer, lá longe na outra margem do Mar Grande, naquele enorme penhasco avançando como um dragão sobre as ondas, entre o perfume das acácias e o rumor das palmeiras.

— Que lugar é esse? Que pessoa é essa?... — interrogou novamente o postulante.

— Do outro lado do Mar Grande, ou seja, na mesma margem onde se encontra Negadá, está o promontório chamado Corta-Água, onde atualmente está sendo levantado um santuário kobda dirigido por uma mulher. Esse lugar é o vosso e é essa mulher quem necessita de vós.

— Para quê?

— Para vos dar o sossego e a paz.

— Como sabeis?

— Porque conheço a sua lei e a vossa; porque sei que ela trouxe a missão de salvar os obstinados e rebeldes como vós; porque em meu eu íntimo senti o grito de seu amor heróico que me disse: "É meu... É meu, entrega-o a mim, porque eu o buscava e estava esperando." Com isto, Garbi, ide, que a paz e a felicidade vos esperam.

— Como se chama essa mulher?

— Chama-se Solânia, e será na verdade um Sol perante vós. É jovem, é bela, entretanto nem a sua juventude nem a sua beleza falarão aos vossos sentidos, pois está envolvida numa potente irradiação adormecedora de todas as ruindades penosas e turvas da mais pesada matéria...

— Está bem. Irei para lá e será esta a minha última prova para libertar-me de mim mesmo — disse Garbi, levantando-se para descer em direção ao santuário.

Abel seguiu-o e, seis dias depois, Garbi fazia parte da caravana que regressava aos países do sul, através de montanhas e planícies, até chegar à costa do Mediterrâneo, em cuja margem meridional esperava encontrar a felicidade entre as abruptas rochas de Corta-Água, eternamente açoitada pelas ondas de seu golfo bravio e acariciada pelo perfume das acácias em flor!...

NAS TENDAS CIRCASSIANAS

Quando, pouco depois, Abel regressou a Num-ma-ki, disse à sua irmã Hélia quando ela saiu para recebê-lo.

— Trago-te uma formosa oferenda, algo digno de uma jovem rainha que se inicia na ciência divina de fazer a felicidade de um povo.

— Que é? — perguntou Hélia com grande curiosidade.

— Olha — disse Abel indicando dois formosos elefantes cobertos por amplos dosséis encortinados até o solo.

Hélia correu para eles, já detidos pelo criado condutor, e puxou pelo cordão das cortinas dianteiras.

Apareceu a face iluminada de doçura e amor de uma anciã kobda de olhos azuis e cabelos brancos, rodeada de cinco kobdas jovens, ruivas, meigas e belas como a raça da qual provinham.

— Esse rosto, esse rosto!... — disse Hélia observando fixamente a velhinha, que, ao mesmo tempo, a observava com seus meigos olhos cheios de emoção. — Parece-me havê-la visto há muito tempo — continuou a jovem, tratando de recordar.

— Viste-a no rosto de Sênio, o instrutor de nossa infância, Hélia. É a irmã mais moça de Sênio que quis deixar sua família, seu santuário e sua pátria para vir servir-te de mãe e conselheira.

A anciã foi baixada e a jovem rainha de Num-ma-ki recebeu-a emocionada em seus braços.

— Todas são algo muito nosso, minha irmã — continuou Abel, apresentando as mulheres kobdas à medida que iam descendo.

"Estas duas, Sélvia e Wilfrida, são filhas do Príncipe de Manhp, sobrinhas do nosso kobda Erech e netas da nossa velhinha Nolis.

"Estas outras duas, Gardênia e Fríscia, são sobrinhas da grande kobda Elhisa, cultivadas nos jardins do grande santuário de Negadá. Agora vem a menor de todas... outra surpresa que se te apresenta. Quem julgas que seja?"

A jovem kobda sorria, aproximando-se e olhando para Hélia que, em sua alegria toda feita de assombro, se assemelhava a uma pequena jovem a quem vão mostrando por partes uma porção de formosos brinquedos.

— Adivinhas?... — insistiu Abel. — Esta fisionomia não te recorda alguém?...

— Espera, espera... Se não fosse por seus olhos claros, diria que se parece com o meu irmão Iber...

— Justamente, é Gélida, filha de uma berecina de Selyman, que se internou no Refúgio kobda dos Montes Albores com suas três filhas que se tornaram kobdas. É, pois, irmã de Iber por parte do pai.

A jovem kobda ruiva, de olhos de topázio, entregou-se às carícias da meiga e terna Rainha de Num-ma-ki, que julgava abraçar nela seu irmão Iber a quem tanto amava.

— Eis aqui, minha irmã — disse Abel — o Conselho feminino que a Bondade Eterna te dá em substituição das kobdas que acompanharam a nossa amada Shiva e que já mereceram o descanso. Estás contente com o meu presente?

— Oh, muito! — respondeu a jovem. — Poderias acaso oferecer-me algo melhor? Vinde comigo para que possais tomar um refrigerante e ver a vossa nova morada — disse. E as seis kobdas seguiram Hélia, enquanto Abel saía ao encontro de Hélia-Mabi que se aproximava nesse instante, levado pelo braço por um de seus servidores, pois enfraquecia dia a dia como se, com a partida de Shiva, sua esposa, houvesse ido com ela toda a sua força e todo o seu desejo de viver.

— Quanto vos agradeço — disse ele a Abel — que assim vos tenhais preocupado em preencher o vazio deixado nesta casa por nossa amada ausente!

"Agora eu não pensarei em lutar para prolongar minha vida, que já não tinha mais outro objetivo além de servir de sombra ao lado desta filha vinda ao lar paterno quando a luz e o calor se extinguiam nele."

— Hélia-Mabi!... Shiva, a valorosa Shiva, escuta as vossas palavras e não estará de acordo com elas, pois pensará mui acertadamente que deveis recobrar nova energia para secundar a sua filha no governo do seu povo. Além do mais, há outro fio a amarrar na vasta rede de ouro que as almas vão tecendo nas eternas viagens de suas vidas planetárias.

— Que quereis dizer com isso?

— Que venho de Soldan e sou portador de uma mensagem para vós.

Ao ouvir isto, Hélia-Mabi fez-se conduzir a um caramanchão que estava a poucos passos dali, onde Shiva costumava sentar-se para tecer a branca lã de seus cordeirinhos para agasalhar as crianças recém-nascidas.

— Aqui descansava Shiva das fadigas do dia, e aqui flutuará a sua alma entre estes lírios brancos plantados por ela. Dai-me aqui a mensagem que trazeis e que seja suave ao meu coração recebê-la de vossas mãos — disse Hélia-Mabi com tristeza.

Abel sentou-se junto a ele quando o servidor se afastou e, tirando de dentro de sua túnica um pequeno tubo de prata, lho entregou, dizendo:

— Lembrai-vos que neste caso faço somente o papel de portador, e não de intermediário. Lede e depois falaremos.

Hélia-Mabi abriu o tubo e retirou dele um pequeno rolo de finíssimo linho encerado que, na linguagem dos kobdas, dizia:

"Ao dolorido esposo da grande e incomparável Rainha-Kobda Shiva, a mãe de seu povo, paz e saúde de Ahura-Manda.

"Sou chefe da antiga raça *kusmuch*. Muitos são os meus anos, que já se aproximam do fim, e solicito de vós uma ajuda para o meu povo. Meus filhos mais velhos morreram vítimas da Rainha Guerreira, e unicamente vive o caçula, último descendente do meu sangue e também herdeiro dos meus nobres ideais, bebidos da taça na qual bebeu Sênio, meu tio, a quem Ahura-Manda levou para a luz.

"Sei que tendes uma filha que é a continuação da alma da grande Mãe, e, se não vos desagrada, eu vos peço que entre vós e eu façamos realizar uma aliança nupcial entre nossos filhos com o olhar fixo no porvir dos nossos povos.

"Seja Ahura-Manda quem inspire e governe as nossas resoluções

"Fredik de Kusmuch."

— Estais inteirado do conteúdo? — perguntou Hélia-Mabi, entregando o rolo a Abel.

— Fui consultado sobre o assunto, contudo me abstive de dar minha opinião, pois, embora se trate de Hélia, a quem considerei sempre como a uma verdadeira irmã, julguei do meu dever não adiantar absolutamente nada em tal assunto.

— Entretanto, julgo que a mim adiantareis alguma coisa para orientar-me. Acreditais que a minha filha pensará em tomar esposo?

— Até este momento não, disto estou bem certo, porque para vestir a túnica azulada são feitas antes muitas provas comprobatórias de que a postulante não aspira a outra vida senão a das kobdas consagradas ao bem de seus semelhantes. Tampouco o pensava a sua irmã Mabi, e bem vedes, parece que em sua lei estava a união com o príncipe circassiano. Tampouco o pensava o nosso incomparável Bohindra, e a Eterna Lei levou para o seu lado Ada, sua *flor de madressilva*, como ele a chama. Que sabem os encarnados do oculto roteiro de cada alma?

"Além do mais, não deve causar-vos estranheza a idéia do ancião Fredik, visto que sabeis que, desde que se estabeleceu a Grande Aliança, todos os chefes de povos aliados procuram unir seus filhos com donzelas educadas nos santuários kobdas; porque isto chegou a ser uma garantia de méritos e virtudes para quem busca engrandecer moralmente seus povos e propender para a paz e a felicidade deles.

"A numerosa raça kusmuch é antiqüíssima e foi com duas outras tribos, a dos kassi e dos alzu, as que protegeram os nossos irmãos e secundaram suas obras de educadores de povos. Dela saíram muitos kobdas de destacada atuação e grandes virtudes, como Sênio, Adonai, a anciã Merik e outros de que não me recordo neste instante."

— Vistes o jovem em questão? — voltou Hélia-Mabi a perguntar.

— Ele foi-me apresentado. É duas luas mais velho que eu e, não obstante saber-se

67

herdeiro de vastos domínios e descendente de uma raça grande e gloriosa, conserva uma simplicidade de costumes a ponto de parecer um jovem do povo, no meio do qual se confunde nas excursões e esportes montanheses, aos quais são muito afeiçoados. Quando foi com seu pai ao santuário para visitar-me, mostrou aos kobdas com entusiasmo quase infantil dois filhotinhos de águia que havia baixado do mais alto pico da montanha, e os obsequiou ao Pharaome como um troféu de sua vitória. Cresceu, pode-se dizer, no santuário, contudo diz com muita graça que não se inclina em vestir a túnica porque sua vida é de viagens pelas montanhas e não se adaptaria à vida tão grave dos kobdas consagrados ao cultivo espiritual, aos estudos e ao sacrifício contínuo em favor de seus semelhantes.

"Nossos irmãos o querem muito, graças ao seu caráter afável e sua permanente alegria e bom humor, e chamam-no mais comumente *Alegrinis* que, como sabeis, quer dizer 'Filho da Alegria'. Chama-se Fredik, como seu pai, e é um belíssimo mancebo de olhos castanhos cheios de franqueza e lealdade. Tal é o homem. É quanto posso dizer-vos, pois pouco falei com ele. Vós e Hélia devereis resolver este assunto e, em conseqüência, agir com toda a prudência e retidão devidas neste caso. A Divina Sabedoria vos guiará ao acerto e à paz."

— E se Hélia e eu aceitarmos? — interrogou Hélia-Mabi.

— Deveis enviar um mensageiro com a notícia, e seu pai e ele virão para conhecer-vos e celebrar esponsais num prazo determinado segundo o costume. Convém que tudo isto se realize depois que eu tiver partido, porque sei de antemão que o meu carinho absorve de tal modo estas minhas duas irmãs que quase as impede de seguir com decisão o roteiro demarcado por sua lei. Parece a elas que, tomando esposo, tenho eu menos direitos ao seu carinho e à sua adesão. Conheço bem as duas e sei de suas lutas em tal sentido. Tanto a Mabi como a Hélia, precisei ajudar, como foi dito, à desprender-se um pouco da minha pessoa, para que adquirissem a liberdade serena e ampla que devem ter, pondo-se no justo meio-termo, já que tanto elas quanto eu não somos senão espíritos de uma mesma aliança em benefício desta humanidade.

Nessa mesma noite realizou-se uma grande assembléia na velha casa de Shiva, na presença de Abel, para dar início ao reinado da Manh-Piquina, como o povo chamava sua jovem rainha.

Quando Hélia se sentou na poltrona de sua mãe, entre seu pai e Abel, estava pálida como uma morta. Pensou que entrava de cheio numa selva desconhecida, povoada de perigos, onde cada passo que desse poderia ser-lhe fatal.

Pensou em Évana, sua meiga mãe de adoção, em "A Paz", naquele plácido ninho onde vivera sem preocupações nem inquietações, entre as coisas pequeninas, quase insignificantes, pois as preocupações, os sacrifícios, os esforços mentais, as combinações para buscar o acertado e o justo em todas as coisas, eram outros e não ela quem os havia feito. Para isso havia Bohindra, Adamu, Ada, Évana, o Alto Conselho do Santuário de Mulheres Kobdas, as meigas e prudentes anciãs que a educaram com tão singular esmero preparando-a para cumprir seus destinos na vida. Pareceulhe que até então fora como um cordeirinho pequeno que todos tinham levado nos braços sem que ela se preocupasse sequer em saber por onde caminhava, certa de que era conduzida pelo melhor e mais suave caminho. Mas agora... era ela quem devia caminhar diante de todos, guiando um numeroso povo que esperava tudo dela! Uma espécie de desfalecimento a invadiu diante de todos aqueles olhos ansiosos que a observavam. Estavam ali à sua vista todos os chefes das tribos que formavam aquele numeroso povo, muitos dos quais a viam pela primeira vez, pois suas terras, distantes da capital, não lhes tinham permitido comparecer no dia da chegada da jovem ao país de seus pais.

Todos compreenderam sua profunda emoção e que algo parecido com o terror e o medo a aturdia, fazendo-a empalidecer.

Contudo, isto durou apenas alguns breves instantes, pois quando Hélia-Mabi e o mais ancião do Conselho entregaram a Hélia a chave do Tesouro e o cofre de prata que guardava o livro da Lei escrita em lâminas de cobre, a assembléia pôs-se de pé e prorrompeu num aplauso formidável.

Hélia, com sua túnica azulada e semi-envolta no branco véu preso à cabeça com um singelo aro de ouro e rubis, parecia na verdade Shiva rejuvenescida.

Hélia-Mabi, seu pai, foi fazendo as apresentações de costume dos mais velhos chefes de tribos, sem omitir o elogio da atuação de cada qual, da mesma forma como a adesão que haviam demonstrado a Shiva, a amada falecida.

Segundo o velho costume, cada chefe punha a mão direita sobre o livro da Lei colocado sobre os joelhos de Hélia pronunciando as frases de seu cerimonial:

— Que o Sol e a Luz, mensageiros daquele que está acima de todos os reis, recebam o meu juramento de fidelidade por toda a vida.

Eram cento e doze chefes de tribos, e o desfile durou mais de uma hora, pois cada um esperava algumas frases afetuosas da jovem rainha, que ainda não podia serenar-se completamente ante uma situação tão alheia ao que constituíra sua vida até então.

Julgava sentir por momentos a alma de sua mãe flutuando junto dela, o pensamento de Mabi acariciando-a ternamente, os suaves eflúvios de Bohindra, Ada, Adamu e Évana, de seu irmão Iber, de suas instrutoras de "A Paz", cuja recordação evocava com ternura inefável!...

Tinha a seu lado o Homem-Luz, seu grande irmão Abel; seu pai, o amoroso e terno Hélia-Mabi; o Conselho feminino que Abel lhe trouxera... Oh! Não estava, pois, tão só à entrada da selva desconhecida!

Reanimada já em seu espírito, antes vacilante e acovardado, prometeu aos chefes visitar seus respectivos povos o mais rápido que lhe fosse possível.

Manifestou ainda que desejava continuar com os mesmos conselheiros que tinham sido de sua mãe, e que todos continuassem nos cargos que desempenhavam quando ela vivia.

Os dois anciãos kobdas que com Shiva vieram de "A Paz", e que haviam feito parte do Conselho de Governo, manifestaram seu desejo de ser exonerados para regressar àquele santuário, pois sua saúde um tanto debilitada lhes impedia muitas vezes o cumprimento do dever. O desconsolo esboçou-se no expressivo semblante de Hélia, mas Abel acudiu para serená-la dizendo que fariam uma troca; que ele levaria para "A Paz" os anciãos kobdas e lhe deixaria os que tinham sido seus companheiros desta viagem, se eles aceitassem.

Recordará o leitor que Abélio, o meigo Abélio que substituíra Johevan nos distantes dias da dor de Aldis ao ver-se já sem seu amigo em Negadá, havia acompanhado Abel; e, depois de Ibrin e Acadsu, que tinham ficado com Mabi, era o de mais idade, pois já contava mais de cinqüenta anos. Os outros eram mais jovens que ele, contudo todos mais idosos que Abel. Madeu, que estava atrás de Abel, disse-lhe bem baixinho, para que somente ele percebesse:

— Por piedade, não me afastes de ti, que ainda não aprendi a ser justo!

Abel moveu a cabeça em sinal de assentimento e disse em voz alta:

— Levarei os anciãos e Madeu, que tem algo iniciado em "A Paz", e vos deixarei os outros, que são muito capazes, no meu entender, para cooperar decididamente em vossas obras.

As kobdas recém-chegadas de Soldan foram apresentadas aos chefes de tribos como o Conselho Feminino da Rainha, que, como se sabe, era o encarregado das obras de beneficência no país, ou seja, dos pobres, enfermos, anciãos e órfãos. Um ruidoso aplauso as recebeu.

Depois Hélia fez a apresentação de seu irmão Abel, que era o neto do grande Rei das Nações Aliadas e seu representante nesse momento. Um imenso clamor com o nome de Bohindra deixou-se ouvir na vasta sala, chamando-o Gênio da Paz, Pai dos povos, Vencedor da guerra, da escravidão... Neste meio tempo, o povo havia rodeado a velha mansão de Aranzan e Shiva e pedia com cantos e clamores participar da alegria geral cujos rumores percebia da grande praça sombreada de amendoeiras que rodeava o vetusto edifício.

Hélia, entre Abel e seu pai, rodeada de todos os chefes de tribos, do Conselho de Anciãos e dos kobdas, apareceu no grande terraço dianteiro e mostrou ao povo já em suas mãos o livro da Lei e a chave do Tesouro, que eram os dois símbolos de que o poder e a autoridade real estavam com ela. Imensa aclamação ressoou por longo espaço de tempo. Quando tudo silenciou, ela disse:

— Minha única promessa é que vos amarei tanto como a minha mãe vos amava. Eu vos peço que vejais sempre em mim a continuação daquela que jamais foi insensível às vossas dores e necessidades. Aqui me encontrareis sempre para consolar os vossos pesares e remediar os vossos males, sempre que o bem e a justiça sejam a norma da vossa vida.

"Esperai uns momentos mais e todos levareis uma recordação deste dia, que para vós e para mim deve ser inesquecível."

Eram pequenos escudos de prata com o busto de Shiva gravado em relevo, e em torno dele esta frase dos kobdas: "*O amor salva de todos os abismos.*"

Era a homenagem póstuma de Hélia-Mabi para a esposa morta. Fizera fundir grandes pedaços de prata que encontrara num canto do Tesouro e transformá-los apressadamente naqueles milhares de pequenos escudos que perpetuariam, através do tempo, a formosa fisionomia daquela a quem tanto havia amado. Toda a cidade, todos os parques e jardins, a velha mansão senhorial estavam cheios dela, de sua recordação viva, terna e suavíssima como uma carícia. Dir-se-ia que ela mesma flutuava com seu amor meigo e silencioso por cima de seu povo, de sua casa, de sua família terrestre!

Shiva, a humilde e modesta Shiva, desposada da dor e do martírio, chegou a ser para aqueles distantes países, no correr dos séculos, mais que uma mulher: um gênio, uma divindade boa ou má, segundo a compreensão dos seres que a fizeram objeto de seu culto.

Na madrugada seguinte, e quando tudo dormia na velha mansão e na cidade, quatro viajantes com seus guias saíam pela grande porta das cavalariças reais. Saíam sigilosamente como os que fogem sem querer que sua fuga seja percebida por ninguém.

Eram Abel, Madeu e os dois anciãos kobdas, que empreendiam a viagem de regresso a "A Paz" e queriam preservar Hélia da dor da despedida que certamente devia ser por longo tempo.

No outro lado do Monte Sagron esperavam-nos engalanadas as tendas de Vladiko, o príncipe circassiano, onde deviam assistir suas núpcias com Mabi, a jovem kobda, que antes de esposa prometida fora prisioneira e cativa.

O DESPERTAR DE VLADIKO

Mabi e seus companheiros pressentiam a chegada de Abel de um momento para outro, pois, na noite que inauguraram a grande tenda-oratório, que ele chamaram *Morada da Sombra*, Núbia, que tinha grandemente desenvolvida a faculdade auditiva, sentiu, juntamente com a suave irradiação do Homem-Luz, percebida por todos, uma voz profunda e clara dizendo:

— Antes de dez auroras estarei convosco.

Esperavam também a Bohindra, porque as três luas que ele pedira de prazo chegavam já a seu final.

A animação e o entusiasmo no imenso acampamento cresciam à medida que avançava o tempo. O povo tinha grande fé em seu porvir, uma vez que Asagg se apiedara dele e, tomando forma humana numa mulher, se apoderara do coração do príncipe para torná-lo suave e alegre como um menino brincalhão.

Entretanto, Vladiko não se sentia totalmente tranqüilo e seguro no amor de Mabi. Acostumado ao servilismo e à adoração medrosa e cega das mulheres que, por ambição ou por medo, o haviam amado, via com estranheza e assombro que a jovem kobda mantinha uma altivez independente e firme, sendo ela quem lhe impunha leis, demarcava limites, apontava erros e defeitos e dizia com inteira liberdade:

— Quero isto; aquilo não me agrada; o de mais além está fora de ordem e não posso aceitar... — E o príncipe dizia a si mesmo para tranqüilizar-se, quando a altivez de Mabi o desgostava e aturdia:

— É que Asagg ama de maneira diferente das demais mulheres.

Quando Mabi estava sozinha em sua tenda com Núbia e os kobdas, Jobed, Ibrin e Acadsu, ela desafogava seu espírito, fazendo-o descansar da profunda tensão na qual se mantinha constantemente.

Todos eles tinham compreendido, desde sua chegada, que Vladiko era um espírito novo, que talvez nunca tivera para seu progresso uma escola apropriada. Era boa pasta para modelar, não obstante os ímpetos de seu caráter variável e violento. Já que a Eterna Lei os havia posto junto a ele, não devia ser para perder o tempo, deixando-o continuar como era.

— Isto seria — observava o ancião Ibrin — como se o Altíssimo tivesse posto em nossas mãos uma pedra preciosa recém-arrancada da montanha, e nós não quiséssemos dar-nos ao trabalho de limpá-la e poli-la. Se a missão dos kobdas é de forjadores de almas, forjemos e limpemos esta que nos oferece duplo interesse, porque após ela está um numeroso povo.

Assentindo com os demais, Núbia, a anciã, não cessava de recomendar a Mabi que não demonstrasse ante o príncipe o menor sinal de vacilação nem de timidez no caminho que havia empreendido desde sua chegada.

Esta mulher valorosa e forte, que lutara em sua juventude com a selvageria de um marido brutal e que fugira do seu lado antes de se deixar escravizar e vexar por ele, que arrostara a solidão, a miséria e a fome em cidades estranhas com uma filhinha de três anos nos braços, era uma experimentada conselheira para a jovem kobda em sua atual situação.

Em cada noite, na reunião íntima realizada pelos cinco irmãos, tendo saudade dos dias serenos e felizes lá em seus santuários amados, tratavam de injetar nova energia e novo valor na alma às vezes desfalecida da jovem, ante a dura e difícil prova que sua lei lhe impusera.

— Eu compreendo muito bem — disse Mabi, abrindo-se com seus irmãos — que Vladiko conquistou minha simpatia e meu afeto, e sinto dor de ver tão claramente seus muitos defeitos. É em razão disso que é muito mesquinha a satisfação que sinto em amá-lo. A felicidade no amor deve manifestar-se quando o ser amado encerra todas as perfeições, e por isso acho muito razoável a loucura do amor de Zurima para com o meu irmão Abel.

— É realmente esta a verdade — respondeu Jobed. — Mas deves compreender, Mabi, que Abel *é um* nesta Terra, e os que se parecem com ele são pouquíssimos e raros.

— Pois um desses poucos e raros teria feito a completa felicidade de Mabi — acrescentou Acadsu, compreendendo o lugar vazio que Vladiko deixava no coração da jovem kobda.

— Justamente — disse ela. — Queria um Vladiko com menos defeitos de caráter, com mais domínio de si mesmo e com uma noção mais clara da verdadeira beleza, que é ao mesmo tempo bondade e justiça.

— Filhinha, isso ocorreria se o espírito dele fosse velho na evolução e houvesse tido nesta existência um cultivo como o que a Bondade Eterna concedeu a nós — disse Núbia, tratando de animar sua jovem irmã. — Devemos pensar que Vladiko não se educou num santuário kobda, não teve instrutores como Tubal, Adonai ou Bohindra nem mães espirituais como Solânia, Merik, Vhada ou Elhisa. O pobrezinho nasceu e cresceu como um espinheiro à margem de um arroio, e seus torcidos ramos, já endurecidos, exigem de nós grandes esforços para endireitar.

— Não podemos queixar-nos com justiça — acrescentou Jobed — porque o que conseguimos dele em benefício do povo que o rodeia é um verdadeiro triunfo.

Tanto Núbia como os três kobdas companheiros estavam persuadidos de que era uma rude tarefa cheia de sacrifícios a que sua própria lei impunha a Mabi, conhecendo já suas anteriores vinculações com o espírito do jovem príncipe. Por isso, conscientes do seu dever e conhecedores a fundo das leis imutáveis que regem a evolução das almas, as expiações, as compensações, a justiça exigida e cumprida pelo ser que quer e aspira à sua depuração e ao seu progresso, tratavam de ajudar eficientemente a jovem a levar a feliz término a regeneração de Vladiko e a elevação moral de seu povo.

Sabiam igualmente que Asagg era um dos mais entusiastas espíritos da Aliança; era o guia do povo circassiano, de cuja educação encarregara seus companheiros encarnados entre os kobdas. Como desligar-se, pois, daquela tarefa sem vacilar nos deveres sagrados impostos por sua grande Aliança com o Homem-Luz?

Estas íntimas confidências terminavam quase sempre com esta resignada frase de Mabi:

— Íris, que profanou e atraiçoou um dia o puro e santo amor de Antúlio, não pode merecer ainda a felicidade no amor. Pressinto que não será nesta Terra, mas quando, terminada a minha tarefa neste globo, possa retornar à minha Vênus semeada de roseiras e lírios.

— Assim é, minha filha — assentiram Ibrin e os demais kobdas. — Aqui não somos senão semeadores e podadores de nós mesmos e dos demais. Abrir sulcos entre pedras e cortar ramos endurecidos é um trabalho duro.

A chegada de Abel e Bohindra em dias consecutivos teve a virtude de envolver Mabi e seus companheiros numa auréola radiante de felicidade.

A alma dos kobdas transbordava de alegria, e a Vladiko não passou despercebida a íntima felicidade de Mabi quando o kobda-rei a estreitou com amor paternal em seus braços, acariciando-a com grande ternura como a uma filha imensamente amada.

— Johevan!... Johevan! — disse Bohindra abraçando-a. — Ainda me serve forte e saudável o corpo que me brindaste para cumprir os encargos da Eterna Lei.

Abel abraçou-a também chamando-a *irmã*, e ambos os jovens pareciam verdadeiramente rebentos daquele velho carvalho em quem os anos passavam sem deixar pegada nem vestígio. O kobda-rei não aparentava mais que uns quarenta e cinco

73

anos, e estava quase chegando aos sessenta, como se o imenso amor que o rodeava e seu próprio amor o rejuvenescessem constantemente.

Vladiko ficou deslumbrado. Tinha já uma nova claridade em seu espírito, e pôde apreciar a grande superioridade de Bohindra e a divina suavidade de Abel.

— Que sou eu ao lado destes homens que parecem deuses? — perguntou tristemente a si mesmo. — Sou como um escaravelho, e não creio que Mabi chegue jamais a amar-me de verdade. Para ela devo valer menos que um sujo e esquálido cordeirinho abandonado pela mãe. — E submergiu-se novamente numa rude tristeza. Chamou Jobed e lhe disse que o substituísse em cumprimentar os ilustres hóspedes, que eram livres para fazer o quanto quisessem, mas que tivessem por bem desculpá-lo, porque não estava com ânimo para festas. Sem querer dar explicação alguma, encerrou-se em sua tenda, triste e silencioso.

— Mas, esquecestes — perguntou o kobda — que eles vieram para presenciar as vossas núpcias com nossa irmã Mabi?

O príncipe nada respondeu, nem sequer deu sinais de ter ouvido.

— Se resolvestes voltar atrás nos desígnios que tínheis, dizei-o, e resolveremos o que for apropriado para o caso — voltou Jobed a insistir, mas com igual resultado: o silêncio.

Então evocou suas alianças espirituais, concentrou na Eterna Luz todas as suas forças mentais e esperou uns momentos. Jobed julgou perceber na alma de Vladiko uma formidável tempestade de ciúmes, inveja, incapacidade raivosa, confusão e vergonha, na comparação que fazia entre ele mesmo e aqueles homens de toga azul, que dirigiam o mundo civilizado de então com sua desnuda miséria espiritual.

Como o confessar de tal estado de ânimo e tais pensamentos seria uma humilhação demasiado grande, o príncipe encerrava-se nesse silêncio insociável e tétrico do qual Jobed compreendeu perfeitamente que lhes custaria muito tirá-lo. E afastou-se premido pela necessidade de participar a seus irmãos o que ocorria.

Entretanto, pela mente de Vladiko continuava passando, como numa dança trágica e brincalhona, as recordações de todas as suas baixezas e ruindades, muitas das quais foram percebidas pelos kobdas e até pela própria Mabi que, sem dúvida, estaria enojada dele. Ela o vira uma vez atirar ao solo com um pontapé um menino que, perseguindo uma borboleta, havia entrado no espaço onde ia ser levantada a grande tenda nupcial. O menino havia-se ferido na testa ao cair, e seu rosto se manchara de sangue. Recordava o olhar de indignação que Mabi lhe havia dirigido, e ela em vários dias não quis vê-lo nem falar-lhe.

Vira-o flagelar com uma chicotada o rosto de uma mulher de idade madura, que o importunou pela liberdade de um filho surpreendido em roubo de pedras preciosas e varinhas de prata.

Mabi estava igualmente inteirada de seus caprichos passionais momentâneos com jovens do povo que, para salvar-se dele, se haviam refugiado nela, única fortaleza que acreditavam seria respeitada pelo indomável príncipe.

Surpreendera-o também irritado, pisoteando cheio de furor, até deixar as entranhas a descoberto, uns cabritinhos que haviam destruído parte dos jardins que rodeavam sua tenda. Estas recordações e outras e outras mais continuavam passando por sua lembrança, como se fossem fantasmas brincalhões preparando-se para enfrentá-lo e envergonhá-lo.

Oh, não havia dúvida! Mabi devia ter-lhe asco como a um sujo réptil, e talvez esperaria para rechaçá-lo formalmente a chegada do Thidalá, que viria talvez seguido de uma invencível legião de arqueiros.

Que poderia a jovem encontrar nele digno de ser amado, se ele mesmo se reconhecia como um fardo de ruindade e miséria?

O pior era que até esse momento ele não se havia percebido disto. Oh!... Quanto dano causara à meiga majestade de Bohindra, o kobda-rei, que parecia irradiar de seu olhar, de sua pessoa, de todo o seu aspecto exterior, uma grandeza sem vaidade; uma superioridade sem orgulho.

Quanto dano tinha causado à juvenil beleza de Abel, à serenidade que o envolvia, ao amor e à ternura que ele irradiava quando Mabi lhe mostrava o grupo de crianças enfermiças e débeis que ela e Núbia haviam curado!

Repentinamente sentiu-se inclinado a humilhar-se em sua própria miséria ante aqueles homens que lhe pareciam deuses; ao mesmo tempo, atormentava-lhe o desejo de humilhá-los, descobrindo-os em faltas que os deixassem em seu próprio nível. Então se tornava feroz e parecia um chacal com as fauces abertas.

— Oh! — disse com trêmula e surda voz que só ele mesmo escutava. — Se eu pudesse envolver esses dois semideuses com algumas de nossas mais belas adolescentes, e assim amortecesse a admiração de Mabi por eles, que, finalmente e em conseqüência, demonstrariam ser feitos da mesma matéria que eu!...

A espantosa vibração de seus próprios pensamentos foi sobrecarregando cada vez mais de pesados eflúvios a sua tenda que, para um sensitivo e vidente, teria apresentado o horrível aspecto de um covil povoado de repugnantes dragõezinhos, sátiros asquerosos e feroz alimária imunda e destruidora.

Extenuado e febril, vencido naquela luta feroz que ele mesmo provocava e engrandecia com seus baixos pensamentos, o infeliz príncipe deixou-se cair sobre seu estrado de repouso, preso de horríveis convulsões.

Seus servidores chamaram à porta da tenda, mas ele não os ouvia.

Em compensação, eles ouviam bem claramente a sua respiração fatigosa, os seus queixumes afogados e às vezes palavras maldizentes que lhes eram bem conhecidas quando o amo estava com os "maus gênios", conforme eles diziam.

A tenda estava fechada por dentro, e quem se atreveria a entrar?

Não existia outro amparo além de Asagg, a *maga azul*, que afugentara os gênios do mal dos quais antes seu senhor estava possuído. E a ela acudiram.

A jovem conversava meigamente com Bohindra e Abel. Havia-se sentado numa pele aos pés do kobda-rei e fazia-lhe referir todo o concernente a Évana, a Ada, a Adamu, a todos os seus irmãos e irmãs de "A Paz". De Abel recolhia as mais formosas referências de sua irmã Hélia, de sua mãe já desaparecida do plano físico, de seu entristecido pai, do amor do povo nun-ma-quiano pela sua jovem rainha. O príncipe circassiano tinha desaparecido de seu horizonte mental ante o esplendoroso desfile de imagens do amor e beleza que as narrações de Bohindra e Abel iam apresentando à sua ardente imaginação.

Núbia e os kobdas que os escutavam também enternecidos, cheios de ventura e alegria, cooperavam para formar entre tão profundos e belos pensamentos uma atmosfera de fluidos sutis, suaves, meigos, cheios de amor e entusiasmo pelo florescimento exuberante da fraternidade humana que bebiam até a embriaguez através daqueles relatos.

O próprio Jobed, que veio amargurado pelo silêncio de Vladiko, foi submergindo-se insensivelmente naquela suave atmosfera de amor e quietude, e, embebido nos relatos de Bohindra ou de Abel, acabou por esquecer também a tempestade interna de Vladiko.

A chegada dos servos do príncipe com o aviso do que ocorria fê-los descer subitamente daquele elevado plano espiritual no qual se haviam colocado ao influxo poderoso dos pensamentos mais belos, grandes e puros.

Mabi empalideceu intensamente e por todas as fisionomias passou como uma rajada de amargura que, por ser inesperada, era mais inoportuna.

— Oh! — disse finalmente Mabi com tristeza. — Não podia faltar uma pincelada sombria no formoso quadro que estáveis pintando.

— Estamos na Terra, minha filha — respondeu Bohindra — e não em Vênus onde, com o pensamento, nos havíamos transportado. Não te acovardes, que não é nada. Certamente isto obedecerá ao fato de o nosso horizonte mental ter-se chocado demasiado bruscamente com o que rodeia a Vladiko, despertando nele pensamentos receosos e desconfiados. Certamente julga que venho aqui subjugá-lo, valendo-me do amor que ele te professa... Vamos lá, se é que tens poder para mandar abrir a tenda contra a sua vontade.

Bohindra, seguido de Abel e dos demais kobdas, encaminhou-se para a tenda do príncipe, que estava rodeada de servidores, homens e mulheres, com o espanto refletido em seus semblantes.

— Forçai a fechadura — ordenou Mabi a um dos escravos.

— Por piedade, Asagg, divina Asagg — murmurou o escravo caindo de joelhos. — Tal custaria a minha vida, porque os maus gênios me aniquilariam aqui mesmo!

Bohindra, sem compreender aquela linguagem, entendeu bem a mímica do infeliz escravo e, aproximando-se, disse a Mabi.

— Manda que se retirem todos em completa tranqüilidade para suas ocupações, e nós somente abriremos e entraremos.

Mabi procedeu assim, e Jobed, ajudado por seus companheiros, conhecedores da forma de fechadura da tenda, forçaram-na; Bohindra foi o primeiro a entrar, e todos depois dele.

Formaram cadeia mental em torno do estado onde Vladiko se agitava e retorcia, presa de horríveis convulsões, e desanuviaram assim o ambiente, com o que o enfermo foi se tranqüilizando pouco a pouco. Umas compressas de água gelada na fronte e uma defumação de essência de flores de laranjeira devolveram-lhe o conhecimento. Quando abriu os olhos, viu o kobda-rei sentado a seu lado na borda do leito, Abel de pé à sua esquerda e Mabi ajoelhada sobre uma pele de urso branco existente sobre os degraus dianteiros do estrado de repouso onde ele se encontrava estendido.

76

— Somos tão feios que a nossa chegada vos enfermou? — perguntou jovialmente Bohindra, ordenando com suas brancas mãos os emaranhados cabelos de Vladiko.

Este olhava para todos, notando-se nele grande esforço para dominar sua emoção. Finalmente, não pôde conter-se mais e, tomando uma das mãos de Bohindra, inclinou sobre ela sua cabeça e profundos e fortes soluços começaram a sacudir novamente seu corpo.

Mabi ia falar, mas Bohindra fez-lhe sinal de silêncio.

Aquele profundo soluçar de Vladiko na penumbra da tenda, entre o silêncio exterior e o vibrar cadenciado das almas, pareceu lavá-lo e purificá-lo das manchas que a jovem kobda via na personalidade espiritual de seu prometido. Seus defeitos foram como que se diluindo perante ela na aura de piedade, comiseração e amor na qual todos envolviam novamente aquele espírito.

Ela encontrou beleza naquele leão selvagem e vencido; naquele tiraninho caprichoso que chorava e amava!... Era o que Bohindra buscava como sutil e experimentado mestre de almas, e, quando a serenidade renasceu e Vladiko sentou-se em seu leito, o kobda-rei disse como se nada houvesse ocorrido:

— Creio que vos disse ao chegar que eu devia ter uma entrevista com Lugal Marada, o príncipe mais poderoso do Norte, e que hoje ao anoitecer devem chegar minha esposa e minha filha para assistir às vossas núpcias com Mabi. Eu me adiantei à caravana temeroso de que Lugal Marada estivesse esperando-me. Contudo, vejo que ele se atrasou. Com o que, se vos parece bem, celebraremos a vossa união amanhã, para não vermos interrompida uma festa íntima de ternura e amor por deliberações de uma ordem completamente diferente.

Sem responder, Vladiko olhou para Mabi com certa inquietação que não passou despercebida para os kobdas. Vendo que a jovem nada dizia, o príncipe falou com grande emoção:

— Na vossa chegada, fez-se grande claridade em minha mente, mediante a qual compreendi que sou menos que um frangalho ao vosso lado, e que é impossível para Mabi poder chegar verdadeiramente a amar-me. Compreendi que ela aspira a um companheiro como vós e que deve rechaçar com horror a sua união com um leopardo como eu. O povo adora-a e espera tudo dela. Deixai que eu me humilhe a seu lado e fuja para a minha terra natal, e que, à frente deste povo que a ama, ela tome depois um esposo que a mereça e possa fazê-la feliz. Até agora não fui senão um tiraninho inconsciente. Deixai, pois, que eu comece a ser um homem digno da consideração dos seus semelhantes.

— Tu o és, desde o momento em que tiveste luz para pensar assim — respondeu Bohindra. — A Eterna Lei, que é nossa bússola, nossa estrela polar, diz-nos que há uma infinita escala entre os seres que povoam os mundos, e louco e desequilibrado desejo será o que busca igual grandeza no espírito que começa a subida, como num que chegou às alturas ou que já escalou os cumes gloriosos. Bendita seja essa Lei que te dá, em teus começos, uma mão material e suave onde apoiar-te e uma alma forte que te brinde sua sombra e seu calor.

"Entretanto, isto é um assunto que tu e Mabi deverão resolver."

A emoção e a luta da jovem era visível. O pensamento de seus irmãos, buscando o cumprimento da Eterna Lei naquelas duas almas próximas a se encontrar, ajudou-a poderosamente.

Pensou que, fazendo submergir Vladiko num negro abandono e solidão, trar-lhe-ia grandes remorsos; uma onda imensa de amor e piedade se levantou do fundo de sua alma, e, estendendo sua mão ao atormentado príncipe, disse com tranqüila serenidade:

— O que foi dito está dito, e tenho a firme convicção de que o teu amor será o salvador do teu povo e de ti mesmo. A mim dói, Vladiko, que hajas pensado que eu aceitaria o teu lugar sobre este povo, deixando-te abandonado como a um ser des-prèzível.

Mudo pela emoção, Vladiko apertava e beijava a mão de Mabi num louco trans-porte de felicidade.

Bohindra acariciou aquelas cabeças juvenis que, unidas, eram uma promessa para o futuro desse povo que, pelas portas douradas do amor, entrava no concerto da fraternidade humana sobre esta Terra.

Espigas de Trigo

O povo circassiano estava em festa. Era o final do estio, e uma tíbia temperatura saturada do odor de frutas maduras e espigas douradas parecia reanimar cada vez mais a transbordante alegria daquela multidão. As colheitas já guardadas haviam facilitado seguir o tradicional costume do país, de adornar as mulheres com espigas de trigo e cerejas maduras na celebração de bodas suntuosas.

A chegada de Ada e Évana ao cair da tarde, com alguns kobdas vindos de Negadá e "A Paz" para cooperar na educação moral daquele povo, foi uma explosão de felicidade e júbilo que, partindo do coração da Maga Azul, parecia inundar aquela gente para quem havia terminado de uma vez por todas o longo inverno a que lhes condenara a tristeza humana do Scheiffa.

Uma estrondosa salva de aplausos, bênçãos e augúrios deixou-se ouvir ensurde-cedora quando Bohindra e o Scheiffa correram as cortinas dos dosséis que cobriam o elefante no qual chegavam Ada e Évana.

Como seriam a rainha e a mãe da Maga Azul? O povo vibrava de curiosidade.

Já tinham visto o grande Rei de Nações em toda a sua meiga e suave majestade, acariciando os pequeninos de cabelos dourados e fazendo-os repetir seus nomes.

Oh, aquela rainha e aquela mãe deviam ser algo digno de todos os *magos azuis*, que iam se mostrando fantasticamente grandes e benéficos para o povo circassiano, habituado ao chicote, ao terror e à escravidão.

Por indicação do Scheiffa, foi encostada no flanco esquerdo do elefante uma grande escada atapetada de peles para que Ada e Évana descessem. A túnica azulada, o véu branco de Ada ondulado pelo vento e seus longos cabelos ruivos faziam dela, na verdade, algo como uma meiga e suave visão radiante de paz e amor que aparecia entre cortinas de púrpura descendo do elefante. Évana procurava seu filho com os olhos sem ver outra coisa do quanto a rodeava e sem compreender as estranhas aclamações que o povo lhes prodigava.

Abel e Mabi arrojaram-se juntos entre seus braços, ao mesmo tempo que Bohindra apresentava ao Scheiffa sua amada rainha, a quem haviam obrigado a sentar-se num estrado portátil para ser levada à tenda.

Os homens aproximaram-se em tumulto para carregar o estrado engalanado de fitas e espigas de trigo. Com Évana e as outras kobdas quiseram fazer o mesmo, contudo a mãe era demasiado feliz apoiada no braço de seu filho e acariciada por Mabi, que julgava-se sonhar vendo ao seu redor aqueles dos quais pensara estar separada para sempre.

A grande tenda que lhes fora preparada estava a poucos passos, mas o tumulto do povo que queria vê-los de perto obstruía de tal modo o caminho que foi necessário que o Scheiffa subisse sobre um dos estrados e lhes prometesse que dentro de breves momentos seriam todos recebidos pelos hóspedes, e poderiam vê-los e falar-lhes com satisfação.

O povo cantava em seu estranho idioma os cânticos de seus distantes dias de glória e felicidade, quando celebravam as bodas de seus príncipes ou o nascimento de seus filhos. Como fosse repetida constantemente a palavra "Asagg", seguida de outras incompreensíveis palavras, Évana interrogou Mabi sobre seu significado.

— É que essa gente imagina que os homens e mulheres de vestimenta azul são gênios tutelares de sua raça, porque o guia espiritual deste povo foi Asagg, um irmão da Aliança encarnado numa mulher há muitos séculos; e eles deram em assegurar que essa mulher sou eu. — Isto explicava Mabi, já entrando na grande tenda destinada às recepções.

Ada, que já havia sido descida do estrado, conversava com Bohindra e o Scheiffa, que já falava com bastante correção o idioma dos kobdas.

A família estava finalmente reunida. Núbia sentia diminuir o peso de suas responsabilidades vendo de perto Ada, Évana e as três kobdas do santuário de "A Paz" que vinham compartilhar de suas tarefas.

Um arauto tinha anunciado ao povo, mediante o megafone de ouro usado para estes casos, que, ao aparecimento da Lua cheia, seriam celebradas as núpcias do Scheiffa com Asagg, e que se retirasse tranqüilo para descansar porque ainda faltavam algumas horas.

Fácil será ao leitor supor a variedade das conversações e dos comentários entre a família kobda ali reunida. Quantas coisas havia para comunicar mutuamente! Jobed e os anciãos Ibrin e Acadsu, assim como Núbia, respiravam com ânsia o ambiente fraternal daquele momento depois de tão rudes e cruéis batalhas com a ignorância, a maldade e a inconsciência dos seres. Parecia-lhes um sonho doloroso e terrível o quanto ocorrera, e que um novo céu iluminado por múltiplos arco-íris de paz e felicidade os envolvia, fortificando-os e rejuvenescendo-os.

— Transportamo-nos para "A Paz", ou "A Paz" veio até aqui — disse graciosamente Núbia, encantada de ver-se novamente entre aqueles seres que eram como a alma e a vida naquele amado santuário, ninho de tanta beleza e de tão ternos amores. Entretanto, Bohindra e o Scheiffa, no outro extremo da grande tenda, falavam em voz baixa entre rolos de papiro e lâminas de cobre que examinavam e estudavam detidamente: o kobda-rei explicava os pontos da Lei da Grande Aliança e fazia Vladiko explicar-lhe as leis de seu país.

— Mabi é minha filha — disse — porque deves saber, visto que foste instruído em nossa Lei, que para os kobdas há filiações e vínculos mais fortes que os do sangue; são os do espírito, que sobrevivem à matéria e perduram mais que a luz dos astros que nos dão vida e calor.

"Mabi é minha filha, e estou no dever de assegurar para ela e para o povo que a recebe toda a tranqüilidade estável e duradoura que faz a felicidade dos povos e o cumprimento de suas missões respectivas no concerto da civilização."

Vladiko sentia-se por sua vez satisfeito e feliz de que Asagg, como ele dizia, não fosse de uma raça inferior, mas proviesse de uma estirpe de reis e deuses.

Sua mãe fora Rainha de Num-ma-ki, e o país das esmeraldas e romãzeiras vira a grandeza de seus antepassados durante inumeráveis séculos. O Thidalá da Grande Aliança chamava-a sua filha e a entregava como esposa. Poderia Vladiko sonhar com uma felicidade e uma posição superior à que o seu destino lhe brindava?

— Por cima de toda a grandeza material em que pensas — disse repentinamente Bohindra — está a realeza do amor quando é verdadeiro e está isento de egoísmo. Se o amor a Mabi te fez justo e bom, é um santo amor. Cuida de mantê-lo no sagrado altar de teus cultos, porque ele te fará dominador de ti mesmo e de todas as coisas que se interponham no caminho que tens de trilhar para o cumprimento do teu destino.

Bohindra bateu palmas duas vezes, chamando os kobdas agrupados em torno de Ada e Évana.

— Vinde todos — acrescentou o kobda-rei — porque todos deveis conhecer o triunfo do Scheiffa neste dia transcendental de sua vida.

Vladiko leu o que ele mesmo escrevera num papiro à vista de Bohindra:

"Ante o Altíssimo Deus dos kobdas, declaro que O reconheço como ao único Deus verdadeiro, a quem adoro e farei adorar o meu povo.

"Faço minha a Lei da Grande Aliança que destrói a injustiça, e farei reinar o amor que iguala e une todos os homens.

"Recebo Mabi de Uran como esposa e compartilho com ela o governo do meu povo.

"Que o Altíssimo Deus dos kobdas, as almas de meus antepassados e o meu próprio povo sejam meus juízes se faltar ao pactuado.

"Vladiko de Sulak,
Scheiffa do povo circassiano."

Jobed tirou ali mesmo várias cópias, pois, segundo o costume, deviam ter uma os pais e irmãos dos desposados. Uma devia ser enviada a Iber, outra a Hélia-Mabi e à jovem rainha de Num-ma-ki, outra devia ficar em mãos do Scheiffa e o original em poder do Thidalá do Eufrates e do Nilo, Chefe da Grande Aliança de povos civilizados e livres na qual entrava nesse dia o povo circassiano.

Cada rolo de papiro foi firmado por todos os presentes e encerrado num tubo de cobre, com o que ficava tudo preparado para a celebração das bodas.

A noite estendeu seus dosséis de sombra, e o povo inquieto e feliz começou novamente suas correrias em redor das grandes tendas iluminadas de archotes e tochas.

Pirâmides de espigas de milho brilhavam como o ouro à luz das tochas, formando avenidas e galhardetes entrelaçados com ramos de árvores e pavilhões de vistosas cores.

Esperava-se ansiosamente o aparecimento da Lua cheia, e quando esta se levantou como uma esfera de prata no polido azul dos céus, um imenso clamor ressoou pelos ares e uma chuva de espigas de trigo enlaçadas com fitas azuis e vermelhas caiu sobre o grande estrado coberto por amplo dossel que haviam levantado defronte à tenda nupcial para que o povo presenciasse a união de Vladiko e Mabi, a nova Asagg, que o Deus dos kobdas lhes oferecia como um eterno augúrio de paz e felicidade.

Vladiko de pé, sozinho no alto do estrado, coberto com a ampla capa de pele branca das grandes solenidades e apoiado sobre a vara de prata terminada numa cabeça de águia, símbolo supremo de sua autoridade e de sua raça, esperava. Bohindra apareceu com sua túnica azulada e seu manto branco levando Mabi pela mão, que não levava outro adorno além de sua longa cabeleira escura flutuando ao vento da noite.

Seguiam-na Ada, Évana, Abel e os demais kobdas, formando um círculo em torno dos desposados. As duas cabeças juvenis se uniram suavemente para ser cobertas pela grande rede de ouro dos desposórios, sobre a qual punham suas mãos os pais dos contraentes. Bohindra e Évana foram os indicados para esta cerimônia, enquanto um coro cantava uma breve oração do ritual.

Os pais tiravam depois a rede, as mãos dos esposos ficavam unidas por um bracelete de ouro e pedras preciosas. Os familiares beijavam aquelas mãos juntas e os noivos ficavam unidos para toda a vida.

A Rainha Ada cingiu a fronte de Mabi com o amplo véu branco das rainhas kobdas, símbolo de sua maternidade para o povo que a recebia, e o Scheiffa, levantando ao alto sua mão unida à de Mabi, disse ao povo congregado:

— Asagg é vossa rainha e mãe.

O povo cobriu-lhes de bênçãos e flores.

Quando suas mãos foram descingidas do bracelete que devia ficar no braço da esposa, ao Scheiffa foi apresentado um diadema de rubis engastados em prata, que ele cingiu sobre a cabeça velada de branco da jovem esposa.

— As espigas de trigo! — gritava o povo em meio aos seus cantos. — As espigas de trigo!

Vários servidores aproximaram-se com grandes bandejas de prata cheias de espigas de trigo enlaçadas com laços de púrpura.

Vladiko e Mabi puseram suas mãos sobre elas e foram repartidas entre o povo, segundo o velho costume do país.

Então, um imenso coro de jovens mulheres cobertas de véus cor-de-rosa entoou um cântico ao som de cítaras e alaúdes, dando voltas pausadas e lentas ao redor do estrado nupcial, enquanto os jovens desposados recebiam o beijo fraternal de seus familiares e íntimos.

As espigas de trigo continuaram sendo derramadas sobre aquele povo que as recebia como símbolo da abundância e da paz que esperavam, vendo seu Scheiffa unido para sempre com a Maga Azul, a adorável Asagg que lhes trouxera, nas pregas de sua túnica azulada, a justiça, a liberdade e o amor.

DO PAÍS DA NEVE

Ainda não se haviam extinguido as notas alegres com que o povo circassiano celebrara as núpcias de seu príncipe, quando chegou procedente do norte uma pequena caravana de aspecto desolado e taciturno. Era o príncipe Eric com quatro dos velhos guerreiros de seu pai, e traziam a triste notícia de que o ancião e ilustre Príncipe do Norte, Lugal Marada, fora assassinado misteriosamente; e, sublevadas as suas tropas e os povos, ameaçavam também o seu herdeiro, que conseguira escapar.

Seu pai moribundo tinha gritado entre as torturas de sua agonia:

— Salva a honra do teu pai comparecendo à entrevista que tenho com o Thidalá do Eufrates e do Nilo, para que os únicos homens justos da Terra saibam que fui digno da sua amizade e da aliança.

Eric comparecia para cumprir a vontade paterna e para pedir a proteção da Grande Aliança na dura situação em que se achava.

Incrível parecia aos kobdas que aquele homem, tão poderoso e tão temido desde o Ponto Euxino até o Báltico, tivesse sido tão repentinamente derrubado como um robusto cedro ao impulso do furacão.

O jovem Eric oprimido pela dor, guardava profundo silêncio e apenas respondia com monossílabos às frases consoladoras do kobda-rei. Compreendendo este que seria cruel exigir do jovem uma narrativa das tragédias que adivinhava, fez com que os velhos guerreiros de Lugal Marada explicassem os acontecimentos que lhe haviam custado a vida.

— O Cheru quis ser justo convosco, ó Rei da Paz, e pagou com a vida o preço da justiça — disse a Bohindra um daqueles altos e fortes guerreiros, cujos ruivos cabelos e olhos azuis, muito claros, denotavam sua procedência e sua raça.

"Aquelas Escolas Secretas que tinham transtornado a mente do príncipe e de toda a nossa melhor juventude tomaram vingança em nosso príncipe, que as desagregou e as desfez segundo vos havia prometido, para encontrar por tal meio a paz e a felicidade do seu povo. Perseguidos em nossas terras, aqueles ferozes sacerdotes-magos infectaram os mares do norte, e cada golfo e cada baía transformou-se num covil de piratas que assolavam as regiões tranqüilas, levando o terror e a morte a todos os habitantes. Sob suas flechas envenenadas, ou por suas drogas mortíferas, pereceram os homens mais destacados da corte do Cheru, e isto sem que se conseguisse compreender por que caminhos ocultos se aproximaram esses temíveis inimigos que ferem sem que ninguém os veja. Concluímos por desconfiar até da própria família chegando a dar-se o caso de que um pai perguntasse a si mesmo: 'Não estará entre meus filhos um dos assassinos?'

"Por tal motivo, encorajamos o príncipe Eric a fugir do país logo após a morte de seu pai, e depois de ter visto cair antes dele trinta e dois chefes de tribos num brevíssimo intervalo de tempo.

"Que horror, Chalit, que horror é aquela terra antes serena e tranqüila sob seus eternos mantos de neve! Um hálito de desconfiança, receio e misterioso terror se esparge por todas as partes, pois ninguém pode dizer que viu os inimigos nem onde estão; contudo, todos estão convencidos de que esta cadeia de crimes é obra única das Escolas Secretas do Cáucaso, fechadas e dispersadas por ordem do Cheru."

Bohindra meditava enquanto prestava atenção ao relato do mais ancião dos guerreiros. A clarividência de seu espírito fê-lo compreender imediatamente que as centenas de jovens que foram alunos dos sinistros obreiros do *mau pensar* eram os instrumentos utilizados pelos poderes ocultos para dizimar as povoações, segando como espigas maduras os homens mais respeitados e capazes.

"Quem sabe!..." — pensou Bohindra — "se este mesmo príncipe Eric não estará sob a poderosa sugestão e se converterá em homicida, obedecendo à espantosa força que o dominou totalmente!"

Apenas havia-se esboçado na mente do kobda-rei este pensamento, viram o jovem príncipe desprender de sua roupa um alfinete de prata cuja cabeça era um grosso rubi. Estendendo-o para o guerreiro que havia falado e que se achava junto dele, disse:

— Aceitai este presente pela boa forma como falastes ante o Grande Rei de Nações.

— Não o toques! — gritou Bohindra, dando um passo adiante e golpeando com força seu punho fechado sobre o braço estendido de Eric, cujo olhar extraviado e decomposta fisionomia revelava claramente aos olhos conhecedores de Bohindra que ele se achava sob uma poderosa corrente magnética das mais mortíferas que tinha sentido em sua vida. O alfinete envenenado caiu ao solo e Eric desequilibrou-se, desmaiando inerte sobre a terra.

Os guerreiros estupefatos observavam esta cena, que foi rápida como um relâmpago.

— Vós o matastes! — disse um deles, crendo que o golpe do punho de Bohindra derrubara o príncipe por terra.

— Nós o salvamos! — exclamou o kobda-rei. — E salvamos a vida do vosso companheiro. Certamente este alfinete está envenenado, e uma pequena picada que houvesse dado na mão à qual ia dirigido, ou no peito ao prendê-lo, poderia produzir a morte, se não instantânea, pelo menos segura.

— Como sabeis? — interrogou outro, alterado e receoso.

— Isto é difícil de explicar — respondeu Bohindra, levantando do solo o príncipe, o qual não voltava a si, e estendendo-o sobre o estrado coberto de peles.

Depois recolheu cuidadosamente o formoso alfinete com cabeça de rubi e começou a observá-lo. Uma quase imperceptível gotinha de cor escura apenas aparecia em sua aguçada ponta.

— Vedes? — perguntou aos assombrados guerreiros de Lugal Marada. — Isto é um tubo encerrando uma dose mais que suficiente para matar dez homens, e este deve ter sido o procedimento de que se valeram para matar sem que ninguém veja o assassino. Se houvésseis estendido a mão para recebê-lo, ele vos teria picado como que por descuido e teríeis agradecido o presente sem desfrutá-lo, pois teríeis morrido antes do tempo necessário para prender este alfinete em vosso peito.

— Mas o Príncipe Eric afastou-se há muito tempo desses homens misteriosos — disse outro dos guerreiros.

— Eu acredito, mas *alguém* enviado por eles deve ter presenteado este alfinete ao príncipe, talvez como uma demonstração de carinho, esperando que ele mesmo se ferisse com ele, e a poderosa sugestão que domina os que foram alunos das Escolas Secretas impulsionou-o sem dúvida a dar a jóia a este companheiro de infortúnio, talvez também como uma oferenda, ou talvez forçado por uma inteligência estranha para produzir-lhe a morte. Se não acreditais, esperai um momento.

Bohindra saiu da tenda e voltou poucos momentos depois com uma pequena víbora, das que eles chamavam *"dos ninhos"*, porque devoravam os ovos dos passarinhos e das pombas. Por entre os arames da pequena gaiola, introduziu a ponta do alfinete e deu-lhe uma picada no rabo.

O réptil estremeceu duas ou três vezes e ficou rígido como se fosse uma varinha verde recém-cortada de uma árvore.

— Está morta — disse o kobda-rei, tomando-a com um paninho e mostrando-a a seus visitantes. Envolveu-a juntamente com o mortífero alfinete e, aproximando-se da fogueira que esquentava a tenda, sepultou-os sob as brasas vermelhas que ardiam num grande covilhete de pedra. Depois tomou Eric pelas mãos e, olhando para ele com firmeza, emitiu com força seus pensamentos de amor e luz.

Com o fim de atrair sobre ele os pensamentos dos guerreiros que estavam ali presentes, pronunciou esta invocação:

— Deus da Justiça, da Paz e do Amor!... Conservai esta vida que destes para o bem e a verdade, para a luz e a alegria.

Os guerreiros rodearam Eric pronunciando aquelas mesmas palavras. Poucos momentos depois, o jovem despertou queixando-se de fortes dores na fronte e no coração.

— Não é nada — disse Bohindra, dando-lhe passes magnéticos. — É o cansaço

84

da viagem e das impressões dolorosas que a motivaram. Entre nós vos reanimareis. Recordais que tendes uma noivinha de treze anos?

— Helvécia! — murmurou claramente Eric.

— Sim, Helvécia, que vos espera nas pradarias do Eufrates tecendo com brancas fibras de linho seu véu de desposada, segundo o tradicional costume de "A Paz" para todas as donzelas que estão prometidas em matrimônio. Sua beleza cresce com sua bondade à medida que os dias avançam — continuou o kobda-rei, procurando afastar para longe da mente de Eric os sombrios pensamentos dos quais se via saturado.

"Se confiais nos homens da toga azul, confiai em nós e não penseis mais em nada, a não ser no fato de que uma grande felicidade vos espera num mundo novo de paz, amor e companheirismo. Vossos dois irmãos, que estão quase tão crescidos como vós, esperam ansiosamente a vossa presença e, se não vierdes tão logo, talvez celebrarão núpcias antes de vós... Que vos parecem as notícias que vos dou?"

— Boas, muito boas! — disse Eric animando-se. — Mas que hei de oferecer agora a Helvécia que não seja o desterro, a pobreza e a morte?

— As donzelas educadas nos santuários kobdas não esperam de seus prometidos senão amor, paz e alegria, pois temos grande cuidado de não excitar sua fantasia com o esplendor das grandezas materiais que possam chegar a possuir, mas encher sua mente da formosa visão da felicidade, da paz e do amor que podem semear para si mesmas e para seus semelhantes, principalmente se estão destinadas a ocupar lugares destacados nas sociedades humanas. Afora isto, não sabeis ainda o destino que o Altíssimo Rei dos Reis e senhor de todos os seres reserva para o vosso país. Dai tempo ao tempo, Príncipe Eric, que a vida tem segredos e surpresas que deixam às vezes muito para trás todas as nossas previsões.

"E agora, como eu não estou em minha casa e sou como vós um hóspede nas tendas de um príncipe circassiano que nos honra com a sua amizade, convido-vos a nos encaminharmos à sua morada para que, juntamente com os vossos amigos, lhe apresentemos as nossas adesões e bons augúrios, pois acaba de celebrar suas núpcias com minha filha de adoção, criada e formada como Helvécia ao calor do lume aceso pelos kobdas."

— Vamos, vamos! — disse Eric já quase com alegria, andando seguido de seus velhos guerreiros, que não saíam do assombro ao ver como o kobda-rei, o Gênio da Paz e do Amor, como o chamavam em seu país, dava a vida e a alegria até aos que lutavam entre os negrumes da tragédia e da morte.

— Eis aqui outro pássaro das neves eternas — disse Bohindra poucos momentos depois ao apresentar Eric ao Scheiffa, que, na grande tenda de audiência, recebia com Mabi a adesão dos personagens mais destacados de seu povo, os quais, segundo o uso daquele país, durante as dez auroras depois da boda tinham o direito de ser ouvidos por seu príncipe numa confidência íntima.

— Eu vos conhecia de nome, como também a vosso pai, por suas gloriosas empresas entre os povos do norte — disse Vladiko, apertando as mãos que o jovem príncipe lhe estendia.

— Eu vos conheci pessoalmente em "A Paz" — disse Mabi — embora não

85

possais recordar a minha pessoa, pois somente me vistes entre as jovens kobdas que cuidavam das meninas do Pavilhão da Rainha.

Depois dos rituais de condolência de uma parte e das felicitações nupciais da outra, o Scheiffa encerrou a audiência para seu povo por esse dia, a fim de consagrar sua atenção ao visitante que o kobda-rei lhe apresentava.

— O Scheiffa — disse Bohindra com fino tato social — é um vencedor do pessimismo originado do desengano dos homens e das borrascas da vida, e creio que tal circunstância, unida à vossa estirpe que se embalou entre palácios de neve, despertará uma grande afinidade entre vós.

Vladiko compreendeu que o kobda-rei pedia sua cooperação para com o jovem príncipe e dispôs-se a comprazê-lo, iniciando uma animada conversação sobre os acontecimentos que lhe iam ocorrendo durante sua vida por caminhos lúgubres e sombrios até o momento em que viu resplandecer a felicidade através dos véus de Asagg.

Enquanto os jovens esposos conversavam com o filho de Lugal Marada, o kobda-rei voltava a seu campo de ação espinhoso e duro, ou seja, o esquecimento de si mesmo para pensar nos quatro guerreiros vindos do norte que tinha a seu lado e de quem devia recolher todos os detalhes necessários para tratar de devolver a paz e a felicidade aos vastos povos de Lugal Marada devorados pelo fogo de internas discórdias que faziam vítimas aos milhares.

Formando com eles grupo à parte na vasta tenda das audiências públicas, escutou em silêncio as dolorosas tragédias que aqueles homens desfolharam como rosas de sangue na alma do kobda-rei, feita de piedade e nobreza.

Via aqueles vastos países de neve convertidos num formigueiro de vulcões ardentes de ódio, furor e morte, acesos pelo mau uso das forças mentais residentes no ser humano; e sua alma soluçava em silêncio, meditando na horrenda inconsciência da humanidade terrestre que, podendo lavrar sua própria felicidade com as formidáveis energias do pensamento, dádiva suprema do Altíssimo, tecia fio por fio sua própria infelicidade, talvez para ter motivos mais tarde para maldizer toda a criação e até a própria magnificência de seu Criador, de quem se julgaria abandonada, sem luz, sem esperança, sem felicidade!

À sua mente acudia a recordação da velha Lemúria tragada pelo furor de cem vulcões e pelas ondas invencíveis do Mar Sereno, quando o transbordamento dos pensamentos pecaminosos dos homens tinham inclinado a balança para o pratinho onde o Mal, pensado e realizado com sanha feroz, rompia o equilíbrio que mantinha em pé os continentes, os povos e as sociedades humanas.

Via no desfile mental sua amada Atlântida, tragada também pelas águas do mar depois de ter sido duas vezes homicida do homem justo, do Verbo de Deus baixado à Terra para ensinar aos homens a Justiça e o Amor. O sangue e as lágrimas dos milhares de mártires, que após ele foram sacrificados nos altares de seus ideais sublimes de redenção e fraternidade, haviam transbordado nas águas do mar para aniquilar aqueles povos convertidos em verdugos dos semeadores da Verdade e do Bem.

A humanidade tinha ainda direito de queixar-se, amaldiçoar tudo, pedir a justiça e buscar o amor e a paz que ela mesma tinha pisoteado e destruído, como destrói uma manada de elefantes enfurecidos as pradarias serenas onde a Eterna Lei fez brotar as flores e amadurecer as espigas!

Como os quatro guerreiros terminaram seus relatos e Bohindra continuava silencioso como se ainda continuasse escutando, um deles perguntou:

— Pensais em salvar ainda os vastos países de neve, ó Rei da Paz?

— Somente vós podeis fazê-lo — acrescentou outro — e por isso estamos aqui.

— Pode um homem modificar o curso de um rio ou deter o furacão no deserto? — perguntou Bohindra com voz triste. — Deixai que passe a fúria do vento arrastando consigo quanto se oponha à sua passagem, deixai que as águas do rio transbordado levem toda a podridão, toda a ressaca, e então reconstruiremos, com o que ficar de pé depois da voragem, novos povos com leis novas e alma nova. Donde sois originários?

— Nós quatro somos da Escandinávia, e é aquela região a única que permaneceu tranqüila, resistindo à marulhada da maldade e do crime que invadiu tudo.

— Pois bem, entre as neves da Escandinávia cultivaremos a semente da Justiça e do Amor, se fordes vós as quatro colunas fortes e firmes onde o príncipe Eric possa erguer o monumento grandioso da evolução do seu povo.

— Contai conosco — disseram os quatro a uma só voz, pondo a mão direita sobre o peito do kobda-rei segundo o costume, para dar maior solenidade às grandes promessas.

— Dai-me o tempo necessário para que cheguem aqui irmãos meus de Negadá sobre o Nilo e de Soldan no Mar Hircânio, e voltareis com eles para o vosso país. Quem o governa na atualidade?

— Os Conselheiros do grande Cheru com um neto seu chamado o *"cavaleiro de bronze"* graças à sua infatigável energia.

— Sabeis que o vosso príncipe Eric escolheu para esposa uma filha do príncipe Elhizer de Ethea?

— Ignorávamos completamente — respondeu um deles — mas sabê-lo nos satisfaz sobremaneira.

— Vejo que compreendeis bem meus desígnios — disse Bohindra — pois os familiares da futura esposa serão excelentes aliados para Eric, que tão sozinho julga achar-se nestes momentos. Reparai que animado e alegre está. Não parece o mesmo.

Dirigindo-se todos para o outro extremo da tenda, onde o jovem conversava animadamente com Vladiko e Mabi, Bohindra disse-lhes já com a satisfação pintada em seu expressivo semblante:

— Já está esboçado o plano da grande semeadura que faremos nos vossos países de neve, príncipe Eric, se tal for a vossa vontade.

— Que semeareis? — perguntou o aludido com grande ingenuidade.

— A fraternidade e a paz com que sonhou o vosso pai, e será esse o melhor monumento que levantaremos à sua memória.

— Que seja como dizeis — respondeu o príncipe, inclinando-se diante de Bohindra até apoiar a testa sobre seu peito. —Sois desde agora o meu pai, porque os gênios do mal me deixaram órfão e sozinho na Terra.

— Estou contigo! Estou contigo!... — escutou-se ressoar em coro na vasta tenda, pois Vladiko, Mabi e os quatro guerreiros estenderam suas mãos para Eric, que, visivelmente emocionado, tratava de apertá-las todas juntas entre as suas.

— Já começam a florescer roseiras entre a neve!... — exclamou também emocionado o kobda-rei, o eterno sonhador com a fraternidade dos povos.

AURORA E OCASO

— Tu és a aurora que se levanta tingindo o céu de resplendores rosados, enquanto eu sou o ocaso que se vai diluindo entre os véus opacos da noite!... — disse o kobda-rei a Abel numa confidência íntima que ambos mantinham numa noite depois do chamado à quietude, sentados ao calor do lume na grande tenda-refeitório do Scheiffa.

Ada e Évana, fatigadas das contínuas recepções do povo feminino que via nelas a família de Asagg, haviam-se despedido até o dia seguinte, retirando-se para a formosa *tenda da cativa*, como chamavam àquela onde Mabi foi alojada quando caiu prisioneira entre o povo circassiano. Évana escolhera aquela tenda para habitação durante sua permanência ali porque encontrava seu próprio ambiente, aspirando, segundo ela dizia, os pensamentos, as dores, as alegrias e até o eflúvio das lágrimas da filha adotiva, que passara sob aquela tenda toda uma tragédia angustiosa e cruel.

Ada, compartilhando da sua opinião, encontrara o mais apropriado lugar para suas horas de repouso, pois a dita tenda era vizinha das habitações de Núbia e dos kobdas, onde se alojavam também Bohindra e Abel.

Unido a este pavilhão, por uma espécie de átrio coberto, achavam-se as grandes tendas do Scheiffa, das quais também faziam parte a sala de audiência, a sala de oração, ou *morada da sombra*, como diziam os kobdas, diversas dependências e o grande refeitório onde encontramos Bohindra e Abel em íntima conversação.

— Tu és a aurora que se levanta tingindo o céu de resplendores rosados, enquanto eu sou o ocaso que se vai diluindo entre os véus opacos da noite — dissera Bohindra ao jovem Mestre, cuja rota luminosa de Messias se esboçava já bem claramente sobre a humanidade terrestre. — Minha vida termina e a tua começa, e é justo, meu filho, que eu comece a apoiar-me sobre ti para andar o que me resta da viagem.

— Bohindra!... — exclamou Abel. — Bem sabes que fui tão teu desde os dias distantes da minha infância que, para dizer a verdade, o teu amor vive em meu espírito confundido com o mesmo amor dos que me deram o ser. Com isto quero dizer que uma palavra tua é para mim como um mandato. Que queres, pois, de mim? Ainda à custa de qualquer sacrifício, estou disposto a atender-te.

— O nome do nosso santuário, "A Paz", chegou a ser como um emblema e símbolo de tudo quanto de belo e grande são capazes de compreender os homens desta época, e tu e eu, secundados por todos os nossos irmãos não somos outra coisa senão sacerdotes-apóstolos da paz.

"Embora muito tenhamos conseguido entre os povos da Aliança, muito mais nos falta por fazer entre eles e outros que vão se aproximando do meigo calor do nosso fogo. Sabes que a Cherua da Trácia está no país de Ethea e que nosso Iber a retém na Mansão das Berecinas do Monte Kasson até que hajamos conseguido resolver o problema dos distúrbios sangrentos que agitam o seu país.

"Esse povo espera, pois, de nós a justiça que há de conduzi-lo à felicidade e à paz.

"Bem vês: quando apenas finalizamos com êxito a tragédia deste povo que aprisionou Mabi, apresenta-se o filho de Lugal Marada deixando atrás de si vastos países entregues à desordem, à maldade e ao crime na forma mais desastrosa que se pode imaginar.

"A Trácia e os países do Ponto e da Hircânia reclamam a nossa atenção. Urge organizar trabalhos de grande transcendência para aqueles imensos povos que ainda suportam as maiores baixezas e ruindades que atormentam a espécie humana.

"Em teus poucos anos realizaste já duas missões importantes com muito êxito, e pensei que deves realizar a terceira, mais árdua, mais penosa e talvez mais longa que as outras."

— Se a Eterna Lei marcou para mim esse roteiro, ela mesma dar-me-á o poder e a força para percorrê-lo até o fim. Por que dizes que é a mais árdua e penosa das missões que devo realizar?

— Por duas razões: porque será uma luta com inimigos invisíveis e porque terás que viver entre neves e blocos de gelo aos quais não estás acostumado. Nascido no delicioso país de Ethea onde apenas branqueia a geada nos campos durante o inverno, crescido à sombra dos cedros e dos bambuais do Eufrates, onde neva apenas como uma leve névoa, não te será penosíssimo viver e dormir entre a neve durante vários meses?

— Vamos ver! — respondeu Abel sorrindo. — Eu te direi quando estiver lá.

— Para facilitar a tua tarefa, meu filho, pensei — continuou Bohindra — em fazer-te acompanhar pelos nossos irmãos originários daqueles países e que, ao mesmo tempo, estejam dotados de grande força psíquica para fazer frente com êxito à potência destruidora e maléfica dos mingos, que são esses magos-sacerdotes causadores de tamanhos distúrbios. Isto quanto à Escítia e à Cassitérida.* Na Trácia, onde os distúrbios são puramente questão de rivalidades entre chefes guerreiros, a solução

---

* Na antiga Cassitérida compreendiam-se a Escandinávia e as Ilhas Britânicas; e na Escítia, os países do Cáucaso e do Volga.

não será tão dificultosa, mas convém assim mesmo que alguns kobdas desse país te sirvam de secretários e principais auxiliares.

— Onde estão os elementos que hão de realizar junto comigo esta empresa?

— Estão dispersos em nossos santuários e refúgios desde o Delta do Nilo até as montanhas costeiras do Mar Hircânio. No término de quatro luas podemos tê-los reunidos em "A Paz", se utilizarmos as primeiras caravanas que saem nestes dias com diversos rumos. Enquanto isto, regressaremos ao Eufrates, ali descansarás entre os seres amados, fortificar-te-ás espiritual e fisicamente, tomarás ligeiras noções das línguas e costumes dos países que vais visitar; estudarás em nosso Arquivo das Idades as aptidões desenvolvidas em outras vidas pelos elementos que te servirão de acompanhantes, para que organizes a missão com pleno conhecimento das forças e capacidades espirituais com que contarás.

— Oh, Bohindra, Bohindra!... quão maravilhoso é o teu pensar e que formosa lógica brilha nos teus raciocínios!... — exclamou o jovem kobda contemplando extasiado a formosa face do kobda-rei, que aparecia entre um ninho de cabelos já branqueados e que, ao resplendor do fogo da lareira, pareciam tomar matizes de topázios e ametistas.

— Se assim não fosse — respondeu este — por que a Eterna Lei haver-me-ia feito viver esta longa vida para a qual precisei gastar dois organismos físicos? E ainda me falta algo por fazer, Abel, meu filho. Nem tu nem eu esquecemos Kaíno, não é verdade?

"Pois bem, meu filho, ontem completaram-se dez anos desde que ele fugiu do nosso lado; dez anos em que o nosso pensamento de amor o segue de perto sem conseguir vencê-lo em sua tenaz resistência!

"Eu sei que a sua redenção é uma obra que nos incumbe a todos os que um dia o tivemos por perto. Essa obra será a nossa obra, Abel, porque o Amor unido à Verdade e à Justiça não pode fracassar jamais!"

— Tiveste posteriores notícias dele? — interrogou Abel com visível pesar.

— Muito más, muito más! Erigiu-se deus e rei das atrasadas multidões que o seguem com temor servil. É um déspota em toda a extensão da palavra, pois não há ali outra lei senão o seu capricho e a sua vontade. Manda secretos emissários a todos os países com ordem de atrair os descontentes, os sublevados e as pessoas de viver turvo. Não quer os simplórios ou tímidos, mas somente os perversos audazes. Com fins de um fácil e pronto engrandecimento, chegou a castigar nas mulheres a maternidade como uma calamidade pública, pois, segundo ele, a maternidade inutiliza a mulher para comerciar com sua beleza e para dedicar-se em geral a trabalhos ou a intrigas que rendem o mil por um. Disto resulta uma espantosa mortandade de crianças recém-nascidas que são arrojadas aos rios ou às feras das selvas. Durante a tua ausência de "A Paz", organizamos uma espécie de pescaria de crianças para salvar as que são levadas pela corrente do Eufrates até as ilhas do Maharati e até o Lago Évana que, como sabes, é formado por um pequeno braço do grande rio.

— Deus!... Deus!... Que horror; e pensar que Kaíno nasceu quase em meu próprio lar!... — exclamou Abel, apertando com ambas as mãos a testa como se temesse que algo explodisse na mente ante a espantosa verdade.

— Os nenenzinhos — continuou Bohindra — são envolvidos em lãs ou peles e, atados num caixãozinho, são arrojados pelas mães nas águas, com a manifesta intenção, como se vê, de que os pescadores e os junqueiros tenham piedade deles e os salvem.

"Os kobdas de 'A Paz' viram-se obrigados a oferecer um saco de trigo, um odre de azeite e um cântaro de vinho a todo aquele que nos entregar um recém-nascido salvo da morte.

"Meu filho, tiveste uma grande inspiração quando pediste à Rainha Ada um pequeno pavilhão para órfãos e ela prometeu que estaria pronto em teu regresso. Não só está terminado como já habitado por cento e setenta pequeninos salvos das águas do Eufrates."

— Conseguis fazê-los viver? — perguntou Abel.

— As mulheres kobdas fazem-nos viver ajudadas na tarefa pelas meninas que se educam no Pavilhão da Rainha. Quem te parece que é a mais enamorada desses pobrezinhos filhos sem pais que apenas têm poucos dias de vida física? Pois é a tua incomparável amiguinha, *a menina das rosas brancas*, a pequena Alvina que, quando as nossas irmãs se descuidam, vai pelas cestinhas de junco onde descansam as crianças levando-lhes pão, vinho, guloseimas, flores, ovinhos de pássaros, enfim tudo quanto pode recolher, em sua infantil inconsciência de que aqueles pequenos seres ainda não podem aproveitar seus presentes.

— Tem o coração da mãe — murmurou Abel com voz trêmula e apagada, enquanto em seu pensamento se esboçava a meiga figura de Zurima, a mulher árabe que tão profundamente lhe fizera sentir o amor.

"Contrárias visões tem esta vida terrestre!... — exclamou depois de um instante de recordação dedicada à amada falecida. — Junto à sinistra figura do desventurado Kaíno, esboça-se em minha mente a radiante visão dessa menina que é, por si só, como uma estrela numa noite serena, e, atrás dela, a aparição de sua mãe, a calhandra mística de minha juventude como homem..."

— A rainha e tua mãe — continuou Bohindra — tiveram a idéia de chamar a este pavilhãozinho de recém-nascidos *O Jardim de Zurima*, como ao das viúvas abandonadas e anciãs *O Jardim de Shiva*.

— Oh, o amor excelso dos kobdas tem delicadezas que somente eles sabem apreciar e compreender! — exclamou o jovem Mestre. — Dize-me, Bohindra!... Que fará a humanidade desta Terra quando a Grande Fraternidade Kobda tiver passado como passa toda instituição humana?

— Quando os kobdas tiverem mergulhado no silêncio dos séculos, e este mundo se desmoronar açoitado por seu atraso e egoísmo... voltarás tu, eterno sacerdote do amor, vítima excelsa imolada por ti mesmo, para forjar outra nova aliança, quem sabe em que países e continentes da Terra, para ensaiar novamente a eterna e renovada canção do amor.

— O que passou é igual ao que há de vir!...

— Justamente, até que chegado o ciclo planetário da luz, desterre para sempre a pesada treva da inconsciência dos homens.

A chama do fogo foi se apagando entre o montão de rosadas cinzas, e algumas das grandes velas se haviam consumido deixando a tenda numa acentuada penumbra. A tênue e amarelenta claridade da Lua minguante filtrou-se por uma janela do teto, anunciando-lhes que era a meia-noite, e ambos se levantaram para buscar a tenda de repouso.

Bohindra, acariciando os cachos dourados de Abel, rememorou esta terna e distante lembrança:

— Esta mesma luz de minguante iluminava outra cena como esta numa abóbada do Santuário de Negadá há muitos anos, quando Adamu e Évana eram crianças de meses e dormiam proscritos na caverna de Gaudes. Eram então estes meus cabelos, agora brancos, de Johevan, o ardente e desesperado, acariciados pelas mãos do Bohindra adormecido nas tumbas do pátio de oliveiras na margem do Nilo.

— Que cenário grandioso é a vida, e quão formoso papel podem representar os seres quando a Justiça e o Amor nos guiam! — exclamou o jovem kobda quando chegavam à sua tenda.

— Paz, Justiça e Amor para todos os seres — respondeu Bohindra, desaparecendo sob a pesada cortina que Abel levantava para dar-lhe passagem.

— Paz a ti, gênio do amor e da fraternidade dos povos!... — murmurou o jovem a meia voz e como para si mesmo, pois já a silhueta do kobda-rei tinha desaparecido entre a densa escuridão da tenda submergida em profundo silêncio.

Dois dias depois saíam os primeiros mensageiros anunciando aos santuários e refúgios kobdas que o Verbo de Deus pedia a seus companheiros de aliança um novo sacrifício no altar da paz e felicidade dos povos. O Scheiffa cedera quatorze homens de sua maior confiança para desempenhar a importante missão, e estes iam saindo à medida que passavam por ali as caravanas em distintas direções.

Bohindra ocupou os dias de permanência entre o povo circassiano para dar maior solidez e segurança à aliança que com ele tinha formado, de tal maneira que este povo nômade no momento pudesse considerar-se em domínio próprio e sem perigo de nenhuma espécie.

Ajudou o Scheiffa a estabelecer o grande corpo de arqueiros de defesa que pelo norte se uniria à linha dos arqueiros do país de Nairi e pelo sul com as tribos de Karan, que eram também pacíficas e laboriosas. Designaram como limites pelo oeste e pelo sul o grande rio Hildekel e dois de seus caudalosos afluentes que os poriam em contato com o Maharati, ou Delta do Eufrates, em cuja margem se achava o santuário kobda de "A Paz". A nordeste tinham, como enorme muralha de defesa, o Monte Sagron, uma de cujas passagens ficava defronte ao acampamento circassiano, circunstância que lhes dava maior vantagem e segurança, pois o extremo oposto da dita passagem estava guardado pelos arqueiros de Num-ma-ki, o país da Suisini-Manh-Shiva. Dentro deste território escolhido para pátria adotiva da tribo do Scheiffa encontravam-se famílias dispersas de outras tribos e raças que se mantinham isoladas por causa de velhos rancores com as tribos governantes.

O kobda-rei, com sua autoridade de Chefe da Grande Aliança, visitou-as, tratando de estudar seus costumes e aspirações. Seu inegoísmo, sua grandeza de alma, seu gênio de unificação e concórdia atraiu-os, e consentiram de bom grado em fazer parte do povo circassiano, para o que ficaram amplamente permitidas as uniões nupciais entre uns e outros, e seria reconhecida a autoridade do Scheiffa nos casos graves que ali ocorressem.

Era, pois, uma espécie de pequena confederação de grandes famílias unindo-se ao povo circassiano para a sua maior segurança e progresso.

A entrada dessas famílias foi realizada com grande solenidade, e a ternura da Rainha Ada, de Évana e de Mabi para com as donzelas e crianças acabaram por ganhar a vontade daqueles pobres seres que até então tinham levado uma vida miserável, submergidos em suas cavernas com seus asnos, ovelhas e cabras, única riqueza que possuíam.

NINGUÉM CHORA EM NUM-MA-KI?...

Tal era a pergunta que fazia Hélia, a jovem rainha, a seu Conselho de Governo que, com seu pai à frente, a ajudava a guiar seu povo. Esta pergunta era repetida por ela nas reuniões que a cada lua realizava com os altos chefes de tribos. Quando lhe asseguravam que tudo estava quieto e em ordem, que ninguém carecia do necessário, que ninguém se lamentava de injustiças e arbitrariedades, ela acrescentava:

— Não me oculteis a verdade, por favor, porque serei inexoravelmente severa com os que me enganarem em prejuízo do povo, pois tenho outros meios de averiguação que vós não conheceis.

— Descansai, Suisini-Manh — disse então Abélio, que fazia parte do Grande Conselho e em quem Hélia havia depositado toda a sua confiança como soberana. Foi para ela como um Ministro do Interior, enquanto Balbina, a kobda irmã de Sênio, foi sua grande conselheira nos assuntos íntimos.

E Hélia disse graciosamente:

— Quero forjar para mim a ilusão de que isto é "A Paz", onde nasci e cresci, e espero que mantenhais esta ilusão. Portanto, entre todos vós que vestis a toga azul, devo encontrar o Bohindra, a Ada, a Évana, o Adamu, o Aldis e até o Abel das margens do Eufrates!...

— Menina, menina!... — respondeu acariciando-lhe os cabelos a afável irmã de Sênio, cujos cinqüenta e oito anos não tinham diminuído a graciosa jovialidade de seu caráter. — Menina, é muito o que pedes!... E neste pobre mundo Terra é necessário ser sóbrio nos desejos para não sair defraudado! Que dirás a mim que, de todos esses grandes irmãos que simbolizam diante de ti toda a bondade e a beleza da Terra, conheci de perto somente o incomparável Abel?

— Certo! Certo, minha Mangrave! — exclamou então a jovem Hélia. — Eu quisera ser para vós um reflexo vivo daqueles que não conheceis.

Tão amplas liberdades deu a seus irmãos e irmãs em sua casa e em seu país que, ao cabo de poucas luas vivendo juntos, se estabelecera tão perfeita harmonia entre todos que Hélia dizia nas noites junto à lareira depois do hino do entardecer:

— Mangrave Balbina!... Pangrave Abélio!... Isto já está a caminho de parecer-se a "A Paz". Vós dois sois os avós.

Seu pai contemplava-a encantado e bendizendo a Deus porque lhe permitia ver o florescimento das mais belas qualidades de Shiva em sua jovem filha, e de tal forma via que às vezes dizia:

— Minha filha!... És a viva imagem de tua mãe!... Às vezes penso que ela está em ti pelo efeito de uma maravilhosa unificação do amor.

— É que sempre penso nela! Ao pensar, ela se aproxima, me envolve... vive em mim e eu a sinto em todas as horas! Oh, pai!... Sou a tua pequena Shivita e quero que não penses mais em morrer, mas em viver longos anos em minha companhia, para fazer a felicidade deste povo.

Um terno olhar silencioso era a resposta do pai, que continuava sendo o homem dos pensamentos profundos que poucas vezes se manifestavam ao exterior.

— Ah, esperto Abel!... — continuou Hélia na primeira noite depois da partida daquele. — Trouxeste-os para o meu lado como se dão brinquedos a uma criança quando os pais querem deixá-la no pensionato de educação. Oh, pagar-me-ás por isto, pagar-me-ás!

— Mas Hélia!... — exclamou uma das filhas do príncipe de Manhp, cujo caráter alegre e vivaz lhe permitia ter uma brincadeira para cada circunstância. — Não compreendeis que somos brinquedos demasiados valiosos e dignos da Rainha de Num-ma-ki? Observai que falamos tudo quanto queremos, olhamos para onde temos vontade e comemos as vossas cerejas e romãs, que são uma maravilha! Que rei teve brinquedos semelhantes?

— Sélvia!... — exclamou a irmã mais jovem que esta, de nome Wilfrida, que se assustava de ver a demasiada confiança com que, segundo ela, sua irmã maior tratava a jovem rainha. — Observa que não estás entre os mimos das nossas Mangraves de Soldan, que tinham paciência com todas as nossas impertinências!... — O rosto sério e compungido de Wilfrida fez rir a todos, especialmente Hélia que, para tranqüilizá-la, disse:

— Presta atenção, Wilfrida: para todos vós, eu não sou rainha nem Suisini Manh nem coisa alguma que se assemelhe à soberania e autoridade. Sou apenas Hélia, uma jovem kobda como vós que está aprendendo a vestir a túnica e cingir o véu como lhe corresponde. Tua irmã compreendeu sem dúvida este meu sentir, e se expressa conforme ele.

— Não, não — insistiu a jovem. — É que minha irmã tem essa modalidade de caráter, mas se não vos desagrada...

— Eu, como irmã mais velha — interveio então Balbina — permito-me recordar-vos que, segundo o costume em nossas escolas de boas maneiras, deve-se manifestar as faces próprias do caráter e suas múltiplas e variadíssimas formas, sempre

94

que estejam dentro das regras da harmonia, do bom gosto e do sentimento fraternal que jamais devemos esquecer. Portanto, sempre que à nossa amada Hélia for agradável a espontânea franqueza de Sélvia, não está fora de ordem que ela a manifeste ao exterior.

Uma tarde, a vivaz e ativa Sélvia voltava de uma excursão às pitorescas montanhas que se levantavam a oeste da cidade, prolongamentos do Monte Sagron, aonde fora com um velho jardineiro e várias mulheres do serviço íntimo da casa em busca de umas plantas de que necessitavam para completar a coleção das que deviam formar a grande rotunda, ou Jardim de Repouso, no estilo do que existia em todos os santuários kobdas. Traziam vários asnos carregados com plantas, mas a jovem kobda, que deslocara um pé, voltava numa cadeira de mãos trazida por duas mulheres da criadagem.

Meio chorando pela dor e meio rindo por força de seu costume habitual, disse à Hélia assim que esta se aproximou de seu aposento, inteirada do que havia ocorrido:

— Suisini Manh... Perguntais sempre se ninguém chora em Num-ma-ki! Choro eu, bem o vedes, mas não importa, pois consegui trazer os vinte e cinco exemplares das plantas que nos faltavam.

— Ó meu Deus!... — disse Hélia assustada. — Que má conta darei ao vosso pai, o príncipe de Manhp, e ao Santuário de Sondan! Perdestes um pé!

— Nem tanto, nem tanto — repetiu a valente jovem, suportando a dor que lhe produziam as massagens da anciã Balbina e as compressas de vinho e gordura quente que lhe aplicavam continuamente até que desaparecesse o inchaço e as manchas arroxeadas que a queda de uma pedra produzira ao cair sobre seu pé.

Dois kobdas jovens, Vilmo e Héveri, que vestiram a túnica azulada juntamente com Abel, eram os mais adiantados discípulos de Bohindra e arrancavam da lira formosas melodias para formar correntes magnéticas apropriadas a neutralizar as dores agudas, e eram os operadores do Jardim de Repouso.

Como a febre não tardou em se apresentar em Sélvia, para lá foi transladada para sua cura.

Tinha sido utilizado para este fim um vasto recinto quadrangular que ficava vizinho à grande sala de audiências, e que nos distantes tempos do velho Aranzan, seu primitivo dono, fora o salão dos banquetes e danças com que os iranianos costumavam celebrar as festas sagradas do Ahura-Manda, quando fazia florescer as amendoeiras e as romãzeiras. Shiva tinha suprimido esse costume para substituí-lo por um grande festival de distribuição de prêmios aos meninos de nove a quinze anos que houvessem plantado e cultivado uma amendoeira ou uma romãzeira no pobre e pequeno horto de um ancião ou enfermo que não pudesse fazê-lo por si mesmo. Não era só pelo fato de plantar as ditas árvores, mas para estabelecer contato íntimo entre os meninos de famílias abastadas e as classes indigentes, com o fim de que vissem de perto a dor e a amargura dos deserdados e se despertasse neles a piedade que lhes faria bons chefes de tribos quando chegassem à maioridade.

Este mesmo festival far-se-ia, daí em diante, no grande pórtico que, sobre a pracinha das amendoeiras, Shiva fizera construir em sua chegada anos atrás, para dar, segundo ela, alguma semelhança com "A Paz", a velha mansão de seus ancestrais. .

O jovem kobda Héberi, discípulo de Bohindra na música e discípulo do seu tio Héberi de Negadá, artista gravador em pedra e metais, gravou e pintou em alto relevo uma imagem de Shiva aparecendo entre uma montanha de flores brancas de amendoeiras e flores vermelhas de romãzeiras.

Como o ancião kobda Héberi havia gravado na entrada do velho Santuário: "*Tu que entras, deixa atrás de ti os maus pensamentos*", o jovem gravou ao pé daquele relevo esta frase: "*A piedade semeou de flores seu caminho.*"

Este pórtico chamou-se "A Piedade"; e ano após ano, quando os meninos semeadores acudiam para recolher seus prêmios mediante a comprovação de ter plantado as clássicas árvores no pequeno horto de um ancião, jamais se retiravam sem aproximar-se daquela formosa gravação mural para beijar as mãos da Suisini-Manh, que se estendiam frouxas sobre as flores como uma acariciante bênção.

Como "A Paz" era uma réplica do velho Santuário de Negadá, a mansão de Hélia, nas margens do Lago Uran, começava a sê-lo de "A Paz"; e, à medida que o tempo passava, a jovem rainha ia sentindo-se mais à vontade, muito ao contrário do que tinha pensado ao sair do meigo ninho em que havia crescido.

— Vês, minha filhinha? — disse a anciã Balbina, que tinha a têmpera educadora de seu irmão Sênio. — Vês como a Divina Sabedoria é generosa com a alma que se deixa conduzir por ela sem rebeldia e sem egoísmo? Acreditavas morrer de angústia arrancada daquele meigo e terno lar dos teus primeiros anos, e bem vês, vives feliz e em paz, fazendo a felicidade e a paz de todos os que querem recebê-la de ti que és o instrumento do Altíssimo para conduzir este povo por seu verdadeiro caminho.

Uma noite, passada já a hora da quietude, achava-se Hélia com suas irmãs kobdas em torno do banco onde descansava Sélvia no Jardim de Repouso, enquanto Héberi e Vilmo executavam uma das mais formosas melodias de Bohindra. A jovem enferma dormia um sono profundo e seus irmãos acompanhavam seu espírito em liberdade, animando-o a recolher, do vasto laboratório do espaço infinito, todas as forças e energias necessárias para a sua cura definitiva.

Passada uma hora, a jovem sentou-se, dizendo cheia de alegria:

— Meu pé não dói mais; vede, já posso andar. Eu sei que posso andar. — E começou a caminhar muito devagar, mas com firmeza e segurança.

— Bendigamos ao Altíssimo — disse Balbina — que assim atende ao nosso desejo.

— Sabeis o que eu vi no sonho? — continuou a jovem kobda. — Subi ao Monte Sagron e vi o kobda-rei com nosso irmão Abel numa tenda suntuosa junto à lareira onde ardia um formoso fogo; tomei eflúvios de sua irradiação pessoal e me senti tão forte, tão forte que ainda dormia e já sabia que ao despertar poderia caminhar!...

"Depois subi em outra montanha mais alta ainda em nosso país de Soldan, naquela agreste montanha onde vivem como orquídeas nossos irmãos montanheses, e vi meu tio Walker, o arquivista, que estava no plantão da concentração; desprendido o seu espírito, e tomando o meu pé enfermo e dando-me alento na fronte, disse:

"— Vai, garotinha, que já estás curada. — E aqui estou!... e com uma vontade louca de correr e saltar."

— Oh, o sublime amor dos kobdas realizando prodígios desconhecidos dos homens!... — exclamou Hélia. — Queria que em Num-ma-ki fossem abertas aulas públicas para ensinar a todas as pessoas como se vence a dor e como se consegue a paz e a felicidade. Então, sim, poderia eu dizer: ninguém chora em Num-ma-ki!

— Pouco a pouco, minha irmã! — respondeu Abélio. — Para a vossa mãe floresceram as amendoeiras no final da sua vida. Para vós florescerão, talvez, na vossa atual juventude se vós e nós soubermos extrair do fundo de todas as coisas o que de mais formoso existe nelas.

— Quão cego é o espírito encarnado nesta Terra! — acrescentou Balbina. — Tem em si mesmo forças poderosas e, por ignorância e inércia, deixa-as perder-se no vazio. Bem acertadamente foi dito que o kobda é o tesoureiro de Deus, porque recolhe com afã seus tesouros infinitos para a sua própria felicidade e para o bem desta humanidade.

FREDIK DE KUSMUCH

Entretanto, Hélia-Mabi havia manifestado a todos os kobdas que rodeavam sua filha as pretensões matrimoniais do príncipe de Soldan, sendo Hélia a única a ignorar isto completamente; e Balbina e Abélio, como conselheiros maiores, foram de opinião que se esperasse uns dias até conseguir do plano espiritual uma segurança de que aquilo estava na lei da jovem rainha.

Formaram concentração de forças mentais ao redor deste nome escrito com grandes caracteres no papiro que, à entrada do recinto de oração, havia sempre para que os sensitivos do plantão e todos os kobdas entendessem que se queria saber a verdade a respeito de tal ser: "Fredik de Kusmuch."

Quando tal coisa se dava entre os kobdas, a nenhum ocorria perguntar o que significava aquele nome ou frase, imprudência que estava completamente fora de uso entre os Filhos de Numu, acostumados a caminhar cautelosamente nos assuntos de ordem espiritual.

No primeiro dia que esse nome apareceu à entrada do recinto de oração, embora todos elevassem o pensamento para o infinito em busca da lei existente em torno desse nome, nada obtiveram; a única coisa que ocorreu foi que Hélia caiu em transe profundo, estado que perdurou durante todo o tempo que permaneceram no recinto.

Passada a concentração, Hélia reuniu-se com seu pai e seus irmãos para a amena

97

reunião da noite, onde os trabalhos manuais e as conversações familiares sobre os acontecimentos grandes ou pequenos do dia ocupavam a atenção de todos.

Cada um tinha contraído pequenos compromissos durante o dia com algum dos inumeráveis seres com quem estavam em contato, e era nessas reuniões que se tratava de cumpri-los, consultando-se reciprocamente sobre o mais conveniente em cada caso. Era também a hora das confidências íntimas sobre coisas particulares de cada qual.

Para todos foi visível que Hélia estava preocupada, silenciosa e quase entristecida.

— Que se passa convosco, Suisini Manh? — perguntou finalmente Abélio, que estava próximo dela, entretido em preparar um livreto de telas enceradas para anotações.

— Tive uma visão tão má na concentração desta noite que não sei se sou culpada disto ou se é algo grave que deve ocorrer em minha vida.

— Se não vos incomoda, poderíamos saber de que se trata?

— Temo despertar nos demais idéias que julgo fora de lugar, por isso recomendo que Vilmo e Héberi iniciem o concerto de costume. Permanecei perto de mim.

Estas palavras não foram ouvidas a não ser por Hélia-Mabi, pois os demais estavam completamente absorvidos na contemplação de um esboço de gravação em relevo que Héberi preparava para o Jardim de Repouso.

Quando os kobdas músicos começaram os primeiros prelúdios do concerto habitual, Hélia falou novamente:

— Creio que a minha visão se refere a uma passagem distante da minha vida eterna. Havia uma guerra espantosa onde eram incendiados os campos e as choças dos lavradores. Eu era filha de um guerreiro, pai de numerosa família na qual éramos quatro irmãs. Eu era a menor. Meu pai recebera de seu rei, ou chefe, numerosos prisioneiros de guerra como recompensa por seu valor nas batalhas. Entre estes reclusos havia um formoso mancebo que diziam ser filho primogênito de um poderoso rei dos países adoradores do Sol; e meu pai guardava este com sumo cuidado, pois podia exigir por ele um grande resgate que lhe permitisse descansar das guerras da conquista por todo o resto de sua vida.

"Este jovem preso era levado pelos escravos de meu pai a passear pelos jardins e afeiçoou-se grandemente a mim, que apenas tinha dez anos; e eu, por minha vez, estava encantada pelos castelinhos que construía para mim com pedacinhos de madeira e pedrinhas de cores que pacientemente recolhia e polia em seus diários passeios pelos jardins, e também pelas coroas de flores que tecia para mim.

"— O teu riso e a tua diversão, menina — disse — são os únicos raios de luz a alegrar a minha vida.

"— Se é assim, virei brincar contigo cada vez que saias a passear pelo jardim — respondi.

"Minha irmã mais velha, que era oito anos maior que eu, estava loucamente enamorada do jovem prisioneiro, contudo eu ignorava completamente isto e talvez ele o ignorasse também.

"Um dia ele me disse:

"— Menina, vejo que o teu pai não é mau, pois sendo eu seu prisioneiro de guerra, não me trata como a um escravo. Se conseguisses permissão para celebrar esponsais comigo, para unirmo-nos em matrimônio daqui a quatro anos, eu vos faria felizes a todos sem que os varões desta casa tivessem que se expor às duras contingências das guerras de conquista.

"— Eu farei isto se me construíres um castelinho para as minhas pombas — respondi, mas quase sem prestar atenção ao que ele me dissera.

"Mas como minha irmã maior prestava atenção em palavra após palavra de quanto o prisioneiro estrangeiro me dizia, foi ela, e não meu pai, quem se inteirou primeiro da proposta do jovem.

"E minha irmã disse para mim: 'Não fales a ninguém deste assunto, que eu, como irmã mais velha, conseguirei do meu pai o que o cativo deseja.'

"Eu concordei e respondi ao interessado que tudo já ia ser ajeitado como ele queria. Muito mais me entusiasmava o castelo para as minhas pombas, que no dia seguinte estaria terminado.

"Poucas noites depois, eu vi que os escravos conduziam o prisioneiro aos aposentos de meu pai. Tive curiosidade de saber o que fariam com ele. Tive medo de que lhe fizessem algum mal e me escondi atrás do tapete de um dos estrados de repouso.

"— Estou inteirado por minha filha mais velha — disse meu pai — de que desejais celebrar esponsais com ela. Eu sou apenas um guerreiro, e vós sois o filho de um rei. Talvez tenhais tomado tal resolução para conseguir por tal meio a liberdade. Se pensais em tomar a minha filha como escrava, não vô-la darei; contudo, se a quereis como uma de vossas esposas, podemos chegar a um acordo justo para ambas as partes.

"— Não existe tal coisa, guerreiro — respondeu o prisioneiro. — Eu não conheço a vossa filha maior, mas somente a menor, e foi a essa que disse, quando brincava perto de mim no jardim, que se derdes a vossa permissão, celebraria esponsais com ela dentro de quatro anos.

"Minha irmã apareceu chamada por meu pai. Devia ter escutado a conversação, porque tinha a face enrubescida de raiva e despeito.

"— Por que me enganaste? — perguntou meu pai. — Por que me expuseste à vergonha dos meus companheiros de guerra, participando-lhes o pedido deste prisioneiro?

"— É que este homem é um farsante e covarde que, depois de ter conseguido o quanto queria de mim, assegura que não me conhece e que não quer celebrar esponsais comigo. Podeis observar meu leito coberto das coroas de flores com que me presenteou.

"Eu estava assustada, vendo meu pai raivoso pelas acusações de minha irmã, e julguei que iam castigar o prisioneiro. Como ouvi que minha irmã dizia:

"— Perguntai a Elva, que me levava as coroas... Eu mesma aceito o que ela disser...

"... Saí de meu esconderijo sem que ninguém me visse e fugi para o jardim.

"Lá foi ela buscar-me e disse:

"— É necessário salvar o estrangeiro, porque o nosso pai vai mandar açoitá-lo.

"Eu chorava de medo, e ela continuou:

"— Para salvá-lo é necessário dizer algumas mentiras. Tu responderás sim a tudo o que eu te perguntar.

"Eu lhe prometi isto, e ela, tomando-me pela mão, levou-me perante meu pai.

"O interrogatório foi todo no sentido de provar que o cativo tivera relação íntima com minha irmã, e eu a tudo respondia que sim.

"— Mas menina!... Menina!... Que dizes? — gemia o pobre prisioneiro. — Tão inocente, tão meiga, tão boa, e já guardavas tanta maldade dentro de ti?...

"De tudo isto resultou que aquele prisioneiro de guerra se viu forçado, pelas circunstâncias, a casar-se com minha irmã na lua seguinte, mas devorando seu ódio, amargura e desespero. Levaram-me para o pavilhão de uma tia que fazia o papel de mãe, pois a nossa tinha morrido, e compreendi que era para que o prisioneiro não me visse mais.

"Chegou o dia do casamento e até o chefe de meu pai havia comparecido. Quando todos esperavam a cerimônia, o estrangeiro clamou em nome da justiça ao chefe ali presente, e expôs a infâmia que fora cometida contra ele.

"— Pela língua mentirosa de uma menina de dez anos, vejo-me tratado como um farsante, covarde e violador de donzelas!...

"Enfim, fizeram-no calar, fizeram-no casar e firmar em placas de pedra o quanto quiseram; mas bem estava no pavilhão nupcial, lançou-se como um leopardo sobre minha irmã e a estrangulou, tratando depois de escapar favorecido pela escuridão da noite. Entretanto, foi reconhecido pelos guerreiros de meu pai e trazido novamente à sua presença. Ele o fez amarrar desnudo no tronco de uma árvore e mandou que seus guerreiros fizessem alvo dele ao arremesso de machados.

"Em poucos momentos não restava senão um informe montão de carne despedaçada, coberta de sangue. Quando meu pai soube depois por mim a verdade do ocorrido, caiu num furioso delírio que terminou com sua vida pouco tempo depois. Só então compreendi a magnitude de minha culpa por ter cedido às instigações de minha irmã. Minha tia, chorando junto comigo, disse:

"— Por mentiras ditas inconscientemente, causaste três mortes horrorosas e a desonra e vergonha da tua casa e da tua família.

"Tal foi a minha visão, com o acréscimo de que os seres que foram meu pai e o prisioneiro daquela existência estão encarnados e vão aproximar-se de Num-ma-ki com fins amistosos e cordiais. Quem são? Não o sei."

— Esperemos que se faça a luz no vosso caminho — respondeu Abélio, que estava recolhendo os fios desta rede estendida pela Eterna Justiça em torno das almas que buscam a sua própria redenção ao mesmo tempo que a dos demais. Para o kobda não há caminho mais seguro que aquele que vai sendo demarcado pelos acontecimentos, se busca a relação existente no plano espiritual com seu passado que, para a Eterna Inteligência, não é senão um único e claro presente.

"Passando para outra coisa, sabeis que contraí hoje um compromisso contando com a vossa benevolência?

"Recordais aquela infeliz mulher que envenenou a vossa santa mãe com suco de romãs?"

— Sim, a que está reclusa em nossa Torre da Justiça. Que deseja? Não tive coragem de voltar a vê-la, pois me inspira uma repugnância espantosa. Querer mal à minha mãe, que era a própria piedade em forma de mulher, delata nela uma perversidade fora do comum! Solicita o perdão e a liberdade? — voltou a perguntar a jovem rainha.

— Pediu-me que, quando perguntásseis *se alguém chora em Num-ma-ki*, vos recordasse que é ela a única a chorar. Sabemos que foi uma das esposas do vosso tio Selyman, o qual a repudiou quando se inteirou de que era ela a principal causadora da fuga da vossa mãe, amada por ele.

"Como todos os bens do vosso tio foram unidos por vontade sua ao tesouro deste país, ela solicita uma pensão vitalícia ou uma forma de atender à sua subsistência, tendo em conta que tem duas filhas refugiadas entre as kobdas de Soldan. É mãe de duas kobdas."

— Sim, das quais uma está aqui, mas ela não quis que essa nem a outra soubessem, porque seria extremamente doloroso para a nossa jovem irmã... meia-irmã de Iber, conhecer o horrível crime ao qual chegou sua mãe — respondeu Hélia a meia voz para que ninguém percebesse suas palavras.

— Oh... que horror! — exclamou Abélio. — E ninguém mais além de vós sabe disto?

— Era demasiado grande o segredo para mim sozinha, e o descarreguei na Mangrave Balbina e agora em vós, que sois o Pangrave desta casa. Mas silêncio, por Deus!...

— Ela disse — continuou Abélio — que não teve a intenção de causar a morte de vossa mãe, mas somente de pô-la em estado de ebriedade para que lhe fizesse, por gravação, doação de uma mina de cobre e ouro existente no limite com o país de Manhp e que ainda não foi explorada por ninguém daqui, porque os mineiros de Num-ma-ki não querem esforçar-se em chegar até lá.

— Como se explica que o Conselho que rodeava minha mãe não solucionou este problema? — voltou Hélia a perguntar.

— Simplesmente porque o grave estado dela não permitia falar-lhe deste assunto, pois todos julgaram que lhe causariam grande pesar remexendo aquele doloroso passado, sobre o qual ela estendeu um véu impenetrável ao reunir-se com seu primeiro esposo.

"Essa mulher permanece incomunicável desde o dia do crime; pois sendo que a lei deste país, anterior à chegada da vossa mãe, a condenava a morrer despedaçada pelas feras dos fossos da Torre, acreditou-se agir com grande piedade recluindo-a num dos melhores aposentos da prisão, para onde são erguidas semanalmente as provisões por intermédio de cordéis que sobem e descem sem que a prisioneira veja absolutamente ninguém."

— E vós, como conseguistes falar com ela?

— Eu vos direi: o primeiro guardião da Torre é um ancião que viu nascer a vossa mãe, o qual cedeu ao vosso avô Aranzan aquela caverna onde depois foi assassinado e vossa mãe roubada. Este velho servidor é o papiro vivo no qual estão gravados a fogo todos os segredos dos vossos antepassados, aos quais conserva um culto quase às raias da adoração. Todos os auxiliares, criadagem e guardiães subalternos da Torre obedecem a ele, pois quase todos são seus parentes e colocados ali por sua influência.

— Sim, sim, já sei disto — disse Hélia com vivacidade. — Minha mãe recomendou-o a mim apenas cheguei, dizendo que, dos antigos e fiéis servidores íntimos de seu pai, era ele o único que vivia; que jamais o tirara de primeiro guardião da Torre, onde se recluem os rebeldes e criminosos, porque é o único homem que jamais poderá ser subornado.

— Pois bem, adiantastes muito com o que me dissestes. O ancião Guardião ou Chefe de Guardiães está enfermo, e, como não tem suficiente confiança em seus auxiliares, tratando-se desta prisioneira que conhece segredos da amada família do amo, chamou-me para que eu a vigiasse na hora de subir as provisões, pois é o único momento em que poderiam comunicar-se com a cativa. Ao entregar-me a chave que permite mover o grande torno, ainda me disse:

"— Sois o irmão maior da Suisini Manh Shiva, que está na glória de Ahura-Manda, e da Piquina Manh, que leva seu sangue e sua alma. Portanto, creio que conheceis o vosso dever de ser cego, surdo e mudo em tudo quanto se refira à prisioneira da sala alta.

"O velho guardião Audaban quer baixar ao sepulcro sem manchar-se com uma traição.

"Eu assim o prometi; contudo, a cativa fez aparecer metade do rosto por entre as pequenas ogivas da muralha, e, ao ver que não era o velho guardião, começou a gemer pedindo que escutasse duas ou três palavras suas. Então explicou-me o que já vos disse. Prometi falar-vos da sua situação sem dar-lhe esperança alguma. Eu admiro a fidelidade e austeridade do velho Audaban. Ele não conhece outra justiça a não ser essa; mas quanto a nós, que temos outra lei e outros conceitos da vida e das coisas, penso que deveríamos aplicar nosso grande lema neste caso: 'Extrair do fundo de todas as coisas o que de mais formoso existe nelas.' Talvez essa infeliz mulher, vítima da inveja, da avareza e de outras baixas paixões, não poderia ser levada à remissão? Não poderíamos extrair dentre suas trevas a formosa flor de um arrependimento verdadeiro?"

— Há nessa Torre muitos prisioneiros? — perguntou a jovem rainha, como se premeditasse uma solução.

— São oitenta e dois, mas parece que nenhum é da importância desta, pois o velho Audaban deixa que seus subalternos levem as cestas de provisões aos demais.

— Está bem. Amanhã, depois do meio-dia, acompanhar-me-eis a visitar o velho guardião. Direi que me anunciastes a sua enfermidade e que eu quero premiar seus bons serviços com uma visita minha.

— Eu vos antecipo que ele nada sabe das palavras que escutei da cativa — disse Abélio, dando a entender que desejava fosse o segredo guardado por Hélia.

— Ficai despreocupado, eu ajeitarei as coisas de forma a não vos deixar mal e que ele mesmo me diga o que eu desejo. Pela terna e santa memória da minha mãe, eu vos prometo que farei com essa prisioneira o que um kobda deve fazer. Serei por um momento Ada, Bohindra e Abel, e Deus dar-me-á a luz necessária para agir como eles agiriam em meu lugar.

O concerto havia terminado, e Hélia e Abélio encerraram também sua interessante conversação.

— Grande programa para amanhã depois do meio-dia!... — anunciou Hélia em alta voz. Todos prestaram atenção. — Convido minhas irmãs kobdas para a visita que vou fazer à Torre da Justiça, onde existem oitenta e dois prisioneiros cujas vidas de tristeza e solidão devem interessar-nos muito. Preparai então oitenta e dois presentes, porque não está bem irmos com as mãos vazias.

— Oh, que formosa idéia tiveste, Piquina Manh! — disse Sélvia. — Lá em Soldan eu era das que jamais faltavam à visita mensal aos cativos. Como sou tão ativa e andarilha, inspiram-me grande compaixão esses infelizes obrigados por causa de suas misérias a permanecer em isolamento e forçada quietude.

— Já que tens prática nessa classe de visitas, nomeamos-te Distribuidora da Torre da Justiça — disse Hélia rindo da impetuosidade de Sélvia, que lhe recordava sua irmã Mabi. — Preparai, pois, com vossas jovens companheiras, como e em que hão de consistir essas dádivas que ides levar aos prisioneiros. Se não for suficiente o tempo até amanhã depois do meio-dia, eu vos darei outro dia mais.

— Basta e sobra, Suisini Manh — disse a jovem irmã de Iber. — Desde que deis uma ordem para o vosso administrador nos atender.

— Nosso irmão Abélio, que nos acompanhará amanhã, fará com que o administrador seja muito generoso convosco.

"Mangrave Balbina, necessitarei também de vós amanhã, mas se vos parece longo o trajeto, ireis na minha carruagem de mãos. Eu quero ter o gosto de sentir-me jovem e correr um pouco pela montanha.

— Está bem, minha filhinha. Será feito como quiserdes.

— E eu não faço falta na excursão? — perguntou Hélia-Mabi à sua filha.

— Não, pai!... Padeceste muito e quero preservar-te dos quadros de dor e angústia. Além do mais, Vilmo e Héberi necessitam da tua presença como colaborador no alto-relevo que iniciarão amanhã no Jardim de Repouso. Não resolvemos que lhes darias certas indicações do sonho ou visão que teve a minha mãe e que serviu de base ao esboço que fizeram?

— Certo, certo! — disseram ao mesmo tempo os três aludidos.

Depois de breves momentos, no grande salão-refeitório somente ficaram a rainha e Sélvia, que era sua dama de companhia nesses dias, honrosa ocupação para a qual faziam turno de dez em dez dias as jovens kobdas que tinham vindo de Soldan.

— Antes de retirar-me para descansar, quero conversar francamente contigo para dar lugar a que procedas assim também comigo.

— Falai, Suisini Manh, que em tudo quanto puder, serei franca convosco.

— Se repentinamente fosses chamada ao teu país natal para o lado do teu velho pai, que farias?

— Se eu compreendesse que da minha lei constasse o partir para lá, iria sem

103

vacilar. Vós não viestes para cá desde as margens do Eufrates, onde passastes a vossa infância e a vossa primeira juventude?

— Certamente, e embora tenha sido muito custoso o sacrifício, estou contente de havê-lo feito. Eu pergunto isto porque em Num-ma-ki recebemos notícia de que o teu pai está bastante enfermo, e, como os dois filhos varões da primeira esposa foram vítimas da desventurada Rainha Guerreira, como sabes, teu pai deve recorrer aos filhos das que foram suas berecinas antes da Grande Aliança. São quatro os que estariam em condições de substituir o velho príncipe que, como percebe as ambições deles e sabe que seus direitos são iguais, encontra-se esmagado pelos problemas, e chegou a cogitar que o próprio governo de Num-ma-ki, que ele acha cheio de acerto e prudência, assuma a responsabilidade do vasto país de Manhp, deixando somente a seus filhos o governo das tribos que até hoje lhes obedecem. Que dizes a isto?

— Eu?... Altíssimo Deus!... Que quereis que eu diga? Julgava tratar-se somente de ir para o lado de meu pai para assisti-lo e cuidar dele; mas não me faleis, por favor, dessa confusão de tribos e de governo, porque fico louca só de pensar nisto. Além do mais, sou a filha mais jovem de uma esposa secundária que já não existe e que, tendo o mesmo caráter retraído e tímido de minha irmã Wilfrida, passou sua breve vida quase desconhecida. Estou quase por vos dizer que aquelas boas pessoas não sabem nem que Wilfrida e eu existimos.

— Equivocas-te — respondeu Hélia, tirando de um bolsinho de sua túnica um pequeno tubo de prata encerrando um papiro gravado.

"Deves entender" — disse — "pois esta gravação está na língua manhpesa. Um dos anciãos do meu Conselho traduziu-a para mim. Leia-a em voz alta." — E a estendeu ante a jovem kobda que, à medida que lia, ia tornando-se intensamente pálida.

— Suisini Manh!... — exclamou finalmente, abraçando-se à jovem rainha. — Eles vos enganaram! Aqui não está escrito nada disso, mas seu conteúdo significa uma horrível traição para o país de Manhp, ou seja, para meu pai.

— Mas será possível? Logo o que o traduziu e ma entregou, dizendo havê-lo recebido da última caravana, está interessado nesta questão. Sélvia, Sélvia, lê este papiro em voz alta.

Sélvia leu-o:

"Tratai de conseguir que a rainha de Num-ma-ki envie na próxima lua as duas jovens filhas do príncipe de Manhp, o qual já mantemos prisioneiro e fora do país com toda a sua família, que é contrária a nós. Com elas duas à frente nos imporemos sobre o resto do povo que ainda duvida em aceitar-me como legítimo herdeiro. Se triunfardes nesta ocasião, tereis para vós as valiosas minas de ouro que ainda estão sem explorar e que não foram obtidas por minha aliada anterior, que ainda geme prisioneira em vossa Torre da Justiça. Meu mensageiro espera a resposta daqui a três noites na entrada do caminho da montanha, ou seja, junto à Caverna de Aranzan. Queimai em seguida este papiro, e que Suisini Manh receba somente o outro, que devem trazer consigo as jovens solicitadas como sinal para reconhecê-las. O que me cabia fazer está feito. O resto corre por vossa conta. Vosso fiel aliado, *Belkrin*."

— Que horror, meu Deus, que horror! — exclamou aterrada a meiga e terna rainhazinha de Num-ma-ki, que tão ardentemente buscava a paz e o amor para todos os seres e agora se via envolvida entre os dentes envenenados das serpentes do ódio e da ambição. Como uma garotinha assustada por um horrível fantasma, sem pensar que havia soado o chamado à quietude, correu para a câmara da anciã Balbina, que já se encontrava recostada em seu banco de repouso, e, ajoelhando-se a seu lado, começou a chorar amargamente. Sélvia, que a seguira, explicou à anciã kobda do que se tratava.

Ela, com a paz serena de seus anos, aquela paz de Sênio para dominar situações difíceis, disse, acariciando-a:

— Minha filhinha, deves bendizer a Deus e não chorar, porque a Justiça Divina fez esse teu infeliz conselheiro trocar os papiros — ele, que se submerge entre as trevas de sua própria inconsciência. Contudo, como o caso é muito grave, convém avisar agora mesmo o vosso pai e o nosso irmão Abélio, para que tomem as medidas cabíveis antes que isto tenha alguma conseqüência.

Como o pavilhão dos kobdas estava unido por uma passagem interior com as habitações da rainha e de seu pai, Hélia correu precipitadamente por ele, pois era a única que podia fazê-lo sem alarmar guardiães nem servidores. Uns momentos mais tarde, Abélio, em íntima confidência com Hélia-Mabi e sua filha, dizia profundamente dolorido:

— Eis que nesta mesma noite tinha solicitado indulgência para uma infeliz delinqüente, e duas horas depois, em minha qualidade de Conselheiro-Juiz, tenho que vos pedir a ordem para encerrar outro ser humano na Torre de Justiça.

A jovem rainha e seu pai firmaram o papiro com a ordem de prisão do conselheiro que assim atraiçoava um nobre aliado, o príncipe do país do Manhp, grande amigo do kobda-rei desde há muitos anos; e com o agravante horrível de comprometer em sua negra traição a meiga rainha de Num-ma-ki, que não vivia a não ser para a paz e a felicidade dos povos.

— Ai de mim — soluçou Hélia. — Faz tão pouco tempo que sou rainha e já firmei três ordens de prisão!... Ó meu Deus!... Por que os seres desta Terra não compreendem onde está a sua paz e felicidade? — E caiu desfalecida sobre o peito de seu pai.

Num aposento vizinho ao que ocupava aquela prisioneira da Torre da Justiça, entrava uma hora depois o velho conselheiro do País de Num-ma-ki, a quem a ambição levou, no ocaso da vida, a trocar sua honrosa investidura pelo negro uniforme dos presidiários.

A Justiça e o Amor

Eis aqui dois nomes que dão idéia do que de maior e mais excelso alcança compreender nossa mentalidade. A justiça e o amor chamavam às portas da jovem kobda-rainha que, nas margens do lago Uran, derramava sua alma como um perfume de bondade e ternura sobre seu povo.

Ao mesmo tempo que ela se encaminha à Torre da Justiça, saía de Num-ma-ki um mensageiro de Hélia-Mabi para Soldan, anunciando ao príncipe de Kusmuch que era esperada a sua visita e a de seu filho como uma simples demonstração de amizade e aliança, pois, seguindo o espírito da lei e dos costumes dos kobdas, jamais podiam comprometer-se em esponsais ou em matrimônio a não ser depois que os interessados se houvessem conhecido e amado.

A jovem Hélia não tinha conhecimento de tal mensagem, pois seu pai e o Conselho decidiram assim, com o fim de não pressionar nem sequer levemente a vontade da jovem.

Quando esta chegou ao muro exterior que rodeava a Torre da Justiça acompanhada das kobdas jovens e da anciã Balbina, saiu-lhe ao encontro Abélio que se adiantara na excursão, seguido pelo pessoal da guarda.

— Suisini Manh — disse Abélio. — A Guarda da Torre da Justiça vos dá as boas-vindas e vos faz entrega da chave das prisões. — E entregou à jovem kobda uma enorme chave de cobre que ela apenas podia segurar em sua pequena mão.

Dirigiu palavras amistosas aos guardiães, pedindo ao principal dentre eles que fossem benévolos com os reclusos naquele lugar de correção e dor, e, deixando-os na grande porta exterior que acabavam de franquear, dirigiu-se, seguida por Abélio, ao aposento do anção Audaban. A anciã Balbina e as kobdas jovens foram conduzidas à sala baixa que servia como auditório onde o Conselho de Justiça lia aos presos as sentenças, escutava as queixas e impunha suas correções. Por ordem da jovem rainha iam preparar ali uma festa aos prisioneiros, cujo programa consistia em peças de música, melodias cantadas em coro pelas jovens kobdas, uma abundante refeição servida por elas e a distribuição dos presentes aos encarcerados e guardiães.

A luz do Sol que entrasse de cheio num negro calabouço não teria certamente causado mais alegria que a entrada de Hélia na morada do velho Audaban.

Queria sentar-se para descer do leito e adiantar-se para ela, mas suas forças negavam seu concurso, e todo fatigado e trêmulo caía novamente.

— Não te esforces, pobre Audaban — disse Hélia aproximando-se do leito e pondo sua mão direita sobre a rugosa testa do anção. — Sabendo que estavas enfermo, vim visitar-te e curar-te, pois quero que continues ainda durante muito tempo são e forte para cuidar das andorinhas cativas até podermos celebrar o dia em que toda elas estejam em liberdade.

— Obrigado, obrigado, Piquina Manh, por haver-vos dignado vir até o vosso servo... Curar-me-ei, sim, curar-me-ei, porque sois como um raio de Sol na minha triste morada. Mas, quanto à liberdade destas más andorinhas, eu vos recomendo que não alimenteis ilusões, pois estão longe de ser andorinhas, mas aves de rapina e víboras venenosas cujo contato horroriza e machuca!...

— Oh!... Nem tanto, Audaban!... — disse Hélia. — Nem tanto! Compreendi que todos esses pobres revoltosos são aventureiros que, por causa de beber demasiado, foram surpreendidos em atos de desordem ou em algumas rapinas de escassa importância. Umas quantas luas de reclusão convertê-los-á em homens novos.

106

— Oh, que boa sois, Piquina Manh, e observais tudo através do vosso nobre e grande coração!... Igual à vossa mãe!... Tudo rosado e branco, tudo branco e azul!... É necessário ver também o negrume do lodo e do sangue amassado com ele!...

— Pois com tudo isso eu desejo que tu e eu lavemos esse lodo e esse sangue, e deitemos logo a voar todas essas andorinhas já puras e limpas.

— Sois vós quem determinais, Piquina Manh, mas não será o velho Audaban quem vai abrir a porta para as hienas que vos hão de devorar... Principalmente uma... Oh, essa!... Essa que por minha vontade não estaria ainda vendo a luz do Sol.

— Quão duro é o teu coração, Audaban!... Não sentes piedade dos infelizes encarcerados?

— Não, Piquina Manh, porque tenho piedade das vítimas que eles fizeram quando estavam livres. Tendes acaso soltas entre o povo as feras que estão nos fossos da Torre?

— Oh, certamente não; no entanto, aqui não se trata de feras, mas de homens.

— Pangrave Abélio — disse repentinamente o velho. — Trazei aquele volume que está sobre a mesa, e que nossa Piquina Manh veja por seus próprios olhos e ouça com seus ouvidos os gorjeios dessas meigas andorinhas.

Abélio, que até então permanecera em segundo plano e em silêncio, tomou o volume de telas enceradas no qual estavam gravados os nomes com o delito e a sentença de cada um dos sentenciados, e o entregou a Hélia.

— É este todo um catálogo de baixezas, ruindades e crimes, que vai machucar cruelmente a vossa alma — disse o kobda ao dar volta às folhas para que ela fosse lendo.

Fazendo-se superior à grande dor que lhe causava esta leitura, Hélia fez compreender a Abélio o seu desejo de chegar até o final.

— Vejo que as mulheres do meu país são todas virtuosas e justas, pois até agora só encontro homens delinqüentes — disse com acentuada intenção a jovem kobda.

— Oh, Piquina Manh!... Sinto dizer que temos uma que vale por todos os homens juntos.

— Como? Há também mulheres prisioneiras? Como é costume que os maridos ou os pais retenham no calabouço familiar as extraviadas, julguei que nunca traziam mulheres para a Torre.

— Mas esta é uma criminosa de marca maior. Onde pensais que se deveria enterrar a feroz hiena que envenenou a vossa terna e meiga mãe?

— Ah!... É verdade, é verdade! — disse Hélia. — Que ocorre com essa desventurada mulher? Não estará arrependida do seu delito?

— Ninguém se ocupa em perguntar-lhe se está ou não. Aqui viverá e aqui morrerá — respondeu o velho com indignada voz.

— E se eu quisesse perdoá-la? Tu me impedirias, Audaban?

— Eu?... Quem sou eu para opor-me à vossa vontade? Contudo, procurai entender, Piquina Manh, não serei eu quem vai abrir o calabouço da assassina de vossa mãe.

— E se estivesse arrependida, verias mal que eu a perdoasse?

— O lobo não se arrepende jamais de ter devorado uma ovelha, entretanto deseja

107

ver outra e outra mais perto de seus dentes... Piquina Manh!... Cuidado com o vosso coraçãozinho de rolinha... Pangrave Abélio, como é que não me ajudais para que nossa rainha compreenda a justiça, vós que sois o primeiro dos Juízes do Conselho de Num-ma-ki?

— Lembra-te, Audaban, que antes de juiz fui kobda, e que a lei dos kobdas diz: "Extrai do fundo de todas as coisas o que de mais formoso existe nelas." Algo de bom deve existir na alma dessa mulher criminosa, e não seria desacertado extrair esse algo, do qual poderá sair a salvação de um ser humano.

— Não sei, não sei!... Vós vedes tudo branco e azul como o véu e a túnica da nossa Piquina Manh...

— Não te alteres, Audaban, mas o Pangrave e eu queremos falar com essa mulher — disse Hélia. — Não para libertá-la imediatamente, mas para observá-la e estudá-la, para ver se aparece nela uma centelha de arrependimento que a torne capaz de redenção.

— É feroz, é muitíssimo má, insultar-vos-á como a mim, enlouquecer-vos-á com seus gritos e dar-vos-á bofetadas se vos aproximardes. Por favor, Pangrave Abélio, chamai três guardiães para nos acompanharem, se a Piquina Manh se empenhar em vê-la!... Ó grandeza de Ahura Manda!... que minhas velhas pernas me obedeçam para ir eu mesmo convosco à guarida dessa hiena!...

Num supremo esforço, o forte velhinho pôs suas pernas para fora do leito, envolveu-se num manto, calçou umas chinelas de pele de urso que se encontravam ao pé da cama e, apoiando-se nas paredes, chegou até uma cavidade do piso onde estava semi-enterrado um cântaro de barro cheio de figos secos. Escavou entre eles e do fundo tirou uma chave.

— Eu irei, eu irei convosco, chamai os guardas do turno — disse o velhinho, animando-se com a energia emanada de sua própria vontade.

— Eu não quero causar-te este incômodo, Audaban — disse Hélia. — Por que te empenhas em fazer o que não podes?

— Perdoai, Piquina Manh!... Mas eu jurei a Ahura Manda que a mulher que privou a vossa mãe da vida não causará outro dano sobre a Terra enquanto o velho Audaban tiver um alento de vida. Quem me consolaria se recebêsseis esse dano, Piquina Manh, filha da filha do meu Senhor Aranzan? Vamos, eu vos guiarei.

Apoiando-se num dos guardiães chamados por Abélio, foram subindo lentamente a rampa de pedra que em suave aclive subia até a planta alta da vetusta e sombria Torre da Justiça.

Contíguo ao calabouço ocupado pela perigosa prisioneira achava-se o auditório correspondente à ala das prisioneiras, e ali Audaban fez sentar Hélia e Abélio. Depois abriu uma janelinha gradeada na parede da frente e gritou em alta voz:

— Mulher!... A filha da santa rainha que mataste teve piedade de ti e vem visitar-te! Aproxima-te da janelinha.

Poucos momentos depois começou a ouvir-se um soluçar que se tornou mais intenso e agitado. Quando uma sombra cruzou a janelinha, aquele soluçar já era um pranto profundo, um chorar desconsolado e amargo que partia o coração.

108

Hélia estava pálida como uma morta. Abélio colocou-se a seu lado e os três guardiães rodearam o grupo.

— Abre a porta do calabouço, Audaban, e que ela venha até aqui — murmurou debilmente a jovem kobda, cuja emoção era extrema.

Dois guardiães se adiantaram para receber a cativa cuja branca palidez se destacava notavelmente da negra túnica de presidiária. Percebia-se ainda formosa em meio de sua desolação.

"Essa mulher foi esposa de Selyman, pai de meu irmão Iber", pensou Hélia. "É mãe de duas irmãs minhas, também kobdas. Como será possível que uma planta regada por tanto amor permaneça estéril e seca?"

— Que a paz esteja contigo, mulher! — disse Hélia quando aquele pobre ser caminhava para ela.

Ouvir tais palavras e cair de joelhos a dois passos da jovem foi um só movimento. Dobrando depois seu corpo à terra, ela tocou as pedras do pavimento com a testa ao mesmo tempo que profundo soluçar explodia em seu peito. Hélia não pôde conter-se, e começou a chorar em silêncio, não obstante os sinais de Audaban que, com inteligentes olhares, lhe dizia para não demonstrar assim sua sensibilidade. Abélio, em sua qualidade de juiz, interveio para dissimular a emoção da jovem rainha.

— Nossa Suisini Manh deseja saber se quereis algo de sua piedade para todos os reclusos nesta Torre.

Aquele fantasma negro atirado ao solo ajoelhou-se penosamente para dizer:

— Suisini Manh!... Até ontem queria de vós a minha liberdade e meios de vida para o futuro; entretanto, eu vos vi e já não quero mais o vosso perdão e o vosso esquecimento do meu crime, que vos deixou sem mãe. Também eu tenho filhas que vestem como vós a túnica azulada. São justas e puras como vós, Suisini Manh, e não quero servir-lhes de opróbrio e vergonha!...

"Suisini Manh!... Suisini Manh!... Somente peço o vosso perdão e o vosso esquecimento... Esquecei que vivo e pedi a Deus que apague com a morte até a recordação do meu nome..."

Hélia não pôde resistir aos fortes impulsos do coração e, antes que alguém pudesse evitar, abraçou-se ao pobre fantasma soluçante e dolorido que ainda permanecia de joelhos sobre o pavimento de pedra.

— O Amor Eterno manda-me perdoar-te... Minha mãe manda-me perdoar-te... Meu coração de filha te perdoa... Tuas filhas kobdas te perdoam também... Mulher que delinqüiste num momento de extravio e inconsciência!... De tantos perdões e de tanto amor não poderias fazer florescer também o teu espírito em obras dignas de uma mulher que tem filhas de túnica azul?...

— Oh, sim, Suisini Manh!... Mas como apagar da minha testa a mancha do meu delito? Como iludir a afronta e o opróbrio para essas filhas das quais não mereço ser chamada mãe? — gemeu desolada a infeliz prisioneira.

— Elas não sabem do teu delito nem da tua prisão. O povo não sabe que és mãe de duas jovens kobdas, e, se a Piedade Divina abrir diante de ti as portas desta Torre, só tu saberás que estiveste reclusa nela. De ti somente dependerá o futuro. O amor dos kobdas devolver-te-á a liberdade com honra, se a quiseres, ou deixar-te-á no esquecimento e no silêncio desta Torre se não fores capaz de esforçar-te para viver livre com honradez e justiça. Pensa nisto e decidirás a tua vida futura.

Este breve diálogo entre a rainha e a prisioneira foi tão a meia voz que somente Abélio e Audaban puderam escutá-lo.

Hélia foi tirada daquele auditório saturada de dolorosas vibrações de angústia, e a infeliz prisioneira seguiu-a com seus olhos cristalizados de lágrimas, ainda ajoelhada sobre as lousas geladas do pavimento.

O velho Audaban pensava que os kobdas eram magos de forças ultrapoderosas que assim mudavam repentinamente as víboras em pombas e os uivos de lobo em lágrimas de humilhação e arrependimento. Quando colocava novamente a chave no calabouço que encerrava a detida, quase chegou a desejar que a Piquina Manh mandasse abri-lo para sempre para aquela loba rugente a quem a magia dos kobdas transformara em andorinha cativa.

Entretanto, na grande sala-auditório do piso térreo tudo estava preparado para a festa, e a chegada de Hélia foi saudada pelos acordes do hino ao amor fraterno cantado em coro pelas jovens kobdas com as pequenas liras e alaúdes que costumavam tocar. Os presidiários ocupavam um extremo da sala e da mesa no centro, coberta de manjares, frutas e flores.

O velho Audaban parecia recobrar novas energias e parecia transformar-se todo em olhos, tão forte era nele o hábito de vigilância e observação. Não havia quem o afastasse do lado de Hélia, para o qual parecia temer até o vôo de um inseto.

Para isto obrigou-a a sentar-se à cabeceira da mesa para presidir a refeição dos prisioneiros. Enquanto as jovens kobdas serviam os manjares e distribuíam os presentes de roupas novas e cestas de provisões, a jovem rainha, com aquele volume que era um catálogo das ruindades daqueles seres, ia informando-se dos donos daqueles nomes e, tendo em vista os fatos ali catalogados e segundo o tempo de reclusão, diminuía cinco, dez, quinze ou vinte luas de cativeiro. Havia quatro velhinhos que em sua juventude tinham sido condenados à prisão para toda a vida.

— Mas, Deus meu!... Que maior prisão que sua própria velhice? — perguntou Hélia ao Pangrave Abélio, que caminhava a seu lado por detrás dos detentos sentados em torno da grande mesa.

Dirigindo-se a eles, disse:

— Quereis a vossa liberdade neste dia? Eu vo-la dou em memória de minha mãe.

— Por favor, Suisini Manh!... Deixai-nos morrer aqui. Para onde iríamos se os nossos filhos emigraram para outros países, se já não temos teto nem lar e nem sequer sabemos se eles estão vivos ou mortos?

Do coração da jovem kobda escapou um profundo suspiro. Toda uma existência na prisão!

— Vossa mãe já nos perdoou, mas não tínhamos na Terra um lugar para nós afora este aqui.

— Eu tenho esse lugar para vós — respondeu a jovem rainha. — Nos hortos do Refúgio de Anciãos que tenho em minha casa, há flores para cuidar, frutas para recolher e novelos de lã para fiar. Quando terminardes a refeição, vesti as túnicas novas que vos foram dadas e esperai à minha saída junto ao muro exterior, pois hoje mesmo vos levarei comigo.

Aqueles quatro velhinhos comiam, choravam, riam e suas lágrimas de gratidão misturavam-se às vezes com as pétalas brancas e vermelhas das rosas da Irânia, as rosas de Shiva, a enfeitarem profusamente a branca toalha.

Desde aquele dia memorável para os habitantes da Torre da Justiça, viu-se esvoaçar em torno dela o amor e a esperança como borboletas de luz, levando o consolo e a alegria àqueles corações que haviam secado na solidão e no esquecimento.

— Quero que, ao trocar a cor da vossa vestimenta — tinha dito Hélia —, troqueis também de pensamentos e desejos, e que estas túnicas verdes e púrpuras vestidas hoje sejam um símbolo de que se apagaram para sempre da vossa mente os negros pensamentos do vosso passado, para dar lugar à esperança e ao amor que quero ver florescer entre vós.

"Sabei que eu virei aqui a cada três luas, e que em cada visita quero encontrar coisas novas nesta Torre. Nestas muralhas rachadas e semidestruídas pelo tempo, nestes pátios atapetados de áridas pedras, em vossas pequenas celas sem calor e sem luz, quero ver o florescimento da vossa esperança e do amor à vida, a vossas famílias que choram por vós e a vós mesmos, que vos esgotais na ociosidade. A fada branca da liberdade vos espera e vos chama, mas ela quer que sejais capazes de conquistá-la com o esforço e a virtude.

"Audaban — disse depois, dirigindo-se ao guardião que temia que a piedade de Hélia o obrigasse a cometer o que ele chamava um esbanjamento de suavidade para suas feras enjauladas. — A partir de hoje fazei com que estes homens cultivem os imensos pátios que rodeiam a Torre, designando a cada qual uma porção de terra na qual porá seu nome para que eu, ao vir novamente aqui, saiba quem foi o jardineiro cultivador; que juntos botem abaixo as velhas árvores secas que enfeiam o bosque atrás da Torre, e que cada qual prepare um fardo de lenha para dar calor às suas próprias prisões que parecem geladas tumbas.

"Faça cada qual em sua cela uma pequena lareira de pedra para seu fogo, embeleze cada qual com limpeza e ordem seu próprio aposento. Por que devereis viver como feras em sujo covil, se, com um pouco de esforço, podeis viver como homens destinados a ser um dia a luz de outros homens?

"Agora falai cada qual do que mais deseja, pois, se for possível, eu tratarei de remediar."

E começou o desfile dos detidos perante a jovem kobda, ao lado da qual estava Abélio, tomando nota dos pedidos que cada um formulava.

Hélia teve a imensa satisfação de ver que naqueles pobres seres ainda vivia como uma centelha o amor oculto entre a cinza. Muitos pediam notícias de algum ser querido ou socorros para a família, pais, filhos ou esposas, que haviam deixado no desamparo. Aos que nada pediam, Hélia agrupou-os para inquirir por que nada queriam.

— Não temos família, amigos ou parentes — disse um deles respondendo por todos, que eram quatorze.

— Isto é, nós temos — acrescentou outro —, mas nossos parentes expulsaramnos de casa ou fugiram de nós por ocasião das revoltas surgidas no tempo da vossa mãe Manh Shiva.

— Por isso eu disse que não temos — replicou o anterior — e não devíamos molestar a atenção da Suisini Manh com um assunto tão feio que não se pode arrumar.

— Pode ser arrumado se vós decidirdes ser homens de ordem e trabalho.

— Ó Piquina Manh! — interveio o velho Audaban. — Difícil será fazer estes quatorze mudarem o modo de pensar, pois passam os dias e os anos estendidos como lagartos ao sol sem se moverem além do necessário para receber a cesta de provisões quando o guardião os chama à janelinha.

— Pois a partir de agora não ocorrerá o mesmo — disse Hélia — porque também cultivarão os jardins, limparão os aposentos que ocupam e trarão seu fardo de lenha para acender o fogo.

— Perdão, Suisini Manh! — murmurou um deles. — Mas para que havemos de realizar esse esforço se nós não necessitamos dele nem ninguém o necessita? A comida que nos dão é boa e abundante.

O coração de Hélia oprimiu-se ao ver o estado de gelada indiferença na qual aqueles seres estavam; contudo, se repôs imediatamente para dizer:

— Necessito eu do vosso esforço, e espero que por mim sereis capazes de fazê-lo. Sois quatorze. Tomai seus nomes, Pangrave Abélio. Pois bem. Eu quero ver quatorze jardinzinhos cultivados por vós, quatorze fardos de lenha em vossos calabouços, quatorze lareiras de pedra colocadas neles onde possais acender o fogo pela noite. Eu o quero, entendeis? Eu o quero, e não julgais que o digo simplesmente por dizer, mas porque nisto quero ver-me obedecida. Porque, assim como a Bondade Divina pôs em minhas mãos o poder e a vontade de vos fazer felizes se o quiserdes, também pôs em minha mão o poder e a força para castigar.

"Audaban — disse em seguida. — Ouvistes o que quero destes quatorze homens. A partir de amanhã começam suas tarefas, todos eles. Àquele que se negar a realizar seu trabalho, ser-lhe-á negada também a cesta de provisões."

— Vós mandais, Piquina Manh, e far-se-á como quiserdes; contudo, necessitarei de maior número de guardiães para vigiá-los durante as horas de trabalho.

— Irmão Abélio — disse a jovem rainha. — Tomai as providências junto ao Conselho para mandar para cá os guardiães que forem necessários.

— Bastam vinte homens a mais? — perguntou o kobda ao velho guardião.

— São suficientes dez — respondeu o interpelado — porque os outros prisioneiros são homens incapazes de rebeldia.

— Estes o serão também — acrescentou Hélia amenizando sua voz. — Vamos ver, meus amigos. Espero que não deixeis mal a vossa Piquina Manh, que vos quer ver bons e felizes. Sereis tão duros de coração que me negareis esta grande alegria? É para mim que o fareis, é para mim que o fareis. Eu quero recolher flores nesta Torre, cultivadas e regadas por vós. Eu quero ouvir que me digam, quando voltar a vos visitar, que estes quatorze homens que estavam mortos, ressuscitaram e voltam ao concerto da vida, da esperança e do amor. Então vos reconciliarei com vossas famílias, formarei para vós um novo lar, darei esposas aos que não as tiverem; tereis filhinhos a pularem nos vossos joelhos, e entre risos e travessuras vos chamarão pai

112

e pedirão pão. Por enquanto sou vossa mãe, vossa irmã, vossa amiga. Ensaiai comigo a capacidade de ternura e complacência para que no dia de amanhã a brindeis aos seres que formarem novamente o vosso lar e a vossa família!...

Tal linguagem comoveu aquelas quatorze múmias, mortos que andavam, comiam e respiravam, mas adormecidos completamente por causa da própria miséria. Todos eles prometeram obedecer à Piquina Manh, embora o cético Audaban acreditasse que era mais pelo temor de que lhes faltasse a cesta de provisões do que por sentimento de complacência com a suave mulher que assim esvaziava sobre eles sua piedosa ternura.

Assim terminou aquela memorável visita à Torre da Justiça, que duas luas depois demonstrava à vista de todos que o amor passara por ela como uma brisa primaveril.

Enquanto isto ocorria, o mensageiro de Hélia-Mabi chegava a Soldan e o velho príncipe de Kusmuch dizia a seu filho e herdeiro, lendo a mensagem chegada de Num-ma-ki:

— Esperam-me no Lago Uran, em visita de aliança e cortesia. Tu me acompanharás.

— Eu? — interrogou surpreso o jovem. — Mas pai, até hoje nunca necessitastes de mim para nada. Que farei numa visita de cortesia se sou um montanhês rude, um inquieto filhote de águia que só sabe encontrar ninhos de águias e favos de mel da montanha?

— Pois, meu filho, chegou a idade de pensar que não estás na Terra só para divertir-te e brincar recolhendo ninhos e favos de mel. Chegou a idade em que deves pensar em formar uma família, um lar para perpetuar a nossa raça e o nosso nome, pois sabes que és o único varão de minha casa que sobreviveu à desgraça que em anos atrás a envolveu Shamurance, de maldita memória.

— Eu, casar-me? Formar lar?... Deixar minhas excursões à montanha com tantos ninhos e tantos favos de mel? Não sabeis que já tenho no parque desta casa toda uma colônia de águias jovens e outra colônia de abelhas?

— Está bem, está bem, meu filho! Mas isso não te impede de pensar em amar uma meiga rolinha que será a tua felicidade no dia de amanhã, quando deixares de ser um jovenzinho brincalhão e chegares a ser o governante de um povo.

— Eu mandarei num povo?... Oh, pai!... Quão mal-humorado estais neste dia para me falardes de coisas sombrias e tristes.

"Como se arranjaria Alegrinis para estar teso e severo dizendo às massas: quero que caminheis assim, que corrais de outra maneira, que façais tal coisa, que façais a outra!... Oh, pai, desenganai-vos, que eu não dou para esses duros e rígidos papéis, e deixai-me continuar sendo ainda um rapaz a correr pela montanha sem sofrer e sem fazer sofrer a não ser as águias, quando roubo seus ninhos, e as abelhas, quando as transfiro para o meu bosque."

— Vamos, vamos! — disse o ancião. — Pensa na minha velhice, em meu cabelos brancos, que já não tens mãe, que teus irmãos morreram e tuas irmãs estão casadas e longe de ti. Pensa que eu também morrerei, que os velhos criados que cuidam de ti também morrerão e te encontrarás sozinho na vida.

113

"Terás então o suficiente com o grasnido de tuas águias e o zumbido de tuas abelhas? Quando faltar a sombra do teu pai, que sempre espantou a dor do teu lado..."

— Oh, pai!... Por piedade!... Eu vos acompanharei a Num-ma-ki uma vez, dez vezes, mas não me golpeeis na cabeça com mortes, com desgraças, com solidões!...

— Está bem, meu filho, precisamente por tua eterna alegria e felicidade, porque quero afugentar as tristezas do teu lado é que quero levar-te nesta viagem, para que conheças certa pessoazinha que será um raio de luz, alegria e amor para toda a tua vida!

Já de acordo, o pai e o filho empreenderam poucos dias depois a viagem para o Lago Uran, onde o Amor, como um pássaro azul, tinha pousado nas roseiras vermelhas e brancas que perfumaram a cabeça de Shiva e que floresceriam novamente para embalsamar de essências os dias serenos de Hélia, sua filha, quando o Amor se aproximava.

O NOIVADO

Fredik de Kusmuch e Hélia de Susian eram dois seres cuja infância e juventude se haviam passado de maneira quase idêntica. A tranqüila serenidade emanada do amor e da justiça, que os envolvera como uma auréola desde o começo de suas vidas, mantinha ambos como numa luminosa infância espiritual. Um delicioso jardim onde floresciam obras belas, justas e boas era o cenário no qual Hélia tinha desenvolvido sua vida na cabana de Adamu e Évana, junto a Sênio e a Aldis, Diba e Núbia, seus primeiros instrutores da infância. Crescera com seus irmãos Iber e Mabi ao lado de Abel, seu *irmão-Sol* como ela o chamava. Mais tarde passara por própria vontade ao santuário de mulheres kobdas, seu segundo lar, onde outras instrutoras encheramlhe a inteligência e o coração de tudo o que de grande e belo é capaz de realizar o ser durante sua vida de encarnado. Sua alma abria-se, pois, para a vida como uma rosa em botão, à qual não chegava a não ser de longe o estrondo das borrascas humanas.

Três acontecimentos somente a haviam sacudido um tanto no sentido de fazê-la conhecer as misérias que enlodam as almas: a ingratidão de Kaíno para aqueles que tanto o tinham amado; a despótica vontade do chefe circassiano que aprisionou sua irmã Mabi, e a prisioneira da Torre da Justiça, cuja ambição a levara a causar a morte de sua santa mãe com aquele narcótico embriagador. Mas ela, em sua alma sem desenganos e pessimismos, encontrava fáceis atenuantes para esses três casos de mau agir.

— Kaíno — disse Hélia — era um garoto audaz e, sabendo que não era filho de Adamu e Évana, quis, sem dúvida, buscar seus parentes, mas talvez sem intenção de realizar nenhuma maldade.

"Vladiko, o circassiano, agiu daquela maneira porque amou tanto a minha irmã que não pôde resignar-se a viver sem ela. Tanto é assim que a tomou por esposa.

"A cativa da Torre da Justiça não teve a intenção de matar Suisini Manh Shiva, mas só de embriagá-la para que lhe desse posse de umas terras onde pensava viver, e hoje está arrependida disto."

A alma de Hélia, sem chagas e sem feridas, continuava sendo rosa em botão que nenhum vendaval havia desfolhado.

Fredik, o soldanês, da mesma forma que Hélia, não havia sentido na própria carne os dardos da miséria humana, porque os velhos servidores que o criaram por morte de sua mãe, e os kobdas montanheses entre os quais vira o bem e a paz em todos os seus aspectos e formas, não tinham deixado chegar até ele a confusão das maldades humanas que passa pela vida envolvendo tudo.

Um fantasma de terror e horror havia vislumbrado em sua meninice: a rainha guerreira do Cáspio que assolara aquelas regiões; entretanto, para Fredik aquilo era como um sonho trágico, como um pesadelo horrível que lhe mencionaram quando menino e do qual procurava se recordar o menos possível. Seu coração ria e cantava, não compreendendo que houvesse na vida motivos para chorar. Era, pois, uma jovem árvore de folha perene à qual nenhum outono tinha despojado de sua frondosa ramagem.

Nas margens do Lago Uran havia para ele uma rosa em botão. Como não ir, pois, para recolhê-la, embora tivesse que deixar seu pequeno bosque cheio de águias e suas colônias de abelhas?

Porque ouviu a voz serena de sua Lei que lhe falava ao coração é que o vemos chegar em caravana de brancas mulas montanhesas ao país de Num-ma-ki, à velha cidade de Aranzan, revestida de todas as galas que a primavera derrama sobre o Irã quando fugiram as neves e as nevadas.

— Vossos parentes de Soldan vêm visitar-vos, Mangrave Balbina — disse Hélia à anciã kobda quando o mensageiro que lhes precedia chegou para anunciar que na primeira hora da tarde estariam seus amos às portas da cidade.

— Ah, filhinha!... Não é a Mangrave Balbina que certamente buscam — respondeu a anciã, sorridente e feliz ao ver aproximar-se acontecimentos que, estando na lei dos seres e dos povos, deviam necessariamente consolidar a felicidade e a paz sobre todos eles.

— De maneira que — continuou Hélia — vós e todos os demais sabiam que esse tal Fredik de Kusmuch tinha intenções de matrimônio comigo e nada me dissestes, eh? Ah, traidoras... más amigas... companheiras desconfiadas e sem franqueza!

— Mas, minha filha!... Ainda não há nada de tudo isto que estás dizendo — replicou a anciã. — Trata-se somente de que seu pai e o teu pensaram que, talvez, podíeis ambos formar uma boa aliança, se é que chegareis a compreender-vos. Talvez o alegre e vivaz jovem esteja tão alheio como vós da idéia de um próximo matrimônio, porque entre minha família tampouco é costume violentar a vontade dos jovens neste sentido.

— Na realidade fizestes bem não me anunciando nada; pois se está escrito algo em minha lei, chegará sem que ninguém o busque, e atraído somente por sua própria força de existência eterna. Entretanto eu vos digo, Mangrave, que não estou inclinada a atar-me com vínculos de nenhuma espécie. Sou tão feliz com tudo quanto me rodeia na atualidade que nada mais teria que acrescentar. Por que buscar complicações à minha singela e formosa vida de hoje? Por que entrar no desconhecido quando tão satisfeita me encontro com o que tenho?

"Que vos parece se disser a meu pai e a Abélio para se arranjarem sozinhos no sentido de obsequiar os visitantes, e que dêem uma boa excusa a meu respeito?"

— Procedei como seja da vossa vontade, minha filha, mas creio que o vosso pai faria um horrível papel não apresentando a sua filha, que é a verdadeira senhora do país. Se vivesse a vossa mãe, ainda seria possível o vosso retraimento, uma vez que ela era a primeira autoridade no país; contudo, o caso é diferente e sois vós, e ninguém mais além de vós, a que diante de todos os povos vizinhos ocupais aqui o primeiro lugar. Nosso irmão Abélio vos dirá o mesmo, segundo me parece.

"Além do mais, não vejo motivo nos vossos temores, filhinha. És uma jovem rainha kobda, e sabes, portanto, que aquilo que a Lei tenha determinado, assim será. Nada buscar nem de nada fugir; tal se apresenta esta situação, e como tal deves tomá-la. Por enquanto não é senão a chegada de um príncipe aliado que vem visitar-vos. Não são os primeiros nem serão os últimos, certamente, porque a retidão e a grandeza da vossa mãe pôs Num-ma-ki num lugar tão alto, tão alto que de todas as partes se vê. Não vos parece razoável a minha opinião?"

— Sim, Mangrave Balbina, sim; tendes razão. O que a Lei tiver determinado, assim será — respondeu Hélia com grande serenidade, ainda que em seu foro íntimo se agitassem, como inquieto enxame de mariposas, muitas pequenas e grandes interrogações enlaçadas com os personagens que, dentro de breves momentos, chegariam à sua casa. Para acalmar esta inquietação, a jovem dirigiu-se sozinha para a morada da sombra, ou sala de oração, para entregar-se mais livremente a seus pensamentos.

Evocou do fundo da alma sua mãe, Abel, Bohindra, Évana, a Rainha Ada, suas instrutoras de "A Paz", seus irmãos Iber e Mabi. Todos eles responderam na meiga e suave rede da telepatia, e sentiu em seu íntimo uma mesma frase pensada por todos eles simultaneamente.

"Espera em calma e serenidade que o Amor Eterno dá a seus filhos o que eles necessitam para o fiel cumprimento de seus destinos. Deixa-o agir que Ele sabe qual é a água que hás de beber."

Inundada de paz e serenidade, saiu do recinto de oração onde sua alma, posta em contato com suas grandes alianças espirituais, preparou-se para ver chegar os acontecimentos.

Chamada por seu pai na grande sala de audiências, suas companheiras kobdas envolveram-na no imenso véu branco da Rainha Shiva e a acompanharam para ocupar seu posto, quase ao mesmo tempo que a Mangrave Balbina abraçava seu velho irmão e seu sobrinho no grande pórtico da entrada. A ela cabia apresentá-los à jovem rainha e a seu pai.

A impressão de Fredik, o filho, ao se inclinar diante de Hélia, foi visível para todos, pois não estando habituado a dominar seus sentimentos íntimos, nem sequer se ocupava em pensar que devia ocultá-los nem que houvesse quem o observasse. Ficou sem palavra, observando-a, como se repentinamente uma visão esplendorosa o houvesse deslumbrado. Hélia notou isto e uma onda de carmim coloriu suas faces, fazendo-a aparecer na verdade como uma rosa em botão.

Estendeu-lhe suas duas mãos segundo o costume, e ele ficou com elas sem saber que o cerimonial lhe indicava beijar a mão direita e colocar a esquerda sobre sua cabeça.

Abélio acudiu para obviar esta inadvertência, que passou despercebida para os demais.

— Sentai-vos aqui — disse Hélia apontando para o estrado que estava junto dela, vendo já o ancião sentado junto a seu pai. — Deveis estar muito fatigado, porque julgo que a viagem foi longa e penosa.

— Pelo contrário, estou perfeitamente bem, porque estou habituado às montanhas e esta viagem foi para mim uma distração tão bonita e atraente como jamais pensei viesse a ser. Vossas montanhas são uma prolongação das nossas; mas o vosso vale e o lago vistos dos cumes são algo muito mais belos ainda.

— É, pelo que vejo, a primeira vez que visitais este país! — observou Hélia, encantada da quase infantil alegria que Fredik demonstrava.

— Sim, a primeira vez, embora através de referências os conhecesse muito. Haviam-me falado de tudo isto, e de vós também.

— De mim? É possível? Julguei que fora de Num-ma-ki ninguém se ocupasse de mim.

— Entretanto, estais equivocada. Em Soldan queriam muito à vossa mãe e agora querem a vós; ou melhor, nós vos queremos, porque eu também vos quero.

— Verdade? Oh, obrigada, muito obrigada! — respondeu Hélia, começando a pensar que seu interlocutor não era um jovem mas um menino grande.

— E meu pai? Oh! Para meu pai não existe na terra outra mulher que vos iguale. Por isso trouxe-me para vos conhecer. Ele conheceu a vossa mãe e, como lhe disseram que éreis o vivo retrato dela, me disse:

"— É a mãe, apenas com vinte anos de idade."

— Como temos aqui a Mangrave Balbina, vos encontrareis nesta terra não como estrangeiros, mas quase como em família. Além do mais, todas estas irmãs kobdas que me rodeiam gozam sem dúvida da vossa amizade.

— Sim — disse Sélvia. — Nós o conhecemos no refúgio de meninos, aonde ía com freqüência levado por nossos irmãos kobdas do santuário da montanha.

— Sem dúvida deve ter sido assim — disse o jovem. — Mas como vos vestis todas de igual maneira, não é fácil distinguir-vos uma das outras.

"Recordais ainda nossas montanhas e nossa neve? Gostais mais daqui, não é verdade? Lá tínheis somente o nosso céu acinzentado, e aqui tendes dois céus dourados de Sol: o que está acima e o rosto da vossa rainha, que é ainda mais luminoso!...

— E riu com uma franqueza cheia de satisfação enquanto Hélia, entre assombrada e tímida, não sabia se devia rir ou pôr o semblante grave.

— É *Alegrinis*, Suisini Manh; agora bem sabeis por que nossos irmãos de lá o chamam assim — interveio Sélvia, vendo o estado algo molesto de Hélia. — A franqueza transborda neste caráter, e ele diz as coisas tal como as pensa.

— O quê? Disse eu acaso alguma coisa fora de lugar? — perguntou o jovem Fredik. — Perdoai em todo o caso a minha rude linguagem, pois, como sou um perfeito montanhês, talvez tenha em minha maneira de falar muito do grasnar das águias e do zumbir das abelhas. São tão formosas as águias quando estendem suas asas ao Sol! Não as tendes aqui?

— Sim, muitas — respondeu Hélia. — Mas como causam dano às manadas, os pastores as perseguem muito.

— Verdade? Que lástima! Se eu estivesse aqui, dava-lhes cabo com minhas armadilhas e as encerrava num bosque coberto com minhas redes como lá; então não prejudicariam os cordeirinhos, pois as ensinaria a alimentar-se de filhotes de tigres e lobos, unicamente para impedir a propagação de tantas feras daninhas. Quando elas tomam gosto pelos filhotinhos das feras, não lhes interessam mais os cordeiros, porque é necessário compreender que as águias têm também necessidade de comer.

— Ah! Claro, isso é natural — disse Hélia, já sem poder conter o desejo de divertir-se e rir, como se aquele vivaz e alegre temperamento começasse a contagiá-la.

A recepção foi muito breve e, segundo o costume adotado, Hélia e seu cortejo feminino foram as primeiras a se retirar, ficando na grande sala de audiência só Hélia-Mabi e seus visitantes, pois, pouco depois da jovem rainha, retirou-se Abélio e os outros conselheiros que a haviam assistido.

— Que me dizes, filho? — foi a primeira pergunta do velho Fredik, que não podia dissimular sua satisfação vendo o filho ficar petrificado, de pé, no lugar onde se havia despedido de Hélia, à qual seguiu com o olhar até vê-la desaparecer detrás da pesada cortina púrpura que cobria a entrada para os aposentos interiores. A pergunta de seu pai fê-lo voltar ao domínio de si mesmo.

"Que me dizes, filho? Estás contente de ter vindo a Num-ma-ki?"

— Na verdade, jamais pensei que o estaria tanto! É belíssimo este país, são belíssimos este céu, este lago e estas flores; entretanto, a jovem rainha resume em si mesma todas as belezas, como se as concentrasse em seu rosto e em sua voz... É um encanto de mulher!... Em Soldan não vi nada igual!... Que filha tendes, senhor, que filha! — disse Fredik com sua espontaneidade habitual, aproximando-se de Hélia-Mabi, que sorria também satisfeito de que outros seres soubessem apreciar devidamente seu grande tesouro: sua filha, na qual ia esvaziando toda a ternura e o amor que consagrara a Shiva, a sua bem-amada Shiva.

— É na verdade a Rainha Shiva aos vinte anos!... — disse o ancião Fredik.

— O mais extraordinário é que existe outra Shiva de vinte anos — acrescentou Hélia-Mabi — pois esta tem uma irmã gêmea que vinha para cá juntamente com ela por ocasião da última enfermidade da mãe e foi tomada prisioneira por um príncipe circassiano no outro lado do Monte Sagron, onde está estabelecido com um numeroso povo.

— Mas como? Tolerastes tal selvageria e brutalidade? — interrogou o velho Fredik.

— Porque o circassiano se enamorou dela de tal maneira que a reteve sem escutar nenhuma razão, e prometendo fazê-la sua esposa se ela algum dia viesse a amá-lo. De tal forma o homem se adaptou a tudo quanto ela e os kobdas lhe impuseram, com respeito à Lei da Grande Aliança, que chegaram a convencer-se de que aquele homem e aquele povo dariam um grande passo em seu progresso moral se minha filha ficasse entre eles. A pobrezinha sofreu, sem dúvida, grandemente com tal sacrifício, contudo ficou e agora é a esposa do príncipe e se vê muito amada por aquele povo. Como compreendereis, sua mãe e eu nos condoemos muito de havê-la perdido para nós, mas se tal era o seu destino, bem sabeis que os pais são apenas depositários dos filhos, nos quais há *alguém* maior e mais sábio que nós a mandar e governar.

— Assim é e, se aquela filha é feliz e contribui para a felicidade daquele povo, o vosso pesar pela sua ausência está bem compensado — voltou a replicar o ancião, pensando ser dura a situação de falar nesse momento ao pai de perder outra filha, a única que lhe restava.

— Mas esse príncipe — perguntou Alegrinis — merecia ou não uma mulher semelhante?

— Os fatos demonstraram, pelo menos até agora, que a merecia, e se agiu daquela maneira é desculpável, tendo em conta o estado de doloroso desengano em que se encontrava; além disso, o fato de ser na época chefe de um povo nômade era circunstância suficiente para impedir que uma jovem de boa linhagem o aceitasse como esposo. Tudo isso foi sanado, pois nosso kobda-rei e seu Conselho, como Chefes Supremos da Grande Aliança, designaram para esse povo, já definitivamente, um extenso e fértil território banhado pelo rio Kuran, onde já está sendo edificada a cidade de pedra que será a capital e que se chamará Asagg, como o gênio protetor dessa raça.

— Muito bem, muito bem!... Pobre homem!... Não agiu completamente bem, mas, meu senhor, tendes umas filhas tão estupendas que qualquer um faria disparates por elas... Que se vai fazer!... — Alegrinis tomou tal aspecto e disse isto de maneira tão genuinamente sua que os dois anciãos riram de boa vontade.

— Isto quer dizer — acrescentou seu pai — que tu, no lugar do circassiano, terias feito o mesmo?

— Quase, quase!... Quem sabe!... É uma criatura tão preciosa esta vossa filha, que se a outra é igual, segundo dizeis... O pobre homem enlouqueceu!... Que se vai fazer!

— Quão original é o vosso filho, irmão Kusmuch! — exclamou Hélia-Mabi, rindo também, como se lhe fosse transmitida toda a alegre loquacidade daquele jovem de alma sã e coração infantil. — Bem se percebe que foi preservado de todo o contágio das misérias humanas!

— A necessidade fez-me deixá-lo crescer como um cabritinho nas montanhas, pois tive que salvar minha família entre as cavernas de Soldan nos tempos horrendos da Shamurance, que roubou meus outros filhos. Penso que neles fui castigado em meu orgulho de pai, pois confesso que tinha vaidade de tais filhos por sua grande beleza física, e em todas as partes eu os levava comigo e sentia a satisfação de ver-me invejado por causa de tal beleza. "Os deuses tutelares da raça encarnaram nos quatro filhos do príncipe de Maracanda!", diziam todos na região.

"Quando a Rainha Guerreira quis aliança de amizade, pediu-os para chefes de sua escolta, dizendo que os beneficiaria esplendidamente e só os reteria a seu lado durante as luas de estio enquanto duravam as festas dos deuses do mar, nas quais comparecia ao Hircânio gente de todas as regiões vizinhas.

"No entanto, meus pobres filhos não voltaram mais. Aquela mulher, tão lasciva e selvagem, transformou-os em seu joguete favorito e suas vítimas depois, quando eles lhe demonstraram sua aversão e seu fastio. Dois deles tiraram a própria vida arrojando-se ao mar com uma pedra atada ao pescoço, e os outros dois fugiram pelas montanhas e caíram vítimas dos arqueiros da rainha que, antes de deixá-los escapar, os atravessaram com suas flechas. Fiéis servidores meus, que eu mantinha ali perto para cuidar deles, trouxeram-me seus cadáveres, que eu converti em brancas cinzas na fogueira sagrada segundo o nosso ritual para os que morrem no estrangeiro, vítimas da maldade dos inimigos. 'Queimai os corpos que foram manchados pela impureza dos perversos para que as almas, mais rapidamente livres, voltem a nós purificadas e limpas', diz a nossa lei, e eu assim o fiz; e os pinheiros mais belos dos seus jardins nasceram e cresceram entre o montinho de cinzas daqueles tão amados filhos. Esses quatro pinheiros eu os tenho junto à minha janela, e às vezes seus ramos movidos pelo vento acariciam a minha velha cabeça, fazendo-me pensar naqueles cujas brancas cinzas adubaram a sua raiz..."

— Oh, pai, pai!... — interrompeu repentinamente o jovem Fredik. — Pareces empenhado em que todos nós comecemos a chorar!... Já sofreste naquela ocasião. Por que sofrer novamente agora? Não dizem os kobdas que esses quatro filhos teus estão já novamente na vida física nos ruivos pequeninos daquela família de lavradores que recolheste em nossa casa?

— Sim, meu filho, sim!... Apesar de tudo, tens razão. Nem este é o momento de trazer tão dolorosas recordações. Falemos antes do objetivo da nossa visita — disse o ancião dirigindo-se a Hélia-Mabi. — Veríeis com agrado o matrimônio de nossos filhos?

— De minha parte, está amplamente aceito; entretanto, minha filha não sabe absolutamente nada e julga que a vossa visita é apenas de amizade e cortesia. Eu, que a conheço profundamente, aconselho-vos a não falar nada ainda, mas deixar que as coisas venham por si sós. Vosso filho aqui presente demonstrou já seu entusiasmo por ela, e opino que deve ser ele quem precisa despertar a simpatia em minha filha durante o tempo que durar a vossa permanência aqui; pois, se não tiverdes maior pressa, poderíeis prolongá-la até a primeira lua do outono, quando o povo celebra a chegada da colheita de frutas; é também o aniversário do dia em que Shiva, minha esposa, anulou para sempre a compra e venda de escravos neste país. Foi a época da liberdade e da fraternidade em Num-ma-ki, e o povo se transborda de alegria na Lua cheia desse tempo.

— Podemos, pai, podemos ficar aqui por esse tempo? — disse Alegrinis batendo palmas qual um menino. — Minhas águias e abelhas têm bons guardiães, e o teu povo também. Vigiam-no os kobdas montanheses e nossos fiéis servidores.

— É verdade, e são apenas duas luas mais que faltam para aquela que indicais. Então fica aceito. Seremos vossos hóspedes durante três luas.

— Esta notícia será a que participarei à minha filha e a nossos conselheiros no momento — disse Hélia-Mabi, dando por terminada a recepção e saindo seguido dos visitantes, a quem acompanhou até a câmara que lhes fora designada.

— Descansai um pouco aqui — disse — até a hora da refeição vespertina, quando virei buscar-vos.

E retirou-se.

— Pai!... — disse o jovem apenas viu sair Hélia-Mabi. — Durante todo esse tempo hei de permanecer aqui, quieto como uma mosca envolvida em teias de aranha? Observe que o Sol ainda está muito alto e, antes da chegada do ocaso, há tempo suficiente para morrer de aborrecimento.

— Mas, meu filho, ninguém te obriga a nada; ele pensou sem dúvida em nosso natural cansaço depois da longa viagem pela montanha, e julgou justo proporcionar-nos descanso. Vai, se queres, passear pelos jardins, que eu me estenderei no leito. Meu velho corpo bem que necessita dele.

O jovem não lhe fez repetir a ordem e, nem bem seu pai tinha fechado os olhos, ele já se encontrava na grande avenida das amendoeiras, entre o bosque de romãzeiras, na pracinha das cerejeiras, no jardim das laranjeiras, e não havia uma inscrição nas cascas das árvores que não houvesse lido tratando de decifrar seu significado.

Em menos de uma hora tinha visto todo aquele esplêndido horto que rodeava a velha casa solarenga de Aranzan. Viu repentinamente uma negra boca de pedra abrin-do-se no piso junto aos grandes estábulos dos elefantes, e sem mais nem menos se meteu por ela. Recebeu-o o rugido de uma fera, logo outro e muitos outros mais.

— Demônio das fúrias!... — gritou. — Estavas também sob o ninho da meiga rolinha do Lago Uran? — E contemplou uns instantes os soberbos exemplares de tigres, leões e ursos dos mais formosos do Altai e do Báltico. Como seguira um corredorzinho subterrâneo usado pelos guardiães e que circundava todo o largo das guaridas amuralhadas de pedra, foi sair por outra portinha que dava para o pátio das roseiras, em cujo centro se achava aquele caramanchão onde Shiva costumava sen-tar-se para fiar a lã de seus cordeirinhos.

— Mas eu não tinha descoberto antes este delicioso recanto! — exclamou en-cantado o jovem soldanês. — Isto quer dizer que não saí dos covis pela mesma porta por onde entrei! Isto parece o parque das fadas, onde não há casas de tijolos nem de pedra nem de madeira, mas de ramos de roseiras, pétalas de flores e asas de borbo-letas... Isto sim, é um ninho digno da meiga rolinha do Lago Uran!...

Na verdade era assim, pois a casa desaparecia por esse lado oculta atrás de imensas árvores do antigo bosque, junto às quais Shiva fizera abrir aquele amplo pátio plantado de roseiras brancas e vermelhas a demarcar seu lugar favorito de repouso.

Profunda vibração de amor e ternura encheu repentinamente a alma de Fredik, que amenizou seus inquietos pensamentos e seus passos agitados e, sem saber por que, começou a caminhar lentamente, observando distraído as roseiras florescidas e os milhares de passarinhos e borboletas a voejar entre elas. Sem perceber o caramanchão a dois passos dele, deteve-se observando um minúsculo ninho de colibri que, suspenso num ramo da roseira, balançava ao suave impulso do vento.

Os pais das avezinhas pairavam suspensos no ar procurando ansiosamente seus filhotes, que não estavam no ninho. Compreendendo Fredik que haviam sido furtados por alguma ave de rapina, começou a procurá-los entre os ramos. Nesta busca, e ao entreabrir suavemente os ramos, viu a jovem rainha que, despojada de seu branco véu, estava absorta na leitura de um grande volume de papiros encadernados entre capas de prata e couro.

Sem pedir permissão e sem preâmbulos de nenhuma espécie, procurou a porta do caramanchão e entrou. Hélia olhou para ele sem surpresa e, fechando o grande livro e sem mover-se de seu lugar, disse:

— Julguei que descansáveis na vossa câmara, pois meu pai disse que vos conduzira para lá e que logo estaríeis conosco para a refeição da tarde.

— Sentir-vos-eis incomodada que seja antes? — interrogou o jovem, sentando-se no banco de pedra onde a jovem se achava.

— Não, de nenhum modo.

— Ledes vossos poetas favoritos?

— Não; lia a lei dos kobdas, onde se pode beber amplamente a sabedoria e a paz.

— A paz eu a tenho; falta-me adquirir a sabedoria, e, se me permitirdes, leremos juntos. — Sem mais nem menos, abriu novamente a capa do grande livro que Hélia fechara rapidamente. — Também eu sei ler as escrituras dos kobdas — continuou o jovem, fazendo passar as primeiras folhas em branco.

Hélia permanecia em silêncio.

— *"O amor é o único elo que sujeita o kobda aos muros da Casa de Numu"* — leu Fredik esta primeira frase da grande Lei. A fita assinaladora ficara na terceira página, ocupada pela Quarta Coluna do Santuário, que explica a *"Conformidade com a Vontade do Altíssimo"*, justamente o que Hélia estivera meditando à chegada do jovem soldanês no caramanchão de roseiras.

— Líeis aqui — disse — e como não quero cometer a rudeza de vos causar uma interrupção, peço que continueis lendo, pois creio que, com tal mestra, mais rapidamente entrarei na sabedoria divina.

Hélia não pôde fazer nada senão sorrir, dizendo:

— Sabeis que começais a causar-me a impressão de um menino travesso e brincalhão?

— Desagrada-vos tal aspecto do meu caráter? — perguntou alarmado o jovem.

— Não, apenas produz em mim desejos de rir, embora esteja submersa em pensamentos graves e sérios.

— Então posso continuar sendo *Alegrinis* e vós podeis continuar lendo — disse o jovem sempre sorrindo.

— Lia as "Colunas do Santuário", e tinha chegado à Quarta, que diz assim: "A conformidade com a Vontade do Altíssimo, manifestada pelos acontecimentos que

122

não foram procurados por ti e que tu não deves evitar nem mudar. Esta conformidade, demonstrá-la-ás na serenidade com que aceitarás o inevitável, na carência de desejos perturbadores da tua paz e na suave alegria moderada e discreta que deves manifestar na vida de relação com teus irmãos."

— Pois eu vos digo que me causastes a impressão de ser a *Lei Viva*, pois eu vos vejo como um resplendor suave e tranqüilo, produzindo em mim o desejo de permanecer imóvel e quieto ao vosso lado. Assim como um passarinho que voasse inquieto procurando um ninho e, encontrando-o, se recostasse nele suavemente, parecendo dormir. Já observastes isto no campo?

— Não, na verdade — respondeu Hélia. — Nunca me fixei nisto.

— Pois é assim, reparai. Apenas meu pai se deitou no leito, eu saí como um esquilo correndo por estes formosos bosques, os quais percorri todos um por um; penetrei como uma raposa pela rampa do fosso das feras e examinei tudo; perdido, saí por uma porta diferente daquela pela qual havia entrado e me encontrei entre este espesso cortinado de roseiras que cobrem completamente a vossa casa por este lado. Sem saber para onde ia, cheguei aqui; encontrei a vós e já não tenho mais vontade de mover-me nem de sair daqui. Sou como o passarinho que encontrou seu ninho... não há nada a fazer, é assim, bem o vedes.

Hélia ria sem poder conter-se.

— Entretanto, permiti que vos diga — observou a jovem — que deveis analisar também se é discreto ou não que permaneçais tranqüilamente no ninho que achastes entre as roseiras; porque entre vós e o passarinho há a diferença de que o ninho era o seu próprio e este é o meu, e está ocupado por sua dona. Não percebeis a diferença? — perguntou Hélia, continuando o exemplo do ninho e do passarinho proposto por Fredik.

— Sim, é vosso e está ocupado por vós, que encheis tudo com o perfume das roseiras; entretanto, bem o vedes, eu encontrei o meio de caber neste recantinho e aqui estou. Seríeis capaz de mandar-me sair daqui?

— Não, porque nenhum aborrecimento me causais, e eu disse isso unicamente seguindo essa ingênua comparação entre vós e o passarinho.

— Encontro-me tão bem ao vosso lado que pareço ter nascido dentro deste formoso caramanchão coberto de roseiras. Mas continuai, se vos agrada, explicando o que líeis quando cheguei a este lugar. Não quisera ter cortado o fio dos vossos pensamentos.

O formoso semblante de Hélia coloriu-se de suave carmim, pois justamente pensava que a chegada de Fredick a Num-ma-ki era um acontecimento não procurado nem buscado por ela, e, sabendo quais eram os propósitos que o haviam trazido, procurava na Lei dos kobdas a rota indicada para enfrentar tal situação. A *Quarta Coluna do Santuário* demarcava essa rota, e ela estudava suas próprias aptidões e seu mais íntimo sentir a respeito daquela outra vida à qual tudo parecia tender a uni-la.

— Pensava, enquanto lia, em vossa vinda a Num-ma-ki! — disse simplesmente a jovem.

— Oh!... Pensáveis em mim? Justo, justo, justíssimo! — disse Fredik alegremente. — Vedes como este era o pequeno ninho que eu procurava e por que o encontrei e por que fiquei aqui quietinho e tranqüilo? Oh, verdadeiramente a Lei dos kobdas é a própria sabedoria! Certamente dirá também que quando um ser se sente muito bem num determinado lugar, deve ficar ali por toda a vida.

— Não, a Lei não diz isso — observou Hélia. — Mas se tanto vos agrada este caramanchão, eu vos deixo senhor absoluto dele por todo o tempo que permanecerdes em Num-ma-ki. — Assim dizendo, fez o gesto de levantar-se.

— Oh, por favor, não vades, pois irá convosco todo o ninho! — suplicou entristecido Fredik, pondo-se pela primeira vez com fisionomia séria e compungida.

— Mas não acabastes de dizer que este é o vosso pequeno ninho e que aqui quiséreis estar para sempre?

— Oh!... Perdoai-me, mas apenas neste momento caio na realidade de que sois vós mesma o pequeno ninho em questão! Justo! Sois vós.

Hélia não pôde reprimir uma gargalhada ante tal espontânea declaração.

— Ah! Sim? Então agora aprendestes que uma mulher kobda pode transformar-se num ninho.

"Como explicais isso, senhor Fredik de Kusmuch?"

— Quê? como explicar? Pois muito facilmente, se souberdes entender-me: tendes na vossa pessoa tudo quanto afaga os olhos e o coração. Sois para mim a beleza da perfeição, a bondade e a sabedoria, e, quando apenas vos vi, disse para mim mesmo: agradar-me-ia passar toda a minha vida ao lado dela. Está bem explicado?

— Bastante, bastante claro — respondeu Hélia, tratando de reprimir o riso que isto lhe produzia.

"Oh! Fôstes perfeitamente chamado de Alegrinis. Ao vosso lado não se pode estar sem rir."

Falando sempre, o jovem foi recolhendo as pétalas brancas e vermelhas que o vento desprendia das rosas e fê-las cair entre a cabeleira escura da jovem rainha e sobre o livro da Lei aberto sobre seus joelhos.

O amor tecia suas redes, envolvendo em sua fina malha de ouro aqueles dois corações que juntos deviam sulcar as ondas dessa existência terrestre.

Poucos momentos depois, Hélia-Mabi, sentado no terraço do seu próprio aposento, que dava para a pracinha das cerejeiras, viu os dois jovens caminhando para a casa. Ela trazia o livro da Lei aberto e seguro entre seus braços como se fosse uma bandeja, na qual Fredik foi deixando as mais formosas rosas brancas que iam encontrando ao passar. De tanto em tanto atraíam seus olhares algumas cerejas muito maduras que ele recolhia com rapidez e às vezes à força de ágeis saltos, que provocavam o riso de Hélia.

— Nós as comeremos juntos — disse Fredik. — E, como tendes as mãos ocupadas com a vossa carga de rosas, eu serei o passarinho pai e vós, o filhotinho implume. — Com simplicidade de menino, foi pondo as cerejas uma a uma nos lábios de Hélia, que, obrigada pela insistência dele, as comia e deixava cair o carocinho na mão aberta de Fredik, que queria semear um pequeno bosque daquelas frutas comidas por ambos nesse dia memorável para ele. Este quadro contemplado por Hélia-Mabi do balcão-terraço de seu aposento levou sua recordação a vinte e cinco anos atrás, quando, pela primeira vez, se encontrou com Shiva, e também ambos se cobriram de rosas e recolheram cerejas cujos caroços tinham semeado nos hortos de Susian sem que depois houvessem podido vê-los crescer por causa da espantosa tempestade que os manteve separados durante vinte anos.

Seu coração estremeceu dolorosamente, e a meia voz exclamou sem afastar o olhar de sua filha, que parecia envolvida numa auréola de felicidade e amor:

— Altíssimo Deus!... Que a nossa longa e dura dor haja enchido a taça da Tua Justiça Divina, e que estas suas rosas não murchem jamais!...

Continuou olhando como se quisesse reter na íris de sua pupila o belo quadro daqueles dois seres em cujos corações sem chagas iniciava o amor suas mais suaves melodias.

Hélia, com a túnica azulada e o amplo véu branco flutuando ao vento suave da tarde, com a carga de rosas brancas sobre o livro aberto da Lei; e Fredik, com seu traje montanhês cor de azeitona, seu gorro, sua capa curta cor de púrpura viva e a alta bota de couro curtido em branco, formavam um belo e harmonioso contraste: ele ruivo como o ouro, com seus olhos como gotas de mel e o rosado cheio de vigor; ela com sua palidez de rosa branca iluminada pelos reflexos do Sol poente e os belos olhos cor de nogueira, cujo olhar caía sempre na alma como uma terna carícia.

— Jamais comi cerejas tão deliciosas — exclamou Fredik. — É bem certo que tudo é delicioso neste vosso país.

— Observai meu pai contemplando-nos do terraço — disse repentinamente Hélia, que acabava de descobri-lo.

— Ah, é verdade!... Não o tinha visto. Pois também ele comerá destas cerejas destinadas a nós dois. Com vossa permissão, adiantar-me-ei. — Numa breve carreira, fazendo voar sua capa ao vento, chegou sob o terraço de Hélia-Mabi; e, metendo as cerejas nos bolsos, com rapidez maravilhosa trepou pelos pilares-suportes quase cobertos de hera, e num piscar de olhos estava em cima, fazendo notar ao pai as delícias das cerejas que ia tirando de seus bolsos e deixando cair entre as mãos de Hélia-Mabi, que ria alegremente.

— Mas vós sois um cabrito montês para escalar alturas — disse ele, encantado daquele vigoroso e ao mesmo tempo ingênuo temperamento.

— Oh, sim, todo um cabrito montês! Comei, comei de vossas cerejas, para que junto com as nossas, sememos um pequeno bosque delas nesta mesma paragem. — Olhando para Hélia, que já quase chegava à casa, acrescentou:

— Perdoai-me, mas deixei tão bruscamente a vossa filha, que esta incorreção deve ser sanada. — Apenas dito, de um salto estava já na relva do jardim a poucos passos de Hélia, que ria como uma garotinha.

— Mas vós sois um esquilo!...

— Parece a vós? Então como ficamos? Vosso pai acaba de dizer que sou um cabrito montês; vós, que sou um esquilo. Até agora eu me tinha simplesmente na conta de um ágil escalador de montanhas, entretanto vejo que em Num-ma-ki me honrais com qualificativos mais vigorosos ainda. Justo!... Justíssimo! Ser cabrito montês e ser esquilo é algo delicioso para conservar o vigor até a velhice, porque eu resolvi não ser velho jamais.

Hélia-Mabi, que estava debruçado sobre a balaustrada do terraço, respondeu:

— Então será bom irdes dando-me algo da vossa eterna juventude, pois minhas pernas começam a fraquejar.

— Justamente por isso saltei ao vosso terraço e vos dei das nossas cerejas mágicas, que, comidas por dois enamorados, têm virtudes ultrapoderosas, segundo dizem em minha terra.

Hélia ficou toda corada em carmim ante a alusão *aos enamorados*, e aproximando seu rosto do grande livro cheio de rosas, simulou aspirar o perfume, quando na realidade quis encobrir-se para que passasse despercebida.

— É verdade — acrescentou Fredik — que aqui o enamorado sou eu, sim senhor, sou eu, e estou loucamente enamorado de tudo o que há neste país. Por que não dizê-lo? Há algo de mau nisto, por acaso? Vede bem, eu não sirvo para a etiqueta dos salões de recepções e audiências!... — disse, pondo-se grave e sério enquanto continuava dando cerejas a Hélia e também comendo algumas.

"Eu só estou bem quando me é permitido dizer as coisas tal como as penso. Acho deliciosas as vossas cerejas, e sem pedir permissão recolho-as, como-as e convido-vos a comê-las comigo."

— Acreditai que me proporcionais imensa satisfação em proceder assim — respondeu Hélia-Mabi, como que sugestionado por aquela transbordante alegria cheia de espontaneidade. — Sois maravilhoso!

— Mais vale assim; bem vedes, Suisini Manh, o vosso pai acha-me maravilhoso;... e vós? Pode-se saber o que pensais de mim?

— Já vos disse que pareceis um esquilo — respondeu a jovem, contendo o riso.

— Ah, é verdade! É verdade que me elevastes a essa categoria; já me esquecia como sou desajeitado. Pois, sim senhor, acho delicioso o vosso clima, o vosso céu, o vosso lago, os vossos vales, os vossos bosques e principalmente as vossas roseiras... oh, vossas roseiras, cujo perfume não é igualado por outras flores sobre a Terra!... Observai, se duvidais... — Tomando um formoso ramo carregado de rosas de sobre o livro da Lei que Hélia tinha em suas mãos, colocou-o graciosamente como uma grinalda sobre a testa da jovem.

"Oh, que beleza! Com este véu e esta grinalda de rosas pareceis uma divindade. Como não estar enamorado também de vossa filha, meu senhor, se é uma deliciosa criatura que parece feita do perfume destas roseiras e da luz dourada deste Sol poente? Acaso não estais também enamorado dela? Quem não pode estar? Somente um bobo! Justo! Justíssimo! Não há nada que fazer, porque é assim e não de outra maneira."

— É verdade, é verdade — disse Hélia-Mabi, rindo não só pelas ingênuas palavras do jovem como pelos rubores de sua filha a quem já não bastavam as rosas para ocultar seu rosto no qual lutavam o rubor e o desejo de rir, fortemente contido por ela, que queria parecer grave.

— Deve cansar-vos essa carga de rosas — disse o jovem repentinamente. — Entregai-a a mim, que a levarei para onde quiserdes.

— Subamos por esta escadaria — disse Hélia guiando-o para um canto debaixo do terraço, por onde ambos subiram para reunir-se com Hélia-Mabi.

— Vosso pai dorme? — perguntou este.

— Ah! Certamente, porque ele precisa descansar. Por isso eu rechaço a velhice, quero não ter jamais a necessidade do descanso. É tão boa a vida quando se sabe vivê-la!

— Bem se percebe que tivestes uma infância e juventude cheia de alegrias, mas convencei-vos que a vida não se apresenta para todos de igual maneira. Para mim, pelo menos, foi bastante dura, e somente ao chegar ao ocaso conheci um pouco de felicidade.

— Pois, se eu sair bem com a minha em certos projetos que tenho, eu vos asseguro que o vosso ocaso se transformará em aurora, porque eu o quero, sim senhor, e será assim. Por que não haveria de sê-lo?

"Se me permitirdes, eu vos direi tudo quanto penso" — acrescentou, olhando para o pai e a filha com seus belos olhos vivazes da cor do mel.

— Falai — disse Hélia-Mabi. Hélia sentou-se num estrado que estava um pouco retirado.

— Se vos afastais para não ouvir, nós nos aproximaremos — acrescentou o jovem — pois justamente sois a autoridade decisiva neste assunto.

"Eu estou encantado com a vossa filha, e se ela pudesse querer-me um pouquinho, mesmo que do tamanho de uma cereja, julgo que entre ambos poderíamos fazer da vossa vida um verdadeiro amanhecer de primavera. Também não pensais assim?"

— Espero no Altíssimo que seja assim; mas para buscar a minha felicidade não deverei antecipar-me a que a minha filha busque a sua.

Então Fredik, como um garotinho procurando conseguir de sua mãe um brinquedo que o entusiasma, ajoelhou-se aos pés de Hélia sentada no estrado, e, dobrando um pouco a cabeça para encontrar o olhar daqueles meigos olhos semicerrados, perguntou:

— Seríeis capaz de querer-me como do tamanho de uma cereja?... Ou de muitas?... Ou de todas as que tendes no vosso horto?

Entre o bondoso riso do pai e o risonho rubor da filha, esta respondeu:

— Eu já vos quero, porque pareceis um garotinho travesso que sempre me faz rir. Mas para falar com seriedade no assunto ao qual fazeis referência, esperemos uns dias mais e eu vos direi.

— Tanto tempo necessitais para saber se me quereis ou não?

E espiava com inimitável graça os olhos de Hélia que fugiam dos dele, enquanto o pai ria cheio de satisfação.

— Justo... Justíssimo e mais que justo! Pois eu digo que acho ainda mais deliciosa esta esquiva timidez da vossa filha do que todas as cerejas que comi com ela... — Sem meditar nem refletir nem sequer pensar, tomou com grande suavidade as brancas e pequenas mãos de Hélia e beijou uma e outra com uma rapidez tal como se fosse uma máquina desfiando pérolas sobre uma superfície de cristal.

Parando repentinamente, perguntou:

— Gostais de mim? Sim ou não? Reparai que se disserdes "não", eu começarei novamente, eh? Não vedes como o vosso pai está feliz e ri de satisfação?

Hélia ria também sem poder conter-se, mas com um riso já nervoso que quase a fazia sofrer.

127

— Na verdade vejo que sois um amiguinho muito apropriado para fazer-me sempre rir, já que, por minha timidez habitual, rio muito poucas vezes — pôde a jovem responder.

— Ainda bem!... Estamos chegando, estamos chegando!... Um pouquinho mais e estaremos na outra margem! — disse, com sua graça habitual, o jovem soldanês sempre na mesma postura, batendo em seu peito com as grandes borlas azul-escuras do cinto da jovem kobda, que caíam para um lado de sua túnica.

"Pensai na tristeza com que eu me iria do vosso país se me rechaçásseis do vosso lado" — continuou o jovem, em cujo rosto aparecia uma gravidade que, pelo inusitado nele, tornava-o ainda mais interessante.

— Eu não vos rechaço do meu, Fredik — disse Hélia, chamando-o pela primeira vez pelo seu próprio nome. — O que há é que brincais até quando se trata de coisas tão sérias quanto a união de duas vidas por toda uma existência. Apenas chegastes! Como quereis que já vos dê uma promessa formal? Apenas nos vimos, e julgo que o haver-nos encontrado agradáveis um ao outro não é o bastante para que possamos ter uma maior certeza de felicidade no futuro. Vós e eu temos certamente os nossos defeitos, motivo pelo qual um pouco mais de conhecimento evitará surpresas dolorosas no porvir. Não vos parece que tenho razão?

— Oh, sim, minha rainha, sois em tudo uma perfeita maravilha. Entretanto, já temos certeza de que não me rechaçareis, de que já sabeis que sou um bom amiguinho para vos fazer rir, de que vos pareço um esquilo e de que brinco com todas as coisas e até com o amor. Estamos de acordo?

— Sim, estamos! — respondeu Hélia.

— Observai que o vosso pai foi testemunha do ponto estratégico no qual ficamos nesta jogada, está bem?

— Sim, sim — interveio Hélia-Mabi, rindo sempre da festiva originalidade daquele ser cuja alma assomava à fisionomia para deixar-se ver tal como era. — Eu presenciei esta encantadora cena de um brinquedo novo que muito se assemelha ao globo de marfim.

— Justo!... Isto é perfeitamente justo! Hélia e eu somos os anõezinhos que empurramos o globo na escuridão, procurando fazê-lo cair na encosta que o fará espatifar-se para que, ao se romper, saia voando a fada branca e azul da nossa felicidade. Justo!... Nosso globo de marfim ficou parado a meio caminho da encosta, e nós três sabemos qual é o pedregulho que o deteve. Em outro momentinho feliz, zás! Dou com o pé no pedregulho e o globo corre vertiginosamente, cai, quebra, estatela-se, e a fada ergue-se diante de nós e diz: "Tolinhos!... Demorastes tanto para ser felizes?"

Fredik, já de pé, fez tão graciosamente os movimentos daquela brincadeira muito usada nesse tempo que o pai e a filha riram como há muito tempo não se ria na velha casa de Aranzan e Shiva.

Dez dias depois era anunciado o noivado dos jovens numa assembléia dos mais respeitáveis chefes de tribos do país, para a seguinte lua, devendo então ser fixada a data do matrimônio.

Como se vê, pois, os anõezinhos da brincadeira tinham conseguido fazer rodar o simbólico globo pela verde colina de esperança, caminho obrigatório para todos os que buscam a felicidade.

Durante esses dias, Hélia tivera longas confidências com seu pai, com a Mangrave Balbina, com o kobda Abélio e com todas as suas jovens companheiras. Tinha medo de penetrar no desconhecido, deixando a suave pradaria iluminada por onde até então havia caminhado.

Fredik, por sua vez, nada tinha que meditar, pois, segundo ele, já estava tudo resolvido desde que vira a jovem rainha no dia da sua chegada. Com suas brancas mulas amestradas para a montanha, tinha realizado grandes excursões com Vilmo e Héberi, Hélia e suas jovens companheiras.

Para que o conjunto ficasse completamente homogêneo em suas cores, Fredik vestiu uma roupa azulada bem semelhante às túnicas kobdas.

— Assim sou também pelo menos uma metade de kobda — disse com muita graça, aludindo sem dúvida ao fato de que sua túnica era curta, apenas até o joelho. Quando a formosa caravana azulada de mulas brancas se afastava, Hélia-Mabi disse, seguindo-a com o olhar desde seu terraço enquanto subiam pela montanha:

— É a corte da fada azul e branca que trará a felicidade a esta casa.

Num desses dias, Fredik não se deixou ver em nenhuma parte até a hora da refeição da tarde, que realizavam todos juntos na grande sala que chamavam da lareira, em razão do fogo que estava sempre aceso nela e que era o ponto habitual de reunião da família segundo os costumes do país que Shiva continuara com os kobdas que a acompanharam e Hélia, com os que a rodeavam na atualidade.

A esse afastamento seguiu-se outro e outro dia mais, até que Hélia perguntou, intrigada:

— Como é que o nosso inquieto esquilo se mantém sossegado e em silêncio desde há vários dias?

— Ah! Notastes, Piquina Manh? Justo!... Justíssimo!... Isso é tremendo, senhores! Que uma feliz rainha de Num-ma-ki, do alto da sua majestade, se tenha dado conta de que o esquilo não sai do seu esconderijo! É uma felicidade invejável a desse esquilo! Bem o creio! Bem invejável! Dizei todos vós se não falo acertadamente.

— Oh, muito bem! — disse Abélio. — Sois acertado em tudo.

— Devagar com essa afirmação, Pangrave Abélio — disse a kobda Balbina. — Vós apenas conheceis meu sobrinho, e se o conhecêsseis mais não diríeis que acerta tudo.

— Mas, Manh-Balbina!... — disse o jovem todo alarmado. — Parece mentira que quereis lançar lodo em cima de mim, quando devíeis querer ver-me iluminado como um Sol.

— Que queres, filhinho? A verdade acima de tudo, e como te vi fazer cada travessura que assustava a tua mãe, não posso fazer menos do que dar aqui a voz de alerta, pois estes teus retiros nos causam surpresa.

O velho Fredik riu, ao mesmo tempo que dava a Balbina um olhar inteligente.

Quando, passado o quarto dia de ocultamento, que era também o dia em que se ia anunciar o noivado, entraram todos na grande sala de audiências toda engalanada de flores e cortinados azuis e brancos, encontraram uma bela estátua de cera de Shiva em tamanho natural, sentada sobre o estrado entre os lugares ocupados habitualmente por Hélia e seu pai.

Era de admirável semelhança, pois, em cima da armação de madeira onde descansava a bela cabeça de cera, fora colocada a última túnica azul e o véu branco que Shiva usara cingido por seu diadema de ametistas, tal como ela costumava levar. Fredik e Hélia-Mabi juntos tinham realizado este prodígio, pois o jovem modelava admiravelmente a cera elaborada pelas abelhas, e Hélia-Mabi dera ao rosto e às mãos o colorido e a expressão que tanto conhecia.

— Oh! ela não podia faltar com a sua presença material ao nosso noivado! — disse o jovem, encantado de ver a feliz expressão manifestada em todos os semblantes.

Hélia sentiu o impulso de arrojar-se sobre aquela amada imagem e estreitá-la em seu coração, mas Fredik, comovido quase até o pranto, a deteve, tomando-a pela mão enquanto dizia:

— Não o façais, por piedade, pois ficaria destruído para vós todo o encanto ao abraçardes uma fria armação de madeira.

De mãos dadas, com o olhar umedecido de lágrimas, quase sem sentir, caíram ambos de joelhos em muda contemplação daquela querida imagem que, de cima do estrado coberto de tapetes e cortinas, parecia sorrir-lhes.

Os dois anciãos, profundamente emocionados, não puderam conter suas lágrimas e se abraçaram cordialmente como dois velhos amigos que fizessem juntos uma oferenda de amor a um gênio tutelar da família.

— Que de mais solene poderíamos querer para celebrar o noivado? — perguntou finalmente Hélia-Mabi quando a profunda corrente de emoção tinha passado.

"Na verdade, toda outra cerimônia ficaria pálida e fria diante desta, que brotou espontânea do coração." — Aproximando-se dos jovens, que, mudos, permaneciam ainda de joelhos ante a estátua de Shiva, os dois anciãos disseram as frases do ritual:

— Em presença do Altíssimo deixamos celebrado vosso noivado para consagrar o vosso matrimônio quando for da vossa vontade.

Cada um beijou no rosto o seu filho, e Fredik, levantando Hélia, cujo rosto estava inundado de lágrimas, tomou entre ambas as mãos sua formosa cabeça e a beijou nas duas faces, ao mesmo tempo que, brincando sempre, lhe dizia:

— Caiu o globo de marfim empurrado pelos anõezinhos.

Vilmo e Héberi, acompanhados pelas jovens kobdas, iniciaram o concerto chamado *Nupcial*, criação de Bohindra naquela noite dos desposórios com Ada, e quando todos os chefes de tribos que tinham sido convidados entraram no recinto, Hélia-Mabi fez o anúncio de praxe:

— Minha filha, vossa Piquina Manh, acaba de celebrar noivado com o filho do nosso aliado e amigo, o chefe da grande e nobre família dos Kusmuch do vizinho país de Soldan.

Formidável aplauso respondeu a estas palavras, e, entre os acordes do suave hino

130

emanado da alma de Bohindra em horas de suprema felicidade, os dois jovens receberam uma chuva de flores sentados em ambos os lados da risonha imagem de Shiva, que parecia adquirir vida ao contato da felicidade e do amor.

ROSAS BRANCAS

O primeiro pensamento de Hélia-Mabi foi participar o acontecimento ao kobda-rei que, do outro lado do Monte Sagron, se encontrava na cidade de Asagg, sob as tendas circassianas, em meio do que se podia chamar a família de Hélia, pois com o kobda-rei estavam sua esposa Ada, Évana, Abel e Mabi com os kobdas que a haviam acompanhado, primeiro como cativa e depois como esposa do Scheiffa.

O mesmo mensageiro que levara a notícia a Asagg devia continuar viagem até o país da Ethea para participá-la também a Iber, o jovem Chalit. A surpresa foi grande em Num-ma-ki quando, nove dias depois de ter saído, estava o mensageiro de volta trazendo para a jovem rainha um tubo de cobre encerrando um papiro em que sua irmã Mabi dizia:

"A Eterna Lei fez-nos ambas semelhantes em nossos corpos físicos e também em nossos destinos como espíritos. Como avezinhas viajantes, saímos do meigo ninho em 'A Paz' para realizar uma excursão de consolo à nossa mãe, e o destino aprisionou-nos tão fortemente que não nos deixa voltar.

"Eu me encarrego de fazer chegar a notícia dos teus esponsais ao nosso irmão Iber, e fazemos voltar imediatamente o teu mensageiro para dizer-te que, se apressares a celebração do matrimônio para a próxima lua, poderá presenciá-lo o nosso kobda-rei com a Rainha Ada, nossa mãe Évana, nosso irmão Abel, meu esposo e eu. Se tardares mais tempo, tudo isto será impossível, pois eles regressarão a 'A Paz', e Abel sairá em missão para os países do Báltico na última lua do estio. Como não duvido da tua resolução a respeito, deixo para dizer-te, com um apertado abraço, tudo quanto desejo de grande e belo. Todos quantos te amamos nos unimos ao teu redor neste único pensamento: 'Que se cumpra em ti a vontade do Altíssimo.'

MABI"

Durante os dias que tardou o mensageiro em voltar, Hélia-Mabi dispôs, de acordo com o Conselho, a saída dos arautos para todas as cidades mais importantes de Num-ma-ki levando ao chefe de tribo uma cópia da ata dos esponsais, de forma que nenhum receio nem temor pudesse se levantar no ânimo daquele povo em relação ao que se pudesse chamar uma troca de governo. Foi esta medida muito oportuna, pois nem todos observavam com tranqüilidade o matrimônio da jovem rainha com um descendente da antiga e forte raça que, açoitada pela rainha dos escitas e gomerianos, arcava com muitas das infâmias e responsabilidades dos atos delituosos daquela perversa mulher. De bom grado ou pela força, havia ela capturado destacamentos de homens soldaneses que, misturados com seus próprios guerreiros, tinham assolado todos os países circunvizinhos. Os bons num-ma-kianos receavam o homem que o destino colocava ao lado da Piquina Manh. A proclamação levada pelos arautos de Hélia-Mabi foi dissipar todos esses temores, pois na ata dos esponsais fora combinado que, quando ocorresse a morte do ancião Fredik de Kusmuch, seu filho seria o sucessor, sem que, de nenhuma forma, Num-ma-ki fosse anexado ao país de Soldan.

Para eles continuaria sempre a Piquina Manh como suprema e única autoridade. Os num-ma-kianos, seguros já de que não seriam levados para uma nova dominação estrangeira, como a que tinham sofrido pela morte de Aranzan, pai de Shiva, começaram os preparativos para celebrar o magno acontecimento.

— Que pena para nossa Piquina Manh!... — disseram muitos, principalmente os mais poderosos chefes de tribo. — Sonhávamos em que tomasse esposo entre nós, escolhendo o mais garboso e gentil de nossos filhos, e agora se assenhoreia dela um príncipe estrangeiro.

Mas houve algum mais longo de vista que disse:

— Por alianças como estas também se engrandecem os povos, pois, ao estabelecer-se a união emanada do trono, o limite territorial quase desaparece, e nossas tribos, já demasiado numerosas para a pouca terra de que dispomos, poderão expandir-se e ampliar assim os horizontes para os filhos de nossos filhos. Tenhamos em conta que as tribos que povoam o sudoeste do Cáspio foram horrivelmente dizimadas pelas vandálicas invasões da Shamurance e que grande parte de seus vales e montanhas estão despovoados. Quem poderá duvidar que nossa Piquina Manh conseguirá para nossas tribos, apertadas já em seus domínios, aqueles férteis vales vazios?

"Vamos! Não convém murmurar da fortuna, pois este casamento talvez represente para nós uma grande felicidade."

A opinião deste chefe acabou por aquietar o ânimo dos povos, e o egoísmo da própria conveniência fê-los começar a sonhar com novas perspectivas de bem-estar e engrandecimento. Assim foi e assim é a maioria da humanidade terrestre! Pouco ou nada significam para ela as alianças espirituais ou a grandeza de um ideal, se estas não acrescentam alguma vantagem de ordem material aos indivíduos ou povos que as sustentam.

O ancião Fredik ocupou-se em fazer chegar até Soldan as venturosas notícias, pois aquela porção de humanidade, vendo tudo também pelo prisma de suas grandes ou pequenas conveniências, desejava muito uma aliança semelhante que desse brilho e grandeza à sua raça, muito deprimida desde a época das grandes turbulências que já conhecemos. As tribos do sudoeste do Cáspio, embora pacíficas e laboriosas, somente se mantinham unidas pela poderosa influência exercida pelos kobdas montanheses.

Aquele santuário, na aparência inativo e silencioso, era como o pára-raios de todo aquele formigueiro humano.

Sua Lei fazia-os ser os grandes apóstolos da paz e da fraternidade para suavizar todas as asperezas que, de vez em quando, surgiam entre eles. Para melhor dominá-los e escravizá-los, a Rainha Guerreira reduziu pela metade os altos chefes que os governavam e cuja palavra era lei para aqueles povos. Não havia entre todos eles um homem que se sobressaísse notavelmente da multidão, e, em face disto, nasceram rivalidades entre as grandes tribos. A união do herdeiro dos kusmuch com a rainha dos antigos e respeitados matchas do Lago Uran dava àquela tribo um novo brasão de engrandecimento e poder que a punha em condições de marchar à frente da civilização naquelas regiões. O historiador de tais fatos, procurando ser justo, pode dizer que o gênio protetor daqueles povos teve grande acerto em levar à supremacia a tribo dos kusmuch, pois era, sem dúvida, a mais elevada em sua moral e costumes e a que contava com uma porção de seres de grande evolução. O país de Soldan chegou, pois, a convencer-se de que o matrimônio de Fredik de Kusmuch com a jovem rainha de Num-ma-ki era uma conquista de felicidade e paz para o futuro. Entrava, também, neste agrado o fato muito importante de que o ancião Fredik estava ligado pelo sangue com vários kobdas do santuário que era amor e luz para todos, e que seu filho, o brincalhão e singelo Alegrinis, era como o chefe de toda a juventude desportista, pois passava a maior parte da vida escalando montanhas e explorando serranias.

Falta-nos saber o que fez a jovem rainha de Num-ma-ki enquanto ia e voltava o mensageiro. Combinou com o Pangrave Abélio e a Mangrave Balbina para que a prisioneira da Torre da Justiça saísse dela secretamente e, dando uma volta pelas encruzilhadas dos montes que circundavam o leste da cidade, entrasse nela como viajante vinda com a última caravana que chegava do norte e passava levando mercadorias para o Golfo Pérsico.

A jovem kobda sua filha, meia-irmã de Iber, por ser também filha de Selyman, foi oportunamente avisada de que chegaria em breve sua mãe como visita de amizade à rainha, cuja proteção tinha solicitado.

Solucionado de tal forma este delicado assunto, Hélia conseguiu também convencer o ancião guardião da Torre de que era justo celebrar o acontecimento de seu matrimônio dando liberdade aos pobres aprisionados nela.

— Bem entendido, ó Piquina! — disse o velho severo e extremamente aborrecido. — No primeiro deslize que cometerem, eu os encerrarei novamente para não sair jamais.

— Dá-lhes a liberdade no dia do meu matrimônio — disse a jovem rainha — e que eles e suas famílias saibam que se forem encontrados na menor desordem, voltarão novamente para a Torre ou terão que sair do país.

— Mas, Piquina Manh! — exclamou o velho. — E se estes não tiverem famílias nem amigos nem sequer um cão que ladre à sua chegada?

— Infelizes!... — disse ela com grande tristeza. — Como não hão de ser maus se não têm ninguém que os queira?

— Oh, Piquina!... O amor não se recebe de presente nem emprestado! O amor conquista-se com as obras, e se as deles foram tão más, que amor pode rodeá-los? É possível amar o granizo que, ao cair sobre nossos campos, destrói frutas e legumes? As abelhas amam os zangões que comem e não trabalham? As ovelhas amam os lobos que devoram seus cordeirinhos?

"Como quereis que alguém ame estes seres que não semearam outra coisa além do mal ao seu redor?"

— É verdade, Audaban, é verdade o quanto dizes, mas eu necessito, para a minha tranqüilidade, fazer um supremo esforço para redimi-los, e espero que me ajudes nesta tarefa.

— Mandai, Piquina Manh, pois o que quiserdes será feito.

— Quantos são?

— Oitenta e dois restam somente, pois o vosso coração e o coração da vossa santa mãe deixaram quase vazia a Torre. Quando ela veio tínhamos ali quatrocentos e oitenta, sem contar os acorrentados nas cavernas.

— Oh, que horror!... Esses infelizes ainda estão lá?

— Como hão de estar, se vossa mãe mandou transferi-los para a Torre para que fossem melhor cuidados. Também a pobrezinha teve muito o que sofrer por causa de sua piedade. Desses, alguns morreram e outros retornaram para suas famílias que estavam fora do país.

— Está bem, está bem, ocorre-me uma idéia. Procura um homem jovem e forte da tua absoluta confiança para ser o chefe de um grupo de trabalhadores encarregados de fazer os necessários reparos nas muralhas e ruas da cidade.

— Se for do vosso agrado, em vez de um serão seis, pois não me fio nada destes lobinhos soltos entre o rebanho.

— Muito bem, Audaban! Muito bem, e tu serás o chefe supremo de toda essa gente. E o outro prisioneiro?... O último que levaram para a Torre?

— Oh, Piquina Manh!... Aquele que foi membro do vosso Conselho?

— Justamente.

— Observai!... O Pangrave Abélio me recomendou ocultar a triste notícia até depois da vossa boda, mas não vos esqueceis de nada! Convosco não se pode, ó Piquina, porque, como a luz, estais em toda parte.

— Ah, grande maroto! Então pensavas enganar-me? Que ocorre com esse homem?

— Suicidou-se!

Hélia deitou sua cabeça para trás, fechou seus meigos olhos e ficou alguns momentos em silêncio.

— Eu devia havê-lo suspeitado — murmurou depois. — Como afrontar a vergonha de passar do Conselho ao Presídio? Pobre ser! Eis aí uma carga que cairá sobre mim por séculos e séculos. Como foi isso?

— Como quisestes que fosse deixado em liberdade para andar pelos pátios que rodeiam a Torre, e como ali há grandes árvores e muitos rolos de corda para mover os tornos de fazer subir as provisões...

— Enforcou-se! — exclamou aterrada Hélia, voltando seu rosto para o outro lado como que para afugentar a trágica visão que se desprendia do pensamento do narrador.

— Sim, Piquina Manh! Ele se enforcou, deixando gravadas num pano estas palavras: "Farei eu mesmo o que faria o meu povo quando se inteirasse de que fui traidor às duas mulheres mais piedosas e boas que a luz do Sol viu."

— Que o Altíssimo recolha esse gemido de arrependimento! — exclamou a jovem rainha, pálida e com os olhos cheios de lágrimas. Despedindo-se de Audaban, correu para onde estavam suas irmãs kobdas e levou-as para a morada da sombra depois de haver-lhes dito:

— Preciso que me ajudeis a tirar das trevas um prisioneiro que tirou sua própria vida.

"Queria tecer de rosas brancas meu véu de noiva, e eis que este acontecimento veio salpicá-lo de sangue."

— Acalmai-vos — disse Balbina — que também as manchas de sangue se apagam com o amor. Ele morreu arrependido de seu crime e expirou bendizendo à vossa mãe e a vós. Quem não pensará que ela, em seu estado livre de espírito, o despertará em breve para que inicie numa nova etapa sua regeneração verdadeira? Talvez sua própria desgraça lhe sirva como dura lição para suas vidas futuras. Já o vereis. Parece-me que a vossa mãe anda no meio deste assunto.

Antes que o mensageiro voltasse, os trabalhos de embelezamento da cidade avançaram com vertiginosa rapidez. Os habitantes da cidade de Aranzan diziam maravilhados:

— Vede o velho Audaban dando ordens aos operários, contente de que o hajam tirado finalmente do cargo de guardador de leopardos na Torre da Justiça.

Observando de seu terraço os reparos que faziam, Hélia pensava:

"Também esses pobres seres me obsequiam rosas brancas para meu véu nupcial."

E Fredik?... Que fizera Fredik nesse compasso de espera do grande acontecimento? São estas as perguntas que o leitor estará fazendo ao narrador astral, como os netinhos ao avô que lhes desfolha ternas cenas de sua longa existência passada.

Segundo o costume daqueles países naquela época remota, uma vez celebrados os esponsais, a etiqueta exigia que os noivos celebrassem uma entrevista diária na reunião noturna da família; entretanto, cessavam os passeios e excursões e, principalmente, não lhes eram permitidas, sob nenhum pretexto, as confidências solitárias. Tanto era mais rigoroso este costume quanto mais elevada era a aristocracia dos contraentes. No caso presente era uma jovem rainha do antiqüíssimo Irã, e um príncipe herdeiro do austero e nobre país de Soldan.

Um pavilhão independente fora preparado para os ilustres hóspedes, e nele já estavam vários grandes chefes recentemente chegados do Cáspio para finalizar assuntos pendentes. Bem poderá, pois, supor o leitor que o enamorado Alegrinis estava completamente aborrecido e quase amargurado daquela inflexível legislação, chegando até a desejar ser filho do último pastorzinho daquela terra para ver-se livre de uma etiqueta estúpida, segundo ele. Procurando distrair-se, retirava-se por momentos para aquele caramanchão onde, sob um esplêndido dossel de rosas, tivera aquela deliciosa conversa com Hélia.

Cheio como estava de recordações, pensamentos e delirante entusiasmo por aquela divina criatura que lhe parecia única na Terra, teve a idéia de vê-la vestida no dia de sua boda como nenhuma outra haveria estado jamais. De que a cobriria, pois, se tudo lhe parecia grosseiro e tosco para ela, que era como uma luz de aurora em seu caminho?

— Eu a vestirei de rosas brancas, pois não há ouro, prata nem seda que sejam dignos dela. — Sem mais esperar, foi percorrendo todas as casas onde via jardins na cidade e fora da cidade de Aranzan, chegando, em seus longos passeios, até afastadas aldeias do vale que se abria como um manto de verdor nos arredores do Lago Uran.

Com grande gravidade e simplicidade, apresentava-se ele mesmo:

— Sou Fredik de Kusmuch, o futuro esposo da vossa Suisini Manh. Eu vos encomendo para a véspera da boda todas as rosas brancas que puderdes reunir. Não olharei o preço, pois elas vestirão nesse dia a vossa rainha, e quem as paga sou eu.

Embora fosse grande o amor pela Piquina Manh, também em muitos foi despertado algo de cobiça, e, uns por amor e outros por ambição, deixaram Fredik certo de que teria tão enorme quantidade delas que poderia satisfazer seu desejo com muito mais folga do que sonhara.

Quando, na hora das noturnas reuniões familiares, entrava com seu pai e seus amigos na grande sala onde já esperava Hélia-Mabi com sua filha, seus conselheiros e os kobdas, levava sempre um ramo de rosas brancas que punha nas mãos de sua prometida, enquanto dizia:

— Visto que somos mantidos separados, que estas rosas vos contem o quanto fiz e o quanto pensei em vós neste dia.

Quando, dias depois, foi anunciada a chegada do kobda-rei com todos os seus acompanhantes, Fredik saiu junto com Hélia-Mabi, seu pai e os mais antigos personagens de Num-ma-ki para encontrar os viajantes ao pé da grande Montanha de Sagron. Hélia e suas companheiras kobdas esperariam à porta da cidade.

Até a saída da cordilheira os viajantes vinham em mulas amestradas, ao lado das quais caminhavam a pé os servos, guiando os animais e segurando grandes guarda-sóis para resguardar da intempérie principalmente as três mulheres viajantes: Ada, Évana e Mabi.

Difícil será descrever a impressão de Alegrinis quando os viajantes deixaram as mulas para subir nos formosos elefantes de Num-ma-ki com seus dosséis e suas mantas de púrpura e ele encontrou-se frente a frente com Mabi, ao mesmo tempo que Vladiko a ajudava a subir na carruagem viva que lhe estava destinada. Sem poder conter-se, aproximou-se do príncipe circassiano para perguntar:

— Bem-vindo, senhor viajante!... Como tendes aqui a rainha?

— A rainha é aquela — respondeu Vladiko apontando para Ada, que com Bohindra se aproximava no alto de outro elefante.

— Aquela é outra rainha; entretanto, eu falo da minha, senhor, da minha. Como é que ela vem convosco, se eu a deixei em Aranzan ao meio-dia de hoje?

— Pois bem — disse Vladiko começando a rir, enquanto apertava amistosamente as mãos de Fredik, que não cessava de olhar para Mabi, já um tanto aborrecida por aquela insistência. — Não sabeis, senhor de Kusmuch, que eu possuo a duplicata da vossa rainha? A que vedes sobre este elefante é Mabi, minha esposa, e muito temo que entre nós venhamos a sofrer lamentáveis equívocos.

— Mas o que está acontecendo? — perguntou Mabi, do alto de sua carruagem viva.

— Nada mais, a não ser que acabo de descobrir que este jovem é o prometido esposo da tua irmã, e me pede contas de por que tenho em meu poder a sua rainha — respondeu Vladiko.

Este incidente, ao correr entre todos os viajantes, foi muito celebrado, dando lugar a que o jovial e sempre risonho Alegrinis conquistasse as simpatias dos recém-chegados que, ao cair da tarde e entre as explosões de luz dourada do ocaso, entraram na velha cidade das margens do Lago Uran. Muito antes de chegarem às muralhas, uma imensa multidão engalanada com seus ornamentos de festa esperava-os com chuva de flores, aclamações e cantos. Era o kobda-rei, o grande Thidalá, Chefe da Aliança de todos os povos do continente... o homem cujo coração cantava sempre as ternas canções do amor e da paz.

Corriam acerca dele tantas lendas! Chegara a ser um fantástico personagem encantado para as pessoas comuns, que não conseguiam compreender como um ser tão grande e poderoso precisava ter piedade do último escravo para ser feliz!

Quão amada dele seria a Piquina Manh, cujas bodas vinha consagrar com sua presença o grande Rei de Nações, atravessando para isto longas distâncias!

Os homens trepavam nas árvores e colinas para ver com seus olhos de carne o rei maravilhoso que dera liberdade aos escravos, que destruíra o chicote e a tortura, que transformara os calabouços em oficinas e aniquilara todas as tiranias.

Os comentários do povo tomavam proporções mágicas a respeito do extraordinário personagem que era originário de um país de ouro e esmeralda, afundado já sob um imenso oceano cujas ondas de turquesa e ametista haviam trazido prodigiosamente o grande rei para fazer a felicidade deste continente; que vivera duas longas existências em corpos que os gênios tutelares lhe prepararam, porque tal homem não devia desaparecer jamais da face da Terra. E, quem sabe, talvez os gênios tomassem, dentre os filhos de Num-ma-ki, outro corpo mais, para que aquele personagem encantado continuasse indefinidamente as suas vidas terrestres.

Milhares e milhares de comentários como estes tinham embargado a mente daquela multidão, pelo meio da qual ia entrando a suntuosa caravana de elefantes brancos, ajaezados com correame de prata, grandes dosséis e mantas de azul-turquesa e púrpura violeta.

Os elefantes que conduziam Bohindra e Ada, Abel e Évana e Mabi e Vladiko vinham no final da caravana, e aquela boa gente não conseguia descobrir qual o personagem misterioso que tão profundamente excitava sua curiosidade.

— É este, é este!... — e os anciãos começaram seus choros e gemidos ante o grande ser que amava os pequenos.

— Não choreis ainda — disse graciosamente Alegrinis — que este é o Scheiffa Vladiko, esposo da irmã da vossa Piquina Manh, como vedes! Parece ser ela própria.

— É o que vem atrás — voltaram a clamar — esse jovem formoso como o Sol, com o novo corpo trazido por Ahura Manda. — Aludiam a Abel que chegava nesse momento com sua mãe, cuja juventude e beleza a assemelhava a uma irmã ou a uma esposa.

— Não, não! — disse novamente Alegrinis, convertido, ao que parece, em mestre-de-cerimônias para indicar à curiosa multidão quando era o momento de chorar e gemer. — Este é o irmão da vossa Piquina Manh com sua mãe.

Então o jovem disse:

— Atrás deles vêm o grande Rei com sua esposa. — O clamor e a agitação chegaram ao máximo, e o magnífico e manso elefante branco, com dosséis e mantas de púrpura violeta, viu-se detido em sua marcha e sofreu um verdadeiro assalto de amor e entusiasmo da delirante multidão. Nem Bohindra nem Ada puderam subtrair-se à formidável corrente de simpatia e amor daquela gente que bebera da alma suave e terna de Shiva todo o amor que ela sentia por aqueles dois grandes seres que a haviam levado pela mão ao novo santuário de felicidade que, no ocaso de sua vida, lhe deparou a sua lei. Ada chorava de emoção, enquanto recolhia as flores que lhe arrojavam em tal profusão, que logo se viu cobertos delas o dossel e a plataforma onde ia sentada no alto do elefante. Hélia-Mabi e Alegrinis quiseram dispersar as pessoas, mas Bohindra insinuou que lhes deixassem satisfazer-se dizendo cada qual seu louvor de boas-vindas, e tranqüilizou a todos, anunciando que daria audiência diária para que todos pudessem falar-lhe.

— Tranqüilizai-vos, pois, amados num-ma-kianos filhos de Shiva — disse — e abri passagem, porque a rainha vem fatigada e pode enfermar. Eu vos prometo que amanhã serei todo vosso.

A estas palavras a multidão abriu-se como numa avenida e, poucos momentos depois, os viajantes desmontavam à porta da cidade, onde a jovem rainha de Numma-ki os aguardava com seu Conselho de kobdas que a acompanhava.

Como descobrir, amado leitor, as explosões de amor das duas irmãs separadas tão brusca e dolorosamente, e reunidas agora num momento de intensa felicidade?

Como descrever as ternuras de Évana e Ada para com aquela pobre rainha que quase tinham visto nascer e que lhes fora arrancada do lar comum em cumprimento de sua própria lei?

Bohindra e Abel, cheios também de profunda emoção, limitaram-se em deixar o beijo fraternal dos kobdas sobre a fronte de Hélia velada de branco.

Dirigiram-se todos para o grande salão de recepções onde devia ser celebrada a boda antes que o Sol se submergisse no ocaso. A multidão havia-os seguido e, apinhada, aguardava o grande acontecimento.

Fredik, conduzido por seu pai, apareceu pouco depois vestindo o traje tradicional de seus ancestrais para tal cerimônia, consistindo numa túnica tecida com fios de ouro e cingida à cintura por uma corrente de esmeraldas.

Aquele grande salão, adornado segundo seu desejo, apresentava-se como uma imensa roseira branca em plena primavera. Os cortinados azul-turquesa apareciam bordados de rosas brancas presas com arte inimitável, e as poltronas e estrados pareciam imensas cestas de rosas cujas brancas pétalas tomavam às vezes tonalidades de ouro e turquesa das cortinas e dos círios de cera a arder profusamente.

Hélia foi a última a aparecer, conduzida por seu pai e coberta completamente pela rede de prata usada no país para os desposórios reais.

Era uma imensa rede de fios de prata cobrindo completamente a desposada, que se estendia a longa distância atrás dela. Fredik mandara orlá-la em todas as suas bordas com uma formosa grinalda de rosas brancas em botão, delicado trabalho que fora realizado pelas jovens kobdas companheiras de Hélia.

A grande cerimônia devia ter como celebrantes Bohindra e Abel, acompanhados pelos pais dos contraentes. Segundo o ritual do país, o esposo, sentado numa grande poltrona, esperava que a noiva lhe fosse trazida. Bohindra tomou Hélia pela mão e foi com ela até o extremo do salão, onde esperava Fredik acompanhado por Abel e seu pai. Hélia-Mabi, ao lado de sua filha, levava um pequeno cofre de prata com a real oferenda para o esposo, que consistia num diadema de ametista igual ao usado pelos soberanos de Num-ma-ki nas grandes solenidades. Bohindra começou o ritual.

— Fredik de Kusmuch, herdeiro dos reis de Soldan, aqui tendes a esposa que Ahura Manda vos concede. Que pedis dela?

— Amor e fidelidade — respondeu o esposo.

— Hélia de Susan, rainha de Num-ma-ki, aqui tendes o esposo que vos concede Ahura Manda. Que esperais dele?

— Amor e fidelidade — respondeu igualmente a esposa.

— Se sois capazes de prometê-lo e cumpri-lo, uni vossas mãos direitas, e que o Altíssimo receba o juramento silencioso dos vossos corações.

Abel, cumprindo também o cerimonial, levantou com ambas as mãos a grande rede de prata e rosas brancas que cobria sua irmã Hélia, para que os desposados unissem suas mãos sobre as quais deixaram seu beijo de bênção os pais, os celebrantes e os mais íntimos familiares de ambos os esposos. Abençoadas núpcias, onde o beijo de Abel e Bohindra, de Ada e Évana, de Mabi e Hélia-Mabi era bastante para inundá-los de amor e ternura para toda sua vida, por longa que ela fosse!

A rede de prata bordada de rosas brancas caía como uma nuvem de luz sobre ambos que, assim cobertos, escutavam a breve leitura dos deveres dos esposos feita pelo mais antigo dos celebrantes que, neste caso, era Bohindra.

Terminada esta, a rede foi levantada e Hélia cingiu na cabeça de Fredik o diadema de ametista que o elevava à sua própria categoria no meio do povo num-ma-kiano.

Sentados ambos já nas poltronas que lhes correspondiam, e rodeados pelos que tinham atuado na magna cerimônia, teve início o desfile da multidão que, ordenadamente, entrava de dez em dez, ostentando coroas de ramos tenros de parreira com dourados cachos de uva, com grinaldas de cerejas maduras e flores de açafrão.

Durante este cerimonial os kobdas, e os principais personagens do Conselho de Governo, davam pequenas redomas de perfumes, xaropes e vinho para os que iam passando ante o feliz casal de cujo amor aquele povo esperava sua própria felicidade.

A REDE DE PRATA

Era costume naquelas regiões que a rede de prata que velara os desposados durante o cerimonial permanecesse em exposição no grande pórtico de entrada, pois era considerada como um símbolo sagrado que atraía paz, abundância e felicidade para os que conseguissem encostar nela qualquer objeto de uso pessoal.

Eram dois os grandes motivos para que a velha cidade de Aranzan, capital do país de Num-ma-ki, se visse invadida por numerosos viajantes: o desposório de Hélia, a Piquina Manh, a filha da meiga e inesquecível Shiva, e a chegada do Thidalá da Grande Aliança, cuja fama de justo e sábio chegara já até os países do Trovejante (o rio Indo). As caravanas de mercadores de uma parte e os bandos de piratas por outra, tinham levado a todas as partes a grande notícia que beneficiaria a todos em seus negócios: "Haverá muitos viajantes — diziam os mercadores — e, portanto, Aranzan será um excelente mercado para toda classe de vendas."

"Haverá muitos viajantes — diziam os piratas — que comparecerão a Aranzan carregados de seus produtos e voltarão carregados de ouro e pedras preciosas, e todos os caminhos que convergem para lá serão atraentes e proveitosos."

O certo é que a antiqüíssima capital dos matchas era um formigueiro humano nos dias que sucederam ao casamento da jovem rainha.

Tribos grandes e pequenas, agrupamentos de famílias, guerreiros, escravos e homens perseguidos pela justiça humana, todos se sentiam impelidos para o grande rei que parecia encarnar naquela época da humanidade o quanto podia haver de grande, forte e bom no meio dela.

Os que acudiam a ele não eram certamente os felizes triunfadores na vida, mas os vencidos, os caídos, os que padeciam a injustiça dos poderosos e levavam sobre si mesmos a carga imposta pelo egoísmo humano.

140

Tribos expulsas das terras onde habitavam desde muitas gerações, e brutalmente escorraçadas a tiro de flecha depois de ter sido despojadas do quanto possuíam, buscavam amparo no rei vestido de azul, o *mago da concórdia*, o homem que, segundo a crença do vulgo, possuía o segredo da felicidade dos semelhantes. Agrupamentos numerosos de escravos famintos e mulheres esfarrapadas e esquálidas vinham das regiões vizinhas do país de Num-ma-ki, onde por felicidade se encontrava o homem prodigioso que possuía o maravilhoso poder de remediar todos os males da vida.

Hélia-Mabi e os kobdas, à frente de todos os homens mais capazes da cidade, viram-se obrigados à enorme tarefa de dar acomodação em quadras, estábulos, armazéns, palheiros e subsolos a toda aquela avalanche de dor humana, com a promessa de que seriam remediados e escutados se mantivessem ordem e respeito permanentemente.

O velho Audaban, que não se dava muito às contemplações, julgou mais explícito fazê-los ver as feras encerradas nos fossos e dizer:

— O primeiro que fizer desordem, atiro de cabeça nos covis. Portanto, já sabeis como se trata aqui gente revoltosa.

Para a grande alma de Bohindra, iluminada pelo amor, não foi coisa difícil encontrar acomodação para aquelas tribos despojadas de terras e gados, e, encontrando-se em presença de três chefes de povos, combinou com eles que esses dessem terras de lavoura para que tirassem delas a subsistência. Os países costeiros do Mar Cáspio tinham ficado muito despovoados por causa das emigrações de anos anteriores fugindo da rainha pirata e das grandes matanças ordenadas por ela. Os países do Hircan, da Barcânia e Partan estavam quase desertos, e suas tribos dizimadas e pobres puseram-se sob a proteção das dinastias mais fortes de Soldan: os kusmuch e os alzu, que em fraternal amizade governavam aquelas regiões, e, seguindo o ensinamento dos kobdas, tinham adotado a lei da Grande Aliança da qual faziam parte há três anos.

Como de ambas as dinastias existiam delegações importantes em Aranzan, motivadas pelo matrimônio da jovem rainha, logo puseram-se de acordo em que o ancião Fredik, que já tratava de regressar a seu país com todos os seus acompanhantes, levasse consigo em numerosa caravana os infelizes desterrados de Passagarda e Aspadan. Vladiko levaria consigo os de Carcanham, ficando em Num-ma-ki as numerosas famílias isoladas e o agrupamento de mulheres deserdadas com as quais a anciã Balbina fundaria oficinas de tecidos no estilo do Monte Kasson ou Negadá.

Enquanto os kobdas e os chefes haviam realizado em doze dias este vasto trabalho em benefício dos deserdados e oprimidos, Ada e Évana, Hélia e Mabi, entregues completamente às ternas expansões de seu amor e ternura recíprocos, tinham permanecido sentadas sob a rede de prata do grande pórtico da velha mansão, quer escutando as dolorosas confidências das tragédias íntimas que cada qual padecera, quer controlando, em seus volumes de tela encerada, se os comunicados telepáticos e manifestações extraterrestres havidos entre as quatro tinham sido sentidos e percebidos nos dias, horas e formas em que apareciam escritos nas anotações escrupulosamente levadas pelas demais.

Há a confessar aqui a existência de momentos de certa *comicidade trágica*, quando Vladiko, aproximando-se às vezes das quatro mulheres, comprovava que nos volumes de Évana, Ada e Hélia ficava ele muito mal visto, pois nos três apareciam vivos reflexos de todo o tormento que, por sua causa, Mabi tinha sofrido.

— Mas será possível que vós, nobres princesas, rainhas kobdas, queirais conservar esses vestígios de meu negro passado? — perguntou sumamente alarmado.

— Que saís ganhando com esta afronta?

— Senhor Scheiffa — disse Hélia com muita graça. — Acreditai: houve momentos em que tive impulsos de ódio contra vós, mas hoje este volume me é querido porque nele encontro o triunfo da minha amada irmã, o triunfo do amor dos kobdas e o vosso triunfo sobre o vosso próprio passado. Não é tudo isto um verdadeiro poema de glória para os que apreciam as transformações do espírito depois de lutas sem conta?

Ada e Évana riram em face dos astutos olhos de Mabi e Hélia, que, lendo e relendo seus volumes de anotações, iam deixando cada vez mais a descoberto as fibras duras e pertinazes da alma de Vladiko causando a este uma vaga inquietação que o fazia assemelhar-se a um garoto travesso apanhado em flagrante em suas más ações. Nesse momento apareceu Fredik, com uns quantos formosos pássaros-neve que acabava de surpreender em seus ninhos no alto das montanhas vizinhas.

— Vinde em minha ajuda, por favor, vós que tendes o dom de transformar em risos todas as tragédias — exclamou então Vladiko. — Estamos na presença de um conselho de opróbrio e injúria contra mim.

— Estais penalizado por isso, vós, um grande Scheiffa, chefe de um numeroso povo e senhor de uma Scheiffesa que é como uma taça de mel?

— Naturalmente!

— Pois não, meu senhor; pois o natural é que estejais mais do que satisfeito e façais vós mesmos este raciocínio: "Se havendo sido tão grosseiro e torpe, ela chegou um dia a me querer, portanto, como será o amorzinho que virá no futuro se eu souber merecê-lo?" Não compreendeis?

Uma gargalhada franca e sincera respondeu a estas palavras de Fredik, que neste meio tempo foi deixando no regaço das quatro mulheres formosas cestinhas de palha, forradas de musgo, nas quais colocara os filhotes de pássaro-neve que trouxera como presente do *montanhês*, conforme ele mesmo se apelidava.

Mas esta íntima felicidade daquela pequena porção da grande família kobda veio a ser perturbada dolorosamente, como ocorre em quase todas as grandes alegrias desta Terra.

Segundo o costume, eram quarenta dias que a rede de prata deveria permanecer em exposição para que ninguém pudesse queixar-se de não ter tocado a augusta relíquia que velara as núpcias de tantas gerações. Crença supersticiosa e vulgar que os kobdas haveriam desejado apagar do horizonte mental dos num-ma-kianos, mas a que precisaram resignar-se em atenção ao fato de que eram já muitas as reformas fundamentais que aquele povo aceitara, motivo por que poderia ser tolerada esta prática inofensiva. Pois bem, apenas tinham transcorrido oito dias quando, ao amanhecer do nono, houve um grande alarme na antiga mansão dos reis matchas: a rede

142

de prata desaparecera, e os dois arqueiros que guardavam o pórtico de entrada pela noite apareceram amordaçados e feridos, fortemente amarrados a uma das colunas cobertas de trepadeiras que sustentavam o teto do pórtico, que era, ao mesmo tempo, o piso do terraço superior para onde convergiam as principais salas e aposentos da casa.

Os arqueiros deram o seguinte informe: entre os peregrinos que em pequenos grupos tinham chegado depois de caída a noite, viram uma mulher toda coberta com um escuro manto, andando lentamente e ao que parecia com muita fadiga: a viram clamar, orar e soluçar, tocando todas as bordas de seu manto com a rede de prata, o que não lhes chamou a atenção, pois a mesma cena já se repetira até o cansaço desde que começara a exposição. Nessa noite ocorreu que Bohindra, Abélio e Abel estiveram conversando sentados num dos estrados do pórtico, na semi-obscuridade das estrelas, pois mandaram apagar as tochas cuja fumaça e resplendor os molestava.

Bohindra retirara-se em primeiro lugar para seu banco de repouso; depois o seguiu Abel, ficando sozinho Abélio, que sempre era o último a se retirar, depois de se assegurar de que tudo se achava em seu lugar na grande casa, cuja administração de justiça lhe estava encarregada.

Abélio parecia-se grandemente em estatura e conformação, bem como em sua cabeleira ruiva algo encanecida, com o kobda-rei, com o qual, além do mais, tinha semelhança na idade e na vestimenta. Quando dava a volta ao pórtico para encaminhar-se ao seu aposento, a mulher dos grandes mantos levantou-se perguntando em voz muito baixa a um dos arqueiros:

— Dizei-me, por piedade, se é o grande rei de vestimenta azul, e irei contente morrer em minha choça por havê-lo visto, embora à luz das estrelas.

O arqueiro, desejando satisfazê-la, e para que se fosse logo para poder deitar-se alguns momentos no estrado para descansar, respondeu:

— Sim, mulher, vai tranqüila, que viste o kobda-rei de todas as nações.

A mulher deu um grande clamor como de ação de graças, e, no mesmo instante e dentre as espessas matas de trepadeiras, saíram vários homens que os amordaçaram e ataram, correndo depois atrás de Abélio, ao qual envolveram na rede de prata e levaram.

De tudo isto deduziram que a vítima assinalada fosse Bohindra, mas as circunstâncias especiais segundo as quais o fato se desenvolveu produziram o engano.

Numa das ruelas do parque, na direção da porta dos covis das feras, encontrou-se o cadáver do velho Audaban e mais dois cadáveres de homens cujas vestimentas e tipos não eram conhecidos no país. Tudo indicava que o velho guardião se defendera até morrer, e que a morte dos outros dois elementos fora causada pelas duas panteras do primeiro covil, que estava aberto. O ancião tinha uma ferida mortal no peito, e podia-se deduzir que, vendo-se já incapaz de defesa, acudira às feras, que despedaçaram os adversários e talvez continuaram perseguindo os outros.

Finalmente encontraram rastros de sangue. Eram as pegadas das feras perseguindo outras vítimas. Uma das panteras morta ao pé da muralha fê-los encontrar o vestígio do lugar por onde haviam entrado, que era uma grande pedra movida de seu lugar com o fim de fortificar uma das entradas laterais que a ação do tempo tinha destruído; reparo esse que estava por terminar.

Os rastros de sangue seguiram em direção ao sul até que a outra pantera, morta também, pareceu pôr um ponto final em todo intento de pesquisa. Entre aquele labirinto de montanhas, quem poderia descobrir para onde tinham seguido os malfeitores?

Na velha casa de Shiva havia imensa angústia: a angústia da jovem rainha, para quem o Pangrave Abélio tinha sido a forte coluna onde se apoiara em seus momentos de desfalecimento. Abélio será grande e bom até a morte — disse Hélia para consolar-se — pois com ela salva o kobda-rei, cuja vida talvez seja mais necessária para a paz e a felicidade dos povos.

A morte do velho Audaban afetou-a grandemente e foi necessária a forte e serena irradiação de Abel e Bohindra, toda a ternura de Ada, Évana e Mabi, toda a maternal solicitude da anciã Balbina para atenuar a rude crise que o terror e a dor produziram naquela natureza sensitiva e emotiva.

"Como se introduziu a serpente do ódio entre tanto amor como aquele que a rodeava? Por que em sua casa tinham querido arrebatar o kobda-rei, justamente quando, com todo afã e desvelo, se preocupava da felicidade dos povos despossuídos e errantes?

"Quem era essa mulher maligna, agente daqueles malfeitores? Por que deixaram vivos os dois arqueiros que guardavam a rede?"

Todas estas perguntas fazia Hélia uma e mil vezes aos que a rodeavam, desejando encontrar um vestígio do Pangrave Abélio, até que seu pai, vestido como que para uma caçada, se apresentou com Fredik e Vladiko, que voltavam da excursão realizada apenas se tomou conhecimento do fato.

Traziam um velho lenhador que lhes deu a notícia de que quatro homens conduziam sobre uma mula um homem enfermo, vestido de azul, com os cabelos ruivos e longos. Que lhe pediram vinho quente para reanimá-lo e vendas para curar as feridas que um daqueles homens tinha nas pernas. Como ali deviam esperar alguém, e o caminho não lhes oferecia segurança, pediram albergue para o enfermo por umas horas, ao que ele acedeu sem suspeitar absolutamente de nada. Que, quando tinham partido, sua mulher encontrou no lugar da esteira onde esteve sentado o enfermo, ou seja, Abélio, um pedacinho de pano com uns sinais que ele não compreendia e que ali os kobdas decifraram com facilidade:

"Levam-me por ordem de Kaíno, crendo que sou Bohindra. Na margem oriental do Tigre ele está à espera e quando vir que não sou quem pensa..." Estava interrompido, e era fácil adivinhar que não pudera escrever nada mais, entretanto era o bastante para dar-lhes uma grande luz a respeito do que se tramava. Queria-se a morte de Bohindra ou sua abdicação em favor de Kaíno, pois, já desde há bastante tempo, tinham ocorrido rumores de que ele ambicionava suceder ao kobda-rei como chefe supremo da Grande Aliança, e, procurando oportunidade para consegui-lo com o menor ruído possível, aproveitou o momento em que Bohindra estava longe de "A Paz", sobre a qual lançaria Kaíno suas hostes uma vez que tivesse em seu poder o homem que era o nó central da grande rede que protegia Abel e toda a vasta organização cuja grandeza ambicionava.

144

— Ele o matará de furor quando ver o equívoco que seus homens cometeram — disseram as mulheres, aterradas ao máximo.

Bohindra mantinha-se em silêncio e também Abel, mas uma sombra de dor contida no mais profundo da alma assomava a seus olhos quando ouviam tais conversações.

Forte destacamento de arqueiros saíra a todo o correr de seus cavalos por diversos caminhos para chamar a atenção e com o fim de cortar-lhes a retirada para as margens do Tigre. Aqueles homens foram vestidos como os dois cadáveres que as panteras tinham despedaçado, para causar um engano nos que conduziam Abélio e apresentar-se como enviados de seu senhor para proteger melhor o importante prisioneiro.

Entretanto, o povo num-ma-kiano chorava em grandes soluços, não tanto pelo Pangrave Abélio como pela rede de prata, cujo desaparecimento antes de cumprir-se o prazo da lei era um terrível augúrio de desgraça para a Piquinha Manh e seu povo que tanto a amava.

A família kobda, reunida na morada da sombra, chamava, em auxílio de Abélio e daqueles que corriam para salvá-lo, todas as alianças espirituais dos santuários e refúgios kobdas. Depois de uns quarenta minutos de profunda concentração, os médiuns psicógrafos escreveram em suas cadernetas de tela encerada, com os sinais costumeiros, mais ou menos a mesma coisa:

"Ainda não é a hora final do nosso irmão Abélio, que deve cumprir ainda outras missões, mas fortalecei-o com o vosso amor conjunto para receber o que lhe inspiramos realizar neste momento."

Outros quarenta minutos mais deram como resultado que Abel, Bohindra e a anciã Balbina se desdobraram e seus corpos astrais correram ao lugar onde o irmão cativo se encontrava, justamente na hora em que os enviados se encontravam com os malfeitores que o conduziam, já passado o meio-dia. Quando os três voltaram ao plano físico, traziam a mesma impressão: "Nosso irmão sente-se ajudado e está envolvido numa suave onda de serenidade e esperança, enquanto continua enrolado na rede de prata e em peles ao pé de uma árvore onde o sentaram."

Como os três videntes não conservavam a recordação de detalhe algum do que ocorria, o narrador astral os refere aos leitores:

Os malfeitores tinham-se detido para dar descanso às suas cavalgaduras e tomar algum alimento, e estavam maravilhados da tranqüilidade com que Abélio comia e até se permitia gracejar com eles.

— Mas vós não pareceis um grande rei — disseram — que desta forma nos tratais como os vossos iguais.

— Os kobdas fazem da realeza uma carga e um dever que o Altíssimo impõe a quem lhe agrada, o qual não nos autoriza a olhar como inferiores nenhum dos nossos semelhantes, que, talvez, sem serem reis, poderão valer muitíssimo mais — respondeu o kobda sem desenganá-los a respeito de sua pessoa. — Por exemplo, vós — continuou — demonstrais ter grande abnegação, porquanto expusestes as vossas vidas para trazer como um fardo este kobda já velho que muito pouco proveito vos pode trazer.

— Como pouco? — perguntou aquele que parecia ser o chefe. — Eu estava condenado à cadeia numa caverna e me darão a liberdade, um saco de ouro e pedras preciosas se conseguir êxito nesta arriscada empresa! Levar como refém o maior rei da Terra bem merece uma fortuna junto com a liberdade. Contudo, se vós pagardes mais, eu volto por onde vos trouxemos e o Aitor Medhuajel não me deitará mais os olhos em cima.

— Então seríeis um traidor para o homem que deposita em vós a sua confiança?

— Ora essa, escrúpulos! Bem se percebe que não sabeis o que vos aguarda lá nas grandes ilhas do Tigre, onde ele tem a sua fortaleza.

— Que pode fazer contra mim? Matar-me? Acaso morrer não é o fim de todo ser nascido para a vida?

— Não é a vossa morte o que quer, mas o vosso poder e o vosso título de Thidalá da grande Aliança.

— E se os príncipes que a formam quisessem a ele mais que a mim, por que eu haveria de opor-me?

— Mas que estranho homem sois, ó rei! Jamais pensei que fosse tal o vosso desinteresse, por muito que tenha ouvido falar de vós.

Estavam nesta aprazível conversação quando chegaram os arqueiros enviados de Num-ma-ki, e um deles, que era dos mais antigos servidores e guardiães da casa de Shiva, aproximou-se de Abélio o quanto pôde, fingindo examiná-lo com curiosidade, mas, na verdade, para fazer-se reconhecer por ele e levá-lo a secundar o plano que haviam premeditado.

— Grande rei de todas as nações! — disse inclinando-se. — Em nome do Aitor Medhuajel vos saúdo e me encarrego da vossa pessoa até que ele mesmo chegue até aqui.

— Mas sou eu — disse o outro — que estou encarregado dele.

— Assim é — respondeu o num-ma-kiano disfarçado — e nosso Aitor vos espera do outro lado desse monte com a mensagem que eu devo mandar-lhe, segundo as ordens que acaba de dar-me. Ide, pois, e servi-lhe de guia até este lugar, depois de referir-lhe vós mesmo o modo como conseguistes realizar a grande façanha. Dizei-lhe que o grande rei o espera sozinho no lugar indicado e que está disposto a atendê-lo em quanto ele desejar. Não é verdade, ó rei, que é tal a vossa resolução? — perguntou com a maior naturalidade a Abélio, que não saía do assombro causado pela hábil trama que aquele guarda da casa de Shiva urdia tão maravilhosamente.

— Naturalmente — respondeu o kobda. — E fazei-o logo, porque me urge retornar a Num-ma-ki.

Na verdade, Kaíno, que era Medhuajel, achava-se do outro lado da montanha, onde começava um grande canal que vinha do Tigre e no qual estava uma barca que o conduziria; e, enganado pela indumentária e pela língua do guarda, julgou ser ele um dos companheiros escolhidos pelo homem condenado à cadeia, no qual tinha confiado por causa de seu arrojo e valor, duplicados pela própria situação em que estava.

Para abreviar detalhes, diremos em poucas palavras que, ao cair da tarde, chegava Kaíno com seis homens de sua confiança para ultimar o grande negócio que devia fazê-lo senhor de todo o continente.

146

O luxo de seu traje, no qual brilhavam o ouro, as esmeraldas e os rubis com exagerada profusão, bem fez compreender aos guardas num-ma-kianos qual era o chefe daquela turba de malfeitores, e, quando já se aproximava de Abélio sentado e coberto de peles, lançaram-se em cima dele e travaram uma espantosa luta com os homens que o acompanhavam. Os num-ma-kianos eram oitenta e foram saindo dentre as rochas cobertas de vegetação. Com apenas uns poucos feridos e dois mortos dentre os homens de Kaíno, impediram a volta a Num-ma-ki ouvindo as maldições do cativo que várias vezes quis atirar-se da cavalgadura para estatelar-se de cabeça nas pedras.

Abélio, sereno mas profundamente comovido pela forma como via salva a vida de Bohindra e a sua própria, disse:

— Agora sim, dirão os singelos e bons num-ma-kianos que a rede de prata dos desposados tem a magia da felicidade para os povos.

Poucas horas depois, quando já as sombras da noite caíam sobre Aranzan, entrava pelas portas da velha cidade dos matchas, Kaíno, prisioneiro dos kobdas, que com tanto amor o haviam agasalhado em sua meninice.

Medhuajel de Baudemir

Tal era o nome que Kaíno adotara. Antes havia pertencido àquele príncipe perseguido pelos irmãos de seu pai que chegou um dia a "A Paz", ferido e enfermo, falecendo pouco tempo depois não obstante os grandes cuidados que lhe foram prestados. Os tios do verdadeiro Medhuajel, que eram dois, tinham repartido entre si o patrimônio do jovem, localizado no formoso vale onde terminava o Monte Sagron e junto a um grande lago formado pelo rio Baudemir, que dava nome àquela região.

Era uma das ambições de Kaíno conseguir os domínios pertencentes ao nome de que se apropriara. Como não podia apresentar-se naquele país porque ainda viviam os que haviam conhecido o autêntico príncipe Medhuajel, planejou tomar como prisioneiro o Thidalá, Bohindra, para exigir depois como resgate que fossem reconquistadas para ele aquelas regiões pertencentes ao morto.

O poder e a influência do Chefe Supremo da Grande Aliança podia conseguir isso e muito mais, segundo Kaíno acreditava.

Embora seu intento tivesse saído frustrado, não tardou em começar a tranqüilizar-se, principalmente quando Abélio, que viajava perto dele, disse com sua bondade habitual:

— Por aqui devias ter começado, meu amigo, ou seja, apresentando-te nobremente ao kobda-rei e solicitando a sua ajuda.

— Que ele não me prestará, com toda a certeza — respondeu Kaíno — porque ele bem sabe que eu não sou Medhuajel, como o sabes vós também.

— Agrada-me muito que reconheças a justiça e a retidão em Bohindra; mas acredita-me que nunca sairás perdendo se te aproximares dele. De maneira que vieste pescar; eu fiz o papel de isca e agora o pescado és tu.

Abélio, como se brincasse com um velho amigo, falava com a maior naturalidade, enquanto seu interlocutor tecia e destecia em sua vivíssima imaginação um emaranhado tear de vantagens e desvantagens, do provável e do improvável na inesperada aventura onde se via envolvido por causa de sua imprudência.

— Ao fim e ao cabo — disse para si mesmo — este kobda diz a verdade: em nada sairei perdendo se me aproximar deles, que têm muito de simplórios e nada de maus. No máximo uma peroração de Bohindra, com muitas doçuras, muita suavidade, e depois, *nada*! Kaíno livre novamente como o faisão vermelho da montanha, continuando seus sonhos de glória e poder.

Quando chegaram às portas de Aranzan, o chefe da escolta aproximou-se dele para dizer:

— Permiti-me tirar o grilhete que vos aprisiona, porque tenho ordem de vos fazer entrar como um príncipe amigo e não como prisioneiro.

Kaíno apresentou suas mãos e pés encadeados com um imperceptível sorriso depreciativo, firmando-se em seu pensamento anterior: "Estes kobdas têm muito de simplórios e nada de maus." Quase se sentia feliz.

— Não devolvereis minhas armas? — perguntou ao chefe da escolta.

— Não, porque em Aranzan os amigos entram desarmados, principalmente levando-se em conta que o soberano deste país é uma mulher.

— Mas não governa aqui o marido da rainha Shiva?

— Não. Governa uma de suas filhas, a rainha Hélia, que acaba de contrair matrimônio com o herdeiro de Soldan.

— Então eu sou seu prisioneiro? — perguntou Kaíno alterado.

— Se sois seu inimigo, sois prisioneiro. Se sois seu amigo, sois livre. Tais são as ordens que temos.

Kaíno conservou-se em silêncio e deixou-se conduzir até a grande praça que se abria defronte à mansão real. Quando pisou o umbral da sala de audiências privadas, uma palidez mortal cobriu sua fisionomia formosa, não obstante o olhar duro e audaz de seus escuros olhos.

Bohindra e Évana estavam sentados um junto do outro no estrado principal. Pareciam estar sozinhos, mas por trás das cortinas que cobriam todas as portas havia boa escolta de arqueiros guardiães.

Ficou petrificado no centro da sala porque os olhos de Bohindra olhavam fixos para ele, cheios de imensa piedade; e os olhos de Évana, cheios de lágrimas, examinavam-no fixos também.

Depois de uns momentos de silêncio, Évana deu-lhe os braços sem se levantar de seu lugar, e Kaíno, com passos lentos e quase indecisos, foi se aproximando como que alucinado por aqueles meigos olhos claros que o observavam através do pranto.

— Mãe!... — disse, inclinando-se diante dela. — És ainda minha mãe?

— Sim, Kaíno, meu filho, sou tua mãe... — E já sem poder conter-se, rodeou com seus braços o pescoço de Kaíno, que se ajoelhara a seus pés.

A surpresa quase tinha estonteado o altivo e orgulhoso jovem, pois ignorava completamente que Évana se encontrava em Num-ma-ki, e, se o houvesse suspeitado sequer, haveria fugido antes de provocar tal aventura. O amor meigo e suave daquela mãe de sua meninice, atirava por terra toda a sua altivez e rebeldia, e se anos atrás tivera coragem de fugir de "A Paz" fora porque durante muitos dias procurou diversos pretextos para não se encontrar com ela.

"Que fatal destino!" — pensou Kaíno. — "Quando mais queria ser forte, encontro o único ser que me torna débil e humilhado na vida."

Évana adivinhou tal pensamento.

— Estás pesaroso por haver-me encontrado no teu caminho!

Ele não quis ter a crueldade de responder que sim, e, para evitar a resposta, beijou ambas as suas mãos e se levantou.

— Kobda-rei — disse a Bohindra. — Perdoai-me! Foi tão inesperado o encontro com minha mãe que me fez esquecer até as primordiais regras da etiqueta. — E estendeu a Bohindra sua mão direita, que o kobda-rei apertou, fazendo-o sentar-se entre Évana e ele.

— Suponho — disse — que vens ocupar o lugar de filho que te pertence no coração de Évana, no meu e em todos os que te amaram e te amam aqui e em "A Paz".

"Teu irmão Abel sempre te esperou. Hélia e Mabi continuam esperando-te. Adamu, teu pai, sempre te aguardou. Como podes ter demorado tanto em vir?"

Kaíno estava aturdido. Julgava estar sonhando. Julgava estar louco. Não acertava com palavras que fossem prudentes para responder.

Onde estava sua altivez, seu orgulho desmedido, suas ambições, sua prepotência de tiraninho e déspota que se comprazia em pisotear tudo, ultrajar tudo?

Repentinamente, a recordação de seu turvo passado de loucura e crime fê-lo reagir, e, respondendo a seus próprios pensamentos, disse nervosamente:

— Já é tarde!... É tarde para voltar atrás. Deixai-me seguir meu caminho e prometo não vos molestar jamais.

Évana chorava silenciosamente, e Bohindra, poderosamente auxiliado por todas as suas alianças espirituais, continuou dialogando com aquele ser enlouquecido por funestas paixões que iam-no precipitando de abismo em abismo.

— O ensinamento que recebeste em tua infância diz, Kaíno, que jamais é tarde para quem tem uma eternidade pela frente.

"O caminho que por própria vontade seguiste não te deu a felicidade; prova disto é que expões a tua liberdade e a vida para conseguir algo que te falta.

"Se me consideras como Bohindra, és quase meu filho. Mas se me consideras como o Chefe da Grande Aliança, foste surpreendido no território de um de meus mais fiéis aliados, e no momento em que ias cometer a mais horrível deslealdade e traição, que está sujeita à condenação com reclusão para toda a vida. Coloca-te no meu lugar; que farias?

Kaíno tornou-se lívido.

149

— Se tivesse minhas armas... Eu sei o que faria, mas como não as tenho, faço isto. — Com dois saltos, como os de uma pantera ferida, encontrou-se diante da porta por onde entrara, com a intenção manifesta de começar a correr.

Quatro arqueiros fecharam-lhe a passagem e dois deles, tomando-o fortemente pelos braços, deixaram-no paralisado e imóvel.

A pobre Évana exalou um profundo gemido e desmaiou sobre o estrado, porque pensou que os arqueiros iam matar Kaíno. O doloroso grito de Évana produziu nele tal emoção que, preso de uma crise de nervos, mordeu seus próprios lábios e a língua, e, atacado de forte convulsão, começou a retorcer-se entre os braços dos guardas, aos quais arrojava cusparadas de sangue que salpicavam horrivelmente suas formosas vestimentas cor de âmbar com franjas prateadas.

A sala encheu-se de guardas, e uns momentos depois Kaíno repousava no estrado de uma sala-prisão que ficava no centro do pavilhão ocupado pelos guardas em suas horas de descanso.

— Passado este primeiro momento de violenta impressão — disse Bohindra a Hélia-Mabi e às suas filhas, que com Ada tinham acudido junto a Évana — a reação será favorável, segundo creio. Ainda há motivo para esperar que o amor de Évana o salve do abismo em que se precipitou. Kaíno é ainda sensível a esse amor.

Enquanto o kobda-rei assim falava, Évana abriu os olhos e disse cheia de ansiedade:

— Não o mateis, não o mateis! Adamu e eu demos-lhe a vida... naquela barquinha... Sua mãe morta... De fome... um menininho gemendo... Oh! Lembro-me como se fosse agora!

— Minha filha!... Quem pensa em matá-lo? Acaso entre os kobdas viste matar homens, por criminosos que fossem?

"Pensa unicamente em que o teu amor o salve de si mesmo, pois ele é o único que busca perdê-lo. Acalma-te que ainda existe esperança de que ele se ponha no caminho da Piedade Divina. Se Ela o perdoa e o salva, quem somos nós para condená-lo?"

Estavam nestes comentários quando ouviram grande estrépito de armas a se chocar, juntamente com gritos de raiva e furor. Hélia-Mabi arrastou Bohindra para o pórtico e disse às mulheres aterradas:

— Fechai-vos por dentro, que nós veremos de que se trata.

Abel, Vladiko e Fredik saíram também de seus aposentos e todos viram que um batalhão de arqueiros da guarda fechava a passagem para um grupo de guerreiros a cavalo que, arremetendo contra tudo, gritavam enfurecidos:

— Que nos seja entregue o príncipe Medhuajel de Baudemir, antes que incendiemos o palácio e a cidade!

Os guardas não passavam de uma centena, mas o povo acudiu em sua ajuda, e logo os guerreiros viram-se cercados por dupla muralha toda eriçada de machados e forcados, o bastante para despedaçá-los a uma ordem que se desse. Hélia-Mabi subiu à pequena torre do pregoeiro e gritou o quanto pôde para dominar o tumulto:

— Eu vos rogo que tenhais calma pois, ao que parece, lutais aqui uns contra os outros e não sabeis por quê!

— Queremos o príncipe de Baudemir! — gritou o mais exaltado dos estrangeiros.

— Está muito bem; ele já vos receberá quando terminar a audiência com o Chefe da Grande Aliança. Não procurou ele mesmo realizar esta entrevista? É assim, como assaltantes ou piratas, que vindes escoltar o vosso chefe?

— Que morra na forca!... Ele não é nosso chefe!... É um miserável usurpador. Medhuajel de Baudemir morreu há muitos anos e eu sou o único irmão de seu pai que sobrevive, e o único que tem direito a levar esse nome. Entregai-nos, pois, o infame que está roubando nossos homens, nossas minas e terras sob o prestígio de um nome usurpado. Entregai-nos, se não quereis arder todos vós juntos com ele.

O assunto se complicava, pois não eram os súditos de Kaíno, mas os inimigos de Kaíno que o reclamavam de tão violenta maneira.

Fizeram subir Bohindra à pequena torre para que falasse com o guerreiro de Baudemir.

— Eu sou o Chefe da Grande Aliança das Nações — disse. — Embora não pertençais a ela, eu vos prometo fazer justiça se chegarmos a nos entender. Deponde as armas e falemos, príncipe de Baudemir, que é com palavras e não com machados que haveremos de chegar a um acordo razoável. Creio que será fácil nos entendermos, uma vez que aqui não reconhecemos o príncipe Medhuajel no homem que chegou antes de vós, simplesmente porque esse príncipe morreu em meus braços lá no santuário de "A Paz" no Eufrates, há quatorze anos. Justamente para subtrair esse elemento do uso indevido de tal nome foi que mandei trazê-lo à minha presença.

"Aproximai-vos, pois, príncipe de Baudemir, e falemos. E vós, bons num-makianos, ide tranqüilos para as vossa casas, pois aqui não estamos em guerra, mas em completa paz."

O guerreiro deu ordens a seus homens, que apearam de seus cavalos e esperaram à porta de entrada do parque.

O povo permaneceu tranqüilo, mas não se retirou.

Bohindra, acompanhado por Hélia-Mabi, Abélio e os homens do Conselho, tendo às suas costas uma centena de guardas do palácio, esperou Baudemir, que se aproximava escoltado por quatro de seus guerreiros, e começaram as negociações.

O guerreiro acusou Kaíno não só de se fazer obedecer e seguir pela multidão de gente enganada, crendo ser o filho de seu antigo rei, como de se apoderar das melhores minas de ouro e pedras preciosas e também de se apossar de seus barcos mercantes do Golfo Grande (Golfo Pérsico) e matar as tripulações que não o quiseram reconhecer; enfim, uma série de abusos e violências que, segundo toda lei, mereciam um terrível castigo.

Bohindra referiu então ao guerreiro a verdadeira história de Kaíno até o momento de sua fuga de "A Paz".

— Kaíno de Ethea é meu súdito — disse Bohindra — e sou eu quem deve indenizar-vos dos danos que suas desordens vos causaram.

"Conformai-vos-eis se eu entregar uma ordem de que vos sejam devolvidas as vossas minas, os barcos e a parte do vosso povo que o seguiu?"

— Duvido que possais fazê-lo, apesar de toda a vossa boa vontade.

— Por que duvidais?

— Porque os chefes de guerra de Kaíno não obedecem a ninguém mais, senão a ele, e matarão todos os emissários que mandastes com vossas ordens. Só entregar-se-ão sabendo que ele morreu, por isso vos pedimos para levar a sua cabeça cortada como a melhor ordem de entregar-se a nós.

— Tão-somente vendo a sua cabeça cortada acreditarão que ele faleceu? — voltou Bohindra a perguntar. — Não poderão acreditar que renunciou ou vendeu seus direitos?

— Vejo que não quereis matá-lo, porque vós, os homens de vestimenta azul, não saldais as vossas contas com sangue como nós. Kaíno disse sempre a seus chefes de guerra: "Quando trouxerem o meu punhal de cabo de ouro e meu cinturão de esmeraldas, fugi para as cavernas, porque será sinal de que morri e de que sereis perseguidos." Nesse cinturão dizem que leva um pequeno tubo de ouro com veneno de áspide para tirar a sua própria vida em último caso. Se vos for possível tirar-lhe os ditos objetos e entregá-los a mim, seria essa a melhor ordem que me poderíeis dar para que eu seja reconhecido como o único senhor de Baudemir.

— Está bem. Mostra-me algo que me faça acreditar serdes vós o verdadeiro senhor daquela região.

O guerreiro abriu sua túnica e mostrou seu peito desnudo onde havia uma tatuagem representando duas achas cruzadas e uma Lua em crescente no centro.

— É o distintivo e o símbolo da vossa raça — disse Hélia-Mabi.

— Pedi-lhe a pulseira de turquesas que deve levar em seu braço direito — acrescentou um dos anciãos do Conselho.

O guerreiro levantou a manga de sua casaca de pele de tigre e todos viram a pulseira, na qual levava pendente um pequeno escudo de ouro com símbolo igual à tatuagem do peito. Os guerreiros que o escoltavam prorromperam em estranhos alaridos ao ver a pulseira de seu senhor.

— É um Baudemir autêntico — disseram todos.

— Esperai um momento — disse Bohindra, e desapareceu nos aposentos interiores da casa.

— Minha filha — disse a Évana. — Esses homens querem a cabeça de Kaíno, e somente tu podes salvá-lo. Vai até ao aposento que ocupa, e, dando a impressão de cuidar dele e curá-lo, procura tirar um punhal de cabo de ouro e o cinturão de esmeraldas.

— Eu o farei, meu Deus, eu o farei! Oh, infeliz filho sem mãe!... Saberei sê-lo agora como o fui em sua infância infeliz e solitária.

Seguiu Bohindra até o aposento onde estava Kaíno. Ele dormia profundamente, pois lhe haviam feito beber xaropes narcotizados para acalmar a horrível crise nervosa que o acometera. O punhal tinha sido tirado antes pelos guardas que o desarmaram, mas o cinturão permanecia em sua cintura. Com grande suavidade, Évana foi tirando-o sem que o adormecido jovem despertasse.

Poucos momentos depois os guerreiros de Baudemir empreendiam a retirada agradecidos pela justiça feita pelo grande Rei de Nações, que, vendo Kaíno submergido em profundo sono e já despojado do que ele transformara em insígnia de sua realeza, disse:

152

— Morre pela segunda vez Medhuajel de Baudemir, e queira Deus que seja para ressuscitar Kaíno de Ethea, o filho adotivo dos meninos-esposos da caverna de Gaudes.

Ao dizer estas palavras, acariciava a cabeça de Kaíno enquanto Évana chorava em silêncio junto daquele pobre ser extraviado, pensando no menino travesso e gordinho por cujas rosadas faces corriam lágrimas enquanto chamava sua mãe morta naquele pedaço de barca, à qual em vão pedia pão. Évana em seu silencioso pranto continuava recordando, e aquelas recordações foram-na enchendo cada vez mais de imensa piedade pelo órfão rebelde que assim tinha escapado da terna rede de seu amor maternal.

Via aquela kora fabricada por Adamu na qual, puxados por uma parelha de renas, voltaram naquele dia para a caverna de Gaudes, extremamente felizes por ter salvo a vida daquele menino cuja procedência ignoravam, mas cujo formoso rostinho cheio de riso fazia-os compreender o muito que lhe satisfazia o pão e os figos com que eles o obsequiavam.

Não podendo já conter a torrente de piedade e amor que a inundava, Évana caiu de joelhos ao pé do leito de Kaíno e, apoiando sua cabeça sobre o peito do jovem adormecido, começou a chorar em grandes soluços.

Bohindra compreendeu aquela explosão e, beijando suavemente a cabeça da filha de seu filho, saiu sem ruído do aposento para que Kaíno, ao despertar, se encontrasse sozinho com ela.

Oh... As divinas delicadezas do amor, somente o amor concebe, sonha e realiza!

Ressurreição

O intenso soluçar de Évana despertou Kaíno que, reunindo suas idéias e recordações, reconheceu-a em seguida.

— Mas por que chorais, mãe? — perguntou com voz trêmula, na qual se percebiam todas as violentas idéias que dolorosamente o agitavam.

— Porque não gostas de mim — respondeu Évana a meia voz. — Porque procurarás afastar-te novamente para correr enlouquecido pelo mundo como se não tivesses pais, irmão ou lar. É tão numerosa a tua família e tão glorioso o teu lar, que os maiores príncipes da Terra trazem a ele seus filhos e acodem eles mesmos para buscar a sua felicidade e a sua paz! Por que não o compreendes assim, meu filho?

"Dize-me com inteira franqueza, que coisa há no nosso meio que te causa dano e te impele a fugir?"

— Não posso dizer, mãe, porque sofreríeis demasiado. Eu sei que sou muito mau, mas há algo que não permite sê-lo convosco. Não me pergunteis nada, porque não quero vos fazer sofrer.

— Que maior sofrimento podes dar-me além de abandonar o lar e viveres afastado de mim, agindo às vezes como um inimigo? Não sabes que o teu pai e eu temos chorado muito por tua causa? Não sabes que o teu irmão Abel, Hélia e Mabi têm chorado também muito por ti?

"Não sabes que o meu pai, o meigo e terno Bohindra, Ada, Dhabes, Sisedon e Tubal padeceram muito com a tua fuga naquela noite terrível em que abandonaste 'A Paz', deixando vazia aquela abóbada e aquele leito que até hoje não foi ocupado por ninguém, porque parece estar esperando-te sempre?"

— Mãe... Mãe! — exclamou Kaíno com surda voz. — Não podes compreender as tempestades da alma negra de Kaíno... O pai não pode compreendê-las, nem Abel, nem minhas irmãs, nem o kobda-rei, nem a rainha, nem os kobdas, porque todos vós sois de outro estofo, de outra raça, de outros mundos!... Eu venho, mãe, de um mundo habitado por demônios, por monstros de maldade e egoísmo, que vêm à Terra em legiões para servir de açoite, destruição e ruína a todos os seres que se ponham em seu caminho... Ó mãe terna e meiga!... Não me obrigues, por piedade, a desnudar a minha alma diante de ti, porque ficarias morta ou enlouquecida de horror!... — E Kaíno afundou novamente seu rosto entre as roupas do leito, deixando ouvir apenas sua fatigosa respiração.

Na câmara imediata achavam-se Bohindra e Abel com todos os kobdas ali presentes, que, unidos em profunda concentração desde o princípio do diálogo entre Évana e Kaíno, faziam supremos esforços mentais para dominar aquele espírito enlouquecido. Queimaram perfumes próprios da morada da sombra, e Bohindra, acompanhado de Vilmo e Héberi, começou a fazer soar o prelúdio do hino que costumavam cantar quando voltavam de terras distantes os irmãos kobdas que haviam permanecido por muito tempo ausentes.

Terminado o prelúdio, começou o coro a derramar as estrofes repletas de ternura, e depois vieram os solos cantados em duo por Ada e Abel, cujas vozes, uma de soprano e a outra de barítono, formavam uma admirável e divina melodia que Kaíno não escutava havia muito tempo.

E o coro respondia aos duos:

Volto novamente ao lar
Onde tanto fora amado...
Trago o peito machucado
De tanto ouvir chorar!...

Irmãos, venho sedento,
Desta água que parece mel...
Bebi tanto fel
Misturando a tanta aflição!...

Peregrino da vida
Entra novamente em teu lar
Onde tudo hás de encontrar
Tal como foi em tua partida.

Amor deixaste ao sair,
E esse amor te seguiu logo
Como se fosse um meigo fogo
Que corresse atrás de ti.

Peregrino da vida
Entra novamente em teu lar
Onde vais descansar
Da fadiga sofrida!...

Évana chorava em silêncio sem afastar seus olhos claros e suaves de Kaíno, cuja respiração já era mais febril que fatigosa.

Finalmente este saiu do leito, e, tremendo como se estivesse gelado de frio, caiu de joelhos ante Évana, à qual se abraçou fortemente, presa de violenta convulsão, enquanto gritava:

— Estás matando-me!... Estás matando-me!

— Mas, meu filho... Não fazemos nada mais senão amar-te — disse a suave mulher, enquanto banhava com suas lágrimas aquela formosa cabeça cheia de rebeldias e tempestades.

Quando o hino terminou, Kaíno tinha-se acalmado e, ao levantar sua cabeça dos joelhos de Évana, esta viu dois fios de grossas lágrimas caindo de seus olhos escuros, circundados por profundas olheiras cor de violeta.

— Mãe! — disse, com uma voz na qual tremiam profundos soluços. — Se és capaz de perdoar-me, ficarei no vosso meio, mas num pavilhão muito afastado, onde, sozinho, com meus remorsos, não possa servir de dor nem de carga para ninguém...

— Isso é voltar pela metade — respondeu Évana. — Mas, se tal é a tua decisão, eu me resigno, em troca de me permitires cuidar de ti e visitar-te pelo menos alguns minutos por dia.

— Pois, não senhor, nós não nos conformamos com isso, mas queremos que o nosso irmão conviva conosco como é próprio de um verdadeiro irmão — disse Mabi, entrando como um torvelinho no aposento, ao mesmo tempo que levava pela mão sua irmã Hélia e arrastava com a outra a Vladiko, Fredik e Abel, atrás dos quais apareceram Ada e Bohindra.

Tão repentino foi tudo isso, que Kaíno não teve tempo de mudar de postura, e seus olhos cheios de espanto e angústia foram correndo de um rosto para outro, encontrando em todos eles tão sincera manifestação de alegria e felicidade que não pôde fazer nada senão sorrir, enquanto se punha de pé.

O primeiro a abraçá-lo foi Abel, que, com os olhos úmidos de pranto contido, disse a meia voz:

— A partir de agora, para sempre, para sempre, meu irmão!

Hélia foi a segunda, e nada pôde dizer, porque o pranto a embargava. A Mabi ocorreu o mesmo depois de sua primeira valentia, e, não podendo articular palavra alguma, limitou-se a dar-lhe dois puxõezinhos nas orelhas, como costumava fazer quando menina cada vez que Kaíno a enraivecia com alguma de suas grandes travessuras, como, por exemplo, estatelar contra uma pedra os ovinhos de algum ninho que elas tinham encontrado.

Quando a rainha Ada se aproximou, Kaíno dobrou um joelho em terra e beijou as suas mãos, que colocou depois estendidas sobre seu peito enquanto dizia:

— Se essas mãos fossem capazes de curar todas as minhas feridas!...

— Sim, meu filho — respondeu a rainha, enquanto se inclinava para beijá-lo na testa. Duas lágrimas suas caíram sobre aquela testa anuviada de turvos pensamentos, que só um grande e sublime amor seria capaz de vencer.

Quando a onda de intensa emoção passou, fizeram-se as apresentações dos esposos de ambas as irmãs.

— Bem vês, meu filho — disse Bohindra extremamente feliz com essa terna cena de amor. — Encontras a família aumentada com dois irmãos a mais, sem contar que em "A Paz" está o teu irmãozinho Seth, o último filho de Adamu e Évana.

Kaíno não podia falar. Uma palidez mortal foi cobrindo-o, e todos notaram que um tremor apenas perceptível sacudia todo o seu corpo. Bohindra aproximou-se dele até rodeá-lo com seu braço e foi bem a tempo, pois o jovem desfaleceu como que ferido de morte entre os braços robustos do kobda-rei, que, ajudado por Vladiko e Fredik, o estendeu novamente no leito. Notou que o rosto e as mãos ardiam de febre e que o coração palpitava irregularmente, como se em certos momentos quisesse cessar de bater.

Foram chamados os kobdas que estavam na casa, e o transladaram para a enfermaria, onde era urgente submetê-lo aos tratamentos usados por eles para este caso.

Duas semanas esteve Kaíno entre a vida e a morte. Atacado de horríveis delírios, era velado dia e noite para evitar que desse morte a si mesmo, conforme a acentuada tendência que demonstrava para isto. Um cego e louco furor o acometeu quando teve a certeza de que não tinha mais aquele cinturão do qual pendia uma pequenina redoma com veneno de áspide, e então procurava golpear fortemente sua cabeça contra a parede do aposento, tal como o fizera aquele velho jardineiro que sugestionou uma berecina em "A Paz", motivo pelo qual Bohindra e os outros kobdas disseram:

— São as mesmas forças malignas governadas e dirigidas por uma mente envenenada de ódio e furor. Que o Altíssimo perdoe o autor que não sabe o mal que está fazendo.

Uma noite, enquanto Abélio velava, Kaíno despertou lúcido e bastante tranqüilo. Reconheceu-o imediatamente, e recordando os começos do drama, disse:

— Continuo sendo vosso prisioneiro? Que gênero de morte pensais em dar ao vosso cativo?

— Falas em morte quando acabas de vencê-la e voltar à vida? Se perguntasses que vida te daremos daqui em diante, falarias com mais acerto. Bem poucos seres podem jactar-se de ser tão favorecidos pela vida como tu.

— Por que dizeis isto?

156

— Porque por três vezes, que eu saiba, estiveste a ponto de morrer, e ainda vives. Quando pequenino, salvaram-te das águas onde ias perecer. Se não te trouxéssemos prisioneiro, os parentes de Medhuajel iriam assassinar-te nas montanhas de Baudemir.

— Como sabes disso?... Não pode ser!

— Vê, Kaíno, meu filho. Posso dar-te este nome porque te conheci pequenino. És um jovem audacioso e de coragem; és até temerário, e isto te impede às vezes de planejar com acerto as tuas empresas.

"Sabe, pois, que chegaram a Num-ma-ki trezentos guerreiros de Baudemir, cujo chefe nos disse que há dois anos segue os teus passos procurando o momento de encontrar-te ao alcance do tiro de seus arqueiros. Vinham pela tua cabeça e estiveram a ponto de incendiar a cidade e a morada de tua irmã Hélia. Foi necessário devolver-lhes o cinturão e o punhal do Príncipe Medhuajel para fazê-los desistir de seu criminoso intento, junto com a promessa formal, dada pelo kobda-rei e por Évana, tua mãe, de que nunca mais usarás aquele nome nem voltarás para aqueles lugares."

Kaíno escutava em silêncio.

— Por que fizestes isso?... Poderíeis ter-me entregue e não teríeis sido ameaçados de perecer pelo incêndio, nem eu obrigado à gratidão para convosco...

— Kaíno! — exclamou Abélio, espantado daquela franqueza gelada e cruel. — Se salvamos a tua vida, não foi interessados na tua gratidão, mas pelos grande amor que todos sentimos por ti... Pelo filho de Adamu e Évana! Diante de ti nada vale a dor dessa mãe?...

— Perdoai-me, por favor... Sou mau, muito mau! Já vos disse que sou mau! — E cobriu o rosto com ambas as mãos.

— Não, Kaíno, não és mau. Estás simplesmente ofuscado. Precisas combater a ti mesmo, ou seja, combater o teu *eu inferior*, para que saia à superfície, como um lótus sobre a água, teu *Eu Superior*, esse que é a verdadeira centelha emanada da Eterna Energia, do Eterno Amor. Esta noite me tens por confidente. Dize-me: a que aspira e o que busca o teu espírito na vida aventureira a que te entregaste apenas saído da infância?

— Que buscava?... Perguntais o que busca o filho de ninguém, o menino encontrado envolvido em farrapos junto ao cadáver da mãe morta de fome e miséria?... O filho de uma escrava espancada e vendida como se vende um animal?... Perguntais o que busca o garoto tirado de um rio como um passarinho caído de um ninho?... Oh, se tendes capacidade de compreensão em vossa mente e sangue vermelho em vossas veias, não deveis fazer tal pergunta ao desgraçado que ignora como se chama, aos vinte e seis anos de vida!

— Quão mal raciocinas, Kaíno! — exclamou Abélio, acariciando-o com o olhar e com a voz cheia de piedade e ternura.

"Foste educado num santuário kobda, onde uma claridade meridiana ilumina todos os caminhos. Contudo, não pudeste ver o que havia e o que há de grande e belo no teu destino. Tua desgraça é esta, e não aquela que julgas.

— Eu vos peço que me façais ver neste instante o que não vi em vinte e seis anos.

— Vejamos: segundo todas as probabilidades, nasceste numa tribo do país de Nairi, de uma mulher estrangeira que o menor dos filhos de Etchebéa guardava ocultamente pouco antes de seu matrimônio com Droith.

"Como esta veio a saber que o marido já tivera outro amor e que deixara um descendente, ameaçou de morte a mãe e o filho, motivo pelo qual a infeliz mulher fugiu, acreditando encontrar na pradaria do Eufrates um meio fácil de ganhar o sustento. Ainda não sabemos de que raça ou tribo procedia a tua mãe, pois os indícios encontrados se contradizem, razão que induziu o kobda-rei a pedir novas averiguações nos países regados pelo Eufrates.

"Um kobda nosso irmão, Muref, a quem não conheces, porque veio do Mar Cáspio, está encarregado desse trabalho, e as últimas notícias suas são de haver encontrado um indício que é quase uma evidência. Entretanto, tem por certo, Kaíno, que a tua origem materna é coisa secundária comparada com a realidade existente. Filho de Adamu e Évana pelo amor que te brindam, irmão do Homem-Luz desta época, neto do kobda-rei... Desejais mais ainda?

"Compara o quanto padeceste longe daqui com a situação que a eterna Lei te concedeu no lar de Adamu e Évana, onde eras amado como um filho: mais tarde no pavilhão do Rei, realizando a tua educação entre a mais nobre juventude dos países da Aliança, aparecendo diante de todos como irmão do Homem-Luz, como neto de Bohindra, o maior rei de todas as nações. Isto considerado sob o ponto de vista puramente social e humano. Se grande é a diferença de tal comparação, quando abordamos o tema sob o ponto de vista espiritual, então as circunstâncias favoráveis a ti alcançam dimensões extraordinariamente grandes e belas sobre toda ponderação.

"De que, pois, tens de queixar-te?"

— Por que não me dissestes antes que eu descendia de Etchebéa?

— Porque teu pai, do seu desterro, mandou há pouco tempo uma mensagem ao nosso irmão Iber, atual governante de Ethea e Nairi, onde recomendava a tua vida e a da tua mãe, dando dados e sinais que teu instrutor Dhabes, por amor a ti, procurou ampliar e coordenar mediante os trabalhos espirituais que, como sabes, são feitos em nossos santuários em favor de causas nobres e justas.

— Com que finalidade fazíeis estas averiguações? — voltou o jovem a perguntar.

— Para que se pudesse chegar a uma comprovação e que conhecesses o nome dos teus pais e a origem da tua vida. Bem vês, pois, Kaíno, que se não te houvesses afastado do caminho marcado pela tua lei, poderias ter sido um homem feliz, além do grande passo evolutivo que teríeis podido dar.

"Para o teu Eu Superior, pouco vale ser filho de um filho de Etchebéa unicamente pelo fato de sê-lo; mas vale, e muito, se esse laço carnal te serve para realizar obras de bem e justiça entre o povo que foi de Etchebéa. Nosso irmão Iber governa aquele povo porque o cargo lhe foi imposto pelas circunstâncias.

"Oh, Kaíno, Kaíno!... Enquanto perseguias com ódio o Homem-Luz e os kobdas, eles se ocupavam em descerrar o véu que ocultava a tua origem para dar-te um nome e um caminho de justiça e de bem entre os homens!"

— Abélio!... Pangrave Abélio, mata-me, porque sou um réptil venenoso que destrói tudo quanto toca!... — gritou com voz enrouquecida pela angústia o infeliz

Kaíno que, ante a suave e clara dissertação do kobda, via o quanto era péssima e desleal a sua conduta.

— Não é a tua morte, mas a tua vida, meu filho, o que desejam os homens de vestimenta azul; não a mísera vida de egoísmo feroz e vergonhoso que levaste até agora, mas a vida de um espírito que já chegou à clara consciência do seu destino.

— Quem conhece o segredo da minha vida, que acabais de referir?

— Dhabes em primeiro lugar, o kobda-rei e o Alto Conselho de "A Paz", do qual fiz parte até sair do Eufrates.

— Infeliz passarinho caído de um ninho, garotinho esfarrapado arrancado dentre os braços de uma escrava morta!... Já é muito saber que tiveste um pai de nobre raça, ainda que hoje seja um miserável prisioneiro!... Abélio!... Eu serei um gigante para libertá-lo... Eu me arrastarei como um verme pelas rochas para chegar até sua prisão e dizer-lhe: reconhece-me, sou ou não teu filho?

— Calma, calma, meu filho!... Tudo caminhará com o favor de Deus, e a única coisa que falta é que aprendas a ser senhor de ti mesmo, para ser digno de restaurar a família da qual descendes e pôr-te em condições de levar a felicidade e a paz ao povo que foi do teu avô.

"Mas não vejas nestas palavras minhas uma promessa acariciadora da tua vaidade e das tuas ambições, porque a sabedoria aconselha o espírito consciente a averiguar primeiro as próprias aptidões e forças antes de arcar com as grandes responsabilidades de um dirigente de povos. A sabedoria recomenda conhecer antes a própria lei, o oculto caminho que ela nos demarca desde antes de revestir a matéria que nos acompanha."

— Neste instante — interrompeu Kaíno — só pensei na íntima satisfação de conhecer os seres a quem devo a vida. Feliz seria se a mais completa ignorância da minha origem me tivesse mantido na ilusão de ser filho de Adamu e Évana, como estive até meus doze anos. Mas algumas palavras ouvidas sem querer, unidas às análises que eu mesmo fazia da dessemelhança física entre eles e eu, levaram-me um dia à dolorosa certeza do que eu era no lar de adoção que me abrigara.

"Um dia, recordo-me como se fosse agora, uns companheiros de aulas de quem eu havia ganho num jogo que fazíamos lançaram-me no rosto esta dolorosa injúria:

"Estás encorajado porque te julgas filho dos regentes dos Pavilhões dos Reis, como o pequeno Abel. Não vês, estúpido, como ele se parece com os seus pais como uma gota a outra gota de água, e que tu não te assemelhas a eles nem na sola dos teus pés? A menos que o teu pai ou a tua mãe tenham tido outras mulheres ou outros maridos.

"Dessa cruel ferida não pude curar-me jamais, e foi a pedra na qual tropecei no meu caminho.

"Compreendo que o orgulho e a ambição são as fraquezas do meu caráter; percebo o mal que faço e o bem que deixo de fazer; mas... que quereis, Pangrave Abélio? Prefiro suportar uma punhalada ou uma flechada, suportar um bofetão em pleno rosto se tiver cabimento, mas uma humilhação deste gênero, acreditai-me, tira-me o controle."

— Kaíno — disse o kobda —, justamente com esses pontos fracos de que sofres é que deves combater, pois todos os erros das tuas vidas passadas tiveram essa mesma origem. Conheces a história de Nohepastro?

— Não. Quem era Nohepastro?

— Era o pai da princesinha Sophia, aquela que com sua escrava Milcha habitou a caverna onde nasceu Abel e onde viveram Adamu e Évana.

— Ah, sim, a caverna das renas e dos tapetes do deus caçador e do deus do mar, que tanto me entusiasmavam na minha infância.

— Pois bem, Évana é filha da princesa Sophia, como Adamu o é de Milcha. Isto tu sabes.

— Sim, sim, como também que o pai de Évana se chamava Johevan, e que o de Adamu é o Pangrave Aldis.

— Justamente. Pois Nohepastro, sendo pai de Sophia, é avô de Évana e bisavô de Abel.

— Que queres dizer-me com isso?

— Quero dizer que Nohepastro, por causa do seu orgulho e da sua ambição, entorpeceu seu próprio caminho e torceu seus rumos, em vez de servir de lâmpada para iluminar a nova civilização que começava; e, finalmente, que Nohepastro és tu mesmo.

— Como? Como?

— Assim mesmo. E como causaste tanta dor a Sophia e Johevan, a Milcha e Aldis, e levaste à desgraça e ao desespero centenas de seres e povos que deixaste inutilizados com guerras de conquista, talvez nesta vida a tua lei te demarque uma rota de escura e silenciosa expiação.

— Sabíeis tudo isto e nada me dissestes?... — exclamou o jovem queixando-se.

— Porque antes de chegar à idade competente para compreender e analisar, fugiste do santuário onde a Bondade Divina te levou, para que aprendesses a reparar o mal que havias causado.

Kaíno quis inteirar-se de todos os detalhes daqueles distantes acontecimentos, e, quando foi sentindo cair gota a gota sobre seu coração toda a dor que causara, todos os desesperos, as angústias, o sangue, a morte que semeara naquela vida anterior, como também na vida atual, caiu numa espécie de sombrio delírio que o fez exclamar, retorcendo seus dedos e arrancando os cabelos:

— Sou um animal feroz sem alma, sem raciocínio, sem luz na mente, sem uma gota de sangue no coração! Pangrave Abélio, estou morto, oh, sim, estou morto!... A única coisa que vive em mim é o brutal instinto dos animais... Não se mata um búfalo? Não se mata um mamute enfurecido? Não se mata uma cobra venenosa?

"Mata-me, Pangrave Abélio, e que se elimine da face da Terra..."

— Cala-te! Não fales assim, que ofendes o Amor Eterno! Quando passa pelos campos um incêndio voraz, fica tudo reduzido a cinzas; entretanto, um pouco mais tarde, das raízes das árvores consumidas pelo fogo surgem formosos rebentos. Um vendaval passa pelos bosques frondosos e destrói ramos, flores e ninhos, mas, em pouco tempo, os passarinhos reconstroem novamente o seu ninho desfeito, os ramos cobrem-se de folhas e flores, e a vida esplendorosa e bela reanima e transforma tudo. Reconstrói o teu ninho desfeito, Kaíno, meu filho; deixa brotar a árvore formosa dos

160

grandes ideais em ti, ressuscita para a vida nova que a eterna Lei te depara. Vamos, ânimo e coragem, que toda pedra pode remover-se, toda sepultura pode cobrir-se de flores, toda lâmpada pode acender-se de novo.

Kaíno abraçou-se ao Pangrave Abélio, chorando em grandes soluços enquanto dizia:

— Eu desfiz tudo, destruí tudo, eu mesmo me reduzi a um escombro vivente!...

— Mas já estás ressuscitado meu filho, porque, se assim não fosse, não repararia nas ruínas que te rodeiam.

ENTRE AS NEVES DO NORTE

Poucos dias depois, como um formoso bando de aves migratórias, dispersavam-se em diversas direções os hóspedes de Num-ma-ki, deixando profunda impressão de amor e tristeza, ao mesmo tempo, nos que ficavam na velha mansão de Aranzan e Shiva.

Bohindra, Ada e Évana uniram-se à caravana que fazia a viagem periódica do Irã ao Eufrates; Vladiko e Mabi atravessaram com sua escolta de arqueiros as montanhas do Sagron para encontrar-se novamente na cidade de Asagg, onde seu povo os esperava. Abel, acompanhado de um bom número de kobdas, incorporou-se à caravana que fazia viagens ao País de Manhp (Armênia) até a costa do Ponto Euxino, onde um navio veleiro devia levá-los à margem oposta do mar, a Escítia Teutônica e aos países do Báltico, onde inumeráveis tribos tinham repartido entre si aqueles vastos territórios.

Os países de Roxolana, Aghafir, Escordisca e Getta eram os principais que formavam o vasto domínio que vinha sendo governado por Lugal Marada havia muitos anos. A caravana levava consigo Eric, o filho primogênito do grande Chefe do Norte, e vários kobdas originários daqueles países e que estavam ligados por laços de sangue com quase todos os chefes de tribos.

Tendo tomado conhecimento de que no país de Roxolana se achavam cativos os filhos de Etchebéa, Abel levava consigo também Kaíno a fim de que se encontrasse com seu pai que, na qualidade de escravo de um poderoso magnata, desempenhava o cargo de guardião de suas imensas manadas de renas. Para tornar menos amarga a humilhação de Kaíno, cuja desastrosa vida passada enchia a ele mesmo de vergonha e amargura, Abel e os kobdas que o acompanhavam faziam inauditos esforços para semear em seu novo caminho flores de esperança e otimismo.

Em razão dos acidentes do terreno, pois desde Num-ma-ki até o Ponto tinham de cruzar uma enorme cadeia de montanhas, decidiram realizar a viagem em asnos e mulas, vendo-se obrigados às vezes a avançar com aborrecedora lentidão.

Kaíno tinha enfraquecido notavelmente, e seu espírito, abatido pelo que ele chamava *a derrota da sua vida,* caíra numa espécie de silenciosa melancolia que lhe impulsionava sempre a buscar a solidão.

Ao despedir-se, Évana lhe fizera prometer solenemente que não se separaria de Abel sob nenhum pretexto e que retornaria a "A Paz", onde ela e Adamu o esperavam.

— Eu espero a tua felicidade, meu filho — dissera ela ao abraçá-lo pela última vez. — Espera-a tu também. — Eram minuciosas as recomendações que, a este respeito, a terna mãe fizera a todos os kobdas que acompanhavam seus filhos.

— Um deles é a Luz — disse ela — e o outro é todo trevas. Do transbordamento de amor que derdes ao meu Abel, fazei chegar umas gotas ao pobre Kaíno, que é mais desventurado que mau.

Bohindra, por sua vez, fizera a Kaíno recomendações especiais para alentá-lo, fazendo-o compreender que necessitava de suas aptidões e serviços. Havia-lhe recomendado estudar as organizações das tribos mineiras e sua forma de comerciar e purificar metais.

Mas era tão profunda a opressão daquele espírito açoitado pelo vendaval de sua própria miséria que, mesmo depois de muitos dias de viagem, ainda não fizera observação alguma nem estampara uma única anotação em sua caderneta de tela encerada.

Eram vinte e nove kobdas os que acompanhavam Abel em sua grande missão aos países do Norte, e entre eles iam dois bons notários educados em Negadá, e vários que dominavam diversas formas de aplicação da força magnética, segundo se tratasse de transtornos físicos ou correntes astrais destruidoras e daninhas. Acompanhavam-nos, por motivo de defesa contra tribos selvagens ou animais ferozes, uma escolta de quarenta arqueiros selecionados entre o povo circassiano, unidos aos que vieram do Norte acompanhando o príncipe Eric. Um total de setenta e quatro homens formavam a caravana, na qual iam também os três antigos chefes que tinham conduzido desde seu país natal o filho de Lugal Marada. Entre os kobdas missionários havia um que era originário do país de Roxolana, ao norte do Ponto Euxino, e era o que tinha levado a Negadá a notícia de que em tal país se encontravam cativos os filhos de Etchebéa.

Bohindra, com seu bom tino habitual para conseguir êxito em todas as empresas, recomendou Kaíno com especial interesse à solicitude desse kobda, que se chamava Muref. Era um bom sensitivo e o melhor instrutor em questões espirituais no que se referia a aptidões gerais, formado na escola de Adonai e Sênio. Com cinqüenta e nove anos de idade, gastara trinta pelo menos em percorrer os diversos países do continente como visitador de todos os refúgios de kobdas missionários, que existiam disseminados como ninhos de águias entre as montanhas ou como plácidos ninhos de garças nas pradarias regadas pelos rios caudalosos. Conhecedor dos costumes, dos cultos e das línguas de todas aquelas regiões, era a pessoa mais apta para servir de bom auxiliar ao jovem Mestre na missão que desempenhava, e ao mesmo tempo o melhor confidente para Kaíno, que ao cabo de poucos dias disse:

— Afastei-me dolorosamente do Pangrave Abélio crendo que sua ausência me arrojaria numa brusca solidão, e me encontro convosco, Pangrave Muref, que pareceis um arquivo: cada cabelo da vossa cabeça e cada prega da vossa túnica parece um rolo de papiro com um conhecimento diferente.

"Dizei-me, como tivestes tempo para aprender tantas coisas?"

— Oh, meu filho!... O Eterno Amor foi tão bom para mim que me arrancou da minha família e do meu país aos quatro anos. Naquele tempo, uma horrorosa avalanche de gelo, ao se afastarem as geleiras, acabou com quase todas as tribos do norte do Ponto Euxino, e eu, com uma irmãzinha que ainda vive em Negadá, fui salvo por um dos kobdas montanheses do Hircânio, que então tinha fugido do seu santuário em face das perseguições da Shamurance. Nessa prematura idade eu fui hóspede do pequeno orfanato de Negadá, onde recebi a educação adequada para ser um homem útil para mim mesmo e para a humanidade que me rodeava. Dos meus cinqüenta e nove anos, tirando os quatro de minha infância, todos os demais foram empregados em adquirir os conhecimentos que a ti parecem todo um Arquivo das Idades.

"Não faltou quem dissesse naquela época ao ver minha irmãzinha e eu tremendo de frio, sem família e sem lar, fugindo dos enormes blocos de gelo que pareciam brancos gigantes em dança: 'Pobrezinhos!... Mais valeria morrer!'

"Bem vês quão errados são os julgamentos dos homens! Vivemos, e com o favor de Deus temos semeado e colhido bastante nos campos do Senhor dos mundos. Não é, dize-me, uma quase infinita felicidade ver desfilar pela memória, como azul bando de avezinhas, todos os seres aos quais pude iluminar, consolar, abrir caminhos novos e fazer sorrir na paz e no amor? Minha irmã é mais que eu ainda, posso dizer, pois em sua condição de mulher e sensitiva de transe, com uma bem acentuada disposição para a música, foi e é como o Bohindra do Santuário de Mulheres kobdas de Negadá. Parece que a lira em suas mãos faz esquecer as ligaduras da matéria e transportar a alma a outros céus, a outras esferas. Não julgues, Kaíno, que menciono isto para vangloriar-me disto; se o menciono diante de ti é procurando curar o teu pessimismo crônico que te faz encontrar a desgraça, o mal, o espantoso e o terrível em tudo quanto te sucede. Acredita-me, isso é uma simples enfermidade do espírito, fácil de curar quando uma firme e poderosa vontade se decide a tanto."

Entretanto, Abel se dedicava com grande empenho em aprender os conhecimentos preliminares referentes aos costumes, religiões e línguas dos povos que ia visitar, com o fim de evitar atritos e choques penosos com os *homens do gelo*, como eles graciosamente diziam, amenizando com emocionantes relatos e anedotas o que ocorria ordinariamente entre aquela numerosa porção de humanidade com a qual iam entrar em contato.

Quando se sentia fatigado do acúmulo de ritos, ordens, símbolos, fórmulas e sistemas de expressão, deixava cair seus braços sobre os joelhos, sentado sob sua tenda de viagem, e dizia:

— Se mais não puder, direi que sou um Mensageiro do Amor, e essa linguagem todos compreenderão.

Então os kobdas de mais idade o aplaudiam entusiasmados, enquanto diziam:

— Não podeis negar ser o chefe da Legião dos Amantes!

Quando chegaram ao país de Manhp (Armênia), o kobda Muref indicou a conveniência de aproximarem-se do rio Muradson, afluente do Eufrates que despenha-se das vertentes do Ararat. As cidades mais importantes na época eram Skiefdom e Asan-Heff, que estavam povoadas por duas tribos de kuranos que se haviam assenhoreado indevidamente dos domínios daquele pacífico povo guiado pelo velho príncipe Bayazid, um dos mais antigos aliados do Thidalá, que presenciara as núpcias deste com a filha de Jebuz. Este príncipe era o pai de Sélvia e Wilfrida, jovens kobdas companheiras de Hélia, e também do notário-mor que ia com Abel, cujo nome era Alódio. Sabia-se que Bayazid estava cativo com os seus nas grandes cavernas das montanhas, cujas abruptas ladeiras eram costeadas pelo Muradson.

— Homem-Luz! — disse Muref. — Agora começais a vossa missão de iluminar os caminhos dos que andam entre as trevas.

Aquela povoação estava dividida entre mineiros e pastores; estas eram na época as duas grandes atividades comerciais daqueles povos. Os lavradores eram em menor número e tinham sido como que sufocados pelos outros, muito mais numerosos que eles. O antigo chefe, Bayazid, tivera a debilidade de aceder à vontade dos principais chefes de tribos que, por ambição, haviam introduzido os kuranos primeiramente em pequenos grupos, com o fim de que extraíssem o ouro existente em suas grandiosas montanhas.

Alódio, seguindo umas renas-mães que haviam no Muradson, conseguiu encontrar a entrada da caverna-refúgio de Bayazid, que com dois filhos e cinco netos fora relegado àquelas enormes cavernas que na verdade se assemelhavam a uma casa subterrânea. Acompanhavam-no alguns velhos criados e uns tantos arqueiros que, por fidelidade, tinham querido segui-lo.

Quando viu as túnicas azuladas dos kobdas, e que os braços de seu filho se cingiam em seu pescoço ao entrar, o infeliz ancião começou a chorar amargamente. Quando observou a grande semelhança de Abel com a meiga e expressiva fisionomia de Bohindra, que jamais esquecia, disse-lhe:

— Tu és o filho daquela boda que eu presenciei há anos, do Thidalá, Rei de Nações, com a filha de Jebuz. Os teus olhos e o teu rosto o dizem.

— Sou seu neto — respondeu Abel. — Sou o filho de Adamu e Évana, que também habitaram uma caverna como esta, onde eu nasci.

— Então és o desejado, o Bem-Vindo, o Homem-Luz!... — exclamou o velhinho, querendo arrojar-se aos pés do jovem kobda.

Abel recebeu-o entre seus braços e deixou-o soluçar longo tempo sobre seu peito.

— Fui atraiçoado, fui despojado e vendido; quase todos os meus filhos morreram em minha defesa, e embora tudo isto já seja motivo de grande dor, existe para mim outra maior: eu tinha pactuado com o Thidalá que jamais no país de Manhp se veria um escravo, nem crianças defeituosas, nem pobres leprosos arrojados às feras da montanha; que a mulher seria respeitada como a companheira do homem, e que a verdade e a justiça seriam aqui a única religião, o único culto.

"Ó jovem, jovem da Luz e do Amor! Nada disto se cumpre já neste país, dominado por estrangeiros que não têm outro ideal senão encher suas arcas com o ouro de nossas montanhas!"

— Serena-te, Bayazid, eu te peço em nome de Deus e do Thidalá. Tudo isto será remediado, se em tua lei está que hás de ser novamente o salvador do teu povo.

— Sou muito culpado pelo ocorrido — gemeu desconsolado o ancião — porque me deixei levar pela complacência, em tolerar a introdução de costumes e ritos que, se a princípio não eram declarados contrários com a nossa Lei, atritavam com ela em certa medida; e, conforme os dias foram passando as turbas foram-se acostumando a uma nova corrente acariciadora das baixas paixões e até dos brutais instintos das tribos selvagens.

"— É necessário tolerar isto — disseram meus conselheiros ao ouvir meus protestos — porque esses kuranos ensinam o nosso povo a extrair e purificar o ouro e a prata; nosso povo será rico, poderoso e feliz, e poderemos comprar novas terras; e quem sabe se toda a vasta Anatólia não chegará a ser nossa! Então implantaremos verdadeiramente a grande Lei da Aliança. Entretanto, eles pagaram com suas vidas o mau conselho que me deram, e eu, Altíssimo Deus!... eu vivo para ser testemunha de tamanho desastre."

— Eis aí o pecado dos seres que receberam a luz divina da verdade e a deixaram apagar pelas trevas dos inconscientes e retardados, acreditando equivocadamente que, sendo complacentes com seus erros, egoísmos e baixezas, os colocam no caminho da redenção!

"Tal ocorreu a Etchebéa e tal ocorre a ti." — Assim dizendo, Abel estendeu-se nas grandes peles de urso existentes em torno de uma imensa fogueira a arder no centro da caverna.

— É o pecado dos homens que têm luz! — continuou murmurando o jovem Mestre como se falasse consigo mesmo. — Não pensastes, Bayazid, que se deixasses apagar a tua luz, outros acenderiam a sua para levar por diversos caminhos o teu povo, e que, juntamente com ele, serias arrastado tu mesmo para as trevas?

"Porque não basta ao homem ter um ideal elevado, pleno de Verdade e Sabedoria, se com suas obras o desmente. Se os inconscientes agem mal por falta de conhecimento, por causa do seu atraso moral e escassa evolução, pior e mil vezes pior agem os que, conhecendo a Verdade e o Bem, seguem a corrente enganosa por efêmeras complacências, deixando em sua maldade os atrasados, e vão minando a energia espiritual dos conscientes. Saídos do caminho da sua própria Lei, quem os protegerá de todas as forças contrárias em revolta marulhada, para onde eles mesmos se arrojam? Por isso foi dito que o pecado do justo pesa imensamente mais que o daquele que não é. Quanto maior o conhecimento e a lucidez, maior a responsabilidade e maior a obrigação.

"O que eu disse a Etchebéa digo a ti; é necessário não transpassar o limite que divide a tolerância da debilidade, que facilmente se confundem, como confundem também os homens a justiça e a vingança.

"Ai do ser a quem iluminou a Luz Divina conquistada pela Lei da evolução e que a deixa apagar pelas massas, inconsciente do que é a verdade e a justiça!

"Mais valeria não ter nascido para esta vida, que destrói os frutos de sua lavoura de séculos.

"Consola-te pensando que, como a Etchebéa, te ocorreu isto nos começos de um novo ciclo de evolução humana; porque se houvesse sido no término, as conseqüências te seriam muito mais dolorosas, pois te verias afastado pela Eterna Lei para um planeta inferior, onde a dor e as condições de vida são um pesadelo de horror que nem sequer é dado imaginar aos seres desta Terra. Tens uma longa cadeia de séculos diante de ti para reparar esse mal, de tal forma que, ao terminar o ciclo final das trevas para esta humanidade, já te encontres nas condições de homem forte que aceitou a dor, o opróbrio, as vexações e a morte antes de deixar os inconscientes apagar a sua lâmpada de iluminado.

"Por que, dize-me, hão de ser os cegos guia dos que vêem com seus olhos a luz do Sol? Fugis dos leprosos do corpo, temerosos de que vos transmitam o seu mal; afastais ou matais os defeituosos e corcundas para evitar que tragam gerações aleijadas, e não fixais a atenção nos leprosos do espírito nem nos corcundas de consciência, não para afastá-los ou torturá-los, mas para impedir que sejam eles a demarcar caminhos para os vossos passos. Não vos parece justo o meu raciocínio, Bayazid?..."

— Oh, sim, Jovem da Luz!... Tuas palavras são a sabedoria de Apolo, a Ciência do Altíssimo, como dizem os kobdas e como devo em verdade dizer eu, que sou vosso aliado; contudo, meus conselheiros e eu quisemos encontrar a felicidade do nosso povo em sua riqueza material, e esta ambição justa foi a nossa ruína.

— Justa, dizeis, Bayazid? — perguntou Abel com tristeza.

— Porque é inata no homem a aspiração de prosperidade, bem-estar e abundância. Bem vedes, ó jovem, que são muito poucos os que se conformam com a mediocridade e com a escassez.

— Bayazid, meu amigo, dolorosamente te digo que, sendo aliado de tantos anos da Grande Aliança, a Lei não penetrou no teu campo nem germinou, e hoje te encontro vazio de colheita, sem flores no teu jardim e sem frutos nos teus armazéns. Dizes bem que é a prosperidade um desejo inato no homem que nasce, vive e morre buscando-a, porque a Eterna Lei pôs tal anelo no ser como estímulo para o progresso também eterno a que está destinado. Entretanto, lhe deu também a tocha de uma inteligência e a alavanca poderosa de uma vontade que se fortalece e engrandece com o exercício a que a obrigam as resistências que encontra.

"Agora pensemos, e verás a luz: quem são os kuranos, considerados como coletividade que se introduziu entre vós? Bem sabeis que formam eles uma porção de humanidade recém-chegada à categoria de seres conscientes, entre os quais abundam aqueles que entram pela primeira vez no reino humano. Para a sua idade como espíritos, eles estão no que a Lei lhes demarca: não vêem nem podem ver no momento outra coisa melhor que desprender das montanhas os filões de ouro que estão à vista, e que sabem despertar a cobiça dos grandes da Terra. Esse ouro abre para eles as portas de todos os países, onde vão fazendo alarde de sua força física e vontade tenaz e persistente.

"Eles estão em sua Lei; mas vós, que vos deixastes dominar por eles movidos pela vossa ambição de que eles encham de ouro as vossas arcas, não estais na vossa. Assim como aquele que constrói a sua casa deve seguir as leis que a técnica determina quanto às proporções, a altura, a base, a orientação do Sol e dos ventos; e aquele que empreende uma longa viagem deve seguir o caminho conhecido, mais plano e mais breve, e não tomar rumos opostos ou encruzilhadas perigosas onde ignora as surpresas com as quais vai encontrar-se, de igual maneira deve agir aquele que constrói o castelo de sua própria personalidade e empreende a viagem de uma nova existência física com a finalidade de avançar no eterno caminho. Vale acaso a pena suportar as dores de toda uma vida em planetas inferiores como esta Terra para chegar à desencarnação com o mesmo atraso moral com que se veio a ela? Para isso mais valia não ter vindo. Tu, Bayazid, conhecias o espírito da Lei da Grande Aliança, uma vez que, quando se realizou esta, os mais avançados espíritos existentes entre os kobdas de então vos explicaram, amplamente desenvolvidos, todos os princípios e fundamentos da grande ciência de Deus e das almas, as leis que regem a evolução dos seres, das famílias e dos povos, a forma de cooperar com o progresso individual e coletivo e os deveres de justiça e piedade dos governantes, obrigados por lei severa a procurar a felicidade do seu povo, não somente satisfazendo as suas necessidades físicas como também, e com preferência, as de ordem espiritual, moral e intelectual.

"Estava certo que uma raça inferior se aproximasse de vós, não para torcer o vosso caminho e demarcar normas na vossa vida, mas para aprender o que sabíeis e, iluminada por vossa luz, subir uma escala a mais nos caminhos do progresso; não para vos fazer baixar ao seu nível.

"Eis aqui o pecado dos homens da luz defronte às turbas inconscientes e cegas! Todas as tiranias, todos os despotismos vêm sempre de baixo para cima; ou seja, dos seres atrasados, perversos e ferozes sobre os povos inconscientes das suas grandes faculdades de inteligência e vontade. Por isso verás que nenhum homem justo, consciente de seus deveres e direitos, se erige jamais num Deus tirano e feroz sobre seu povo. E tu, Bayazid, abriste tuas portas a uma manada de ursos formigueiros que, chafurdando pelas montanhas, enchem de ouro as tuas arcas e de lepra a alma dos teus súditos!"

— De ti emanam a luz e a sabedoria, ó filho do Altíssimo! — exclamou desesperado o infeliz ancião. — Tu serás a salvação deste povo que a minha debilidade empurrou para a desgraça. Ordena e manda, que eu serei como um menino para te obedecer.

— Bayazid, o que em muitos anos se destruiu não se constrói em uma hora; será também a obra paciente e laboriosa de muito tempo. Terás que remover os escombros que tomaram corpo com a emaranhada ramagem dos arbustos espinhosos nascidos entre eles. Quando tiveres limpado o teu campo de escombros e ervas daninhas, será a hora de reconstruir e semear.

— Não verão então estes olhos tal felicidade! — exclamou dolorido o ancião.

— Mas reconheço que há justiça neste castigo que me oprime. Tenho comigo netinhos que poderão ser amanhã para este povo o que eu não soube ser. Tenho filhas entre as kobdas do Mar Hircânio, e elas terão a fortaleza que faltou ao seu pai.

— Não há muito, eu mesmo as conduzi ao país de Num-ma-ki para formar o Conselho Feminino da jovem rainha, filha de Shiva, que acaba de ocupar o lugar deixado por sua mãe — disse Abel.

— Como? Morreu a Manh-Shiva, a rainha da piedade, como seu povo a chamava?

— Morrer, Bayazid, morrer, disseste? Como há de morrer a Manh-Shiva se os seres que como ela sentem e irradiam de si tão infinito amor vivem eternamente no coração de todos quantos a amaram! Deixou o seu corpo, já gasto pelos anos e pela dor da sua vida valorosamente vivida; mas ali mesmo, em seu país, sente-se o seu vibrar como um canto perene nas obras que deixou, nos costumes que estabeleceu e até no ar que Num-ma-ki respira.

"Oh, Bayazid!... Que glória!... Que felicidade radiante e pura conquista um ser posto pela Eterna Lei à frente de uma porção de humanidade à qual soube conduzir para o Bem, para a Verdade e para a Justiça! Sua filha Hélia seguirá o caminho iniciado por sua mãe, e esse numeroso povo deverá a essas duas admiráveis mulheres a grande evolução que conquistou. Lá não existem acorrentados nas cavernas nem prisioneiros nas torres de justiça. Os presidiários lavram a terra, pastoreiam os gados e se sentam ao redor do lume no lar, onde a esposa e os filhos lhes fazem sentir a alegria da vida justa dos homens de bem, e Shiva viu esta felicidade com os olhos do seu corpo. Por que não podes vê-la tu também?"

Bayazid inclinou sua cabeça como que oprimido por um enorme peso, e respondeu:

— Porque eu não amei como ela! Ocupei-me do corpo dos meus súditos, mas pouco ou nada pensei no seu espírito que, da mesma forma como o meu, necessita de cultivo e expansão, de esperança e energia para realizar a jornada. Meu povo comeu até fartar-se, satisfez seus instintos, suas necessidades e até seus caprichos, mas não foi educado para ter consciência de seus direitos e deveres.

"Não fui forte para dominar a inércia da maioria contrária ao cultivo da inteligência e das elevadas faculdades do ser, e hoje encontro-me com uma turba inconsciente de ovelhas que igualmente aceita um chefe como outro, bastando ter bom pasto para a sua boca.

"Justa compensação para quem tão pouco fez para elevar o nível moral da multidão."

Nesse ponto estava o diálogo de Abel e Bayazid quando os demais kobdas e viajantes entraram na caverna depois de ter levantado acampamento nas cavernas vizinhas, onde existia espaço de sobra para os animais que os haviam conduzido. Naquela paragem situada junto ao rio Muradson, mais ou menos na altura onde existe hoje a cidade de Mush, deviam repousar dois dias, pois os viajantes de mais idade sentiam-se muito fatigados. Ali deixou Abel a influência de sua palavra cheia de luz e sabedoria, e a resolução firme em Bayazid e numa centena de seus adeptos para instruir o povo em seus direitos e deveres de homens conscientes e livres. Dois dos kobdas da missão ficaram ao lado de Bayazid, que sem esse apoio sabia bem que

168

não teria força suficiente para reconstruir o que sua debilidade e excessiva complacência tinham destruído. Ao amanhecer do terceiro dia a caravana continuou sua marcha rumo ao nordeste, até as terras banhadas por dois grandes rios, afluentes do Mar Hircano ou Cáspio: o Aras e o Kura, que corriam entre nevadas montanhas.

AS FILHAS DE NÓRTHIA

A segunda etapa da longa viagem devia terminar no país de Kólkida,* onde uma neta de Lugal Marada, de nome *Walkíria*, estava à frente de dez numerosas tribos de escaldunas que tinham rechaçado a intromissão de pequenos chefes de tribo de segunda ordem, que por morte do velho e poderoso príncipe haviam pretendido escravizar aqueles povos. O príncipe Eric, de acordo com os kobdas, enviou como mensageiros dois dos anciãos que o haviam acompanhado para dar aviso a seu irmão, que pensava governar toda Kólkida. Era este o filho de uma quinta esposa do velho príncipe desaparecido, razão pela qual vinha a ser um príncipe vassalo de Eric, que era o varão mais velho da primeira esposa. A valorosa jovem, que vira o assassínio de seu pai e de seus dois irmãos varões, tomou o mais luxuoso atavio de um de seus irmãos mortos e, com grande decisão e firmeza de ânimo, se apresentou perante as tribos que eram de seu pai, perguntando se queriam obedecer-lhe até o regresso do Príncipe Eric. Como tinha grande semelhança com um dos irmãos mortos, ninguém duvidou que fosse ela o verdadeiro *Freas*, e a proclamaram chefe imediatamente.

Investida de toda a sua autoridade, saiu, pois, com grande séquito para receber seu tio Eric num delicioso vale na outra margem do Kura, que a caravana devia vadear em breve, segundo o relato dos mensageiros.

— Teu irmão Frixos foi assassinado pelos revoltosos, e eu, seu filho Freas, tomei as rédeas do governo até a tua chegada.

Tal foi a primeira saudação que Eric ouviu ao pisar a terra onde começavam os domínios que haviam sido de seu pai.

— Fizeste bem e tal posto será o teu, pois não tenho a menor idéia de despojar nenhum dos meus irmãos dos povos que nosso pai lhes designou, com o fim de absorver eu sozinho toda a autoridade. Dize-me: continua ainda a revolta?

— Kólkida já está tranqüila e demonstram estar satisfeitos comigo. Alban está dividida em dois grupos, pois dois filhos de outro dos teus irmãos alegam iguais

---

* A posterior Gogorena da época de Alexandre.

direitos. O país de Kefa arde como um vulcão de ódio porque foram mortos todos os descendentes do nosso divino avô, o Aitor do Norte. Os roxolanos e aghafires, uns te esperam e outros querem abrigar-se sob a bandeira de um soberano escítio que lhes faz grandes promessas. Ó tio Eric! Os infames mingos, filhos do Deus Vitgner, desataram as chamas devoradoras que ele acende agitando as suas asas...

— Quem são os mingos? Quem é Vitgner? — perguntou Abel a Muref, o kobda conhecedor dos costumes e das línguas daqueles países.

— Os mingos são os sacerdotes do culto de Vitgner, o formidável pássaro de fogo, que segundo a antiga superstição destas gentes é o gênio destruidor dos homens, castigando com fogo, guerras e vulcões todos aqueles que se negam a render-lhe homenagem. Estes foram os que minaram a autoridade de Lugal Marada em vingança do poder que ele suprimiu deles, ao ingressar na Grande Aliança dos Povos do Eufrates e do Nilo.

— Eles foram os causadores da sua morte e da espantosa revolta que agita todos estes vastos países — acrescentou o jovem Freas, que compreendeu a anterior resposta de Muref.

— Que formoso príncipe ruivo! — exclamou Kaíno ao ouvido de um dos kobdas. — Seu rosto parece de cera e sua voz é delicada como a de uma mulher.

— É que deve ser quase um adolescente — respondeu o kobda. — E além do mais, nestas paragens os homens chegam à juventude conservando aspectos da adolescência. Aqui não correm tanto em crescimento e desenvolvimento como em nossos climas tropicais.

— Pois então — acrescentou Kaíno — as mulheres devem ser aqui como bonecas de alabastro.

— Já sonhas, Kaíno, está bem, homem! Nosso irmão Muref, pelo visto, servirá de tradutor quando julgares chegado o momento de fazer aliança com uma dourada borboleta dessas que parecem uma redoma de mel.

— Que olhos!... Que perfil o deste príncipe Freas... Por que terá nascido varão se tem beleza de mulher?

— Mas, homem!... Deve ter irmãs que certamente serão mais belas que ele. Nem por isto vais deixar cair ao solo as tuas ilusões.

— Freas!... — exclamou Eric em voz alta. — Aqui tens o representante do Thidalá dos povos do Eufrates e do Nilo, que vem com todos os poderes do seu ilustre avô para ajudar-nos a estabelecer a ordem e a paz entre as terras governadas por Lugal Marada, meu pai.

Ambos se inclinaram profundamente e, com as pontas dos dedos, tocaram seus peitos.

— Apolo te guarde!... — disse Freas.

— O Altíssimo te dê a paz! — disse Abel.

Tomando novamente suas cavalgaduras, seguiram Freas e seu séquito em direção à cidade de Kiffauser, que era a capital do país de *Nórthia*, como se chamava essa parte da Kólkida como recordação da primeira esposa de Lugal Marada, ou seja, a mãe de Eric, que falecera havia muitos anos. Fosse por adulação ao grande príncipe e depois a seu filho, foi criada uma espécie de fábula ou lenda na qual aparecia

170

Apolo, o Deus benéfico, coroando de espigas de trigo a Nórthia e declarando-a *deusa dos trigais*, pois, quando a jovem esposa de Lugal Marada tinha nascido, sua mãe dormia entre um feixe de espigas douradas, e morrera de uma síncope cardíaca quando presidia a festa chamada das espigas. Tal é a origem dessa antiga divindade dos países do Norte na época a que nos referimos, e da qual alguns vestígios se encontram em antigas tradições dos povos do Báltico.

Abel e seus acompanhantes iam, pois, ser hóspedes de Freas durante sua permanência em Kólkida. O jovem mestre escolheu para seus kobdas e para si o pavilhão mais afastado entre a aglomeração de fortalezas de pedra, pois não eram outra coisa aquelas vetustas e enormes construções feitas como um audaz desafio aos séculos de neve que tinham passado e que ainda deviam passar. O dito pavilhão estava quase escondido entre um grupo de imensas amoreiras que o sombreavam por todos os lados.

— A divina *Nórthia* vos ama — disse Freas a Abel — pois pedistes para habitação o seu pavilhão de trabalho. Observai!... — e abrindo uma portinha baixa e pesada fê-lo olhar para o interior. Havia ali teares, fusos, enormes roldanas ou carretéis de envolver fio, algodão ou lã, rolos de tecido pela metade a tecer; finos tecidos de linho, rendas de seda começadas e não terminadas. Sobre um pedestal de pedra branca, a estátua de uma mulher coroada de espigas e com uma cestinha cheia de trigo que parecia oferecer a quem a olhasse.

— Esta é a mãe do príncipe Eric? — perguntou Abel.

— Sim, sua mãe, irmã da minha, pois seu pai e quase todos os filhos tomaram como primeira esposa alguma das mulheres da família de Nórthia, pela glória que ela soube dar à sua raça. Talvez algumas sejam más, porém entre nós é grande honra dizer que temos nas veias sangue de Nórthia. Diz-se que ela é o gênio que encarnou para apagar os vestígios da Shamurance das terras regadas pelo Kura e o Volga, e foi durante a sua curta vida que o derretimento das geleiras acabou com os sequazes da rainha-pirata que se refugiaram nas cavernas do Elbruz.

"Nórthia, minha avó, era originária da Albânia, mas depois de casada viveu aqui, onde se adaptou melhor ao clima, ao caráter e aos costumes dos habitantes.

"Com o falecimento dela, nosso avô se estabeleceu em Roxolana porque julgou-o necessário para melhor governar seus povos. Numa imensa ilha das bocas do rio Donda, afluente do Ponto Euxino, tinha mais contato com todos os povos costeiros e facilidade de comunicação com os povos do Báltico, entre os quais ele tinha grandes amizades e grandes negócios."

Durante esta conversação foi levando-os por todo o pavilhão, enquanto fazia com que alguns criados fossem acendendo o fogo nas lareiras de pedra que se viam em cada aposento que iam percorrendo.

Enormes estrados de pedra cobertos de peles e mantas de lã, grandes tapetes de variadas cores pendurados nas janelas quadradas e baixas, enormes cântaros de vinho e ânforas cheias de suco de amora eram o mobiliário daquele estranho recinto.

— Esta porta — disse Freas, indicando uma moldura escura reforçada de cobre — é a entrada ao Recebedor de Apolo, conforme Nórthia o qualificou.

"Aqui ela orava e trazia todas as mulheres que tinham sido descobertas em delitos pelos quais seus pais, irmãos ou maridos queriam matá-las. Ela as prendia por duas luas e, se passado esse tempo não davam sinais de melhoramento, vestia-as com uma túnica negra e as devolvia a seus juízes. Inútil é dizer que, seja por medo, seja graças à boa influência da sua protetora, eram muito poucas as que saíam para morrer. Foi assim que Nórthia formou uma espécie de colônia de mulheres salvas da morte, as quais se chamaram com o tempo *filhas de Nórthia* ou northianas. Dessa colônia muitos grandes chefes escolheram suas esposas, para as quais a grande mulher designara formosos dotes junto com o direito de usar seu nome como nome de família, com o que ficava totalmente apagado o passado delas."

O Recebedor de Apolo não tinha nada além de peles de renas como tapetes no piso, grandes incensários de pedra, prata ou cobre, ânforas destinadas a colocar flores e uma grande fonte no centro, onde por numerosos repuxos saía água até a altura de uma pessoa.

Era a água purificadora com que Apolo exigia lavar-se como preparativo para a limpeza interior que exigia para perdoar os delitos das refugiadas. Numa das paredes achava-se um alto estrado com dossel e mantas de peles que se chamava "a cadeira do julgamento", onde Nórthia, com duas anciãs, julgava e perdoava as refugiadas, ou as vestia com a túnica negra que as levaria a seus juízes e à morte.

— Eis aqui — disse Abel — uma espécie de praça do Arco de Ouro, onde nossas irmãs do Monte Kasson, com a anciã Elhisa na direção, fazem justiça e ensinam a divina Sabedoria no país de Ethea!

"Nórthia, Nórthia, não conhecemos a tua matéria, contudo a tua alma vibra aqui em tons muito parecidos com os nossos."

— Explica-se que, com uma esposa como esta, embora o tenha acompanhado por pouco tempo, Lugal Marada se sentisse impulsionado a buscar a aliança com os homens da toga azul.

— Mas deixastes morrer a obra dela quando ela desapareceu do plano físico? — voltou a perguntar o jovem Mestre depois de uns momentos de meditação.

— Sofreu, como é natural, uma interrupção, um longo parêntese, porque para essa obra faltou a alma que a animava, como se a uma lira houvessem sido rebentadas as suas cordas — respondeu Freas. — Logo a grande revolta que pôs umas tribos contra outras, o assassinato do meu avô e a morte de inumeráveis chefes trouxe tal desequilíbrio e desordem que parecia ser o fim do mundo. Entretanto, se quiserdes, e se o tio Eric também o quiser, eu farei florescer novamente a obra de Nórthia, porque sinto em minhas veias o seu sangue e a vibração do seu espírito dentro do meu ser.

— Contas com quantas primaveras?

— Vi vinte vezes frutificar as nossas amoreiras. Ainda não tinha eu nascido quando a divina Nórthia morreu, deixando às escuras este pavilhão e mais às escuras ainda os corações que a amaram.

"Eu sonhei com ela algumas vezes e no sonho julguei que me dizia muitas coisas. Ilusões, talvez ilusões! " — acrescentou o jovem querendo desviar a conversação, temeroso de aprofundar-se demasiado num assunto que não lhe convinha, pois esse caminho levava direto à descoberta de sua condição de mulher. A verdade é que a alma vibrante e enérgica de Nórthia buscara em sua netinha uma continuadora de sua obra de redenção da mulher decaída. E foi uma força oculta que a impulsionou a pôr-se à frente das tribos numerosas que povoavam a Kólkida. A neta obedeceu a essa força em tudo, menos em apresentar-se como uma mulher.

Teve grandes temores; sua própria mãe temeu por ela e apoiou sua decisão de investir a personalidade de seu irmão gêmeo Freas, chamado, por sua coragem e talento, *o cavaleiro de bronze.*

— Pois bem, Freas — disse Abel. — Não pelos sonhos que tiveste, mas pelos elevados sentimentos de eqüidade e justiça que vejo em ti, é que te digo: o Altíssimo estará contigo para fazer reviver as obras de amor e justiça que Nórthia, tua avó, iniciou nesta terra. São poucas as almas que respondem ao chamamento da Eterna Energia para criar obras novas de evolução moral dos seres, e é um pecado de inconsciência deixar perder-se no vazio a luminosa criação de uma dessas almas que responderam ao chamado divino. Esse pecado de inconsciência cometerias tu, que compreendes a obra de Nórthia, se por inércia ou debilidade não a fizesses ressurgir novamente. Serão as filhas de Nórthia que farão florescer uma nova civilização como formoso vergel de paz e abundância nestes países de gelo.

Nesse ponto estava o diálogo de Abel e Freas quando entrou a toda a carreira no solitário pavilhão uma criada da mãe de Freas, que com o terror estampado no semblante pronunciou breves palavras junto ao príncipe e voltou a correr novamente. Ao mesmo tempo Muref, o kobda intérprete, e dois ou três kobdas mais entravam no recinto.

— Parece que o vulcão que arde em Kólkida derrama a sua lava até aqui — disse Muref.

Freas, que parecia meditar, aproximou-se repentinamente de Abel e, tomando-o pela mão, levou-o em particular para um ângulo do aposento.

— Chamam-te Homem-Luz, Homem-Sabedoria, Homem-Amor! — disse com grande veemência. — Posso confiar em ti, embora sejas quase tão jovem quanto eu?

— A idade não é nada. A compreensão e a vontade são tudo — respondeu o jovem Mestre. — Fala e o Altíssimo estará comigo para prestar-te ajuda. Lembra-te que agirei como o houvera feito o Thidalá da Grande Aliança, se ele estivesse ao teu lado neste instante.

— Hoje é para mim um dia de glória ou de morte. Outro sobrinho de Eric, meu primo, se encaminha para cá, vindo daquele revolto país. Vem para pedir que eu me entregue como prisioneiro para lavar a afronta que diz sofrida por sua única irmã, que foi ultrajada por um de meus irmãos.

— Mas por que hás de pagar pela culpa do outro? Teu irmão foi morto. Que querem, pois, reclamar de um que já não é deste mundo?

— Querem que lave eu a afronta tomando como esposa a jovem ultrajada. Já o solicitaram antes, e como não acedi, acodem à força e vêm com um numeroso corpo de arqueiros.

— Tens grande repulsa em te sacrificar pela honra dessa mulher? — perguntou Abel.

173

— É que, além de ter sido ultrajada por meu irmão, seria enganada vilmente por mim.

— Porque não a amas, verdade?

— É que não posso amá-la, não posso enganá-la, não posso casar-me com ela!... Hoje eu te digo que é um dia de morte ou de glória para mim. Ajudar-me-ás, príncipe Abel?

— Conta comigo e com todos os meus irmãos, se agires com justiça e eqüidade — respondeu o jovem Mestre.

— Juro-te que agirei como teria agido Nórthia em meu lugar! — Sem dar tempo a que Abel desse uma palavra mais, saiu a toda a carreira para o grande edifício central, que era o ocupado por sua família.

— Que faremos? — perguntou Abel a Muref. — Onde está o príncipe Eric?

— Está em conselho com vários dos antigos chefes guerreiros de seu pai, e cada qual reuniu já seu grupo de arqueiros para impôr a ordem e a justiça. Eric e os anciãos pensam que Freas deve casar-se com sua jovem prima como único meio de evitar uma luta fratricida. Entretanto, não há forma de convencê-lo.

— Deve ter outro amor, e como a Lei da Aliança não permite várias esposas... — advertiu outro dos kobdas.

Um mensageiro anunciou que o príncipe Eric pedia ao representante do Thidalá da Aliança, que ao cair da tarde tivesse a bondade de ir com todos os seus companheiros à Praça da Justiça, para que apoiasse com sua autoridade as decisões que deviam ser tomadas. Abel o prometeu e, depois de tomar uma ligeira refeição e trocar suas roupas de viajante, vestiu o manto branco, símbolo da autoridade do Thidalá que residia nele, pôs o anel da Grande Aliança em seu indicador direito, e uma hora depois se encaminhou ao lugar indicado seguido dos kobdas, seus irmãos, dois dos quais levavam suas cadernetas de tela encerada como secretários para qualquer anotação que devessem tomar.

A enorme Praça da Justiça estava flanqueada por tríplice fileira de arqueiros vestidos em toda a gala, ou seja, com casacas de urso branco e capacete vermelho e azul.

Num lado levantava-se um suntuoso palanque com cortinados brancos, vermelhos e azuis, o qual se via rodeado por todos os lados de homens gigantescos apoiados em enormes tridentes. Pareciam ser a guarda dos que deviam ocupar o grande palanque.

O príncipe Eric entrou em primeiro lugar, seguido de um séquito de anciãos vestidos de branco e manto azul uns, e de branco e manto vermelho outros. O príncipe Eric levava manto negro, segundo era o costume na primeira vez que o herdeiro representava em público o soberano morto.

Havia três suntuosos estrados com dosséis em cima do grande palanque. No do centro foi convidado a sentar-se Abel como representante do Thidalá da Aliança das Nações Unidas, com Eric à direita e Freas à esquerda, enquanto que a imensa escadaria do palanque foi toda ocupada pelos anciãos e chefes guerreiros e pelos kobdas companheiros de Abel.

Depois que uma espécie de arauto fez soar uma corneta de prata para reclamar atenção e silêncio, um dos anciãos deu leitura a um rolo de tela encerada que um chefe guerreiro desenrolava à vista de todos.

Era a solicitação do príncipe de Kólkida para que Freas reparasse o ultraje feito por seu irmão primogênito à sua jovem Alcmene, princesa da Kólkida, desposando-se com ela.

Os anciãos tiveram todos duras palavras para o jovem Freas, que resistia a fazer o sacrifício em prol do restabelecimento da paz nos povos de seu ilustre avô. Freas, impassível, deixou-os falar sem mudar sua postura. Não quis sentar-se e se mantinha de pé em seu estrado. Sua palidez se assemelhava à de uma estátua de mármore com cabeleira de ouro. Sua capa de branco arminho não era mais branca que seu rosto, e uma estranha luz parecia brilhar em seus olhos cor de topázio. As nobres mulheres dos chefes guerreiros que observavam de um balcão do terraço o cobiçavam para esposo de suas filhas.

— É uma pena que um príncipe tão belo deva sacrificar-se por uma mulher que não ama! — diziam compadecidas.

— Pior que o presídio e a morte! — diziam outras.

— Eu não viveria a não ser por ele! — suspirou uma jovem, bela como um raio de Lua, que não o perdia de vista.

Quando todos os anciãos tinham emitido sua opinião, pedindo o sacrifício de Freas, e quando o príncipe Eric convidou Abel a emitir a sua, o jovem Mestre só disse estas poucas palavras:

— Permiti que eu fale por último, ou seja, depois que o príncipe Freas tiver feito a sua defesa. Que o Altíssimo o ilumine e que Nórthia, sua ilustre avó, lhe dê a sua energia e o seu sentir.

Abel olhou para Freas com tão profundo olhar que o jovem príncipe sentiu como se uma corrente elétrica poderosa corresse por suas veias.

Suave matiz rosado espalhou-se pela branca face de Freas, e, com uma serena calma, quase imprópria de sua juventude, ele disse em voz alta:

— Porque tenho a alma e o sangue da divina Nórthia, disse e sustento que não posso nem devo aceitar tal matrimônio.

"Arqueiros!" — gritou. — "Preparai os vossos arcos e atravessai-me aqui mesmo com as vossas flechas! *Não sou o príncipe Freas,* que foi assassinado, mas sua irmã Walkíria, que tomou o nome dele para evitar que o nosso país fosse subjugado pelos estrangeiros!

"Matai a neta de Nórthia, se pensais que ela desonrou com seus atos a glória de sua ilustre avó!"

Ao dizer tais palavras, atirou ao solo o manto de arminho que a cobria, deixando a descoberto seu fino talhe de mulher, apenas velado com uma túnica branca cingida à cintura por um cordão de ouro.

Levava em seu pescoço o colar de safiras usado pelas mulheres descendentes de Nórthia, como um brasão nobilíssimo que somente elas podiam usar.

Profundo silêncio de expectativa seguiu-se a esta inesperada e valente declaração.

Abel pôs-se de pé e disse:

— Bendita sejas, filha de Nórthia, porque agiste com justiça e eqüidade. Quis falar por último porque descobri neste nobre ser toda a grandeza que acaba de glorificá-lo.

— Nórthia a salvou! Nórthia a ama e a glorifica! Nórthia tornou-a justa e nobre como ela!...

Tais foram os clamores dos quais se encheu a Praça da Justiça.

O príncipe Eric, seu tio, profundamente comovido, aproximou-se de sua formosa sobrinha e a beijou na testa.

— Demonstraste — disse — ter o sangue da minha ilustre e gloriosa mãe, porque preferiste a morte à vileza e à mentira. Ficarás à frente deste povo porque ninguém o guiará melhor que tu, formosa Nórthia da época atual.

— Filha de Nórthia! — gritavam todos num formidável aplauso. — Fazes reviver a tua divina avó! És novamente o nosso gênio da paz e da abundância. Deusa das espigas, contigo vem a paz, a alegria e a abundância!

A jovem mantinha-se erguida, devorando sua emoção para não deixá-la transluzir ao exterior. Quando quiseram levantá-la nos braços para passá-la pela multidão, não pôde resistir mais e caiu desmaiada em seu estrado sem uma queixa, sem um soluço, como se um raio a houvesse ferido.

Os anciãos correram, mas Abel, que estava quase a seu lado, se antecipou e com ele Muref e dois kobdas mais, para fazê-la reagir através de suaves fluidos magnéticos.

— Se me permitis — disse Abel —, nós possuímos conhecimentos médicos e poderemos aliviá-la mais rapidamente.

"Em primeiro lugar" — disse Abel a Eric, que se aproximara — "é conveniente que venha aqui a mãe e algumas criadas para que a transladem para sua habitação." — Enquanto eram distribuídas as ordens, os quatro kobdas à vista de todos estenderam suas mãos a distância sobre o exânime corpo da jovem. Pouco depois chegou soluçando a mãe e duas irmãzinhas adolescentes seguidas de várias nobres mulheres, esposas ou filhas de chefes guerreiros, e finalmente uma dezena de criadas com uma padiola revestida de peles e sedas.

— Walkíria, minha filha! — soluçou a mãe. — Eu dizia que o sacrifício que te impunhas pelo povo iria custar-te a vida! Quem te devolverá à tua mãe viúva, e sem seus filhos galhardos e fortes que a defenderão? Que será de mim e de minhas duas meninas?... Quem me salvará, quem?

— Eu, mãe, eu!... — murmurou em voz baixa a jovem enferma, que já tinha voltado a si e ouvido as queixas de sua mãe. — Não compreendestes que vibra em meu ser a alma de Nórthia?

"Obrigada" — disse dirigindo-se aos kobdas que ainda continuavam com suas mãos estendidas sobre seu corpo. E dirigiu-se a seu tio com estas palavras:

— Príncipe Eric, nobre e magnânimo Aitor, Sacerdote e Rei de todos os países do gelo! Perdoai o engano que proporcionei a todos, em atenção ao fim nobre que me impulsionou; entretanto, uma vez que estais nos vossos domínios e que as circunstâncias me obrigaram a descobrir o segredo, deixai-me partir, eu vos rogo, com minha mãe e minhas duas irmãs para um país distante, onde ninguém saiba que a infeliz Walkíria se viu obrigada a mentir para salvar o seu país do jugo estrangeiro.

176

A multidão fora obrigada a se retirar e estas palavras somente foram ouvidas por seu familiares, pelos anciãos e pelos kobdas.

— Não te preocupes, ó nobre sobrinha, filha de meu irmão Icléias! — respondeu Eric. — Atende à tua saúde alterada pela rude luta que sofreste, e deixa que seja eu quem decida de ti, da tua mãe e das tuas irmãs.

Pouco depois, colocada na padiola, Walkíria foi levada para seu aposento, seguida de sua mãe, de suas irmãs e das mulheres que a acompanhavam.

Ninguém se deu conta de que um sagaz observador oculto não perdera o menor detalhe do ocorrido; este observador era Kaíno, que, de um canto formado por um grande tapete e o gradil do palanque, permaneceu na parte destinada ao príncipe Freas, não porque tivesse suspeita alguma sobre sua condição de mulher, mas porque lhe pareceu que ali, perto dele, compareceriam seus familiares, e quis ver se tinha irmãs e se eram tão belas quanto ele. Calcule, pois, o leitor, sua satisfação quando descobriu que não existia tal príncipe Freas, mas uma bela flor da neve a quem tinham posto um nome de deusa: *Walkíria.*

Kaíno caiu como num êxtase, do qual não teve forças para levantar-se e seguir o séquito que acompanhava a padiola da enferma; mas imóvel, paralisado por uma força estranha, manteve-se assim oculto, atrás do imenso tapete e das peles que formavam amplo dossel no estrado onde a jovem caíra desmaiada.

Um mundo de ambições, dores, lutas, remorsos, aspirações e até asco de si mesmo se levantou em seu espírito como uma borrasca formidável. Acaso podia ele, filho de ninguém, que havia recebido de esmola a vida e a posição, fixar seus olhos com justiça nessa estrela que brilhava tão alto?

Sua horrível vida passada acudiu-lhe novamente à mente, abrindo um abismo mais profundo entre ele e o limpo cristal daquela outra vida que acabava de entrever.

Recordou um por um seus lúbricos amores, se tal nome podia ser dado às mais brutais e grosseiras manifestações da sensualidade levada aos últimos extremos da luxúria e da lascívia. Recordou as vítimas destes imundos excessos seus: jovens enlouquecidas de terror precipitando-se no mar, enforcando-se numa árvore ou abrindo com um punhal a garganta; noivos desesperados estatelando-se do alto da montanha, mães anciãs morrendo de sofrimento e vergonha... Oh, que horrível dança de malignos fantasmas desfilavam perante sua recordação, escarnecendo dele e gritando: maldito, maldito... maldito sejas por toda a eternidade!

Um suor frio invadiu seu corpo, uma pesada treva invadiu-lhe a alma e ninguém mais pensou nele, pois todos acudiam à jovem enferma que, depois de uns momentos de lucidez, viu-se acometida de delírios e febre.

A chegada das hostes de Kólkida, com a reclamação já conhecida, absorveu a atenção de quase todas as pessoas que podiam interessar-se por ele, inclusive Abel que, como representante do Thidalá da Aliança, devia presenciar as deliberações.

A serena coragem de Walkíria em manifestar a verdade do ocorrido botou todas as armas em terra.

Quem poderia levantar armas contra a neta de Nórthia, que com tanta valentia, com tão heróica abnegação, ocupara o lugar de seu irmão para remediar os erros deste?

Abel esvaziou a taça de bálsamo sobre a dor e a vergonha da princesa Alcmene com estas palavras:

— Há um refúgio de princesas viúvas em Monte Kasson, onde permanece atualmente também a ilustre Cherua da Trácia. Eu, com a autoridade do Thidalá, declaro que a Grande Aliança das Nações aceita o filho que há de nascer como legítimo herdeiro do Príncipe Icléias e da Princesa Alcmene, sua nobre viúva, pois ninguém tem direito de pensar que Icléias se houvesse negado a reconhecê-lo se a morte não o houvesse ceifado antes de cumprir com esse dever.

Tais palavras depuseram uma nota de paz e calma em todos os ânimos. O príncipe Eric gravou sua assinatura ao pé da ata de reconhecimento da princesa Alcmene e de seu filho como legítimos filho e esposa do príncipe falecido.

WALKÍRIA DE KIFFAUSER

A velha cidade de pedra edificada, segundo a tradição neolítica, pelos poderes ultraterrenos do Deus *Eskualdis,* fundador da antiqüíssima raça dos escaldunos do Cáucaso e do Ponto, havia sido o berço da valorosa jovem, neta de Nórthia e de Lugal Marada, que o leitor acaba de conhecer. Foi chamada Walkíria porque uns mercadores chegados das bocas do Danuvve,* que ao cruzar o mar haviam sofrido um naufrágio, foram socorridos pelos criados da casa no preciso momento do nascimento da menina. Estes náufragos afirmaram que uma deusa chamada *Walkíria* lhes anunciou em sonhos que seriam salvos por ela, que acabava de tomar matéria na magna cidade do Deus Eskualdis na desembocadura do rio Rihon.**

Satisfeitos os pais pelo misterioso anúncio, que acariciava grandemente a sua vaidade, agradaram-se de chamar a belíssima menina com o nome de Walkíria. Ela demonstrou desde muito pequena um caráter firme e resoluto, sabendo impor-se e dominar as brincadeiras com seus dois irmãozinhos maiores e com todos os meninos que brincavam com ela. Não obstante este domínio, eles a amavam extremamente, como se ficassem felizes de ver-se dominados pela vontade dela.

— Tiramos ninhos de tordos?... — perguntava um.

— Se Kíria nos deixar!...

— Amarramos os filhotes de faisão nos pinheiros?

---

* O Danúbio de hoje.

** O ponto onde se encontra o porto de Kutais, na baía oriental do Mar Negro.

178

— Kíria fica aborrecida e lhes dá a liberdade!...

Entre aquela colônia infantil, a vontade de Kíria era tudo.

Fica explicado, pois, ao leitor, que, chegada a juventude, foi Walkíria a fibra impulsora e vibrante a mover todas as molas do lar. Como seu pai era o filho terceiro de uma esposa secundária de Lugal Marada, que tinha mais de trinta esposas antes de se unir à Grande Aliança, fácil é compreender que esta família não teve maior importância até quase o final da vida do velho e poderoso príncipe, ou seja, quando deu carta de soberania às suas esposas e dotou seus filhos designando-lhes terras e povos segundo a maior ou menor predileção que tinha por eles. O pai de Walkíria ganhara por sorte, como patrimônio, a velha cidade de Kiffauser na desembocadura do Rihon, que descia na primavera como torrente impetuosa dos elevados cimos do monte Kasbek, o limite norte das terras pertencentes à dita capital.

Tribos de caldios, javaneses e tubalinos povoavam aquela região, cuja maior riqueza consistia nos produtos das minas, motivo pelo qual eram quase todos metalúrgicos; uns poucos lavradores e pastores completavam aquela povoação.

Este filho de Lugal Marada adquiriu certa importância entre os numerosos filhos do grande príncipe graças à sua união matrimonial com a irmã mais jovem de Nórthia, primeira esposa do poderoso Serru do Norte. Esta foi, talvez, a razão por que lhe foi designada a importante e velha cidade de Kiffauser, criação, segundo o mito da época, do Deus Eskualdis, dominador das tempestades e do fogo.

Tais são os horizontes nos quais Walkíria apareceu na vida física e onde a encontramos desempenhando o importante papel de dirigente daquele povo heterogêneo, mas harmônico e dócil.

Como espírito pertencia à falange da Justiça e do Poder, a uma agrupação de espíritos vindos há muitos séculos de Ariana, estrela da Constelação de Sírio, para colaborar na evolução da humanidade terrestre na época em que o Instrutor desta humanidade apareceu no meio dela.

Quando terminaram as preocupações e cuidados do dia e Abel e seus kobdas companheiros se encontravam retirados em seu pavilhão, notaram a ausência de Kaíno, que não era visto por eles desde o meio-dia.

— Ah!... — exclamou o jovem Mestre alarmado. — Eu devia ter-me preocupado mais com ele.

— Acalmai-vos, que eu o vigiei — respondeu o ancião Muref. — Presumo que está passando uma forte crise, mas que lhe será muito benéfica.

— Posso saber por que dizeis isto? — interrogou Abel.

— Porque se enamorou, no meu entender, dessa jovem princesa, e começa a padecer pela impossibilidade de conquistá-la.

— Ah, corações de homens!... — exclamou Abel. — Sempre correis atrás de loucos desejos que mais vos incitam quanto mais distantes ou impossíveis estão. Kaíno... Kaíno!... Tiveste tantas flores nas mãos!... Ouviste cantar tantas calhandras!... Tantos cordeirinhos esfolaste vivos, e agora te ocorre padecer por uma coisa que não podes alcançar! Eis aí uma maneira de buscar o padecimento pelo puro desejo de padecer. Vejamos o que ocorreu a ele — disse o jovem kobda, levantando-se para ir procurá-lo.

— Deixa que eu o traga, pois sei onde se encontra.

179

Muref saiu enquanto os demais kobdas comentavam os acontecimentos presenciados e, mais do que tudo, os horizontes que lhes ofereciam aquelas tribos nórdicas com sua simplicidade de costumes, suas formas de vida, sua compreensão da Divindade, seu cultivo das ciências e das artes.

— Imaginai — disse um deles — que acabo de saber que, mais para o norte e sempre junto à costa do mar, existe uma cidade chamada Askersa, pertencente também à família de Walkíria, a qual está governada por uma mulher, espécie de maga ou pitonisa chamada *Gerda*, que em nossa língua significa *jardim com flores*. Esta mulher, mandada pela deusa Ningirsu, ordena o cultivo das flores como rito de um culto completamente dedicado à floricultura, da qual dizem extrair a vida e a morte. Perfumes adormecedores e narcotizantes para alívio de enfermidades nervosas, bálsamos que neutralizam a ação mortífera da picada de certos répteis e insetos venenosos; licores depurativos do sangue para descongestionar órgãos internos afetados por determinados males, enfim, toda uma farta e hábil farmacopéia dos sucos que, em seus floridos altares ao ar livre, extraem das mais exóticas flores transplantadas do outro lado da cordilheira caucasiana, das margens do Báltico ou das embocaduras do Volga ou do Donda.

— É algo que talvez nos seja muito útil aprender — acrescentou outro dos kobdas.

— Dentro de breves dias estaremos lá — disse Abel. — Se é que nosso Kaíno não caiu enfermo do corpo ou da alma, obrigando-nos a mudar o itinerário da nossa viagem.

Enquanto assim dialogavam chegaram vários criados de Eric conduzindo em mesas rodantes uma infinidade de alimentos em grandes travessas de cobre, com a mensagem de que o *Serru* viria logo para cear com eles no salão de Nórthia. Como que por encanto, foram afastados para um ângulo e cobertos com um anteparo de madeira todos os instrumentos de trabalho que estavam disseminados ali. Ficou somente no centro a estátua de Nórthia, cujo pedestal foi adornado de folhagem e ornatos de corais.

Grandes velas de cera e lâmpadas de azeite perfumado penduradas no teto davam luz ao suntuoso recinto. Circundada a enorme sala em todas as suas paredes com o tradicional estrado coberto de tapetes e peles, as mesas foram dispostas defronte a eles, ficando ao centro o grande quadrilátero formado pelas mesas e pela estátua de mármore de Nórthia iluminada por uma lâmpada cujo covilhete tinha a cor da safira, dando-lhe um reflexo azulado semelhante à luz da Lua numa noite serena.

Logo chegou Eric com os três anciãos que foram acompanhá-lo até o lago Van, onde teve lugar a entrevista com Bohindra.

— Oh, Serru!... — disse Abel ao vê-lo. — Da nossa parte não teríeis necessidade de incomodar-vos, pois bem sabeis que os filhos de Numu comem até as espigas arrancadas do restolho e as frutas das árvores.

— Por mim também, irmão Abel — respondeu Eric —, porque a faustosidade é coisa muito secundária no catálogo dos meus gostos; entretanto, quero render justa homenagem à grandeza da autoridade que reside em vós nestes momentos, e também

180

à memória dessa mulher que foi minha mãe e que as revoltas deste país nos fizeram quase esquecer... Além do mais, não comeremos só vós e eu.

— Tendes, pois, convidados de honra? — perguntou Abel, sentando-se junto ao lume que dois silenciosos criados cuidavam de alimentar constantemente com lenha e umas bolinhas que, ao queimar-se, produziam deliciosos aromas.

— Tenho convidados de honra — repetiu Eric — e vos previno que não deveis ter nenhum embaraço em falar com inteira liberdade, embora vendo que entram e saem criados e que estes guarda-fogos permanecem aqui constantemente. Nunca vos disse que aqui ficou um vestígio do passado, o uso de surdos-mudos para o serviço das casas do Serru. De sorte que o que em outros países é uma desgraça aqui é cobiçado como uma bênção dos deuses. Todos os surdos-mudos do país são trazidos para as cidades onde têm residências o Serru, seus descendentes e herdeiros, e já se sabe que são aceitos com preferência aos que ouvem e falam.

— Que originalidade há nos costumes de cada país! — exclamou Abel. — Contudo, se querem divulgar um segredo, o farão da mesma forma!...

— Se o segredo entra neles pelos olhos, são senhores dele, mas se é pelos ouvidos, são como esta muralha.

— Tirastes as provas cabíveis para estar certo disto?

— Ah!... A primeira medida é uma prova de consciência, para a qual há um tribunal de técnicas especiais. Até certo ponto considero bom este costume, que impede as torturas e os castigos terríveis que em outros países são infligidos aos criados que vendem os segredos de seus amos. Não o entendeis assim também?

— Na verdade, sim, uma vez que se lhes dá um meio honroso de vida. Como fazeis para ensiná-los, se nada ouvem?

— Durante três luas um aprendiz se converte na sombra de um criado antigo que se chama *Kalkoman,* do qual aprende observando todos os passos e movimentos que há de fazer para desempenhar o ofício que lhe é designado.

"Disto resulta que são criados autômatos, ou seja, de uma exatidão quase maravilhosa, e que não variam jamais em seus aspectos e formas."

— E essas melodias? — perguntou aproximando-se um dos kobdas que, com outros de seus companheiros, se haviam entretido em observar os tapetes e tecidos que foram colocados atrás do reposteiro no ângulo mais afastado do vasto salão.

— Essa é a minha surpresa. Já vereis! — Eric aproximou-se da grande porta que dava para o bosque de amoreiras, separando este pavilhão do resto dos edifícios que compunham aquela vetusta cidadela de pedra.

Abel e os outros kobdas o seguiram. Pela avenida central aproximava-se um numeroso desfile de personagens que pareciam fantasmas de gelo. Uma centena de ursos brancos de grande tamanho sobre cujo sedoso lombo se achavam de pé meninos e meninas de doze anos, vestidos com gibões de plumas de cisne ou de arminho, que executavam melodias em pequenos instrumentos de sopro semelhantes às ocarinas do Eufrates ou às vóskias circassianas. Numa espécie de ornatos de prata que os ursos levavam na cabeça, ardia uma tocha iluminando de cheio as crianças artistas que, no passo sereno e majestoso dos ursos, executavam tranqüilamente suas suaves melodias.

181

No final apareceu Walkíria, vestida de branco como toda a sua original comitiva, conduzida sobre uma pequena plataforma colocada sobre enormes rodas de pedra enroladas com lã para que deslizassem sem ruído.

Suas duas irmãzinhas adolescentes vinham também de pé sobre os últimos ursos que cortejavam de perto a que aparecia como uma soberana no meio de um lúcido cortejo de neve. Atrás e envolta em seus véus acinzentados de viúva, vinha sua mãe, conduzida da mesma maneira que sua filha.

Tanto as crianças como a jovem e sua mãe foram descendo na própria porta do recinto. Eric introduziu sua bela sobrinha e a mãe e foi sentá-las defronte à estátua de Nórthia, enquanto as crianças artistas ocuparam os estrados defronte a elas e continuaram sem interrupção suas sentidas melodias. Quando iam terminar, ao compasso de uma música que tinha ares vibrantes e marciais, deram três voltas, ao redor da estátua de Nórthia, na qual arrojaram brancas coroas de flores que desprenderam de suas frontes. A agitação do ar que faziam as coroas ao cair fez oscilar a azulada luz da lâmpada cor de safira que se achava diante da estátua, e essas oscilações deram a impressão de que a Nórthia de mármore se agitava em seu pedestal de granito. Os anciãos, Eric, as duas mulheres, os criados, as crianças, os guardiães dos ursos, todos prorromperam num imenso clamor.

— A divina Nórthia revive para ver a glória da sua neta!

— Apolo guarde eternamente a filha de Nórthia, para glória e felicidade do seu povo!

Walkíria levantou-se e, com uma fria serenidade que a assemelhava também a uma estátua de mármore, estendeu o luminoso olhar de seus olhos cor de topázio sobre os que a rodeavam. Dir-se-ia que perguntava com os olhos o que esperavam dela. Talvez sua intuição tenha encontrado a resposta, principalmente nos olhos de Abel, que pareciam haver-lhe dito:

— Faz a Nórthia esta noite a grande e solene promessa de restaurar sua obra em favor da mulher prostituída e desonrada.

Depois de breves segundos, ela se encaminhou com passo sereno e firme para a estátua de sua ilustre avó, desprendeu de sua própria cabeça a coroa de rosas brancas e, colocando-a na cesta de espigas que a estátua tinha na mão, disse:

— Apolo! Deus das terras do gelo, escuta e recolhe meu juramento: como estas brancas rosas recolhidas entre a neve, virão cantar aos pés de Nórthia todas as mulheres decaídas que eu conseguir levantar com minha mão. — E colocou sua testa sobre a mão fria de mármore que sustentava a cestinha das espigas.

Um imenso aplauso que parecia uma tempestade ressoou naquele vasto recinto.

Antes que Walkíria se afastasse daquele lugar, aproximou-se Eric acompanhado de Abel, e, tomando a mão direita de sua bela sobrinha, disse com solene entonação:

— Em presença de Apolo que tudo vê, ante a imagem de Nórthia, minha mãe, cuja alma vibra junto à tua, e tendo junto a mim o representante da mais alta e nobre autoridade da Terra, o Thidalá das Nações Unidas, eu te constituo Matriarca e Rainha dos países do gelo desde o Monte Kasbek até o golfo de Azove*, com independência

---

* O atual Mar de Azov.

de toda autoridade que não seja a Grande Aliança do Eufrates e do Nilo, da qual, com os teus povos, começas a fazer parte desde este momento.

Em confirmação de tais palavras, prendeu-lhe no peito o símbolo de sua dupla autoridade civil e religiosa, que consistia em duas cabeças de águia cinzeladas num pequeno escudo de ouro com esta inscrição: "Nórthia me consagrou Rainha, Sacerdotisa e Mãe sobre os povos que a amaram."

Abel colocou no dedo indicador da jovem o anel da Grande Aliança, na sua qualidade de representante do Thidalá das Nações Unidas.

A mãe de Walkíria, envolta em seus amplos véus de viúva, chorava silenciosamente, enquanto sua filha, de pé ante a estátua de Nórthia, recebia a ovação de todos os presentes, intensificada por um canto triunfal das crianças que repetiam num harmonioso conjunto de vozes:

— Bendigamos a que surgiu como uma pérola do mar, como uma estrela nos céus serenos, como uma flor nas montanhas de neve, como um rebento de videira nas vinhas de Kiffauser, como um beijo puro da boca de Nórthia, como a mais bela promessa de Apolo aos povos que o adoram!

Quando todo aquele entusiasmo se acalmou, a jovem, branca como o manto de pele que a cobria, mas com uma firmeza e uma serenidade que assombraram os homens, pronunciou em voz alta estas palavras:

— Vós me obrigais a ser grande, forte e nobre. Que Apolo e Nórthia estejam comigo para que as minhas obras correspondam a tudo quanto esperais de mim!

Foi conduzida por Eric e Abel ao seu lugar e se iniciou a refeição em conjunto, enquanto os coros de crianças executavam melodias e o megafone dos arautos anunciava à velha cidade de Kiffauser que esta já tinha a sua soberana na valente jovem, neta de Nórthia, que salvara o país da invasão dos gigantes da Escítia do Norte.

Kaíno, trazido por Muref, contemplava toda esta apoteose de glória e amor de um afastado ângulo do imenso salão.

Quão grande e bela era aquele mulher!... Saída como uma pérola do mar, como uma estrela nos céus, como um rebento da videira, como um beijo da boca de Nórthia, como a promessa de Apolo aos povos que o adoram, segundo rezava o hino da glória que haviam cantado para ela.

Do fundo de sua consciência, toda trevas, parecia levantar-se como um horrível dragão esta pergunta zombadora e mordaz:

"Vês, Kaíno, o que é uma vida justa, cheia de retidão e nobreza? Vês o caminho da glória demarcado antes pelo correto agir?

"Vês como encontram compensação os que não a buscam entre a degradação que farta os seus baixos instintos e enche de tédio o coração?

"Vês como recolhem espigas os que semeiam espigas e se coroam de estrelas os que não escurecem com imundas ações a sua própria vida?

"Olha agora para ti mesmo e recolhe com tua boca manchada de lodo a baba dos escorpiões que os teus pensamentos e as tuas obras criaram aos milhares ao teu redor!..."

— Por piedade, tirai-me daqui que vou morrer!... — disse com voz surda ao ouvido do ancião Muref, que o tinha a seu lado.

— Mas como? Não encontrais satisfação no triunfo dessa nobre mulher?

— Não!... Eu vos digo que não!... — respondeu.

— Ah, Kaíno, meu filho!... — acrescentou o ancião com voz baixa, entristecido e pesaroso. — Que tremendo cataclismo oprime a alma que teve em sua mão a Luz Divina e em sua inconsciência a apagou sob uma montanha de funestas paixões!...

O ancião saiu levando Kaíno, que, enlouquecido pelo negrume de seus próprios pensamentos, caiu num estrado de repouso na solitária alcova que lhe haviam designado. Contra sua vontade, continuava ouvindo as suaves melodias da sala do banquete onde eram cantadas as nobres e belas ações daquela outra vida, enquanto ele, em suas trevas, via pestanejar os malignos olhos sangrentos do feroz dragão de sua própria consciência dizendo:

— Continua bebendo o veneno que tu mesmo destilaste.

— Que o sono acalme os teus terrores, desventurado filho das tuas próprias obras — exclamou o ancião Muref, derramando a bênção de seu amor sobre o jovem quando o viu entrar no sono.

A Mulher de Bronze

No dia seguinte, à primeira hora da tarde, a nova matriarca queria cumprimentar na enorme fortaleza de pedra que lhe servia de morada o jovem representante do Rei da Grande Aliança e seu tio Eric, como também os anciãos conselheiros e chefes de tribos que tinham sido fiéis a seu ilustre avô. Os kobdas que formavam o Conselho de Abel deviam apresentar-se também.

Toda a Kiffauser era como uma aglomeração de enormes pedaços de montanha transformados em casas, pavilhões e muralhas. Eram verdadeiras *kovvas-casas*, como os nativos as chamavam; disto parece ter-se originado o nome da cordilheira que desde aquela época foi conhecida como Cáucaso, nome abreviado e derivado daquelas formidáveis cavernas-moradas dos homens.

A habitação de Walkíria era um bloco de pedra poligonal que sobressaía de uma plataforma na qual se subia por uma escadaria lavrada na rocha viva. Dois grossos cubos de pedra removidos por quatro pares de ursos brancos de grande tamanho fechavam a grande abertura exterior da muralha por onde se entrava ou saía daquela ciclópica habitação.

No alto da parede frontal ficava sempre um Miraf, ou vigia, que dominava com o olhar uma certa extensão de terreno e dava aviso ao guardião dos ursos porteiros para que pusessem em movimento os enormes cubos de pedra, se de antemão tinham sido avisados que se esperava gente do exterior.

184

Compreender-se-á perfeitamente, pois, que quando Eric, Abel e seus acompanhantes haviam subido a escadaria de pedra, os ursos removeram com grande calma os cubos, deixando-lhes a passagem livre.

Toda a impressão de força ciclópica que aquela morada tinha no exterior mudava, como que por encanto, apenas se transpunha a porta, que invariavelmente se fechava atrás dos visitantes.

Ao ver isto, um dos kobdas disse ao outro:

— Irmão, se tivéssemos entrado aqui como prisioneiros, já poderíamos esquecer-nos de voltar a sair.

— Parece que os homens do gelo não confiam muito na amizade dos vizinhos — respondeu o outro.

Uma colunata baixa, cujos enormes pilares de pedra não poderiam ser abraçados por seis homens com os braços abertos, conduzia desde a porta até a sala principal. De um lado e do outro da colunata, viam-se em invernadouros as mais variadas plantas, flores, pássaros e peixes. Um verdadeiro gradeado de corais, pedras de cores múltiplas que se assemelhavam a ramalhetes de brilhantes cristais, longas fileiras de pérolas negras, brancas, vermelhas, azuis, entrelaçavam um globo feito de fino arame de cobre que encerrava os passarinhos em buliçosa quantidade.

Os kobdas estavam surpresos de que tão delicadas belezas estivessem encerradas naquela rude e negra fortaleza de pedra.

— Mas aqui pareceis uma princesa encantada — disse Abel à jovem Walkíria que, sem cerimônia de nenhuma espécie, saiu para recebê-los, coberta com um manto com capuz de lã azul bordado de branco que, desde a cabeça, lhe chegava aos pés.

— Encontrais beleza no meu palácio de rochas? — perguntou. — Como sois sempre chamados os homens da toga azul, eu quis vestir a vossa cor favorita para que encontreis mais harmonia entre vós e eu.

— Muito obrigado pela vossa delicadeza — respondeu o jovem kobda, enquanto Eric e os anciãos iam dizendo aos kobdas os nomes e qualidades de quanta beleza exótica ali encontravam.

— Não é verdade que por fora isto é uma fortaleza temível e por dentro é um jardim de amor? — perguntou Eric a Abel, que caminhava a seu lado.

— Um jardim do amor sem amor! — respondeu a jovem. — Porque, desde que foi assassinado o nosso divino avô, a morte e a tristeza se espalharam por todos estes jardins. O que aqui se sofreu... as horas e dias de horror que se sucederam são tantos e tão terríveis que pareço ter despertado, à vossa chegada, de um tremendo pesadelo. Por isso desculpareis minha mãe que apenas fala e sempre chora; minhas irmãzinhas parecem corças assustadas, e em quase todos os criados parece perdurar o vestígio de uma tragédia de sangue e fogo que houvesse passado por eles.

"Quando se soube que o herdeiro Eric havia partido para o sul, julgou-se que ele fugia da espantosa rebelião que era incapaz de sufocar, e então, uns por ambição, outros por medo, trataram de se aproximar dos que acreditavam mais fortes dentre os numerosos descendentes do grande Serru."

— Bem sabeis — disse Eric — que abandonei o país à meia-noite, porque do contrário não teria salvo a minha vida, pois até algumas das antigas berecinas do meu pai começaram a fazer circular a caluniosa versão de que eu era cúmplice do assassinato para subir mais rapidamente ao poder; e principalmente, para que o Grande Serru não tivesse tempo de gravar em pedra sua última vontade, repartindo entre todos os filhos as terras que deixara para si. Para desmentir em parte tão odiosa calúnia, outorguei à minha sobrinha o país de Kólkida com suas três cidades: Kiffauser, Askersa e Kaudina, e quatorze aldeias povoadas por mineiros, lavradores e pastores. A mesma coisa concederei a todos aqueles que tiverem cumprido com seu dever e demonstrado ser capazes de governar povos. Não vos parece que ajo bem?

— A nobreza e a justiça do vosso pai passaram ao vosso coração — respondeu Abel, a quem era dirigida aquela pergunta.

— Sois nesta morada dono e senhor! — disse Walkíria, inclinando-se diante de Abel ao chegar à porta da habitação. — Passai, e que seja do agrado do vosso coração a permanência sob este teto.

Abel penetrou no interior seguido de Eric e Walkíria, enquanto os anciãos e os kobdas, dispersos ainda em pequenos grupos, ouviam as estranhas histórias ou tradições que os séculos tinham tecido ao redor da ciclópica fortaleza, que dominava de considerável altura a velha cidade de Kiffauser, cujo aspecto a distância assemelhava-a a uma manada de elefantes adormecidos à margem do mar.

A mãe aguardava-os no estrado, e suas duas filhas adolescentes se aproximaram para cumprir o primeiro dever da hospitalidade naquele país, que consistia em apresentar perante o hóspede um recipiente de maior ou menor riqueza cheio de água perfumada, onde o recém-chegado submergia suas mãos. Uma delas apresentou o recipiente, enquanto a menor oferecia uma branca pele das cordeiras que a cada ano eram consagradas a Apolo e de cuja lã apenas se fazia uso para secar as mãos dos ilustres viajantes e para tecer mantos que o soberano vestia.

— Pobres meninas, ficareis cansadas — disse-lhes Abel — se todos que vêm comigo tiverem que fazer isto.

— Fazei-o vós por todos e basta — respondeu Eric, que, como viajara muito fora de sua terra, não dava maior importância à tradicional cerimônia.

— Visto que sois irmã de Nórthia, minha mãe — acrescentou o Serru, dirigindo-se à silenciosa mulher que os contemplava do estrado — permiti que me manifeste como um filho vosso. Assim não sentireis a falta em vossa testa do beijo dos filhos quando voltam de suas campanhas. E dizendo-lhe isso, aproximou-se e beijou a fronte entristecida daquela mulher. Um soluço embargado escapou daquele coração sobrecarregado de sofrimentos.

— Muito obrigada, filho de Nórthia!... — murmurou apenas secando suas lágrimas. — Que Apolo te abençoe no amor dos seus povos, na abundância dos teus vinhedos e das tuas amoreiras, na multiplicação prodigiosa das tuas manadas e na copiosa coleta de corais e pérolas do Báltico!

— Seja como diz a boca sagrada de uma mãe viúva!... — exclamaram os anciãos e as meninas, que haviam escutado a solene bênção da mulher sobre o jovem.

Quando todos se haviam sentado nos grandes estrados, apareceram quatro galhardos jovens vestidos de amplas capas de pele negra, conduzindo uma espécie de cofre coberto de flores que depositaram no centro da grande sala ao mesmo tempo que cantavam suavemente ao compasso de instrumentos pulsados do interior da habitação:

— Cantemos aos que partiram para os campos dourados de Apolo, e cuja ausência é causa de nossos sofrimentos profundos.

— Cantemos aos que foram e já não são! — responderam todos os presentes. Por alguns momentos mais continuaram os instrumentos tocando suaves lamentações, como crianças que chorassem. Ato contínuo, a jovem matriarca arrojou perfume na lareira que ardia num ângulo da sala e repartiu com todos as flores que cobriam o cofre de prata. Por turno, cada um dos quatro condutores do cofre recitou o elogio dos mortos por quem chorava a ilustre família descendente de Lugal Marada.

Terminada a homenagem aos mortos, os jovens das capas de pele negra desapareceram com seu cofre e outros personagens apareceram em cena.

Eram seis adolescentes cobertas com véus de tênues coloridos com douradas cestinhas de flores que, ao compasso de danças e cânticos, foram espalhando-as no estrado dos hóspedes, aos quais dirigiam os mais delicados elogios e belos augúrios para o porvir.

Ao terminar este número, a jovem matriarca passou por diante dos visitantes levando em suas mãos, postas em forma de uma taça, uma quantidade de pedras preciosas representando flores, cabecinhas de pássaros ou diminutos peixinhos, dizendo:

— Tomai de minhas mãos abertas como um coração sincero perante vós uma pequena recordação que vos ofereço pelo dia em que honrastes a minha casa com a vossa presença.

Abel tomou um rubi que tinha a forma de uma lágrima de sangue e, sem saber por que, pensou naquele holocausto do país de Ethea, quando ele oferecera ao Eterno Amor o perfume de dois corações de carne que se consumiam juntos!... Ao fechar seus olhos umedecidos pela emoção daquela lembrança, viu diante de si a transparente imagem de Zurima, a meiga árabe, que lhe dizia com sua voz sem ruído:

— Sou tão feliz por te haver seguido, quanto me custou encontrar-te. — Contudo, ninguém viu aquele lampejo de amor vindo do infinito, porque todos seguiam com a vista o passo firme da jovem matriarca que ia fazendo recolher pedras preciosas dentre suas mãos a todos os que a honravam com sua vida.

— Sois extremamente gentil e delicada, minha sobrinha — disse Eric — e escolho esta esmeralda que tem a forma de um coração, para recordar, enquanto viver, a esperança que tantos milhares de corações depositam em mim.

— Até aqui vistes Walkíria delicada como uma flor — disse a silenciosa mãe quando sua filha se sentou novamente. — Agora vos farei ver uma Walkíria de bronze salpicada com o sangue do seu avô, do seu pai e dos seus irmãos enquanto seus olhos permaneciam secos de seu coração sem queixas e sem gemidos.

— Mãe!... que vais fazer? — perguntou sobressaltada a jovem.

— Deixa-me, filha!... Tu és a matriarca, mas eu sou a tua mãe. Tu mandas nos demais, entretanto eu mando em ti; e quero que o soberano da Grande Aliança e nosso divino Serru saibam a que preço conseguiste a paz de Apolo e a abundância de Nórthia sobre estes povos.

A uma indicação que fez, um garboso jovem, que parecia uma estátua de um deus do amor, cantou num alaúde de ouro as proezas de Walkíria, seus heróicos sacrifícios, suas viagens pelas montanhas de neve animando os arqueiros para que não abandonassem seus postos de defesa, conduzindo feridos para os refúgios e alimentos para os que defendiam o solo nativo da invasão estrangeira. Fortalecendo os débeis e humilhando os prepotentes, como o chicote de aço de um guerreiro invisível, Walkíria estava em todas as partes como uma luz, como um relâmpago, como o estampido de um trovão, como a queda inesperada de uma pedra, como o avanço de uma onda empurrada pelo furacão, como o despenhar-se de um bloco de gelo à luz do Sol do meio-dia.

— Abrir fossos e enterrar os mortos; rasgar suas roupas e vendar os feridos; escudar os viajantes até o porto e esconder em sua alcova os vencidos — eram as frases com que terminava cada canto do inspirado trovador.

Então viram que a matriarca se tornava mais pálida que de costume e que de seus olhos cor de topázio, olhando pela grande porta a distante paisagem do Sol dourando os cumes gelados, se desprendiam lágrimas silenciosas que ela não se preocupava em secar e que iam esconder-se entre as brancas peles de seu toucado, como envergonhadas de tér saído à luz.

— Por isso todos acreditaram que era em verdade o príncipe Freas, o mais valoroso e forte da família, motivo pelo qual o haviam apelidado *o cavaleiro de bronze*.

"Até que chegou o dia em que Nórthia quis fazer conhecer nos países do Ponto Circassiano o que é uma mulher de sua estirpe. E o belo cavaleiro de bronze, temido pelos perversos, respeitado pelos justos, admirado pelas mães e sonhado pela virgens, se transformou repentinamente numa mulher de bronze, de pé sobre os cumes nevados, dizendo a todos os povos:

"— Sou Walkíria de Kiffauser, que conquistou para vós a paz de Apolo e a abundância de Nórthia."

O garboso trovador terminou seu canto e se aproximou da jovem matriarca.

Ela estendeu a mão e ele apoiou nela a sua testa.

— É demasiado — disse. — Mas vos perdôo, porque sei que é a gratidão que põe essas notas na vossa boca. — E, apresentando-o a todos os presentes, disse:

— Este jovem canta assim em louvor de sua matriarca porque ela teve a sorte de chegar a tempo para impedir que os seus pais e a sua noiva fossem esquartejados por uma horda de piratas mercadores de carne humana que coletavam gente robusta e sã em vez de cabras ou carneiros para vendê-los salgados nas estepes da Escítia.

— O jovem e formoso mancebo olhou para ela com a adoração com que se olha para um ser extraordinário e sagrado, e inclinando-se diante dela até o solo, disse:

— Matriarca!... Minha excelsa rainha Walkíria!... Depois de Apolo e Nórthia, sois a glória mais pura dos países do gelo!

"Não é por ter salvo da morte os meus que eu falo nestes termos, mas porque esse fato se repetiu em quase todos os lares que os homens deixaram abandonados para ir em defesa das nossas fronteiras; o fazíeis sob um nome que não era o vosso, o qual anuláveis completamente até o ponto de passardes por morta em lugar do vosso irmão Freas, a não ser porque Nórthia quis obrigar-vos a confessar a vossa

188

identidade. Isto quer dizer que tudo quanto fizestes não foi feito para ganhar grandeza e glória, mas pela felicidade destes povos.

— Teus cantos, ó trovador, são o canto da Verdade e e da Justiça — disse o jovem Serru — e merecem que o teu alaúde seja consagrado a Apolo. Como te chamas?

— Kirfeu de Ethius, filho de Fulko, o tecedor de seda de Kiffauser.

— É o guarda-bosque do nosso amoreiral — observou a mãe de Walkíria — e sua fidelidade para conosco foi provada pelos muitos anos de serviço. Kirfeu nasceu em Ethius, mas deu seus primeiros passos de menino debaixo das nossas amoreiras, às quais viu frutificar vinte e duas vezes. Aprendeu a tocar o alaúde com um prisioneiro trovador que meu marido trouxe de Gorkun, quando essa cidade da Trácia foi incendiada em decorrência do assassinato do jovem Cheru.

— Por que denominais prisioneiro àquele trovador? — perguntou Eric.

— Porque quando o vosso ilustre pai mandou meu marido lutar contra os amotinados de Gorkun em defesa do Cheru, com quem tinha aliança, encontrou muitos prisioneiros nos fossos da fortaleza incendiada; entre eles estava aquele trovador, por haver-se negado a cantar à beleza de uma estrangeira favorita do Cheru. Ficou cego em conseqüência do incêndio, mas o mantivemos conosco como uma recordação da bela Gorkun, hoje em ruínas, e da piedade do meu marido, que o salvou da morte e o conduziu até aqui.

— De modo que — observou Abel — o nosso trovador Kirfeu, que acabamos de escutar, absorveu a harmonia e a justiça da alma e do alaúde daquele trovador prisioneiro de Gorkun.

— Justamente! — afirmou o jovem cantor. — E ele me disse quando me ensinava a pulsar este alaúde, que é o seu:

"— Jamais arranques destas cordas nenhum som se não for para cantar a beleza que há na justiça e no amor! — E como jurei, eu o cumpro, graças a Apolo e a Nórthia que me dão este bom sentir."

— Kirfeu de Ethius — disse Eric, tomando a mão direita do jovem —, sabes que o meu augusto pai consagrou deusa da paz e da abundância a Nórthia, minha mãe, pois Apolo a colocou em seu reino depois de torná-la nobre e boa, mas a morte o impediu de dar leis para o seu culto nos países do gelo. Eu o fiz ontem com o Conselho de Anciãos. Tu serás o primeiro sacerdote de Nórthia em Kiffauser, porque o teu alaúde não canta senão à justiça e ao amor. Convido o nosso ilustre visitante, representante do Thidalá das Nações Unidas, a demarcar o teu programa sacerdotal daqui em diante.

— O sentimento do seu próprio espírito já o demarcou: cantar à justiça e ao amor — respondeu o jovem Mestre. — No entanto, se hão de acrescentar aos cantos obras de amor e de justiça, digo que a sua missão sacerdotal consiste em recolher no santuário de Nórthia os meninos e meninas cegas para ensiná-las a cantar com o alaúde, designando um modesto dote a cada um daqueles que corresponderem com decidido empenho a esta forma de culto que consagrais à grande mulher, símbolo da paz, do amor e da abundância nestes países. Que sejam eles os continuadores do sacerdócio baseado na harmonia do canto que o Serru do Norte iniciou com Kirfeu, o trovador.

— Aceito — exclamou Eric juntamente com os anciãos do Conselho que o acompanhavam.

— Se me permitis — disse um deles — sugiro que essa corte sacerdotal de Nórthia esteja submetida somente à autoridade imediata de uma nobre mulher da estirpe de Nórthia, a grande e valorosa jovem que salvou este país do furor dos invasores: a Matriarca Walkíria de Kiffauser.

— Novamente aceito e ordenado — disse Eric. — E que aqui mesmo se redija a lei que deve ser gravada em pedra instruindo tudo quanto resolvemos.

— Guardais silêncio, matriarca? — perguntou Abel, dirigindo-se à jovem que permanecera silenciosa durante todas estas resoluções.

— Deixo que demarques os caminhos por onde eu andarei e farei andar este povo. Vossos planos e esboços são do meu agrado. Se sou capaz de dar-lhes vida com os fatos, não são necessárias as palavras. Não vos parece que penso bem?

— Oh, matriarca!... sois da estirpe de Nórthia e a justiça flui de vós — exclamou Abel.

— Com dez matriarcas como esta — observou Eric — já poderíamos manter segura a paz para estes povos pelos séculos que hão de passar enquanto os cumes nevados do Cáucaso se refletirem sobre as ondas do Ponto.

Os notários kobdas e os notários do Conselho de Eric redigiram as novas ordens e leis que criavam o culto de Nórthia, deusa da paz, da abundância e do amor, com uma corte sacerdotal de trovadores cegos, cujo sacerdote maior Kirfeu de Ethius seria o administrador dos dotes das crianças até a sua maioridade, devendo habitar todos eles no pavilhão de trabalho e oração da ilustre mulher, que, naqueles dias, estava ocupado por Abel e seus companheiros kobdas.

Três dias depois se instalava defronte à estátua de Nórthia uma imensa lâmina de pedra branca com a nova lei gravada e referendada com as assinaturas do Serru, do Thidalá das Nações e dos notários que haviam autuado em tal circunstância.

Tal foi a origem do culto de Nórthia nas nebulosas distantes da época neolítica. Desse culto, somente confusas tradições foram captadas pela história mediante velhas gravações encontradas nas ruínas dos templos ou necrópoles das desaparecidas civilizações dos caldíberos e escaldunas do Cáucaso e do Ponto.

A Matriarca Kobda

A glória, a coragem e a nobreza de Walkíria espalharam-se como uma luz pelos países de Lugal Marada, que estavam quase todos governados por descendentes ou adeptos antigos e fiéis ao grande príncipe.

Foi como a repentina aparição de um astro desconhecido até então, que subitamente assomava no zênite de um céu tempestuoso, inundando tudo de claridade.

Esse fato, unido à chegada do herdeiro e à presença do representante do Thidalá da Grande Aliança, foi como um esporão de aço que impulsionou para a vetusta cidade de Kiffauser todos os príncipes e chefes de tribos daquele império. Quem não queria ver de perto aquela jovem e formosa mulher, que era na verdade como uma pérola saída do fundo do mar?

Quem poderia ser indiferente a entrevistar-se e tratar com o representante daquele grande rei cujas ponderadas obras o haviam elevado quase aos umbrais do maravilhoso e do estupendo que se cantava dos deuses de céus desconhecidos?

Como não desejar aproximar-se do jovem Serru para buscar posições estratégicas no novo cenário que se apresentava cheio de promessas para o futuro?

Em torno das enormes construções de pedra da velha cidade viram-se levantar suntuosas tendas, porque não havia lugar para hospedar os chefes e príncipes que acudiam de todas as cidades e regiões circunvizinhas.

Muitos deles tinham filhos e filhas. Outros eram jovens que haviam perdido o pai nas terríveis lutas da última sublevação. Em Kiffauser havia naqueles dias três astros de primeira magnitude a excitar o interesse dos grandes magnatas dos países do gelo, desde o Báltico até o Volga: Walkíria, Abel e Eric, os três rodeados de uma auréola tão excelsa que não havia nada, absolutamente, que pudesse torná-los mais gloriosos e grandes à vista daqueles homens.

As primeiras coisas de que os recém-chegados procuravam informar-se eram mais ou menos as seguintes:

— Sabe-se se a Matriarca Walkíria já escolheu esposo?

— Voltou sem casar-se o herdeiro do grande Serru que Apolo levou para o seu reino?

— É verdade que o representante do Grande Rei das Nações Unidas é um neto seu? Deve ser portanto muito jovem, e certamente não haverá ainda tomado esposa. Que glória para o nosso país se ele se prendesse a uma filha destas terras!

Ao redor destas perguntas revoluteavam todos os pensamentos e todas as conversações.

A ambição estimulava a todos, grandes e pequenos, despertando aspirações velhas, adormecidas, forjando sonhos e levantando castelos com tão maravilhosa rapidez e facilidade que os últimos acontecimentos tomavam as feições de um mágico chamado a todas as atividades mentais e a todas as combinações financeiras que se possa pensar.

Esta rede de pensamentos, aspirações e fortes desejos envolvia completamente os três seres que a motivavam e que estavam totalmente alheios a tão desmedida e febril ansiedade.

Abel já havia passado por uma rude sacudidela sentimental, e seu triunfo completo naquela época o imunizara contra novas borrascas internas. Portanto, não chegaram até ele as vibrações dos ambiciosos anelos dos príncipes do Norte.

A jovem matriarca sentiu vagamente a solidão e a tristeza de uma vida sem o pai e sem os irmãos, posta como um círio sobre um pedestal para dar luz a todos aqueles que a aceitaram como soberana. Entretanto, decidida e valente, deu um corte seco em todas as insinuações, mesmo as do seu próprio pensamento, com esta reflexão:

— Quero ter livre a minha vontade, porque esta é a única forma de cumprir o juramento que fiz a Apolo ante a estátua de Nórthia. Senhora absoluta de meus atos, bem sei que posso ser justa. Com outra vontade acima da minha, ignoro como agirei. Não devo, pois, deixar o certo pelo duvidoso.

Quanto a Eric, o jovem Serru, a questão era muito diferente.

O leitor se lembrará de que existia nele predisposição para as sugestões de mentalidades estranhas, e que já numa ocasião havia sido libertado pelos kobdas de "A Paz" da obsessão amorosa que teve pela Rainha Ada.

O príncipe Eric foi quem se sentiu mais molestado por aquele labirinto de pensamentos, ambições e cobiças que teciam ao redor dele os mais poderosos príncipes que se achavam, como auxiliares, à frente dos povos que tinham sido de seu pai. E começaram as suas dolorosas preocupações.

Como um espantoso dragão de cem cabeças se levantava a tentação diante dele, que, como um passarinho aturdido, não sabia onde nem como resguardar-se da tempestade próxima.

Recordava apenas como um sonho distante que, lá na margem do Eufrates, aceitara uma aliança nupcial para daí a alguns anos com uma adolescente, filha do príncipe Elhizer de Ethea. Sua paixão por aquela criatura tinha facilitado enormemente sua cura mental. Entretanto, agora era muito diferente a sua situação. Os pais daquela menina nada exigiam dele nem nada lhe davam. Só ele tinha concebido e proposto aquela aliança.

Em compensação, aqui em seu próprio país, uma centena de príncipes e chefes que haviam sacrificado muito por ele estavam ansiosos pelas compensações, e talvez o abandonariam despeitados e ofendidos se ele tomasse uma esposa estrangeira, desprezando as belas e nobres mulheres de sua terra. Até entre os próprios anciãos de seu Conselho houve quem lhe dissesse:

— Não tendes nenhuma obrigação de seguir a rota iniciada pela vosso pai. Ele agiu como acreditou ser justo em seu tempo. Agi vós como seja justo no vosso. Afastai-vos da Grande Aliança do Eufrates e do Nilo, da qual não necessitais, e engrandecei-vos unicamente com a aliança de todos os vossos povos, tomando tantas esposas quantas são as filhas em idade de matrimônio que têm os poderosos príncipes que vos obedecem. Vosso pai necessitou dos kobdas do Eufrates para libertar-se do poder dos Magos das Escolas Secretas do Cáucaso e procurou o apoio de todas as Nações da Aliança, para defender-se da borrasca que já sentia próxima. Contudo, a borrasca chegou apesar de tudo e lhe custou a vida, sem que a cooperação das Nações pudesse impedir essa desgraça nem tampouco as mortes e a ruína que assolaram durante cinco luas estes países.

"A tempestade está quase completamente vencida. Indenizai a Grande Aliança pelos arqueiros mortos em vossa defesa e pelas contribuições feitas em trigo, azeite e vinho.

"Dívida saldada é questão terminada. Tomai como primeira esposa a vossa sobrinha Walkíria, que ninguém como ela merece tão elevada honra; e como esposas secundárias as filhas dos príncipes de primeira categoria, que serão trinta ou trinta e cinco depois da rebelião da Escítia do Norte, que já não nos pertence. Desenganai-vos: quanto menos estrangeiros mandarem nas vossas terras, mais estareis a gosto."

Tal era a situação criada para o jovem Serru nos dias que vamos historiando, situação que não passou despercebida aos kobdas entre os quais havia, como dissemos antes, vários pertencentes às mais antigas tribos originárias dessas regiões. Entristecidos, disseram:

— Se o Serru for vencido por essas sugestões, voltarão à voga a escravidão, a oprobriosa condição da mulher, o comércio de seres humanos, as torturas físicas, a pena de morte, os acorrentados nas cavernas, os anciãos e meninos defeituosos arrojados às feras... Oh, será novamente o triunfo das últimas hostes da Rainha Pirata, ainda não totalmente vencidas!...

Mas enquanto o Serru não se libertasse por sua própria dignidade, os kobdas deviam fingir que não sabiam de nada. Como tinham sido encarregados de visitar detidamente os templos-escolas, os refúgios, as casas de correção, as hospedarias, a isso consagraram suas atividades nos dias que deviam permanecer naquelas paragens, onde o frio intenso tornava mais penosas as suas excursões.

Geada, neve, gelos eternos, manadas de hienas rugindo entre as cavernas e devorando os viajantes cansados ou entorpecidos pelo frio, cadáveres congelados entre blocos imensos que, chocando-se uns contra os outros, precipitavam-se ao mar — tal era o panorama que os kobdas apreciavam com os olhos do corpo enquanto, com os da alma, viam a avalanche de fúrias que os cercava por todos os lados, querendo asfixiá-los num círculo de bronze.

Mas ao cair da noite, quando voltavam ao afastado pavilhão de Nórthia que lhes fora dado para hospedagem, uma nova energia e renovadas esperanças vibravam no mais profundo de suas almas doloridas pela mutável condição dos seres, pela mediocridade de suas aspirações, pela baixeza de seus pensamentos, pela incompreensão de seu grande e nobre destino no concerto da vida universal. Viam o Serru em intermináveis audiências privadas com os chefes de tribos, com os príncipes e os guerreiros mais notáveis. Numerosos corpos de arqueiros, forcadeiros, lanceiros, domadores de animais, desfilavam continuamente perante o jovem Serru para dar-lhe em conjunto a visão magnífica de toda a força e o poder de que era o árbitro e o senhor.

Viam a matriarca de Kiffauser encerrada em sua fortaleza de pedra, sem dar outros sinais de vida além do som dos instrumentos daquelas crianças que viram no fantástico desfile dos ursos brancos e algum mensageiro que entrava ou saía pela grande porta de enormes cubos de pedra.

Entretanto eles ignoravam que a fortaleza, morada de Walkíria, estava unida por passagens subterrâneas com as mais importantes casas rochosas daquela estranha cidade. O príncipe Icléias, seu pai, fizera construir aqueles túneis nas entranhas da rocha para quando as nevadas não permitissem a comunicação pelo exterior com os guerreiros que habitavam nas casas de rocha que se viam como uma manada de elefantes adormecidos à margem do mar.

Um dia, à hora da chamada à quietude, quando passavam ao recebedor de Apolo, que era, como se sabe, a sala de oração usada por Nórthia, encontraram a jovem matriarca tranqüilamente sentada num dos degraus onde descansava a grande poltrona de pedra branca chamada *Poltrona do Juízo.*

— Vós aqui... Matriarca!... — disse o ancião Muref, que, por ser o mais idoso, entrava em primeiro lugar no recinto sagrado.

— Sim, estou aqui. Assustei-vos?

— Não. Surpreende-me pelo inesperado, pois todas as portas foram fechadas ao anoitecer.

Os demais kobdas foram chegando e Abel em último lugar, porque era o mais jovem.

A jovem apontou com o dedo para uma cavidade alongada que parecia um recorte de trevas à esquerda da Poltrona do Juízo.

— Contudo, essa porta não havíeis fechado — disse ela sorridente, observando confiante os rostos serenos dos kobdas, que afáveis também a observavam.

— Porque a ignorávamos completamente — respondeu Muref, que era o único que falara até então.

— Pelo visto sois uma soberana que conhece a fundo os seus domínios — disse Abel aproximando-se.

— Se assim não fosse, como teria podido defender este povo?

— E vínheis — disse outro dos kobdas — para saber o que fazem os homens de vestimenta azul no seu retiro?

— Não tendes medo de que sejamos traidores e nos apoderemos da vossa pessoa para inclinar a vossa vontade às nossas ambições, como parece que andam dizendo por aí? — voltou o ancião Muref.

— Se temesse algum mal de vós, não teria vindo. Estou aqui porque necessito de vós e vós necessitais de mim.

— Se nos houvesse chamado à vossa presença, evitaríeis o transtorno de vir às apalpadelas por essa escura passagem — disse Abel, espantado com aquela visita.

— Devo falar-vos sem ser vista por ninguém.

— Ah!... Neste caso, ocupai o vosso lugar — disse Abel, assinalando a poltrona.

— Estou muito bem aqui — respondeu ela, envolvendo-se mais na grande capa de peles cinzentas cujo capuz tinha baixado, deixando bem a descoberto seu belo rosto, orlado com a abundante e ondulada cabeleira de ouro pálido. — Sentai-vos, porque temos muito que falar.

Dois kobdas tomaram o ofício de guarda-fogo e avivaram a lareira, acrescentando novas achas às brasas meio ocultas pela cinza.

— Sabeis que o nosso Serru já não é vosso aliado?

— Nós o pressentíamos, mas ainda não o tínhamos confirmado — respondeu Abel.

— E não vos assusta esta notícia? — perguntou a jovem com grande calma.

194

— Não — voltou Abel a responder — porque sabemos que o homem é mutável por natureza, e o que hoje aceita, amanhã rechaça.

— Pois eu sou diferente dos homens — disse Walkíria com firmeza — e quando digo não, é não; e quando digo sim, é sim até a morte! Por alguma razão nasci num país de pedra e vivo feliz em minha cidade de rochas.

— No entanto, ficareis contra o Serru, vosso tio, para conservar a nossa amizade? — interrogou Muref, temeroso de que aquela mulher estivesse ofuscada por algum sentimento que dissimulava.

— Não farei outra coisa senão sustentar com firmeza a minha palavra, porque quando uma mulher da estirpe de Nórthia estampa seu nome ao pé de uma aliança, passa por cima de tudo antes de faltar a ela.

— Mas sabeis ao que vos expondes com isto? Quero dizer com isto que se o Serru se separa da Grande Aliança, imporá que vos separeis também — disse novamente Abel.

— Estão aqui os vossos notários?

— Aqui estamos — responderam os aludidos, aproximando-se na frente de todos.

— Fazei o favor, trazei as vossas cadernetas de anotação e vejamos o que anotastes nelas. — Quando voltaram poucos momentos depois, a matriarca pediu:

— Lede aquela passagem em que o Serru me consagrou Matriarca de Kiffauser e de todas as cidades e aldeias que lhe estão unidas.

O notário leu:

— O Serru disse em voz alta: "Eu vos consagro Matriarca, Rainha e Sacerdotisa de Kiffauser, Askersa e Kaudina com as quatorze aldeias circunvizinhas desde o Rihon até o Monte Kasbek e o Golfo de Azove, com absoluta independência de toda outra autoridade que não seja a Grande Aliança do Eufrates e do Nilo, na qual entras neste momento." E o kobda Abel, neto e representante do Thidalá da Grande Aliança, pôs o anel de aliada na Matriarca Walkíria de Kiffauser.

— Muito bem — disse esta. — Isto quer dizer que o Serru não pode impor a sua vontade nem neste caso nem em nenhum outro, a menos que cometa o supremo delito de deitar por terra a neta de sua mãe, a quem elevou ontem à categoria de uma heroína salvadora da honra da família e da liberdade do seu povo.

— É exatamente como dizeis, matriarca — acrescentou Abel. — Mas se ele anuiu em se retirar da Grande Aliança, cederá também à influência dos que o dominaram. Ficai, pois, alerta, pois isto vos trará complicações.

— Estou preparada, e só me faltava estar segura da vossa atitude. Num dia difícil para mim eu vos perguntei: Ajudar-me-eis? E vós me respondestes que sim, enquanto eu agisse com justiça.

— Assim foi; e tal afirmação eu a renovo neste momento em meu caráter de representante do Chefe da Grande Aliança, e em presença deste conselho que o representa tanto quanto eu.

— O Serru quer unir-se a mim em matrimônio — disse Walkíria.

— Isso nós o havíamos pressentido quase desde os primeiros dias.

— Tendes muita perspicácia, pois eu não o suspeitava nem sequer vagamente.

Foi dito aqui que ele combinara esponsais com a filha de um dos mais notáveis príncipes do Eufrates.

— É a verdade, como também firmara Aliança com as Nações Unidas; contudo, uma coisa e outra podem ser anuladas por sua vontade.

— Podeis exigir que ele cumpra seus compromissos com a altura e dignidade que deve ter um chefe de povos — disse a jovem com energia.

— Os kobdas usam de procedimentos diferentes, matriarca. A violência neste caso seria prejudicial e custaria muitas vidas, e só o Altíssimo tem o direito sobre a vida dos homens.

— Então me aconselhais a ceder aos seus caprichos? — interrogou Walkíria, assombrada por não encontrar ali a força que esperava.

— Não, matriarca, não, se tal é a vossa vontade. Sois soberana dos vossos povos e sois senhora da vossa pessoa.

— Posso contar convosco? — perguntou olhando para todos os que a rodeavam.

— Contai conosco — responderam os kobdas.

— E comigo também — disse uma voz vibrante e sonora desde a porta que comunicava com o pavilhão. Era Kaíno, que, buscando Muref, com quem costumava passear a essa hora sob o pequeno bosque de amoreiras, ouviu vozes naquela direção e seguiu até lá. Havia escutado quase toda a conversação e aproveitou o momento oportuno para fazer méritos perante a grande mulher de seus sonhos. A matriarca observou-o com estranheza.

— É o chefe da vossa escolta de arqueiros?

— É meu irmão, matriarca — disse Abel, fazendo ao mesmo tempo sinal a Kaíno para se aproximar. Este se inclinou, apoiando a testa sobre a mão que ela lhe estendia, enquanto ela o observava com grande fixidez.

— Conto convosco, príncipe; muito obrigada pelo vosso oferecimento. Ignorava que vos acompanhava um irmão vosso, e certamente muito forte e galhardo — continuou a matriarca dirigindo-se a Abel, parecendo muito agradecida de poder contar com um homem de armas como se via que Kaíno era. Seu traje de arqueiro caçador de pele de leopardo, seu correame de prata incrustado de esmeraldas, o gorro de pele negra preso com rendinha de ouro por baixo da garganta, era indumentária digna de um príncipe afeiçoado às caças e campanhas. Quando se ouviu chamar *príncipe* por aquela formosa mulher, uma onda de amargura escureceu o belo rosto de Kaíno, contudo um olhar inteligente de Muref o serenou e mais ainda o dedo de Abel, que dissimuladamente havia-o cruzado sobre seus lábios indicando: silêncio.

— Visto que todos estamos aqui para vos ajudar, apresentai as vossas ordens, matriarca, como se fôssemos vossos súditos — disse Abel.

— Obrigada, obrigada. A primeira coisa que deveis fazer é seguir-me por esta passagem, pois quero vos ensinar nesta noite todo o mecanismo das minhas vias de comunicação com o meu povo e meus arqueiros, pois necessitareis, mais de uma vez, ir de um lado para o outro.

— Dando-nos um mapa — observou o notário-mor — teríamos o suficiente e não vos teríeis que molestar.

— Julgais que eu me fatigo passando uma noite caminhando por essas galerias?

Quando eu era *Freas* passei não uma noite, mas dez, correndo sem parar e às vezes arrastando atrás de mim ou em meus braços uma jovem desmaiada para resguardá-la de violências, ou um pobre ferido encontrado meio morto entre o gelo. Agora que volto a ser Walkíria, bem que posso passar mais uma vez. — Dito isto, caminhou em direção à entrada do subterrâneo.

— Vinde todos? — perguntou.

— Julgo conveniente que alguns fiquem — disse o ancião Muref. — Nossa escolta de arqueiros dorme junto às quadras, fora deste pavilhão; se ocorrer qualquer coisa, pode vir chamar aqui, e convém que haja quem responda. Se vos parece bem, ficarão os três kobdas de mais idade.

— Sim, sim, bem pensado, porque para vós seria demasiada fadiga. Vamos — disse aproximando-se do fogo, onde acendeu uma tocha de cânhamo encerada, protegida por um pequeno tubo de cobre com punho de chifre de rena. — Sem isto — disse enquanto acendia — não se pode caminhar por essas trevas.

— Agora parece-me estar voltando o príncipe Freas — observou Abel rindo, ao ver a ligeireza e habilidade com que a jovem realizava aquela operação e a forma como ajeitava sua ampla capa de peles para que não a molestasse ao passar. Armada com aquela estranha e ao mesmo tempo artística tocha, sumiu na escura galeria seguida de Abel e dos kobdas mais jovens, entre os quais caminhava silencioso Kaíno. Este último, interrogado por Muref se estava com forças para qualquer eventualidade, havia assegurado que se sentia um gigante, e sua promessa de ser discreto e prudente deu-lhe entrada naquela excursão subterrânea. Depois de bastante andar foram sair na margem do mar, onde numa bem coberta baía dissimulada com grandes vinhedos e amoreiras encontravam-se amarrados uns trinta veleiros pequenos, cujos tripulantes dormiam, menos um que estava de plantão como vigia. A matriarca elevou a luz à altura do seu rosto para que ele a reconhecesse e falou breves palavras que o vigia respondeu levantando ao alto seu forcado de cobre.

— Alerta — disse Walkíria — que estamos ameaçados de grande perigo. Por hoje somente venho para mostrar a estes amigos quais são os caminhos para pôr-me em contato convosco. Não desperteis a ninguém. Quando um destes homens que vedes comigo vier vos dar ordens, obedeça a eles como a mim, porque são meus aliados e eu confio neles.

O vigia voltou a levantar ao alto seu enorme forcado.

A matriarca aproximou a luz do rosto de cada um dos que a seguiam, para que o vigia os observasse bem.

Internou-se novamente na galeria, cujas entradas e saídas não eram senão lâminas de cascas de árvores da cor de pedra, habilmente dissimuladas pela folhagem do exterior ou por tapetes e cortinas no interior das habitações. Voltando alguns passos pelo mesmo caminho antes percorrido, removeu com extrema facilidade uma lâmina de pedra que resvalava por um trilho de cobre e penetrou por outra galeria que fazia ângulo com a anterior. Esta os conduziu a uma imensa praça subterrânea toda rodeada de cavernas pequenas, mas tão bem dispostas que pareciam as tendas de um acampamento.

— Este é o acampamento de arqueiros — disse levantando suavemente o tapete que cobria cada portinha, deixando ver os guerreiros adormecidos entre montões de peles.

Em vários pontos daquela praça viam-se fogueiras meio apagadas que a matriarca se encarregou de reavivar removendo as cinzas e acrescentando novos troncos, ajudada naturalmente pelos kobdas e principalmente por Kaíno, que começava a entusiasmar-se por tudo aquilo que lhe recordava as campanhas guerreiras e as viagens noturnas de outros tempos.

— Quantos homens tendes aqui? — perguntou Abel.

— São oitenta centenas — respondeu Walkíria — e é a flor da juventude e da força que me defende. A lealdade destes homens é a que me fez forte nos momentos mais difíceis que precisei afrontar. Estão divididos em quatro falanges de vinte centenas cada uma, entretanto uma delas ficou sem chefe desde o dia em que foi necessário fazer desaparecer Freas para que aparecesse Walkíria. A falange que eu comandava está sem cabeça e é necessário repô-la.

— Embora vos pareça demasiada pretensão, ó grande matriarca, não vos serviria eu para ocupar esse lugar vazio?

Esta pergunta foi feita por Kaíno, que procurava caminhar perto da jovem, e ao fazê-lo tratou de não olhar para nenhum dos kobdas para evitar que lhe aconselhassem silêncio. A matriarca olhou para o jovem com grande estranheza e logo perguntou a todos:

— Mas todos vós não estais aqui de passagem? Por favor, não me façais conceber esperanças de que ficareis para sempre ao meu lado. — E a jovem olhou para Abel, interrogando-o com os olhos.

— Alguns podem ficar se vós, matriarca, necessitais deles — respondeu o jovem kobda. — Este meu irmão esteve bastante enfermo, e o kobda-rei e nossos pais fizeram-no realizar esta viagem procurando terminar sua cura; entretanto, se ele deseja pôr-se ao vosso serviço e for do vosso agrado, creio que é livre para agir como disse. Se o Serru não cortar o nosso caminho, nosso programa de viagem deve continuar até o Báltico, pois no sul da Escandinávia, no País de Gales e em Ascusai* há uma centena de cativos que temos o encargo de resgatar. Meu irmão pode ocupar o posto vago até meu regresso do norte.

— E se a matriarca me permitir prestar-lhe meus serviços indefinidamente?... — perguntou Kaíno.

— Isto é assunto a ser contratado entre tu e ela.

— Está bem, está bem! — disse Walkíria. — Amanhã falaremos longamente sobre este pormenor. Permiti-me — acrescentou, caminhando para uma das cavernas. — Aqui está um arqueiro ferido gravemente, ao qual visito todas as noites e pelo qual fiz, com escasso resultado, tudo quanto pude. Como um príncipe dos sublevados escitas do Norte lhe roubou a esposa quando apenas tinham duas luas de matrimônio, este pobre desventurado já não ama a vida, mas busca a morte, e temo que vá en-

---

* Suécia e Noruega, Inglaterra e Escócia.

contrá-la apesar de todos os meus cuidados. Entrai comigo. É a enfermaria do acampamento.

Estendido num espesso leito de brancas peles de carneiro, viram um jovem e belo mancebo cujos cabelos em desordem denunciavam que seu estado fora muito agitado. Com a aproximação da luz, abriu os olhos, nos quais os kobdas viram os sinais inequívocos da morte próxima.

A matriarca ajoelhou-se junto ao leito observando-o atentamente.

— Estais sentindo-vos pior, não é verdade? — perguntou, enxugando o suor gelado que brotava de sua fronte. — Mais do que pela vossa ferida, morreis pelo vosso pesar, eu bem o compreendo, meu amigo, e Apolo sabe que não omiti sacrifícios para encontrar a vossa esposa. Vejo que a vida já se escapa de vós — disse com veemência, apertando aquelas mãos geladas, enquanto os kobdas o ajudavam com o pensamento para que abandonasse a matéria sem dor. — Eu juro por Nórthia que se encontrar a esposa que chorais, será ela uma das minhas irmãs em recordação de vós!

Os kobdas pensaram tão fortemente nela que uns segundos depois um corpo astral se formou junto ao leito do moribundo. Abel e os outros o viram; também o viu o arqueiro, que estendeu os braços para abraçar a sombra amada.

— Amada minha!... — murmurou bem baixinho. — Chegaste para que eu te dê meu adeus!...

Walkíria julgou que ele delirava enlouquecido pela dor e, sem poder reprimir sua veemência, inclinou-se sobre o moribundo enquanto lhe dizia:

— Eu vos dou o beijo da esposa que não vos pode dá-lo. — E o arqueiro morreu feliz porque, na semi-inconsciência do último momento, julgou ser em verdade o beijo puro e santo daquela que amava.

— Matriarca, permiti-me! — disse Abel levantando-a do frio pavimento no qual se encontrava ajoelhada, observando com olhos fixos cheios de lágrimas o jovem arqueiro morto.

"Pareceis tão forte, e a dor alheia vos faz assim padecer!"

— É que neste fiel arqueiro fui vencida, horrivelmente vencida, e me dói a derrota. Recebeu esta ferida em defesa de meu irmão Freas, e quando voltou ao lar que por mim tinha abandonado, não achou mais a esposa amada, sem que haja podido encontrar vestígios dela, mas tão-somente a notícia de que um príncipe escita a tinha levado desmaiada sobre o lombo de seu cavalo. Foi incapaz de curar a ferida do seu corpo e menos ainda as do coração.

"Seja Apolo benévolo convosco e que encontreis em seu reino o que eu não vos pude dar, meu amigo!" — Fechou suavemente os olhos abertos que ainda pareciam ver a visão da última hora, cobriu-lhe o rosto com um pano branco de linho e, recolhendo novamente sua tocha, disse:

— Vamos, que ainda temos muito que andar. — Aproximou-se da sentinela e lhe deu breves ordens, que os kobdas compreenderam se referir ao arqueiro morto.

— Agora visitaremos o acampamento dos abridores de caminhos, das catapultas e a Guarda de Lanceiros.

"É mais distante, e para ir até lá devemos atravessar um pequeno lago subterrâneo que foi em tempos bem remotos uma grande mina explorada e que, com os séculos, ao abrir-se a montanha, interceptou o curso de um rio que descia do Monte Kasbek, e cujas águas se precipitaram ali. Por muito tempo serviu de tumba aos condenados à morte e por esta razão todos têm pânico de atravessar esta paragem. Contudo, eu sei que Apolo e Nórthia estão com quem age com justiça e como nenhum morto pode acusar-me de havê-lo privado da vida, eu passei por aqui muitas vezes e nada me ocorreu. Ouvem-se, é verdade, rangidos e assobios, mas eu sei que é gelo quebrando-se em pedaços e o gemido do vento pelas gretas da montanha abertas ao exterior. Acompanhais-me?

— Claro que sim — disse prontamente Kaíno, pondo-se ao lado da valente jovem.

— Com um guia como vós, matriarca — disse Abel —, e em busca da justiça, vai-se até o centro da Terra.

A matriarca continuou avançando.

— Ouvis? — perguntou repentinamente ao primeiro assobio que se escutou. — Aproximamo-nos do lago e já começa o concerto.

— Deve existir um bosque de pinheiros em cima desta montanha — disse um dos kobdas que era originário desta região — e o vento ao balançar os ramos produz estes desagradáveis sons que às vezes parecem gritos humanos.

— Olhai — disse a matriarca apontando para um caminho tortuoso de luz que se abria transversal por cima de suas cabeças. — É a abertura da montanha por onde se precipita a água quando o rio transborda ou se derretem os gelos. Cuidado para não resvalar nas rochas molhadas!

Na segurança com que a matriarca caminhava com a tocha acesa, diante de todos, via-se claramente que aquela excursão era realizada freqüentemente por ela. Os kobdas daquelas regiões a seguiam com facilidade, enquanto Abel e dois mais, que eram das pradarias, apenas podiam andar. A jovem observou isto e tomando Abel pela mão, disse:

— Dois dos mais acostumados com as rochas, tomais esses dois companheiros que certamente acabarão caindo. Eu vos conduzirei, príncipe.

— E a mim, não conduzis? — perguntou Kaíno rindo.

— Oh! Sois ligeiro e forte como os alces destas montanhas. Notei isto desde que vos vi! Agora chegamos e devemos cruzar esta pontezinha. — Era um amontoamento de pedras enormes eriçadas de pontas e arestas capazes de despedaçar qualquer um que tivesse a desgraça de cair sobre elas.

— Matriarca — disse Abel. — Estou profundamente envergonhado perante vós da minha debilidade. Apenas posso dar os passos, e por isso me levais como a um garotinho.

— Não vos aflijais, que já chegará a vez de me conduzirdes.

— Mas não será nesta terra, segundo parece — respondeu o jovem. — Aqui sois vós uma fortaleza que pode competir com as rochas onde nascestes. Parece-me, enquanto caminho, que esta foi a vida dos fundadores kobdas há mil e duzentos anos, e a de nossos irmãos do Cáspio quando foram perseguidos pela Rainha Shamurance.

— Com toda a certeza. O Cáucaso está perfurado de túneis de um extremo ao outro. No país dos gelos vive-se mais nas entranhas da rocha que ao ar livre, principalmente no inverno.

— Todos já cruzaram? — perguntou a jovem voltando-se para verificar se seus companheiros haviam terminado de cruzar a ponte. — Permaneçamos em silêncio e escutemos — disse novamente.

A intervalos ouvia-se o ruído da água do rio caindo na do lago, produzindo às vezes o som de cem chicotadas. Às vezes era como o ruído de muitos motores postos repentinamente em movimento. Logo um silêncio profundo, que era novamente interrompido pelo sibilar do vento nos pinheiros e o estrondo dos blocos de gelo que se partiam e rodavam para o abismo.

Era uma beleza fantástica a daquela jovem com sua tocha na mão, de pé sobre as negras rochas onde terminava a ponte, rodeada de homens cobertos com seus mantos com capuz de pele negra, silenciosos, escutando os ruídos formidáveis produzidos pela própria natureza em sua eterna dança de transformações e mudanças. Repentinamente ouviu-se um ruído enorme seguido de forte estrondo, e um pedaço de rocha caiu pela abertura superior sobre as águas do lago, produzindo um copioso crepitar como uma chuva, que alcançou a todos e apagou a tocha.

— Oh, oh! — exclamaram todos. — Agora entramos bem!

— Quietos! Não vos movais! — Ouviu-se a voz de Walkíria. Imediatamente ouviram pequenos golpes do sílex no ferro e observaram centelhas de luz que acenderam novamente a tocha. Então viram que a matriarca levava no cinturão toda uma provisão de utensílios indispensáveis em toda excursão: um martelinho de sílex, um forte punção de ferro, uma adaga larga e fina, um jarrinho de prata e várias redomas pequenas contendo xaropes reconfortantes ou narcotizantes para qualquer caso imprevisto ·de desmaio ou crise nervosa.

Enquanto mostrava a seus companheiros assombrados toda esta provisão que levava consigo, sorria afável e alegre de ver esse mesmo assombro que lhes produzia.

— Mas, matriarca!... — exclamaram alguns. — Sois o gênio da previsão!

— Pensais em tudo! — disseram outros.

— Eis aqui um ser que é forte porque sabe bastar a si mesmo — exclamou Abel.

— Isso que vistes não é nada — disse ela, sorrindo sempre. Abrindo sua capa de pele cinzenta, fez-lhes ver o interior, onde em grandes bolsos levava, cuidadosamente dobradas, vendas de todos os tamanhos, ligaduras e panos como se fosse um auxiliar de cirurgião ou médico de campanha.

De outro bolsinho tirou um pequeno pacote que era uma escadinha de corda de vários metros de cumprimento; e atravessado sobre o peito viram que tinha um fino tubo de prata de um côvado de cumprimento, que dentro levava vários tubos menores, que por meio de roscas se emendavam uns com os outros até formar uma forte vara de prata.

— Esta é a minha lança de excursões — disse, tirando de dentro de sua vestimenta de lã branca a afiada lanceta que aparafusou no alto da vara. — Quis fazer uma exibição para vos obrigar a descansar alguns momentos, porque sei que estais muito fatigados. — Tranqüilamente fez voltar todo aquele arsenal ao seu lugar, abotoou novamente sua capa, enquanto seus companheiros faziam uma série de comentários sobre a admirável mulher que os guiava na escuridão daquele subterrâneo.

— Agora estamos chegando — disse. — Silêncio para não despertarmos ninguém. — Era ali uma pequena rotunda muito irregular, naturalmente, mas bastante lisa em suas paredes de pedra. Havia até um tosco estrado atapetado com peles de carneiro, um cântaro de vinho, outro de azeite, uma grande cesta com frutas secas e uma grande vasilha de pedra cheia de pedaços de mel completamente congelados.

— Quereis tomar uma pequena refeição? — perguntou a matriarca, entregando a Kaíno a tocha para abrir uma parte do estrado que por dentro era oco e encerrava comestíveis.

— Aqui, há pão, queijo e manteiga — disse, estendendo sobre o estrado um grande pano branco que tirou do estranho armário de rocha e colocando sobre ele os víveres com que convidava seus hóspedes.

— Já vereis — disse graciosamente — que a montanha é às vezes boa mãe e não tão dura e rude como pode parecer. O frio e o longo andar deve vos ter esgotado. Comei comigo sem cerimônia alguma. — Sentando-se em primeiro lugar no estrado, cortou com sua adaga pedaços de pão e queijo e talhadas de mel e foi oferecendo-os aos kobdas.

— Ajudai-me, príncipe — disse a Kaíno —, já que tendes uma adaga, e faremos mais rapidamente as honras da mesa a estes bons companheiros. Também tenho aqui gansos defumados e pescado seco que está à vossa disposição.

— Mas isto é um verdadeiro restaurante — disse um dos kobdas.

— É o refúgio para os perseguidos depois de uma derrota — disse a matriarca. — Aqui salvei muitos durante a revolta. Há uns quarenta refúgios como este na montanha onde está edificada Kiffauser.

— Quer dizer que tendes uma cidade subterrânea debaixo da outra cidade — observou Abel.

— Sim, é assim, com a diferença de que esta cidade não é feita senão de escuras ruelas e sombrias cavernas, que só utilizamos nos momentos difíceis.

Quando já terminavam a refeição e a matriarca voltava a colocar tudo em seu lugar, ouviram passos por cima de suas cabeças.

— Não vos alarmeis — disse. — É um dos sentinelas que vigiam a abertura da muralha para evitar que se introduzam as feras.

"Ali têm a sua habitação nas rochas dez homens que guardam essa abertura e que, há tantos anos quanto eu tenho de vida, não possuem outra ocupação além dessa. — Deu três apitos suaves com uma pequenina vóskia de prata que levava pendente do pescoço. Outros três assobios iguais responderam pela fenda do teto.

— Eles já sabem que eu estou aqui. Agora entremos no acampamento. — E descerrando outra lâmina de pedra que se abria para um dos lados do estrado, deixou ver a entrada para outra galeria curta, no final da qual se via um suave resplendor avermelhado. Era a fogueira da praça do acampamento de lanceiros ao qual chegavam e cuja disposição era muito semelhante à do que já haviam visitado.

— Aqui dormem cinqüenta centenas de homens — disse a jovem. — São estes os guerreiros antigos do meu pai e do meu avô, que ficaram sob minha autoridade quando subi ao trono.

— Mas o Serru não os obriga a prestar-lhe serviço? — perguntou Kaíno.

— Se ele se mantém em amizade comigo, sim — respondeu a matriarca. — Mas, se me quer submeter a imposições caprichosas e injustas, todos estes são mais meus do que dele.

"Na ala esquerda deste acampamento encontram-se os 'abre-caminhos', que são arqueiros com os pés revestidos de grandes tamancos de madeira, cuja ponta é um longo chifre de ferro para abrir caminhos entre o gelo e facilitar a passagem dos que vêm atrás. Estes são poucos e não passam de dez centenas. A ala direita está ocupada pelos pontoneiros e catapulteiros, que são os que derrubam pedaços de rocha para construir pontes ou trincheiras e abrir caminhos na montanha. São também os que lançam pedras para demolir barricadas ou abrir caminho entre selvas impenetráveis ou manadas de feras. A ala central está toda cheia de lanceiros e forcadeiros.

— Verdadeiramente sois uma matriarca guerreira — disse Kaíno, encantado com toda aquela força que via amontoada sob aquelas abóbadas de pedra enegrecidas de trevas.

— Guerreira não — interrompeu Abel —, porque suponho que ela se limitará a defender-se se a atacarem.

— Naturalmente — disse ela. — Eu amo demasiado o meu povo para levá-lo à luta unicamente para satisfazer loucas ambições. Entretanto, se algum dos vizinhos tem a má idéia de precipitar-se contra nós, bem vedes que estamos preparados para fazer-nos respeitar. Eu vos asseguro que a Rainha Pirata serviu para que aprendêssemos a bastar-nos a nós mesmos; pondo nosso engenho e nosso esforço em fazer obras de defesa para afrontar qualquer eventualidade. Para isto utilizamos, como vedes, as escavações das minas existentes, há muitos anos.

Depois de ter dado um ligeiro passeio diante das cavernas levantando os tapetes das portas para ver que os guerreiros dormiam tranqüilamente, voltou-se para os kobdas:

— Agora comecemos o regresso, saindo por aqui. — Abriu uma pequena porta de troncos e saíram novamente na margem do mar. — Convém respirar um pouco de ar puro, porque vós, que não estais acostumados, deveis ter padecido nesta excursão subterrânea. Minha gente é como os furões; além do mais, em cada caverna há um tubo de ferro que sai para cima servindo de respiradouro.

— Quão formoso é o céu estrelado depois de caminhar por horas nas entranhas da terra! — exclamaram os kobdas, encantados da serenidade da noite, que começava a ser mais clara com o resplendor amarelento da Lua minguante que se levantava sobre o mar, que estava coberto por um véu de gazes douradas.

— Este é outro refúgio de barcos, muito maior que o outro que já vistes. Estas são barcaças de carga e servem como habitação quando nos vemos obrigados a permanecer em alto-mar.

Era esta uma imensa baía muito mais fechada que a anterior, pois era formada por duas agudas penínsulas que se prolongavam para o mar como dois grandes braços curvados que pareciam ir tocar-se. Apenas ficava uma abertura de cinqüenta passos, que era a porta por onde os barcos saíam para o alto-mar.

— Oh, isto é maravilhoso! — disse Kaíno. — Nada disto conhecem os homens das pradarias, onde a vida é mais fácil e feita para preguiçosos.

— É verdade — respondeu Abel. — Nossa vida em "A Paz" é como um descanso contínuo, pelo menos desde que eu vivo. — E seu pensamento se extasiou no seio do Amor Infinito, que parecia ter escolhido com delicada ternura o mais suave e belo rincão da Terra para mandá-lo à vida material.

Depois de um momento de descanso, a matriarca indicou-lhes outra portinha ali perto, atrás de uns densos vinhedos, e começaram novamente a andar por outra galeria mais delicadamente trabalhada que as anteriores. O pavimento era liso e mais freqüentes os tubos de respiração. Havia apoios ou saliências na própria rocha, todos eles cobertos com peles de ovelha, e tanto serviam de assento como de camas.

— Quando há perigo, aqui fica uma guarnição de guerreiros para tê-los ao alcance da minha vóskia.

— Mas como? Fica isto próximo da vossa morada? — perguntou Abel.

— Estamos chegando a ela — respondeu a jovem, introduzindo uma chave em certa parte da galeria. Uma pequena porta de madeira e cobre se abriu e uma torrente de luz se difundiu por todo o túnel. — Passai — disse. — Estais em meu gabinete de trabalho.

Uma formosa lareira ardia no centro, cujo fogo era animado por duas robustas mulheres surdas-mudas e já de certa idade, que se inclinaram com reverência ante a jovem. Uma donzela se levantou dentre um montão de peles que cobriam os grandes estrados e foi retirar a capa de pele que cobria a matriarca.

Ela falou afavelmente, dando-lhes ordens, e em poucos momentos surgiram outras criadas que prepararam na lareira infusões de vinho e mel, xarope de amoreiras e pedaços de carnes fritas em manteiga.

— Mas, matriarca! — observou Abel. — Fazei-nos comer novamente? Deste modo, nossa hospedagem sairá cara demais.

— Ah!... Eu sei o que é o frio destes gelos e as longas caminhadas pela montanha. "Estais em vossa casa, e tudo isto é para vós. Servi-vos do que for do vosso agrado, que eu vou um momento até a alcova da minha mãe, que deve estar preocupada pela minha demora." — E desapareceu seguida das criadas, para dar também liberdade a seus hóspedes.

— Que admirável mulher! — exclamou Abel apenas a viu sair. — É um dos espíritos da Justiça e do Poder, de que se encherá esta Terra pouco depois que todos nós tenhamos deixado esta vestimenta de carne.

— Parece que a Eterna Lei quis que uma mulher forte reconstruísse o que foi destruído por uma mulher perversa — disse o notário menor.

— É o gênio da força encarnado nesta mulher — disse Kaíno.

— Não somente é forte — observou Abel — mas é justa e nobre. É digna de seus avós Lugal Marada e Nórthia, e levará estes povos para a grandeza e a luz durante muitos séculos.

Enquanto ela não voltava, entretiveram-se em observar o quanto havia naquele vasto gabinete, que era uma verdadeira sala de armas digna de um alto chefe guerreiro. As paredes eram cheias de mapas que pareciam verdadeiras redes de caminhos, aquedutos, pontes, pavilhões, enfim, aquilo parecia não acabar nunca. Via-se também uma infinidade de arcos e flechas de vários modelos, lanças e forcados, tridentes e achas de todos os estilos conhecidos na época.

Pouco depois voltou a matriarca a se apresentar, transformada completamente. Vestia uma grossa túnica de lã cinza-azulada, igual à que vestiam os kobdas, até no cordão azul com grandes borlas com que cingia sua cintura. Sua ruiva cabeleira destrançada cobria-lhe toda as costas até abaixo da cintura.

— Não vos ofendereis por ter usurpado, sem vossa permissão, a cor e a forma da vossa vestimenta. Acaso está mal que o use uma mulher como eu? — perguntou como poderia fazê-lo uma menina que praticou uma pequena travessura.

— Oh, matriarca! — disse Abel. — Uma mulher como vós faz honra à túnica dos kobdas. Temos muitas grandes mulheres que foram ou são rainhas de grandes povos, e nada teria de estranho que vós o fôsseis também.

— Quereis seguir-me à sala do Conselho? — perguntou. — Ali está minha mãe e os chefes de tribos que formam meu povo. Necessito e quero afiançar perante eles a minha aliança convosco.

— Vamos — disse Abel, e olhou para Kaíno indicando-lhe que os seguisse também. Depois de atravessar corredores, iluminada por lâmpadas de azeite perfumado e grandes velas de cera, encontraram-se naquela imensa sala onde ela lhes ofereceu sua homenagem no terceiro dia da sua chegada.

Ali cumprimentaram a mãe, em cuja fisionomia puderam ler que uma satisfatória tranqüilidade invadia seu espírito. Não era já a entristecida viúva envolta em negros véus. Era uma formosa mulher de quarenta e cinco anos e exibia como esplêndido diadema grossas tranças de seus ruivos cabelos, presos no alto da cabeça com alfinetes de pérolas. Um manto de pele branca a envolvia totalmente. Recebeu-os no mesmo estrado em que a viram da outra vez.

— Graças a vós — disse — sou uma mãe feliz. — E estendeu-lhes suas mãos.

— Dai graças ao Altíssimo, que vos deu uma filha muito capaz de fazer a vossa felicidade — respondeu Abel.

Depois saudaram uns trinta homens, anciãos e jovens, cuja indumentária denotava sua elevada hierarquia no país.

— Nossa Soberana quer consolidar nossas alianças — disse o mais ancião de todos. — Eu sou o único dos irmãos de Nórthia que sobrevive, e o antigo Serru me havia constituído em Conselheiro Maior de seus filhos e netos de menor idade. Eis que esta amada sobrinha se empenhou em que seja eu o primeiro Conselheiro de seu governo. — Abel e os demais se inclinaram profundamente, mostrando que estavam em perfeito acordo. — Mortos os dois Icléias, pai e filho, e morto também Freas, o valoroso *cavaleiro de bronze,* nossa admirável Walkíria, que tanto se lhe assemelha é a coluna firme na qual há de se colocar o farol para guiar este nobre povo a seus destinos futuros. — Assim falou o ancião conselheiro, enquanto tudo era silêncio no vasto recinto.

"Ela quer que vós e nós façamos um solene juramento sobre nossa lei ditada por Apolo aos fundadores da nossa raça, cujas sombras sairão neste instante de seus sepulcros de neve para escutar-nos."

Todos inclinaram por breves momentos a fronte em homenagem silenciosa aos ilustres mortos.

— Em que consistirá esse juramento? — perguntou Abel.

— Em que nosso povo manterá sua aliança com o Thidalá das Nações Unidas, e que a Grande Aliança defenderá a nossa liberdade se houver o caso de uma contenda armada.

— De quem a temeis? — voltou Abel a perguntar.

— De todos e de ninguém no momento; mas como soam rumores nada agradáveis, a matriarca quer ficar atada a vós por laços que ninguém possa romper.

— Muito bem; juramos pelo que dizeis sobre a vossa Lei e sobre a Lei da Grande Aliança — respondeu Abel.

— Que seja também sobre a Lei dos kobdas, que eu estudei e aceito — disse Walkíria com voz serena, colocando na mesa de mármore do centro os três livros ao mesmo tempo, encerrado cada qual em capas de prata com os títulos gravados e incrustados de pedras preciosas.

Abel, aproximando-se da mesa, leu as três cobertas:

"*Lei de Numu*" — "*Lei de Apolo*" — "*Lei da Grande Aliança do Eufrates e do Nilo*".

Unindo-se todos pelas mãos, inclusive as duas mulheres, mãe e filha, pronunciaram o solene juramento que Abel ia dizendo em voz alta:

— Na presença eterna do Altíssimo, Criador de mundos e seres, juramos manter unidos a Lei de Numu, instrutor desta humanidade; a Lei de Apolo, condutor dos povos do gelo; e a Lei da Grande Aliança do Eufrates e do Nilo, forjadora da paz nos continentes!

Todos beijaram os sagrados livros que, mudos em suas cobertas de prata, tinham recebido tão solene promessa.

— Estais contentes da minha atitude? — perguntou afavelmente Walkíria.

— Como não deveríamos estar, matriarca, se demonstrais ser não uma aliada, mas uma irmã em toda a extensão da palavra?

— Então creio que não estará fora de lugar que me concedais uma grande honra — disse aproximando-se de Abel. O ancião conselheiro encaminhou-se à grande mesa central e levantou dentre aquela montanha de flores uma bandeja de ouro na qual se via algo branco; e se aproximou de Abel.

— Um véu branco! — disse o jovem kobda, compreendendo o formoso significado daquilo.

— O véu branco das rainhas kobdas! — exclamaram todos com indescritível entusiasmo, quando aquela vaporosa nuvem se estendeu segura pelas mãos de Abel, cuja emoção era visível. O rosto da matriarca tomou a nitidez de uma rosa branca quando Abel prendia com dois broches de safiras o véu branco sobre sua cabeleira ruiva.

— Sois a primeira matriarca kobda nos países do gelo — disse — e peço ao

206

Altíssimo que vos faça grande e forte na Justiça, na Sabedoria e no Amor, que viestes implantar sobre este povo que tanto vos ama.

Grande aplauso ressoou na imensa sala e o alaúde do trovador de Nórthia deixou-se ouvir como um gorjeio na porta de entrada, ao qual foram acrescentando-se outros instrumentos e outros mais, até formar um concerto magnífico de ocarinas e alaúdes que desfolhavam ao vento as vibrantes notas de um hino triunfal.

A voz melodiosa de Kirfeu, o sacerdote-trovador, destacou-se dentre o conjunto de melodias para cantar "A canção de Nórthia", que era um pequeno poema alegórico do triunfo de Nórthia ao ser acolhida por Apolo em seu reino dourado de ultratumba.

Em todos os rostos se refletia a mais pura alegria. Somente Kaíno estava pálido e taciturno, imóvel como uma estátua, enquanto seu pensamento tomava esta fúnebre idéia:

— Esse véu branco parece o sudário no qual foi envolvido meu amor.

Quando de tão brilhante maneira terminou aquela reunião memorável nos anais da velha cidade de Kiffauser, os kobdas pediram permissão para se retirar ao seu aposento.

Walkíria pediu sua tocha e encaminharam-se para aquele gabinete por onde tinham entrado. Com afável graça ela lhes disse:

— Agora serve de guia a vossa irmã kobda. Tomai a minha tocha e segui por esta galeria, que é a melhor de todas e a mais curta. Ela vos levará ao Recebedor de Apolo em breves momentos. — Afastando uma grande tela onde estava gravado um projeto da construção, deixou ver a entrada do pequeno túnel.

— Obrigado, matriarca — disse Abel, tomando a tocha. — Agora guio eu.

— Eu vos seguirei com a vista até ver-vos entrar na casa de Nórthia — disse novamente. — Que Apolo esteja convosco.

— E a paz convosco, irmã — responderam todos.

A matriarca permaneceu imóvel junto daquela portinha como visão de céu e neve, até que a luz da tocha desapareceu na escuridão.

— Já estão com Nórthia! — disse em voz baixa, e retornou à sua alcova onde a esperava o abraço da mãe e das irmãs que diziam cheias de felicidade:

— Disse a mãe que agora és a esposa de Apolo, e que já nunca poderás morrer.

207

OS PRISIONEIROS DE NÓRTHIA

A idéia do ancião Muref, de ficar três deles no pavilhão de Nórthia, foi muito oportuna, pois apenas tinham saído os excursionistas noturnos quando ouviram golpes à porta.

Era um dos altos chefes de tribo que formavam o Conselho Superior do Serru, o qual governava uma região do Báltico denominada Dantzing e havia comparecido para esperar a chegada do Serru na fronteira onde Kiffauser era a primeira praça forte. Vinha ver-lhes da parte do Serru, que se encontrava muito fatigado de suas tarefas durante todo o dia, e lhes pedia que suspendessem as visitas de inspeção que haviam iniciado até segunda ordem.

Como o ancião Muref era o chefe material da missão, o emissário tratou com ele e seus outros dois companheiros, aceitando sem suspeita alguma a escusa de que todos os demais se haviam retirado para o *Recebedor de Apolo*.

— Eu vos participo — acrescentou — que a vossa escolta de arqueiros será transladada amanhã para outro acampamento mais confortável que as cobertas onde agora estão instalados.

— Podeis dizer ao Serru que agradecemos seus bons serviços para conosco — respondeu o ancião. — Quando poderemos vê-lo?

— Isso vos dirá ele mesmo quando julgar oportuno — respondeu o chefe guerreiro, e sem mais cerimônia se despediu, não sem que Muref se desse conta de que observava com olhos investigadores todos os recantos que ficavam ao alcance de sua vista.

Despediu-se, e os kobdas ouviram pouco depois que pela parte externa da porta de entrada ao pavilhão, pareciam realizar trabalhos de atarrachar ou ajustar algo que eles não podiam precisar.

— Parece-me — disse a seus dois companheiros — que o pessoal do Serru não tem boas intenções a nosso respeito.

— Creio que vedaram por fora a nossa porta de saída — acrescentou o notário-mor.

— E agora — disse o outro kobda — estão fazendo o mesmo trabalho na janela com frente para o mar.

— E também nas janelas baixas que dão para o bosque de amoreiras, ouvis?

— Efetivamente, trabalham ao mesmo tempo em três direções. Isto significa que estamos cativos. Será traição dessa mulher que quer afastar-nos do Serru? — perguntou o notário, para o qual era causa de grandes preocupações a audácia, a coragem e a energia de Walkíria.

— Ou traição dos chefes do Serru, procurando afastá-lo, ou a ela, de nós — observou Muref. — No devido tempo, esclareceremos tudo.

Quando tudo estava em silêncio, quiseram certificar-se de suas suspeitas e intentaram abrir a porta, que não cedeu nem um milímetro à força dos seis braços que a puxavam ao mesmo tempo. O mesmo ocorreu com as janelas.

— Eis que estamos prisioneiros de Nórthia! — exclamou sem perder seu bom humor o mais jovem dos três kobdas que ficaram guardando o pavilhão.

— Menos mal — disse outro — pois temos saída para a fortaleza da matriarca, se é que não vem dela esta ordem.

— E se foi uma cilada estendida por ela ao convite feito ao nosso irmão Abel?... — interrogou o notário-mor.

— Eu creio que essa mulher não é capaz de semelhante traição — respondeu Muref. — Minha sensibilidade percebe nela um forte afeto para conosco, porque nos crês justos e nobres em nosso proceder. A prova está em que ela não se ocupou em fechar a portinha da galeria ao sair, justamente porque pensa em voltar por ela. Como nos será impossível dormir enquanto não vejamos voltar nossos irmãos, avivemos a lareira e preparemos um xarope quente, porque aqui vamos congelar.

Ao abrir o armário de carvalho existente na sala-refeitório, observaram que haviam sido renovadas todas as provisões; enchidas novamente as ânforas de suco de amora e vinho, os cântaros de azeite, manteiga e mel. As cestas de pão e das frutas estavam transbordantes e novas peças de aves defumadas e pescados salgados ocupavam os lugares que tinham ficado vazios.

— Quem esteve aqui? — perguntou o kobda que abriu o imenso armário — se quando nós saímos hoje pela tarde deixamos tudo completamente fechado?

— A matriarca ou alguém mandado por ela! — respondeu imediatamente Muref. — Já não sabemos que ela tem entrada subterrânea para este pavilhão?

— Oh, sim, verdade!... Logo, não é dela que nos vem a prisão, pois bem vedes que cuida demasiado do nosso bem-estar.

— Calma e serenidade, pois detrás da matriarca está a Justiça Divina velando por seus filhos. Tomemos destas dádivas de Deus para fortificar a nossa matéria, que Ele fortificará o nosso espírito para afrontar tudo o que se apresente.

Os três kobdas, o mais idoso dos quais beirava já os sessenta anos, sentados em torno da lareira, tomaram tranqüilamente aquela refeição, amenizando-a com comentários de todas as ocorrências dos dias que haviam passado no país dos gelos.

Alguma inquietação começou a molestá-los quando se prolongou a ausência de seus irmãos, e, acendendo um pequeno candeeiro de azeite, se aventuraram a entrar pela galeria subterrânea cuja portinha apenas estava dissimulada pelos tapetes da grande poltrona que já conhecemos.

— Mas isto é como um caminho encerado — disse um deles, observando o pavimento liso e plano ao andar. — Por caminhos como este se pode atravessar toda uma cordilheira. Na verdade, esta gente leva muitas vantagens sobre os homens da planície.

— Há aqui pequenos estrados cobertos de peles para descanso — disse outro, observando à luz do candeeiro aquela estranha e escura passagem. — Sigamos até o final e vejamos o que descobrimos.

Pouco depois chegaram à parede de rocha onde terminava aquela passagem, e cuja porta ficava inadvertida nas asperezas e negruras da montanha. Entretanto, julgaram perceber rumores de vozes e passos nessa direção, o que lhes confirmou que por esse lado devia estar a saída e que certamente dava a algum aposento da fortaleza.

Regressaram ao pavilhão, e pouco tempo depois chegaram alegres e alvoroçados os kobdas excursionistas.

— Vossos semblantes indicam que passastes muito bem as horas de passeio.

— Oh, Pangrave Muref! — disse Abel apagando a tocha. — É uma bênção de Deus nossa aliança com essa mulher.

Referiu com todos os detalhes o quanto ocorrera e o quanto tinham visto desde que saíram.

— Tudo isso é magnífico, meu filho! Mas agora vamos contar nós, pobres velhos, outra canção. Sabeis, senhor representante do Thidalá da Grande Aliança, que estamos prisioneiros no pavilhão de Nórthia?

— Como prisioneiros?

— Enclausuraram-nos por fora, porta e janelas, com fortes ferrolhos que nós três não conseguimos forçar. — E contaram o quanto ocorrera.

— Isso é uma infame traição! — gritou Kaíno, que se alegrou de ter em que desafogar o mau humor que se apoderou dele desde que viu Walkíria fazendo-se cobrir com o branco véu das rainhas kobdas.

— Traição! E de quem? — perguntou Abel, que como todos os seus irmãos ficara absorto por tal inesperado acontecimento.

— Dos chefes do Serru — foi a unânime resposta de todos.

— E dessa mulher, não temeis? — interrogou o notário-mor.

— Não, não, e mil vezes não!... — responderam todos a uma só voz.

— Então é necessário avisá-la do que ocorre, porque o chefe que veio anunciou que a nossa escolta de guerreiros vai ser transladada para outro acampamento mais cômodo; suspeito, porém, que, não será pela comodidade, mas para deixar-nos indefesos; e suspeito que os manterão prisioneiros em lugar seguro.

— Isto agrava a situação — disse Abel. — Contudo me parece indiscreto ir a estas horas molestar a matriarca, que apenas se haverá deitado em seu leito. Se vos parece melhor, faremos isto amanhã na primeira hora.

Durante esta conversa, Kaíno e um dos kobdas mais jovens tinham examinado todos os recantos do pavilhão e comprovado a força dos novos ferrolhos que foram postos por fora.

Kaíno subiu por uma coluna para tocar com um punção de ferro o teto e calcular com o som a sua resistência.

— Rocha, rocha acima e abaixo! — exclamou. — Estes endiabrados homens do gelo fazem suas casas para cem gerações.

— Estamos prisioneiros e somente da parte da matriarca pode vir a nossa salvação! — exclamou o jovem kobda ao voltar com Kaíno para informar de suas observações.

— Pois dela nos virá, não o duvideis — disse Abel com firmeza.

Apenas disse isto quando ouviram no Recebedor de Apolo os três apitos suaves da pequena vóskia de ouro que a matriarca usava para chamar.

— Aí a tendes! — acrescentou Abel, caminhando naquela direção seguido por todos os seus irmãos.

Era efetivamente Walkíria, mas uma Walkíria bem diferente da que haviam deixado há alguns momentos. Era novamente o príncipe Freas, com seu luxuoso atavio guerreiro, todo de pele negra com correagens de prata, em cujos adornos cinzelados brilhavam grossos topázios como olhos de leopardo na penumbra do Recebedor.

— Temos novidades? — perguntou Abel.

— E grandes! — respondeu a matriarca. — Obrigam novamente o príncipe Freas a sair do seu sepulcro de gelo!

— Mas o que ocorre? — interrogou Muref.

— Não percebestes que estais prisioneiros no pavilhão de Nórthia? — voltou a perguntar a jovem, que com sua indumentária de guerreiro parecia ter tomado outra voz mais vibrante, como sua estatura parecia mais alta e todo seu porte mais forte e mais robusto. Aquele casacão de pele negra que lhe chegava até o joelho, aquelas brilhantes botas de couro de búfalo, de salto alto e reforçadas de cobre, o alto gorro de pele negra com duas barbatanas de delfim, o peitoral e ombreiras de prata que alargavam-lhe o busto, davam-lhe o aspecto de um forte e belo guerreiro, bem mais alto e forte que a sutil e delicada matriarca kobda que haviam deixado havia pouco no gabinete da fortaleza.

— Sim — respondeu Abel. — E a prisão foi constituída por ordem do Serru, apenas havíamos entrado por essa galeria.

— Eu o soube apenas os perdi de vista por essa mesma galeria — disse a jovem.

— Mas não temais absolutamente nada, que agora sou eu a vossa aliada, e é comigo que terão de resolver este assunto. Ouvis esse atrito de ferro?

"São meus guerreiros quebrando os ferrolhos que acabam de ser colocados. Vossa escolta estará à porta, reforçada por quarenta centenas de arqueiros e catapulteiros que já foram chamados por mim e chegarão neste momento. Todo o bosque de amoreiras, todo o contorno de minha fortaleza, todas as saídas de Kiffauser estão ocupadas por meus guerreiros. Vamos ver quem pode mais em Kiffauser, se a traição ou a lealdade; o crime ou a justiça!"

Ao dizer tais palavras, sua voz tornou-se terrível e seus olhos brilharam com estranha luz.

— Mas que ocorreu na alma do Serru para que assim nos negue repentinamente a sua confiança e amizade?

— Ganharam novamente a sua confiança os infames mingos expulsos tempo atrás por meu divino avô; eles, por sua vez, influíram em alguns chefes de tribo e em alguns altos chefes guerreiros, e como lhes asseguraram que as estrelas anunciam que eu serei a sua submissa e enamorada esposa, os estúpidos julgam segura a sua vitória sobre os *gênios de vestimenta azul*, como chamam a vós. O Serru não é vosso inimigo, mas age enganado vilmente pelos infames sacerdotes-magos que procuram voltar a ser senhores dos países do Cáucaso. Para inutilizá-lo, neste caso, provocaram com drogas maléficas uma febre lenta que, sem causar-lhe grande dano, o reterá debilitado em seu leito por algum tempo, o que eles julgam necessário para assenhorear-se completamente da situação.

— Que pensais fazer? — interrogou Abel novamente.

— Não é o que penso, é o que já fiz! — respondeu a matriarca com energia. —

Saíram já duzentos e oitenta kora-forcas* levantando em armas todos os povos que me obedecem e os vizinhos que pactuaram na defesa de nossa paz e liberdade. Quando sair o Sol, ao amanhecer, pelo menos oitocentas tribos estarão já prontas para a defesa. Quando o Sol chegar ao zênite, nenhum de meus súditos, nenhum de meus vizinhos aliados, ignorará a traição infame e vil com que se quis surpreender a suposta debilidade de uma mulher.

"Havendo-se divulgado a notícia da morte do Príncipe Freas, o *cavaleiro de bronze*, que era o furacão de ferro e pedra a quem todos temiam, julgaram que Walkíria, sua irmã, é uma fibra de palha que o vento levantado por seus corcéis de guerra estenderá no solo convertida em pó!... Apolo e Nórthia estarão comigo!... Meus ilustres avós sairão de seus sepulcros de gelo!... Todo homem de bem lutará ao meu lado!... E eu... juro, sim, pelas cinzas dos meus mortos, que verei brilhar a justiça mais que os blocos de gelo à luz do Sol, ou regarei com meu sangue os caminhos gelados... — Aquela mulher adquiria com sua voz vibrações de clarins de guerra à medida que falava.

— Acalmai-vos, matriarca — disse Abel, temendo que aquela exaltação lhe produzisse uma crise nervosa.

— Não temais por mim, príncipe — disse sorridente. — Sou irmã do cavaleiro de bronze, e talvez mais serena que ele.

Kaíno começava novamente a se encher de entusiasmo e esperança, vendo que haviam desaparecido como por encanto a túnica azulada e o véu branco; e, aproximando-se da matriarca, disse:

— Bem sabeis que estou à vossa disposição como homem de armas, se é que necessitais dos meus serviços.

— Justamente, príncipe — disse. — Depois de avisar-vos das novidades existentes, vinha pedir-vos que aceiteis o comando do primeiro corpo de arqueiros que ficou sem chefe, porque era o que eu comandava.

— Mandai, matriarca, que sou vosso soldado.

— Obrigado. Agora me seguireis para ocupar vosso posto.

— E nós — disse Abel — não poderemos prestar nossos serviços?

— Vós não sois homens de guerra — respondeu a matriarca. — Mas, se for do vosso agrado, podereis encarregar-vos das hospedarias dos feridos e de enviar as provisões aos fortes de defesa.

"Aqui estão os mapas para que vos orienteis quanto aos lugares para onde haveis de comparecer com alimentos nas horas de costume. Estudai-os por esta noite e eu vos avisarei quando chegar o momento.

"Então até logo, e não padeçais nenhuma inquietação por mim.

"Segui-me, príncipe, visto que quereis fazer parte da minha escolta de chefes guerreiros."

— Pensa em nossa mãe, Kaíno — disse Abel quando o jovem se despediu dele — e não cometas imprudências.

---

* Mensageiros.

— Ficai tranqüilo, irmão, que agora me é duplamente amável a vida. — E desapareceu pelo túnel atrás da matriarca.

Tão forte irradiação de domínio e poder tinha aquela mulher, que Kaíno se sentiu inundado de respeitosa submissão ante ela!

Ele, que violentara sem consideração alguma toda mulher que houvesse chamado sua atenção, quer fosse donzela ou casada!... Ele, que mais de uma vez sustentara ferozes combates com algum guerreiro irritado pelo ultraje cometido contra sua esposa ou sua filha!

Quando chegaram àquele gabinete, que era a sala de trabalhos expedicionários e ao mesmo tempo depósito das armas usadas pelos príncipes da casa, encontrou-se Kaíno com um brilhante corpo de chefes guerreiros, jovens quase todos eles, de alta estatura, ruivos e formosos, trajados da mesma forma que a matriarca.

— Aqui apresento os vossos companheiros de armas, uma centena e meia de chefes que formam a minha escolta e que estão animados, como vós, dos mesmos desejos com respeito ao meu povo e a mim. Este é o jovem príncipe de que vos falei, irmão do representante do Rei da Grande Aliança.

Os apresentados se inclinaram, saudando-o. Separando dentre todos os três chefes arqueiros que com Kaíno comandariam as oitenta centenas com que contava, acrescentou:

— Como com vós quatro estarei mais em contato, tratai de estreitar a vossa amizade, para que seja mais eficiente o vosso esforço conjunto em conseguir nossa paz e liberdade.

Os quatro juntaram suas mãos direitas, tocando as pontas dos dedos, enquanto a matriarca, pondo sua mão pequena e branca sobre aquelas quatro mãos unidas, pronunciou com voz solene estas palavras:

— Por Apolo, por Nórthia, por Kiffauser e por mim, jurai que sereis leais companheiros em defesa da justiça e da liberdade!

— Por Apolo, por Nórthia, por Kiffauser e por vós, matriarca, juramos ser leais companheiros em defesa da justiça e da liberdade — repetiram em coro os quatro chefes de arqueiros.

— Obrigada — disse a matriarca. — Agora, vesti-lhe um traje igual aos vossos e entregai-lhe as suas armas.

Abriram uma porta lateral e desapareceram por ela.

Então a jovem se aproximou dos outros, entre os quais se achava o velho conselheiro, irmão de Nórthia.

— Que vos parece do novo chefe do primeiro corpo de arqueiros? — perguntou.

— Magnífico! — respondeu o ancião. — Isto é, se sua coragem e lealdade correrem juntas com a sua pessoa. Parece na verdade um formoso leão tropical. — E, aproximando-se do ouvido da jovem, sussurrou muito baixinho:

— Está enamorado de vós.

— Bem o sei — respondeu ela. — E por isso tenho confiança nele. Talvez não o estejam também pelo menos a terça parte dos nossos chefes guerreiros?

— Quão perspicaz sois, minha filha! Julguei que não o havias notado. De qualquer forma, cuidado, pois se for despertada alguma rivalidade poderemos ter desgostos. O altivo leão do sul não tem no sangue o gelo dos filhos do norte!... Deveis ter isto em conta.

— Ficai despreocupado, que tudo isso corre por minha conta e o problema foi resolvido há pouco. Bem sabeis que a sensibilidade no amor não é o lado débil do meu caráter.

Nisto voltaram os quatro chefes de arqueiros, e tiveram a jovial idéia de baixar a parte dianteira do capacete de pele, como o faziam durante as expedições pelo gelo, de forma que somente se via o brilho das pupilas.

— Agora adivinhai, matriarca, qual é o príncipe vindo do Eufrates.

— Aproximai-vos um pouco deste candeeiro — disse ela. E os observou com atenção, mas por breves segundos. — É este — disse, e o tomou no peito com a ponta do dedo.

— E se vos equivocastes?

— Estou certa que não. Estes três têm turquesas e topázios nos olhos. Somente neste brilham dois diamantes negros; como quereis, pois, que me equivoque? Levantai os gorros.

Os quatro obedeceram e sorriram ao ver a agudeza da matriarca, que se valeu da cor dos olhos para reconhecer Kaíno, que estava radiante de felicidade e galhardia.

— Agora cada qual ao seu posto.

— E vós, matriarca? — aventurou-se em perguntar um chefe de lanceiros, homem já maduro em idade e que, depois do ancião conselheiro, era a pessoa mais consultada pela jovem em seus trabalhos de governo.

— Eu me reservo o direito de estar em toda parte. Onde for necessária uma palavra de alento e ordem, onde haja necessidade de preencher um vazio, reparar um erro imprevisto ou atender a uma necessidade impensada, ali estarei eu, e acreditai que isto me mantém muito mais tranqüila e duplica minhas forças, pois me permite ir de uns para outros com inteira liberdade.

A matriarca deu um apito com sua vóskia, semelhante a grito de alerta, de avanço. Todos levaram a mão direita ao peito.

— Por Apolo, por Nórthia, por Kiffauser e por vós, matriarca — exclamaram todos com grande entusiasmo.

— Pela justiça e pela liberdade, adiante! — exclamou ela, abrindo a porta da galeria subterrânea que os levaria a seus acampamentos. Todos partiram, menos o ancião conselheiro que ficou ao lado da matriarca.

Ela deixou-se cair numa imensa poltrona.

— Estou fatigada, acreditai-me! — disse. — E apenas na vossa presença me permito ser débil alguma vez.

— Pobre filha minha, eu te compreendo!... Que enorme peso pôs Apolo sobre os teus ombros de mulher! — E o venerável ancião, aproximando-se da jovem, tirou de sua cabeça o pesado capacete de pele com barbatanas de delfim cinzeladas em prata, para que sua formosa cabeça descansasse no fofo apoio da poltrona.

— Dizei-me, sabeis o que os homens do Serru pensam em fazer com os kobdas? — perguntou a jovem.

— Pensam em utilizá-los como reféns para obrigar-vos a ceder a todas as imposições.

— E se eu não ceder?

— Eles os tiram dali para fazê-los desaparecer da forma costumeira.

— Entre as geleiras?

— Ou vendidos como escravos aos piratas do Volga...

A matriarca sorriu.

— Quão pouco conhecem — disse — a irmã do cavaleiro de bronze! Os prisioneiros de Nórthia, como zombeteiramente foram chamados, já estão em liberdade.

— Como?... Mas se era ordem do Serru, e seu nome estava gravado na tabuinha encerada?

— Não sabeis que em Kiffauser não há outras ordens além das minhas? Não foi o próprio Serru quem me consagrou Matriarca, Sacerdotisa e Rainha deste país, com independência de toda outra autoridade que não seja o Grande Tribunal formado por todos os soberanos das Nações Unidas de dois continentes?

— Realmente é assim, minha filha, mas isto é a ruptura definitiva — observou o ancião.

— Provocada por eles e não por mim. Lembrai-vos que os deveres da hospitalidade são muito rigorosos na lei de Apolo, e submeter à prisão um grande príncipe que chega em nossa casa como amigo e aliado é uma infame traição que ultrapassa todos os crimes, castigada por nossa lei com a maior severidade.

"Lembrai-vos que o príncipe Abel e seus companheiros são meus hóspedes, alojados num aposento da minha própria casa, e portanto a traição do Serru é uma dupla traição: a eles, representantes do Thidalá da Grande Aliança, e a mim, que sou a soberana de Kiffauser. Estou ou não estou no caminho justo?"

— Estás, minha filha, no caminho justo, mas em atenção a teu tio, o Serru, eu julgo conveniente que chegues a um acordo com ele... — disse o ancião, que desejava encontrar um meio conciliatório.

— Mas que acordo quereis, quando o Serru deixou-se dominar pelos guerreiros do Báltico e pelos escitas do Volga, que buscam romper com a Grande Aliança para formar uma aliança nova com leis muito diferentes daquela?

— Eles pretendem que te unas em matrimônio com o Serru...

— Isso não sucederá jamais! — disse a jovem com grande firmeza. — Prefiro condenar-me eu mesma ao desterro eterno num país estrangeiro, onde ninguém conheça meu nome nem minha origem, a ser uma boneca manejada pelos mingos, esses magos perversos que encheram de mortos a nossa família e a nossa terra. Casada eu com ele, anulo-me eu mesma, e os mingos anulam o Serru. Não compreendeis?

— Mas salvaríamos pelo menos a ele! — observou o ancião com tristeza.

— Vamos salvá-lo atando minhas mãos? Oh, tio Skafion!... Que o vosso amor ao filho de Nórthia não ponha assim uma venda em vossos olhos. Salvaremos o Serru conservando a minha liberdade.

— Julguei que estavas ofendida com ele, mas me agrada ver que ainda o amas.

— Eu me compadeço dele, vendo que se cumprem os graves temores do meu grande avô a respeito do caráter demasiado confiante e complacente do príncipe Eric.

215

Julgávamos que a sua permanência no Eufrates e a sua aliança com os kobdas o haviam fortalecido e curado; contudo, vejo que enfermou novamente dos mesmos males.

— Por que dizeis que os prisioneiros de Nórthia já estão em liberdade?

— Porque mandei quebrar os ferrolhos que haviam posto em seu pavilhão. Vinde e verás. — E a jovem, que já havia esquecido seu cansaço, abriu uma espécie de armário, deixando aparecer os primeiros degraus de uma escadinha que subia até o teto e que dava para o interior de uma pequena torre de observação, onde encontraram uma sentinela.

— Observai — disse, assinalando o bosque de amoreiras, em cujas largas avenidas brilhavam à luz da Lua minguante as lanças, as couraças, as armaduras de uma massa compacta de guerreiros, talvez mais espessa que o bosque de amoreiras.

— Apolo nos guarde! — exclamou o velho aterrado. — Com que faremos frente, minha filha, a essa floresta de lanças e flechas?

— Que dizeis?... Estais sonhando, tio, estais sonhando! — disse a jovem sacudindo-lhe o braço. — Não compreendestes que são os meus guerreiros guardando a fortaleza e o pavilhão de Nórthia, e que estendi uma rede de defesa até o mar pelo ocidente, até o Monte Kasbek pelo norte e até o Rihon pelo oriente?

— Sois o gênio da velocidade, minha filha!... Sois o furacão, sois a vertigem. Em que momento fizeste isto?

— Apenas me anunciastes, ao terminar a cerimônia do véu branco, o que nossas sentinelas haviam observado nos arredores do pavilhão, tomei todas as medidas cabíveis. Queríeis, talvez, que eu esperasse que a gente do Serru ganhasse a minha dianteira, cercando-nos de lanças e flechas e arrebatando-me os kobdas e a sua escolta?

"Não, tio, não!... Eu não deixo para um minuto mais tarde o que posso fazer no momento presente. Estou convencida de que a oportunidade, em todas as coisas, centuplica as forças e a eficácia de todas as nossas ações."

— Quer dizer que declaras guerra ao Serru? — interrogou o velho conselheiro.

— Não, mas me preparo para fazer com que sejam respeitados os meus direitos e a minha dignidade de soberana, que foi injuriada quando tomaram como prisioneiros os hóspedes da minha casa sem que eu fosse sequer consultada.

— Como pensais que terminará este drama?

— Meu desejo é que termine fazendo-os compreender que se equivocaram pretendendo mandar em casa alheia; e que se o Serru me quer como amiga e aliada, aqui está minha mão; entretanto se busca discórdia, meus guerreiros lhe responderão.

— Oh, dor!... — exclamou o ancião, juntando suas mãos em suplicante atitude. — Uma neta de Nórthia contra um filho de Nórthia!

— Sim!... Porque Nórthia é a deusa da justiça nos países do gelo, e ela sabe que a justiça está do meu lado. Se o Serru tem em verdade o sangue de Nórthia, voltará atrás na infame traição que em seu nome cometeram os seus chefes e príncipes.

— Vós me permitis, minha filha, ir vê-lo neste mesmo momento?

— A quem, ao Serru?

— Sim, ao Serru.

216

— Não tenhais ilusões, pois não vos receberão; e muito temo que vos façam silenciar para sempre com uma punhalada na escuridão. Não vedes que eu mandei dois mensageiros com uma tabuinha escrita e firmada por mim, que me foi devolvida dizendo que o Serru descansava e que ele me veria quando fosse oportuno?

— Isso significa, segundo creio...

— Isso significa que querem ganhar tempo com pequenas demoras até que possam chegar falanges de guerreiros do Báltico e do Volga, que já foram chamados.

— Como sabes? — perguntou muito alarmado o velho conselheiro.

— Porque meus sentinelas viram sair kora-forcas enviados por eles nessas duas direções, e um desses mensageiros foi capturado por meus homens e feito prisioneiro. Em troca da minha indulgência para com ele, declarou que foram pedir cinqüenta centenas de guerreiros das bocas do Volga e outro tanto da outra margem do Donda, porque a maioria dos chefes que chegaram nestes dias não lhes inspiram confiança para lutar contra mim, uma vez que todos me devem favores, e alguns, a vida.

— Apolo!... Apolo!... Tende piedade de nós!... — exclamou o velho apertando a cabeça. — E os outros?

— Meus kora-forcas têm o encargo de alcançá-los e trazê-los prisioneiros para impedir que levantem as Ilhas Cassitéridas e a Escandinávia quando não há causa para uma guerra — respondeu a jovem. — Desçamos ao gabinete — acrescentou, tomando a dianteira — que não devem tardar em chegar os homens do mar que mandei chamar para dar-lhes ordens.

Efetivamente, lá estavam dez homens fortes e grandes, rudemente vestidos de peles de urso. Eram os que comandavam os veleiros e as grandes barcas ancoradas nas duas baías. Inclinaram-se profundamente perante a matriarca, que lhes disse:

— Ficai atentos se vires chegar barcos do Golfo de Azof ou do Danan, e não permitais o desembarque de nem uma formiga sem dar-me aviso.

"Aprovisionai bem os barcos de carga, porque pode ser que tenhais de levar à outra margem do mar o príncipe estrangeiro e seus companheiros, que são meus hóspedes neste instante. Bem sabeis que a abnegação e a lealdade são muito bem recompensadas pela vossa matriarca."

Os homens do mar beijaram a mão de sua soberana e, com grandes protestos de fidelidade, se retiraram.

— Por esta noite terminei, tio, ide descansar.

— Apolo, tende piedade de nós!... — murmurou o ancião. — E tu, minha filha, descansa também, porque contra o teu peito virão se chocar todas as fúrias que se desataram contra este povo. — A jovem beijou sua testa rugosa e coroada de cabelos brancos, enquanto abria a porta que o conduziria à sua alcova.

Quando tudo era silêncio na imensa fortaleza de pedra, Walkíria entrou em sua câmara particular, onde uma estátua de Apolo entalhada em alabastro com pedestal de prata ocupava a parte anterior do aposento. À direita do grande deus dos homens do gelo, via-se uma estátua pequena de Nórthia com sua cestinha de espigas.

A jovem despojou-se de seu traje guerreiro e vestiu novamente a túnica azulada, que cingiu à sua cintura com o escuro cordão dos kobdas. Cobriu-se novamente com o véu branco e, ajoelhando-se diante do singelo altar coberto de flores, entregou-se a uma silenciosa oração. Um soluço comprimido saiu de seu peito e grossas lágrimas rolaram de seus olhos sem que ela se ocupasse em secá-las.

— Apolo!... Divino Apolo, deus da paz e do amor... Nórthia, mãe e deusa da justiça e da piedade... Somente vós podeis ver o pranto de Walkíria, ofendida, injuriada e pisoteada pelos homens de sua própria raça, de sua própria língua, de sua própria religião... Sem pai, sem irmãos, sem o grande avô... agora sem o tio, o novo Serru... Que será de mim? Que será de mim? Borrascas por fora e borrascas no fundo de meu coração!... Somente vós podeis salvar-me de mim mesma, pois dos infames traidores sei defender-me eu!

"Oh, o teu formoso prisioneiro, mãe Nórthia!... Aquele que tem luz de Sol em seus olhos e canto de anjos em sua voz!... Perdão!... Deixa-me amá-lo até que o tenha salvo, que depois porei ferrolhos no meu coração, e eles não se quebrarão a não ser com a morte...

"Nórthia!... Mãe Nórthia, sou feliz em não morrer sem ter visto sobre a Terra um ser humano que merece ser amado tal como eu posso amar!"

Levantando-se já serena, beijou a boca gelada da estátua de Nórthia enquanto dizia com voz apenas perceptível, como se ela mesma temesse escutar:

— Para o meigo príncipe prisioneiro!...

A jovem apagou o último círio que iluminava aquele escondido amor e, sem chamar suas criadas, estendeu-se em seu leito quando a Lua minguante chegava ao zênite.

A VISÃO DOS CUMES

Na manhã seguinte o primeiro kobda a se levantar abriu como de costume a grande janela que dava para o mar, para que a rosada claridade da aurora, anunciando a saída do Sol, penetrasse no pavilhão onde logo ressoariam as notas sonoras do hino do amanhecer.

— Estamos sitiados de lanças, forcados e aljavas — disseram sorrindo, enquanto tratavam de contar, sem conseguir, o número de guerreiros que se espalhavam pelo entorno. Eles esperavam que o pessoal do Serru não tardaria em apresentar-se para levar a escolta dos kobdas, segundo haviam anunciado, mas chegou o meio-dia sem que ninguém os molestasse. A essa hora chegaram, pela grande avenida central do bosque de amoreiras que comunicava o pavilhão com a fortaleza, um grupo de criados da matriarca conduzindo em mesas rodantes os alimentos para esse dia, e podia julgar-se que de propósito queriam fazer notar a esplêndida atenção que a soberana

218

prestava a seus hóspedes. Logo se observou um comboio de longas plataformas rodantes com volumoso carregamento de queijo, pão, manteiga e pescado seco; uma centena de cozinheiros ia repartindo-o entre as filas de arqueiros, que recebiam sua ração sem mover-se de seu lugar.

Logo passou e repassou outra plataforma rodante com cântaros de suco de amoras, dos quais cada guerreiro, com seu jarro de campanha, retirava o que queria beber.

Cada grupo de cem guerreiros tinha uma espécie de capitão, que era seu chefe imediato.

Os kobdas procuraram Kaíno com a vista, mas não o viram em nenhuma parte, se bem, é certo, que nenhum chefe tinha aparecido até essa hora.

Apenas havia passado o meio-dia quando a vóskia de ouro da matriarca fez soar o longo apito de atenção, e todos os guerreiros que riam e se distraíam tomaram suas armas e correram a ocupar suas respectivas posições.

Depois de um terceiro apito de vóskia, abriu-se a enorme porta da fortaleza e apareceu a matriarca montada num soberbo cavalo branco e vestindo o mesmo traje de guerreiro com que a haviam visto na noite anterior. Levava na mão direita sua lança de prata, cujo extremo inferior apoiava com indolência no estribo onde descansava o pé.

Escoltavam-na os quatro chefes de arqueiros, e outros chefes mais das diversas armas que compunham seu exército.

Um imenso clamor ressoou pelo bosque e pelos contornos, apenas foi notada sua presença. Ela sorria e acenava enquanto percorria lentamente as longas fileiras de guerreiros, como se quisesse que nenhum deles ficasse sem vê-la. Finalmente, quando julgou ter chegado ao lugar central daquele improvisado acampamento, deu um ligeiro salto e se pôs de pé sobre o arreio de pele bordada de prata, cujas longas franjas de seda azul cobriam grande parte do formoso animal sobre o qual se achava. Pela janela que dava para o mar, os kobdas viram aquela formosa silhueta negra recortada sobre o azul do mar e a neve das montanhas e inundada pelo resplendor do Sol do meio-dia.

Viram-na colocando um megafone de prata sobre seus lábios para que sua voz fosse ouvida a longa distância:

— Meus amigos, valentes guerreiros do Ponto, que sabeis o que custa a liberdade de Kiffauser! O dever vos chama novamente ao sacrifício e à abnegação, para que sejam respeitados os nossos direitos e para que brilhe a justiça no céu sereno do nosso país.

"Sabeis por que sois novamente chamados às armas?"

— Porque estamos ameaçados de uma invasão estrangeira! — responderam em formidável coro milhares de vozes.

— Sabeis de onde nos vem essa invasão estrangeira? — voltou a perguntar.

— Dos príncipes traidores do Volga e do Donda!... — responderam novamente os milhares de vozes.

— Sabeis com detalhes os motivos e os fins dessa invasão?

— Sabemos, matriarca, e estamos convosco até a morte! — Este último clamor

219

continha tal irradiação de lealdade e amor que a matriarca guardou uns momentos de silêncio, porque sua emoção era profunda.

— Vejo — acrescentou — que os vossos chefes cumpriram o encargo de colocar-vos a par de todos os acontecimentos, para que ninguém possa queixar-se de ignorar os motivos que o levam à luta.

"Acompanhastes-me nos dias desventurados e terríveis nos quais vós e eu ficamos órfãos do nosso grande pai e senhor, o divino Serru e Aitor, sacerdote e rei da Confederação dos Países do Norte, meu avô Lugal Marada. Acompanhastes-me julgando fazê-lo ao *cavaleiro de bronze*, vosso amado príncipe Freas, cuja morte vos ocultei durante muitas luas, temerosa de que fugísseis desalentados ao sabê-lo. Duvidava que tivésseis confiança numa jovem de vinte anos, que jamais havia manejado outra coisa além da roca e do fuso, e anulei a personalidade de Walkíria para que nela continuasse lutando diante de vós o cavaleiro de bronze a quem adoráveis. Entretanto, Nórthia quis que fosse descoberta a substituição, talvez para provar-vos que uma mulher da sua raça sabe também ser soldado quando o dever lhe manda!..."

Delirante clamor cortou as palavras da matriarca, cujos olhos estavam úmidos de lágrimas.

— Nós vos amamos como ao nosso velho Serru, nós vos amamos como ao Príncipe Freas, porque convosco estão a Justiça, a Paz e a Liberdade!

— Obrigada, toda a minha gratidão, meus amigos!... Visto que amais como eu a justiça, achareis justo que sejam respeitados como merecem os ilustres hóspedes da minha casa, o grande Rei da Aliança de dois continentes, cujo representante se aloja no pavilhão de Nórthia. As portas do pavilhão foram lacradas sem o meu conhecimento, ação essa que encerra um duplo delito e um duplo ultraje. Ultraje ao grande soberano do Eufrates e do Nilo, com quem pactuou aliança o divino Lugal Marada e com quem renovou aliança o nosso jovem Serru, meu tio; que, além do mais, foi curado do seu grande desequilíbrio mental pelos homens de vestimenta azul; e ultraje à minha autoridade de Rainha, Sacerdotisa e Matriarca de Kiffauser, cuja liberdade e soberana independência defendi juntamente convosco!...

— À forca com os traidores! À forca com os que ultrajam a nossa soberana e os nossos aliados!... — Este furibundo clamor foi seguido de gritos de guerra que pareciam verdadeiros uivos de lobos e rugidos de feras entre cavernas de neve.

A matriarca entregou sua lança a um dos de sua escolta, e, sempre de pé sobre o lombo do seu cavalo branco, estendeu ambas as mãos sobre a multidão exaltada e delirante.

Aquela atitude significava paz, calma, serenidade; e então a matriarca deitou para as costas seu capacete de pele negra com barbatanas de delfim e destrançou ao vento sua dourada cabeleira; e as partes inferiores de sua casaca se desdobraram caindo-lhe até os pés, porque então já não era chefe guerreiro, mas matriarca, sacerdotisa e rainha, filha de Apolo e Nórthia.

Ao vê-la em tal atitude, com suas mãos estendidas para abençoar, toda aquela multidão de guerreiros dobrou seus joelhos e prosternou a testa no pó, submergidos em profundo e religioso silêncio.

Com a mão direita levantada para o Sol, que brilhava como uma lâmpada de ouro no zênite, aproximou novamente o megafone de seus lábios e a multidão escutou silenciosa e reverente a sua voz, como o eco distante do gênio tutelar da raça:

— O amor e a justiça de Apolo e Nórthia sejam a vossa salvação, a vossa felicidade e a vossa glória enquanto brilhar o Sol nos países de neve!

Sempre de pé sobre seu cavalo, foi conduzida lenta e majestosamente para a porta da fortaleza, sem que, durante todo o trajeto, houvessem cessado os clamores de entusiasmo, adesão e fidelidade. Quando se despedia dos quatro chefes de arquei-ros, disse:

— Na segunda hora da tarde trazei meus hóspedes do Pavilhão de Nórthia, com o mesmo cuidado com que trouxestes a mim mesma.

Os kobdas haviam presenciado o brilhante discurso da matriarca e tinham ouvido todas as suas palavras; mas, não obstante a força com que se viam protegidos, não deixavam de compreender sua situação dolorosa e difícil, principalmente tendo em conta que apenas haviam começado seus trabalhos como missionários.

— Vir para ver despedaçar-se exércitos em luta, sem poder impedir tamanhos males, não é coisa que entrava em nosso programa. Ter trazido de volta o jovem Serru para a sua própria ruína é o maior fracasso que poderia nos sobrevir!

"Que o Altíssimo esteja conosco para impedir a horrível contenda armada que se avizinha, salvar o Serru e, juntamente com ele, todo o seu povo!"

Para não provocar lutas nem avivar o ódio de seus perseguidores, mantiveram-se no pavilhão até que os quatro chefes de arqueiros se apresentaram para conduzi-los à fortaleza.

Kaíno, transbordante de satisfação, disse a todos:

— Agora eu vos compenso por todos os vossos cuidados, e sou eu quem vos protege e serve de condutor.

"Então vamos, pois a matriarca vos dará audiência no grande salão da fortaleza."

— Vejo que és feliz — disse Abel em voz baixa — e espero que não esqueças nunca que és irmão de um kobda e parte da embaixada do rei kobda perante os países do Norte. Assim poderá ser duradoura e honrosa a tua atuação perto dessa nobre e grande mulher, que te honrou com a sua confiança.

— Fica despreocupado, irmão, que me creio ressuscitado para uma vida nova.

Saíram para a grande avenida, que estava amuralhada por uma dupla fileira de lanceiros. Por entre aquelas reluzentes lanças levantadas para o alto passou Abel, o Ungido da Paz e do Amor, pensando com amargura na espantosa cegueira dos homens que dilaceram as entranhas uns aos outros, movidos pelas ambições que acendem todos os ódios, quando tão fácil seria a felicidade se conseguissem procurá-la na concórdia, baseada na frase imortal de todos os Messias dos mundos: *Fazei aos vossos semelhantes o que quereis que se faça a vós.*

— Para vós sou sempre a vossa irmã kobda — disse a matriarca ao recebê-los, vestida com a túnica azul e o véu branco, à porta da grande sala de audiências.

— E nós o somos igualmente para vós, matriarca — respondeu Abel sentando-se junto a ela.

— Príncipe, eu vos devo muitas explicações, e espero que com tranqüilidade me concedereis algumas horas e me acompanhareis na refeição desta noite.

221

— Sois vós quem mandais, matriarca, que muito fazeis em nosso benefício para que nos neguemos a atender-vos.

— Dizia que vos devo explicações — continuou a matriarca — porque vós, que sois um príncipe de aliança e de paz, deveis padecer muito com o extermínio e a guerra, e desde que chegastes quase não vistes outra coisa.

— É verdade que, por natureza e por educação, sou homem de paz e não de guerra — respondeu o jovem kobda. — Entretanto nós, os kobdas, temos um lema que é como a bússola da nossa vida: *"Extrair do fundo de todas as coisas o que de mais formoso existe nelas."* Em conseqüência, quando um acontecimento adverso, como uma contenda armada, nos sai ao encontro, somos forçados a aceitá-lo, tirando dele o melhor que se pode tirar em benefício dos mais açoitados pelo desastre.

— "Em benefício dos mais açoitados pelo desastre" — repetiu a matriarca, como que estudando tais palavras. — Logo, é inevitável a dor de uns para salvar os outros? — perguntou a jovem.

— Quase sempre, porque em planos tão inferiores como esta Terra, é muito difícil conseguir que os seres cheguem à compreensão da justiça e do dever, e daí toda a abundância de dores e tragédias que açoitam a espécie humana.

— As vossas palavras caem sobre o meu espírito como uma chuva suave e refrescante sobre um vinhedo abrasado por um incêndio — disse a matriarca com um cunho de amargura, como se penosas recordações a torturassem.

— Bem o compreendo, matriarca, porque o destino em que a vossa Lei vos colocou obrigar-vos-á muitas vezes a ser severa em vossas resoluções.

— Se soubésseis que tenho minhas mãos manchadas de sangue!... Eu, uma mulher com apenas vinte anos de vida! Oh, príncipe!... É cruel a vida comigo, e às vezes me aturde a tentação de fugir da vida!...

— Pois se vos deixásseis vencer, causaríeis tantos males e tantas dores que centuplicariam as dores que, em cumprimento do vosso dever, vos vistes obrigada a causar.

— Então é formoso viver!... — exclamou a jovem. — E viver esgrimindo a vara da justiça para salvar os débeis da injustiça dos fortes, para salvar os pequenos da prepotência dos poderosos!...

— Justamente!... Creio que tal é a vossa missão na Terra, e embora vos pareça estranho em minha linguagem, já que me chamastes Príncipe da Paz, eu vos digo que essa mesma vossa Lei exigirá mais de uma vez que vos convertais em açoite de uns e amparo e fortaleza de outros. Mas isso é coisa que exige meditação e discernimento: o qualificar de bons ou maus determinados atos da vida humana terrestre, onde às vezes cremos invertida a ordem por causa da incompreensão dos seres e do egoísmo que os domina.

"Oh, matriarca! Neste planeta de escassa evolução há uma grande maioria de crianças travessas e de mau caráter, as quais não meditam nem assimilam o suave e terno raciocínio materno, e é necessária a férrea disciplina de um capataz para evitar que essas crianças cheguem a impor a sua deturpada vontade como lei aos pais."

— Percebeis — disse a matriarca — que estou magoada por ter precisado impor castigos aos perversos desta terra.

222

— Sim, percebi, e por isso vos falo desta forma.

— Oh, obrigada! Não sabeis o quanto me fazeis bem semeando flores de paz na rude dureza da minha vida. Foi procurando o meu sossego interior que quis fugir para distantes países, quando em vossa presença me vi obrigada a revelar o meu horrível segredo!...

— Por que dizeis *horrível segredo?* Sois já uma matriarca kobda, e deveis dar a cada coisa seu verdadeiro nome e seu justo valor. Horrível seria se o fato houvesse sido inspirado pelo egoísmo, pela ambição, pelo vosso próprio interesse.

"Mas substituir o vosso irmão nas fadigas, nos sacrifícios, no duro dever de salvar um povo da perturbação, da anarquia e da desordem em que fora arrojado, não é um *horrível segredo*, matriarca, mas grande e sagrado segredo.

"Para convencer-vos disto, pensai no que teria ocorrido se houvésseis agido de maneira diferente."

— Como pensais vós, príncipe, que deve ser a minha vida doravante?

— A mesma que estais vivendo, absolutamente a mesma!

— Sem uma variação, sem um descanso, sem um parêntese, sem um oásis?...

"Oh, príncipe Abel!... Não vivi mais que vinte anos e acreditai-me que já me parecem séculos. Eu não tive juventude, pois saltei da infância para a maturidade da vida. Ajudei meu pai como notária de todos os acontecimentos que exigiam a sua intervenção neste país confiado ao governo dele. Morto ele, continuei prestando o mesmo serviço a meu irmão maior Icléias, que era o chefe do governo, enquanto Freas era o grande capitão de guerra. Mortos também eles, todo o peso que sustentavam caiu sobre meus ombros, sem que eu mesma tenha podido compreender como e por que o suporto sem que me esmague."

— Porque tal é a vossa lei, e caminhais pelo vosso caminho protegida por ela.

"Logo, segundo creio, sereis possuidora de toda a sabedoria kobda, porque, se quisestes vestir a túnica azul e o véu branco, é porque quereis penetrar em nosso santuário interior; e para isto teremos de trazer para o vosso lado duas ou três mulheres kobdas que vos expliquem toda a nossa Lei e todos os grandiosos conhecimentos que sobre a origem dos mundos, dos seres e da vida obtiveram os kobdas desde há mil e duzentos anos, quando se fundou nossa Escola nas cavernas do Revenzora, mais além das terras regadas pelo Nilo.

"Temos visto vidas imensamente mais amargas e dolorosas que a vossa, com dilacerações íntimas e feridas que se acreditavam incuráveis; e da infinita fecundidade da Energia Divina surgiram todos os bálsamos curativos de que aquelas vidas necessitavam para continuar até o fim, com mérito e honra, a sua jornada na Terra."

— E quanto ao problema que agora me depara o Serru, meu tio, pode-se saber qual é o vosso modo de pensar?

— Dizem que ele propõe o matrimônio convosco, matriarca, e ao mesmo tempo com as filhas dos príncipes de seus vastos domínios. Quanto ao primeiro, estaria em vossa Lei se o aceitásseis livremente, por inclinação do vosso coração e pela conveniência do vosso povo. Entretanto, o segundo ponto está, segundo nós, fora da lei, porque não existe nenhum motivo fisiológico, moral ou social que justifique que um homem tenha muitas esposas, e menos ainda que uma mulher tenha vários maridos, costume que existe em vários países que estão fora da Grande Aliança.

— Parece que aqui se apresenta a necessidade de atar com laços de família os grandes chefes com o Serru, para evitar que ocorram novas lutas internas.

— O mesmo ocorrerá se houver desmedidas ambições nos governantes. Não temos visto irmãos que renegam irmãos, pais que renegam filhos, maridos que renegam esposas para conseguir uma compensação material que não se obteria com a união e a concórdia? Não há como se forjar ilusões de paz e felicidade duradouras, nem para os indivíduos nem para as coletividades, se para consegui-las se abandona o justo caminho que a lei determina para cada época da evolução dos seres e sociedades humanas.

— E por que está contra a Lei Eterna que um grande príncipe ou rei tenha muitas esposas, como foi aceito por todos os países antes da Grande Aliança? — perguntou a matriarca, procurando justificar a resistência que sentia em seu interior contra a idéia de que o Serru se afastasse daquela entidade.

— A poligamia é a flor do vício e da degradação, criada e tolerada pela ignorância e pela incompreensão dos homens que, sem estudar a fundo a própria natureza humana, fazem do prazer que farta seus baixos desejos o único culto e o único ideal da sua vida.

"Chegado ao reino humano, a Natureza constitui o ser de tal forma que, da união de um homem e uma mulher, surge a família com toda a beleza do amor dos esposos entre si, dos pais pelos filhos, dos filhos pelos pais e dos irmãos entre si.

"Mas quando o homem, dominado pelo mais baixo sentimento que há em sua natureza animal, se excede nas complacências que com justiça pode dar às suas necessidades fisiológicas, então nasce a poligamia, não para curar males irremediáveis, segundo se acreditou, mas para ter um meio legal de fartar os animalescos instintos dos seres caídos já numa espantosa degradação. Como natural conseqüência da poligamia, a mulher, destinada pela Lei Eterna a ser a mãe augusta da humanidade, fica reduzida a um objeto de prazer, procurada como um meio de satisfação dos instintos bestiais do homem já degradado.

"Dessas esposas múltiplas, humilhadas e feridas pelas rivalidades e pelos ódios, vivendo do rancor e da inveja, necessariamente devem nascer seres baixos, egoístas, iracundos e sensuais, porque não foram gerados no amor, mas na luxúria e na lascívia, no despeito e na ira, e até na satisfação infernal de vinganças que chegam às raias do crime.

"Por isso a Grande Aliança, com sua formosa lei que consagra como divina a união de um só homem e uma só mulher, procura elevar novamente o nível moral desta humanidade, que para seu mal desceu em muitos casos a um nível mais baixo que o dos animais da selva."

— Então estou no caminho justo quando defendo a vós, príncipe, que representais neste momento o Thidalá da Grande Aliança e sua sagrada Lei! — observou a matriarca, satisfeita de encontrar que seus mais íntimos sentimentos correspondiam à justiça da Eterna Lei.

— Naturalmente, e agiremos de acordo com a Lei Divina se conseguirmos que o Serru permaneça unido à Aliança do Thidalá, que é hoje quem encarna o grau evolutivo mais elevado a que chegou o homem neste planeta.

"Não é num ano nem em dez que se consegue o melhoramento moral de um povo, de uma raça, de um continente ou de uma humanidade. É obra de muitos séculos e de muitos seres conscientes, lúcidos e abnegados que pactuaram no infinito a evolução humana terrestre. É a obra das abelhas laboriosas, que, se nada significam, quando sozinhas, unidas em harmônico concerto de abnegações ignoradas e esforços constantes e sábios produzem o formoso favo de mel que todos cobiçam!"

— Dizei-me, ó príncipe cheio de sabedoria!... Que deve fazer um soberano que deseja propiciar a evolução moral do seu povo? — perguntou a matriarca, adquirindo sua voz e seu formoso semblante a animação daquele que vê surgir um abundante manancial para saciar a sede de quantos padecem fome e sede ao seu redor.

— É o Altíssimo que dá a luz da Divina Sabedoria aos homens, e seja Ele quem fale pela minha boca neste instante. Um soberano que quer verdadeiramente a evolução do seu povo age como agiu desde o começo do seu reinado o nosso kobda-rei, até antes de chegar a ser Chefe da Grande Aliança; ou seja, esforçando-se em anular em si mesmo, primeiro, as grosseiras manifestações de natureza inferior o quanto é possível ao homem revestido de carne. Adquirido já este completo domínio de si mesmo, as faculdades superiores do ser adquirem um desenvolvimento e uma força tão dominadora e sugestiva que apenas pela palavra, pela irradiação, pela presença, o indivíduo é capaz de transmitir aos seres, em primeiro lugar, a compreensão de o que é o bem e a justiça, de o que é a verdadeira beleza da vida, de o que é o amor verdadeiro entre os seres; e depois, desperta nas almas uma aspiração, um desejo desse bem, dessa beleza e desse amor que chegou a compreender.

"Isto se refere ao que pode fazer pela evolução humana um indivíduo em particular, ou como parte de uma escola dedicada ao cultivo das faculdades superiores e ao bem da humanidade. Pois se isto se une às obras que um soberano de povos pode realizar para que seus esforços se traduzam com maior rapidez em obras práticas, o êxito será grandioso, como bem compreendereis.

"Por isso a obra civilizadora dos kobdas chegou ao seu apogeu quando um dentre eles carregou sobre seus ombros a pesada carga de levantar um grau a mais a humanidade terrestre em sua lenta ascensão aos cumes da purificação e da luz.

"Por exemplo, vós, matriarca, colocada como um círio aceso nos países do gelo, podereis ser outro Bohindra que chame para a vida do amor esta porção de humanidade, que talvez continue agindo como as turbas inconscientes porque não há uma mão firme e decidida para lhe apontar: 'Este é o caminho.'

"Que essa mão seja a vossa mão, e quando estiverdes decidida a ser mestra e reitora do vosso povo, começai pelos jovens, dando leis, ordens e decretos que facilitem as uniões matrimoniais nos primeiros anos da juventude, ou seja, antes que se hajam gravado profundamente na natureza o vício e a degradação à qual se precipitam os seres arrastados lastimosamente para o abismo pelo excesso de satisfação dos mais baixos instintos animais do ser, que foram qualificados de *necessidades fisiológicas*. O matrimônio, tal como o propicia a Grande Aliança, é o perfeito resumo, a mais acabada síntese desse grande poema do amor humano que cantam duas almas unidas, o esposo e a esposa, para trazer novos seres ao concerto da vida em todos os mundos. Na pura Inteligência Suprema, tanto no que se refere aos homens como até aos animais, nunca houve lugar para esses espantosos delírios de sensualidade e lascívia que a humanidade degrada por toda a sorte de excessos, chamando-os equivocadamente de *amor*. É olhando sob este prisma para as aberrações humanas que eu digo: vergonhosamente, os homens descem às vezes a um nível mais baixo que o dos animais!

"Matriarca!... Talvez não deveria ter falado com tal crueza, em atenção à pureza dos vossos sentimentos de donzela que apenas conta vinte anos; no entanto, me perguntastes por onde um soberano deve começar a elevação moral de seu povo, e eu vos dei o pouco que vos pode dar a minha pequenez graças à alta escola da Verdade, da Beleza e do Amor onde, para felicidade minha, fui educado."

O entusiasmo de sua dissertação impedira Abel de observar que os kobdas e os chefes guerreiros se haviam disseminado pelos jardins, e que a jovem matriarca, silenciosa e comovida, chorava.

— Por que chorais? Causam dano a vós os quadros sombrios que acabo de pintar?

— Causam-me dano pela viva realidade que encerram, e me magoa ver quão penosa e difícil é a senda que eu devo trilhar. Ajudar-me-eis vós, Príncipe da Sabedoria e da Paz?

— Sim, matriarca!... Eu vos ajudarei nesta e em outras vidas, até que sejais suficientemente forte para subir de um grande vôo ao cume, levando atrás de vós uma numerosa legião de seres arrancados por vós do lamaçal onde se precipitaram buscando a felicidade e onde só encontraram a decrepitude prematura para o seu corpo e uma delirante ofuscação para a sua alma sem luz.

— Entretanto dizei-me, ó príncipe! Há uma lei obrigando-me a ser sacrificada para conduzir os demais?... Há uma lei anulando a minha felicidade, destruindo a minha ventura para pôr-me em condições de lavrar a felicidade dos demais?

— Sim, matriarca!... A grande e eterna Lei da Justiça perfeita exige expiações e outorga compensações; mas não arbitrariamente nem na base de privilégio algum, e por isso é Justiça Perfeita. Ela age sobre a base inalterável do livre-arbítrio de cada inteligência encarnada, que tem ampla liberdade de agir no bem ou no mal, mas não pode jamais fugir das conseqüências que suas obras boas ou más lhe trarão, não só na vida presente como em outras futuras. No vosso caso, o vosso sacrifício pelos demais pode ser compensação e expiação ao mesmo tempo. Sabemos acaso se todos os seres que agora salvais da dor, da desonra, da ruína espiritual, serão seres que em épocas mais ou menos distantes foram levados por vossa causa a esses abismos de dor e miséria do qual agora os arrancais?

"Porque no eterno caminho das almas, todos tergiversamos as leis eternas que regem e impulsionam a evolução dos seres, sem medir as terríveis conseqüências que disto necessariamente se haveriam de seguir para nós mesmos e para todos aqueles a quem alcançou o nosso delituoso agir.

"Aquele que abre a porta de uma cidade a uma alcatéia de lobos famintos pode acaso calcular as vítimas que causará? Que expiações terríveis não encontrará em seu caminho eterno o ser que, não satisfeito em agir mal, empurra e arrasta outros pelo seu próprio equivocado caminho?

"Bendizei ao Altíssimo, matriarca, quando vos abre já a fortaleza iluminada de beleza, justiça e verdade, porque é sinal de que já dominastes as tempestades e as trevas fugiram do vosso lado, deixando claro o caminho para que comeceis a andar valentemente por ele. A lucidez da vossa consciência nesta oportunidade já não vos permite retroceder no caminho empreendido, porque sois como o viajante que chegou à metade da subida ao cume, onde percebe já a rosada claridade dessa aurora eterna de felicidade e paz com que passou séculos sonhando!"

A jovem matriarca havia deitado sua cabeça para trás e, apoiada no macio encosto de sua poltrona, parecia ir seguindo com seu sereno olhar esses místicos caminhos, ora bordados das rosas vermelhas do sacrifício, ora engalanados com os louros da vitória ou enegrecidos com os abrolhos e sarçais da humilhação.

— Quanto tempo, dizei-me, príncipe Abel, demorarei para escalar a outra metade desse caminho até o cume?

— Eis aí o segredo reservado à Divina Sabedoria!... Quem pode medir a perseverança dos vossos passos, a energia dos vossos vôos e a velocidade da vossa carreira?

"Para que nem as vertigens do cume nem as miragens da distância vos causem perturbação ou desalento, permito-me dizer-vos, matriarca, estas únicas palavras:

"Na altura que já subistes, mudar de rumo ou torcer o caminho significaria para vós uma cadeia tão terrivelmente pesada que tardaríeis eras para arrastá-la. A Lei Eterna é inexorável com aquele que teve em sua mão a luz e em sua mão deixou-a extinguir-se!..."

— Luz de Numu, o gênio dos kobdas! Luz de Apolo, gênio benéfico dos países do gelo!... Luz de Nórthia, semeadura de espigas douradas!... Que elas demarquem a minha rota até o final, porque há algo que me diz, dentro de mim mesma, que jamais retrocederei no caminho andado!

— Abençoai este momento, matriarca — disse Abel — porque nele tivestes a visão do cume e sentistes o imperioso chamado que vos impulsiona a conquistá-lo...

Alguns momentos depois saíram ambos para os jardins, povoados de passarinhos cativos em douradas redes de cobre e embelezados com a mais variada coleção de flores exóticas, para seguir com os kobdas e personagens do governo em direção à *Sala dos Perfumes*, onde deviam celebrar a refeição. Ao passar, Abel recolheu duas rosas vermelhas da Irânia, que úmidas de orvalho pareciam destilar gotas de sangue; e dando uma a Walkíria, disse a meia voz:

— Felizes seríamos vós e eu se cada pétala destas flores nos recordasse no futuro um sacrifício heróico pela *Visão do Cume*!

Ela tomou-a em silêncio e, quase detendo seu andar foi contando uma a uma as pétalas vermelhas da flor...

— São muitas! — disse, dirigindo a Abel um olhar profundo e interrogativo...

— Em verdade são muitas!... Mas acreditai-me, matriarca, que quando por eles tivermos chegado à visão amada, lamentaremos que não tenham sido mais.

A música harmoniosa de alaúdes e ocarinas fez desvanecer como um suspiro essa voz das almas que, na infinita imensidão de Deus, se encontravam para iluminar-se mutuamente com resplendores de Sol.

Num momento em que a matriarca se viu rodeada por seus chefes amigos, Kaíno, que não havia perdido um detalhe do breve passeio da jovem com Abel pelos jardins, aproximou-se dele e perguntou-lhe ao ouvido?

— Irmão: conquistaste a praça em teu benefício ou no meu?

— Acredita-me que é uma praça inabordável — respondeu Abel, sorrindo ingenuamente. — Mas, se fosse conquistável no sentido que dizes, podes estar certo de que eu não sou teu rival.

— Bem, obrigado irmão. Procurarei conquistá-la eu. Estás de acordo?

— Experimenta, e se tiveres êxito, melhor para a tua escolha.

Um enfeitado mancebo, espécie de mestre-sala, começou sua tarefa de colocar cada comensal em seu lugar, e os dois irmãos precisaram segui-lo para sentar-se em ambos os lados da jovem matriarca.

SANGUE E NEVE

Quando já terminava a refeição, anunciaram à matriarca que mensageiros do Serru pediam audiência. Ela meditou um momento e ordenou que os fizesse entrar.

Na fisionomia da mãe esboçou-se um grande alarme. O velho conselheiro e os demais chefes guerreiros interrogaram com expressivos olhares a jovem, que parecia não recear absolutamente nada.

Os mensageiros eram seis, entretanto, somente um falou depois de profunda inclinação:

— O grande Serru, vosso tio, solicita que lhe envieis os embaixadores do Thidalá das Nações Unidas, porque precisa conferenciar com eles.

— Informai-me primeiro da saúde do Serru, já que até hoje não consegui entrevistar-me com ele por causa de sua grande fadiga — disse a matriarca.

— Sobre este particular nada podemos dizer, porque nada nos foi dito.

— Pois bem, dizei a Serru, meu tio, que ele pessoalmente me entregou as pessoas dos embaixadores do Thidalá do Eufrates e do Nilo, e que somente a ele, pessoalmente, devo entregá-los.

— Matriarca!... Observai que a vossa negativa pode trazer conseqüências terríveis... — acrescentou timidamente o enviado do Serru.

— Não vos preocupais por isto, pois acontecimentos muito mais terríveis eu afrontei, e vós bem o sabeis, na ausência dele, sem meu avô, o grande Serru, sem meu pai, sem meus irmãos! Ide e dizei-lhe exatamente o que ouvistes!

O mensageiro saiu.

Abel que, como todos, observava a matriarca, que continuou serena enquanto pedia aos jovens músicos uma melodia de sua predileção, disse:

— Matriarca... Terá de aparecer novamente Freas, o cavaleiro de bronze?

— Aparecerá se for necessário — respondeu ela sorrindo.

— Matriarca! — disse por sua vez Kaíno. — Se for necessário tomar as armas, ficai em vossa fortaleza, que os valentes chefes que tendes, e eu, somos suficientes para impor a ordem em vosso povo.

— Obrigada, príncipe; mas deixai chegar os acontecimentos, pois eu estou muito informada dos caminhos por onde vêm.

A refeição terminou; a mãe e as irmãzinhas se retiraram para seus aposentos depois de beijar o rosto da jovem matriarca. Quando elas já não podiam ouvi-la, Walkíria falou assim:

— Ilustres embaixadores do Thidalá das Nações Unidas, hóspedes venerados de Kiffauser, a hospitaleira; nobres chefes guerreiros; anciãos de meu Conselho; eu esperava a ausência de minha mãe e de minhas irmãs para revelar-vos o que soube antes de começar esta refeição. Não tendo podido tomar os kobdas aqui presentes como reféns, nossos inimigos tomaram como tal o próprio Serru, para obrigar-me a entregar meus hóspedes pela vida do Serru.

O terror estampou-se nos rostos dos anciãos e dos guerreiros; Kaíno apertou contra a mesa de pedra seus punhos cerrados.

— Mas não é possível!... A vida do Serru posta a preço!... Que horror, que infâmia!... Que traição.

Tal foi o comentário que circulou pela vasta sala.

— Meu velho tio aqui presente é o único que estava sabendo disto, e aprova em conjunto o meu programa de ação para estes momentos. Vós, príncipe, tomai as vossas armas — disse a Kaíno — e vós as vossas — disse aos demais chefes de guerra — que esses traidores não tardarão em se apresentar com o Serru manietado como um cordeiro para degolar.

"E vós, nobres hóspedes de Kiffauser, suaves lírios azuis do Eufrates, permanecei nesta mesma sala onde fostes vistos pelos mensageiros. — Saudando-os, saiu por uma porta interior, ao mesmo tempo que Abel lhe dizia:

— A primeira pétala da rosa vermelha, matriarca!

Ela voltou a cabeça para sorrir-lhe e desapareceu.

O ancião irmão de Nórthia disse-lhes:

— Orai ao vosso Deus, que nós chamaremos em nosso auxílio a Apolo, para que Walkíria salve o Serru e salve a si mesma.

E se afastaram para o aposento imediato, ele e os demais conselheiros.

Já inteiramente sós, os kobdas trocaram poucas palavras em voz baixa e, sentando-se junto da porta que dava para o jardim, guardaram profundo silêncio exterior para dar lugar a fortes atividades mentais. Poucos instantes depois, um criado se aproximou de Abel com uma tabuinha escrita que dizia:

"Deixai-vos guiar por ele a uma das torrezinhas de observação. Cabem somente três."

Abel e os dois notários seguiram o criado, que os conduziu a uma das inumeráveis cavidades ou nichos que havia no interior da muralha que rodeava a fortaleza. Essas cavidades tinham aberturas para o exterior de diversos tamanhos, todas elas protegidas por fortes redes de cobre que se descerravam à vontade e com grande rapidez. Daqueles vãos podia-se subir na pequena torre que coroava o edifício como um alto capacete de rocha. Abel subiu os poucos degraus da escadinha e atingiu o alto. Outro vão ou ogiva, gradeada de cobre como a de baixo, permitia ver sem ser visto.

Logo ouviu uns golpes suaves na pequena torre vizinha e ele respondeu da mesma forma, batendo com seu anel da Aliança na muralha de rocha.

— É a matriarca — pensou ele.

— É o príncipe Abel — pensou ela.

Poucos instantes depois, viram chegar, com grande escolta de arqueiros e lanceiros, uma padiola coberta de pele negra na qual se via à luz de uma tocha que um homem estava estendido nela.

Ouviu-se uma voz potente aumentada com um megafone de prata dizendo;

— Matriarca de Kiffauser! Aqui tendes o vosso tio, o Serru, cuja vida está em vossas mãos. Entregai-nos os embaixadores do Eufrates e o Serru será posto em liberdade.

Houve um momento de silêncio e espera. Repentinamente ouviu-se um tremendo silvo seguido de um grito de agonia. O homem do megafone caiu em terra com o peito atravessado por uma flecha. Dez, quinze, vinte silvos saíram seguindo o primeiro e a escolta da padiola ficou indecisa e aterrada pelo inesperado ataque; os gritos dos moribundos e o tumulto de outros arqueiros que pareciam brotar dentre as montanhas nevadas formou tal confusão que ninguém ali se entendia. Imprecações e gritos se ouviram nas trevas, pois a tocha fora apagada e só a débil claridade das estrelas alumiava aquela tragédia na neve. Os guerreiros da matriarca, vestidos de peles de urso branco da cabeça aos pés, puderam dissimular-se admiravelmente entre as rochas de gelo, e atacaram com grande fúria a escolta que conduzia o Serru.

Depois, um silêncio sepulcral, como se não tivesse ficado ali um só homem com vida. Quando Abel e seus dois companheiros julgavam demasiado longo aquele angustioso esperar, apresentou-se-lhes o mesmo criado que os havia conduzido antes, fazendo sinais para que o seguissem, e mostrava a mesma tabuinha escrita da vez anterior.

Seguiram-no até aquele gabinete que era sala de armas e encontraram o jovem Serru estendido no estrado e a matriarca ajoelhada a seu lado curando-lhe uma horrível ferida que tinha sobre o ombro aberto por uma punhalada.

— Quiseram cortar-lhe a carótida com uma punhalada, ou talvez abrir-lhe a garganta, mas erraram o golpe e o Serru está salvo — disse a matriarca ao vê-los entrar. Ela estava toda coberta com um longo capote branco de pele, que só deixava a descoberto os olhos, o nariz e a boca. Tinha grandes manchas de sangue no capuz e nas costas.

— Vós o trouxestes!... — exclamou Abel, vendo o sangue que manchava o capote.

— Sim, eu o trouxe.

— Mas não estáveis na pequena torre ao lado da nossa?

— Estava, até que disparei a primeira flecha que feriu o homem do megafone; era esse o meu sinal, e todos corremos para arrancar o Serru de seus assassinos. Enquanto meus guerreiros faziam fugir os outros, eu carreguei o Serru, e graças a Apolo aqui o temos. Vós, que lhe curastes uma vez as enfermidades mentais, curai-o uma segunda vez das feridas do corpo! — suplicou a jovem, sempre com a mesma atitude.

Os kobdas não sabiam o que admirar mais: se a fortaleza e o heroísmo daquela mulher ou a beleza de estátua jacente do Príncipe Eric, semelhante a um belo mármore ensangüentado.

— Deixai-o ao nosso cuidado, matriarca — disse Abel, tomando uma de suas mãos para levantá-la. Entretanto, ela pôs a mão de Abel sobre o peito de seu tio, dizendo-lhe em alta voz:

— Por Apolo e por Nórthia, Serru! Por Numu, deus dos kobdas, despertai dessa morte aparente que enlouquece a todos nós!

— Chamai Muref e os demais kobdas, que devem estar no refeitório — disse Abel a um de seus companheiros. — E vós, matriarca, repousai, pois já vos esfor-çastes demais. — Ela sentou-se silenciosa no estrado aos pés do ferido e começou a tirar dos amplos bolsos de seu capote panos e vendas de todos os tamanhos e várias redomas de âmbar e prata que continham xaropes, sais e bálsamos.

Os kobdas chegaram, Muref, com outro deles, que era hábil cirurgião, empreen-deu a cura do príncipe adormecido.

Compreenderam que a ação do narcótico que lhe haviam administrado duraria pouco, e que nesse meio tempo deviam curar a ferida e conduzi-lo para a alcova que ocuparia definitivamente em completa quietude, para que eles pudessem formar a abóbada psíquica que lhe devolveria energia e saúde.

— Nós o levaremos para a alcova que foi do meu irmão Freas e que está vizinha da minha — disse a jovem, levantando-se para guiá-los quando quatro kobdas le-vantavam já a padiola.

Não tinham ainda terminado de instalar devidamente o enfermo quando um dos conselheiros entrou em busca de Walkíria, que, ao levantar os olhos, encontrou-o sobremaneira alarmado.

— Já sei o que vais dizer; vou imediatamente!... Príncipe Abel, deixo o meu tio ao vosso cuidado; sois dono desta alcova e de tudo quanto necessitardes nesta casa. — Cobrindo o rosto com seu capuz de pele branca, dirigiu-se para a porta.

— Matriarca, cuidado!... Aonde ides? — perguntou o jovem Mestre.

— Não temais pela minha vida!... — respondeu ela. — É outra pétala das nossas rosas vermelhas!... Até logo!

Saiu como uma flecha seguida do conselheiro, que, embora muito se apressasse, não conseguia alcançá-la.

— Queríeis dizer-me que novos destacamentos de arqueiros sitiaram a fortaleza

231

— disse ao conselheiro quando chegaram à muralha e enquanto abriam a entrada da pequena torre de observação.

— É que trouxeram catapultas e forcadeiros, e parece que se dispõem ao assalto — respondeu o ancião.

— Pois mande os arqueiros para as torres, e que limpem o campo antes que os inimigos consigam disparar uma só pedra.

— Todas as torres da muralha já estão ocupadas pelos nossos guerreiros.

— Está bem, está bem! Então não há nada que temer. Ao ver o vosso rosto desfigurado, julguei que tinham sido surpreendidos.

— Oh, matriarca!... É que temos dois mortos e vários feridos.

— Mortos e feridos!... — exclamou a jovem subindo à torre. — Quem são e onde estão?

— Assassinaram dois sentinelas da torre alta para evitar que dessem aviso, por isso puderam chegar a curta distância da muralha sem ser percebidos.

— E ambos têm esposas e filhos!... Nórthia, mãe Nórthia! Já é estreito o teu regaço para tantos órfãos!...

— Que nos sejam entregues os príncipes estrangeiros!... — gritou com força uma voz que o megafone trazia de longa distância.

— São os hóspedes da matriarca de Kiffauser, e a desgraça cai sobre os povos que violam a hospitalidade determinada pela lei de Apolo — respondeu um arauto da torre mais alta da fortaleza.

— Queremos nossos escravos e nossas mulheres! Queremos a liberdade de agir como nos aprouver, e não que a Aliança das nações venha impor-nos suas leis! O forte deve ser forte, e que o débil seja submetido aos grandes e fortes! Esses magos de vestimenta vão contra os nossos costumes, e não queremos ver-nos governados por eles!

Era este o estilo dos clamores, vibrando como trovões no vento gelado que passava pelas brancas cristas da montanha.

— A matriarca de Kiffauser vos chama novamente à paz, ao trabalho e à ordem. — Ouviu-se a voz serena de Walkíria. — Eu vos tenho dado provas de que sou capaz de sufocar as mais duras rebeliões, e também de dar-vos a felicidade e a abundância. Não peçais injustiças que jamais farei. Não me obrigueis a regar com o vosso sangue o manto de neve que nos envolve.

"Tende piedade das vossas esposas e filhos, e não obrigueis as flechas dos meus arqueiros a aumentar o número de viúvas, órfãos e inválidos.

"Nosso Serru será curado da terrível ferida que uma mão assassina abriu em seu ombro esquerdo. Será possível que quisestes matar o filho de Nórthia recém-chegado ao país para trazer a liberdade, a concórdia, a vida de ordem, paz e grandeza dos povos felizes que seguiram a lei dos homens de vestimenta azul?

"Será possível que queirais causar dano a esses homens que proclamam a igualdade de direitos, que protegem os débeis, amparam os que sofrem e são pais de todos os deserdados da vida?"

O megafone, vibrando na escuridão, respondeu:

— Essas são belas palavras, mas os fatos... — Não pôde terminar a frase, porque uma massa de homens caiu em cima do que falava, como se fossem lobos sobre uma presa, e todos juntos rolaram pela ladeira da montanha.

E a voz de Kaíno chegou pelo megafone até a torre da matriarca para dizer:

— Matriarca!... Não é a voz do vosso povo a que escutastes antes, mas a de um chefe guerreiro do Donda que ambiciona eliminar o Serru para colocar-se em seu lugar. Está a serviço dos mingos e trata de sublevar o povo. Nós o temos prisioneiro. Quereis sua morte ou sua vida?

— Sua vida! — respondeu Walkíria. — Obrigada, príncipe. Quem está convosco?

— Os companheiros que me destes, matriarca, um dos quais está gravemente ferido.

— Irei em seguida... Irei!

— Não, matriarca, já o levaremos!

Esta última frase já não foi escutada por Walkíria, que de um salto desceu da pequena torre dando em sua vóskia os toques de auxílio para que prontamente saíssem os enfermeiros com a padiola.

— Pronto! Para a colina Karul — gritou ao passar como uma exalação pela sala de auxílio.

— Por Nórthia e Apolo!... Que mulher!... — exclamou o conselheiro que a acompanhou na torre e que se dispôs a voltar para a alcova onde curavam o Serru.

— Que mulher!... É um raio de luz!... É a asa do furacão!... É a flecha de ouro da Justiça disparada por mão invisível desde os reinos do mistério e do enigma!...

Neste meio tempo, a jovem deslizou do alto da muralha pela escadinha que lhe estendeu uma das sentinelas, pois não quis esperar que fossem abertas as portas.

— Manda que as abram quando regressarmos com o ferido — disse, descendo rapidamente a escada de corda. Os enfermeiros e vários arqueiros da guarda a seguiam a curta distância, temerosos de uma emboscada na sombra, pois a intervalos apareciam em campo aberto entre os picos gelados, grupos de amoreiras e abetos. Sua capa de pele branca com capuz, que a cobria inteiramente, a assemelhava a um bloco de gelo em movimento e contrastava com as peles escuras dos enfermeiros e guardas que a seguiam.

— Deixaram-nos o campo livre — disse finalmente a matriarca, vendo o silêncio que a rodeava.

— Nem tanto! E esta é a presa que eu buscava! — disse uma voz rouca, ao mesmo tempo que um homenzinho pequeno mas ágil como um cabrito montês saltou sobre a jovem cuja voz tinha reconhecido.

Mas apenas pusera as mãos em seus ombros quando deu um grito horrível e caiu para um lado do caminho.

— Creio que o feri no ventre — disse a jovem, estendendo sua adaga para o guarda que caminhava a seu lado e que se apressou em limpá-la, afundando-a na neve que cobria a terra.

— No entanto, eu atravessei-lhe o pescoço com meu punhal — disse outro dos guardas — e creio que morrerá em seguida.

233

— Infeliz!... — murmurou Walkíria. — Que fúria haverá cegado esse homem, que tanto mal queria a mim?

— São assassinos profissionais, matriarca, não lhes tenhais compaixão — disse um dos guardas, adivinhando que na volta ela ia mandar recolhê-lo e curá-lo.

Pouco depois chegaram onde se encontrava o chefe ferido, estendido sobre ramos de amoreira e acompanhado de dois arqueiros, um dos quais, ignorando que vinha a matriarca, disse aos enfermeiros:

— Quanto tempo faz que vos esperamos! Não sei se ainda vive!...

— Nórthia o fará viver, porque eu o quero — disse a jovem. — E o príncipe estrangeiro? — perguntou, aludindo a Kaíno.

— Matriarca!... — murmurou o guarda espantado. — Viestes!... Se toda a montanha está cheia de assassinos emboscados para cair sobre vós!

— Bem o sei; onde estão os chefes?

— Trabalham em limpar a montanha; já temos mais de cem prisioneiros. Por isso o príncipe estrangeiro disse que não viésseis, matriarca, pois ao ouvirem todos esse "*Irei em seguida*" que dissestes, poderiam esperar a vossa passagem à margem do caminho.

— E me esperaram!... Mas, bem vedes, estou viva e sã!

Durante este diálogo, o enfermo foi posto na padiola, e Walkíria, tomando uma de suas mãos, falou-lhe ao ouvido:

— Vós me reconheceis?... Quero que vivais!... — E sentiu que aquela mão morna apertava debilmente a sua, mas em silêncio. — Acenderia a minha tocha para vos ver, mas temo que disparem uma flecha, vendo a nossa luz. Vamos, e com pressa, para evitar que perca mais sangue!

E empreenderam o regresso à fortaleza. À opaca claridade das estrelas, viam-se de tanto em tanto grandes manchas negras sobre a brancura da neve. Eram manchas de sangue que as sombras da noite enegreciam.

— Caminhamos entre sangue e neve! — exclamou a matriarca.

"Mãe Nórthia!... quão cegos e loucos são os homens quando se arrojam à dor e à morte, desprezando a cestinha de espigas que lhes brindas com amor maternal!"

AS ROSAS VERMELHAS

Pelas declarações dos prisioneiros, os Ministros da matriarca estabeleceram com certeza os motivos e a origem da revolta: a ambição e o egoísmo de uns poucos contra o bem-estar dos demais.

O sumo sacerdote dos mingos do Caúcaso havia abandonado seu retiro forçado nas cavernas mais abruptas e solitárias da grande cordilheira para obedecer, segundo ele, aos mandatos de Vitgner, seu terrível deus, o pássaro de fogo que não admitia rivais nem outras leis além das suas em seus vastos domínios gelados. O sumo sacerdote encontrara terreno propício para sua semeadura num dos antigos príncipes das margens do Rio Donda ou Dom. Este príncipe, por estar tão longe de Kiffauser, não conhecia Walkíria nem sua capacidade como chefe de um povo, e julgou coisa fácil surpreender aquela jovem inexperiente e fazê-la entrar pela rota de Vitgner apontada a seu sumo sacerdote. Tinha este um irmão jovem e de grande beleza que estava destinado a sucedê-lo em suas funções pontificiais, razão pela qual havia sido educado em todas as artes diabólicas e práticas apropriadas a tal fim. O príncipe de Donda tinha, por sua vez, uma formosíssima filha de dezessete anos que era sacerdotisa no templo de Eléctrion, o deus da tempestade. O sumo sacerdote e o príncipe dondanês planejavam casar o jovem irmão daquele com Walkíria e a bela sacerdotisa com o Serru. Para isto era mister tirar do caminho os embaixadores do Thidalá da Grande Aliança, que eram, segundo eles, o segredo da força da matriarca e do Serru.

O príncipe havia sido feito prisioneiro como Kaíno anunciou. Enquanto isso, Kaíno e os outros chefes, seus companheiros, continuavam procurando por entre os labirintos da montanha o sumo sacerdote, que era o verdadeiro causador da sublevação.

Os prisioneiros foram baixados aos calabouços da fortaleza a fim de serem examinados um por um, para que fosse avaliado o seu grau de culpabilidade nas desordens ocorridas.

Walkíria, sua mãe e as esposas dos chefes guerreiros de Kiffauser desdobravam-se para atender aos feridos, auxiliadas pelos kobdas, que lhes faziam observar as vantagens de seus métodos de cura.

Velando o sono do Serru, atacado por uma febre lenta e tenaz, ou junto aos leitos dos arqueiros feridos, a jovem matriarca chegou a compreender a alma grande e terna de Abel, com o qual não havia, segundo ela, nada que pudesse se comparar.

O jovem kobda tinha contado a Walkíria a estranha história de seus pais, começando pela saída de Nohepastro do continente atlante. Quantas vezes os olhos claros da matriarca inundaram-se de lágrimas ao sentir derramar-se da alma de Abel, como copioso pranto, toda a dor de Sophia e Milcha, todo o desespero de Johevan e Aldis e toda a angustiosa melancolia de Adamu e Évana, adolescentes e solitários, ela numa caverna escura habitada pelas renas e ele no estábulo arruinado de uma mansão abandonada!

— Quando o Amor Eterno envolveu nas notas do seu hino nupcial os dois jovens ermitãos que se amaram como avezinhas gêmeas de um mesmo ninho, apareci eu no cenário da vida física, e apareci, matriarca, já com o desígnio de despetalar no meu caminho muitas rosas vermelhas...

Assim falava Abel sentado defronte à jovem matriarca na noite seguinte aos acontecimentos já conhecidos, enquanto dois guarda-fogos surdos-mudos acrescentavam troncos e perfumes à lareira da magnífica alcova do Serru, cujo sono velavam.

— Não deveis, pois, estranhar, matriarca, que eu ame tanto os pequenos e humildes, se por Divina Lei nasci na pobreza e no abandono, sem que minha mãe tivesse outra criadagem além da rena Madina, cujas habilidades domésticas tanto vos entusiasmaram.

— E essa mesma Lei vos fez subir imediatamente — disse a matriarca — ao mais honroso e elevado posto de grandeza e de poder.

— Isso é só por enquanto, porque represento neste momento o Thidalá das Nações Unidas; mas, passado isto, volto a ser com muita satisfação o filho de Adamu e Évana, ontem pastores de renas e hoje administradores dos Pavilhões dos Reis, onde se educa a juventude nos países do Eufrates.

— Que caminhos mais diferentes, o vosso e o meu! — exclamou a jovem.

— Não obstante, vão reunir-se num mesmo ponto. As nossas vidas se encontrarão muitas vezes e as nossas rosas vermelhas florescerão juntas e juntas se despetalarão a cada vez que a consciência do nosso dever nos permitir arrancar uma pétala e largá-la a voar ao vento...

— Por que falais assim, príncipe Abel? Isto eu não compreendo.

— Eu sou muito velho como espírito, isto é, um tanto mais velho que vós. Por estranha coincidência, os mesmos anos de vida física que vos levo de dianteira, os levo também na eternidade como espírito; entretanto, a cada ano de vida física correspondem cinco milênios de vida espiritual, ou seja, os cinco anos de vantagem que levo sobre vós de vida física equivalem a vinte e cinco mil anos de ancianidade espiritual.

— Mas isto é estupendo!

— Assim é, e não somos tão jovens, bem o vedes ó matriarca. Além disso, somos vizinhos quanto à origem planetária, pois ambos somos do Sistema de Sírio, embora de casas diferentes: eu sou quase do coração do sistema, e vós, das proximidades da cabeça dessa grandiosa constelação...

— Porém, vós sois senhores do Universo, pois ledes nas estrelas como eu leio nas tábuas de pedra que mando gravar!

— Como vós o podeis ser, matriarca, bem como todos os que sentem necessidade de penetrar no infinito do Eterno Amor, da Eterna Energia, da Eterna Bondade. O Eterno Criador a ninguém esconde o seu Arquivo das Idades, que está vivo e patente à vista de todos. Entretanto, são tão poucos nesta Terra os que querem verdadeiramente lê-lo!

— Por que são tão poucos se, segundo presumo, em lê-lo está o máximo de sabedoria a que pode chegar a inteligência?

— São poucos, ó matriarca, porque poucos são os que se dispõem verdadeiramente a ir arrancando uma a uma as pétalas das rosas vermelhas das quais vós e eu fizemos um símbolo de todas as renúncias, privações e sacrifícios que deve fazer a alma encarnada para merecer folhear e compreender o Eterno Arquivo das Idades que guarda em si mesmo a Energia Criadora.

"Aquele que mais venceu os baixos instintos do ser, aquele que mais dominou o seu orgulho e a sua sensualidade, aquele que mais se despojou do egoísmo e do interesse, mais se elevou na rota eterna da evolução; e à medida que se acende por esse caminho, a luz do cume vai se tornando cada vez mais viva, mais radiante, de forma a facilitar em grau extremo a leitura dos grandiosos segredos do Supremo Criador."

— E se eu quisesse subir numa carreira frenética, veloz, como um raio, como uma flecha, como uma exalação, poderia fazê-lo? — perguntou a matriarca, cuja característica era a decisão momentânea de empreender todas as coisas que aceitava e resolvia.

— É assim que vais subindo, matriarca, e podeis acreditar em mim. Os que começaram convosco, hoje ficaram para trás em muitas idades! Vós sois o viajante que tem pressa de chegar ao término da viagem, ou seja, ao descanso, à plenitude do Conhecimento e à plenitude do Amor. Os outros são viajantes preguiçosos, que fazem contínuas paradas e em cada parada formam novos compromissos e alçam novas cargas que século após século vão tornando mais pesada a sua marcha, correndo às vezes o risco de que a caravana chegue ao seu destino, ou seja, ao final de um ciclo total, e então chegue o grande vendaval para limpar o caminho e os viajantes retardatários se vejam arrastados por ele para uma esfera de evolução inferior.

— Então fica tudo perdido?

— Não, mas devem começar a viagem em outro mundo, por outros caminhos, com diferentes elementos, em terras desconhecidas às quais foram relegados em condições de desterrados que cumprem uma condenação.

— Como viajam os prisioneiros de guerra amarrados em longas fileiras a uma corrente?

— Justamente! A semelhança é bem exata, levando-o, como compreendereis, ao campo do ideal, do intangível.

— Parece-me — observou a matriarca — que vós, príncipe, viveis mais dessa vida ideal e intangível que da que percebem os sentidos físicos.

— Os homens de toga azul vivem assim, porque querem e devem viver assim. Querem estar entre os viajantes que têm pressa de chegar à meta, sem dar mais importância do que merecem às coisas fugazes que percebem os nossos sentidos.

"Eu vos dou como exemplo os causadores das atuais desordens neste país: pertencem ao ramo dos viajantes retardados que fizeram uma parada demasiado longa... tão longa que esqueceram que estão de viagem, e por isso buscam os lugares que lhes proporcionem maiores comodidades. Se refletissem que o vendaval pode chegar e sepultá-los na areia, talvez corressem; mas o oásis é tentador, e, enquanto há verdor e frescor, gozam dele. Os séculos e as idades passam para os viajantes ativos e diligentes como para os preguiçosos e retardatários.

"Os homens de toga azul querem estar entre os primeiros e olhar discretamente para as coisas pequenas, usando-as como simples meios para conquistar as grandes. Não vos parece isto acertado?"

— Oh, certamente! — respondeu a jovem. — Mas dizei-me, que lugar dais no vosso imenso caminho ao lar, à família, aos afetos mais íntimos e puros que são naturais no homem?

— Damos o lugar que eles merecem. O kobda não é estranho ao amor, ao lar nem à família, visto que é um membro de uma família e pode criar a sua própria, se tal é a sua lei. As manifestações da Natureza são vibrações da Eterna Energia Criadora e portanto não só entorpecem a viagem ao Infinito, como cooperam para realizá-la com mais facilidade. O mal não está no uso dos elementos e meios que a Natureza põe à disposição do ser inteligente para cumprir seus destinos, mas no abuso, no excesso, na transgressão da grande e inflexível lei da reciprocidade que nos diz com sua voz sem ruído dentro de nós mesmos: "Não faças com os outros o que não queres que se faça contigo."

"Por isso os kobdas são contrários a esposas múltiplas, porque o verdadeiro amor que flui da alma como um misterioso segredo não pode ir ao mesmo tempo e com igual intensidade para dois seres diferentes. Se se intensifica para um, apaga-se para outro, e isto é uma prova que os seres são constituídos moral e fisicamente um para o outro. Compreendeis?

"Isto quanto ao amor puro de um homem por uma mulher e vice-versa. Analisado o assunto com vistas à criação de uma família, mais ainda, porque para o homem que quer ver-se continuado ou renovado em novos seres do seu próprio sangue, uma mulher lhe basta para ser mãe de toda a prole que a Natureza queira dar-lhe. Poder-se-á objetar que quando foi lei de todos os países a poligamia, houve homens a cujo lado passaram *vidas tranqüilas* muitas esposas. Tranqüilas sob o ponto de vista material, vos digo eu; no entanto, infelizes e desesperadas no fundo da alma" — e Abel guardou um momento de silêncio para pensar na profunda angústia de sua mãe quando julgou entrever que na alma de Adamu entrava a imagem de outra mulher.

— A primeira esposa é feliz até que chega a segunda — continuou o jovem filósofo — e esta é feliz à custa da dor da primeira e enquanto não chega a terceira, e assim sucessivamente. Quando já há uma porção em torno de um homem, todas elas, absolutamente todas, vivem uma vida completamente animal, consagradas somente à satisfação dos sentidos. Pode haver uma rara exceção quando alguma das esposas é um espírito avançado na evolução, e então vem para este ser o isolamento, a solidão, a dor íntima que traz consigo, quase sempre, a perda da saúde física e das energias mentais, o pessimismo, o embotamento das faculdades espirituais e a mais gelada indiferença para tudo quanto lhe rodeia.

Abel fez outro breve parêntese meditativo e silencioso para pensar em Zurima, a meiga e mística árabe, a qual encontrou nesse estado, como esposa secundária de um homem que a havia feito mãe sem amá-la!

Profundo suspiro escapou de seu peito e seus olhos se umedeceram de lágrimas que não saíram para o exterior. Walkíria notou isto e, comovida, disse:

— Vejo que padeceis, príncipe, sem dúvida porque as minhas perguntas vos obrigam a recordar dolorosas passagens da vossa vida.

— Acertastes, matriarca; porque, embora não tendo tido esposa nesta vida, amei e fui intensamente amado por uma jovem do país de Arab que era esposa secundária de um dos melhores e maiores príncipes do Eufrates. Para felicidade sua e minha, o Eterno Amor a recolheu em seu seio, porque esta vida terrestre sem o amor que ela sonhava lhe teria sido mais dolorosa e amarga que todas as mortes.

— Por que dizeis que também para *felicidade vossa* deixou ela esta vida terrestre? Não poderíeis acaso ter sido feliz com esse amor?

— Não, matriarca, porque agora cheguei, no eterno caminho, a ser como o protetor e guia da minha caravana, e o meu grande e único dever é prestar atenção a

238

todos os viajantes que me confiaram o seu destino, portanto, não posso criar vínculos que entorpeçam o meu dever nesta hora.

— E se ela tivesse vivido até hoje?

— Antes dela deixar a matéria — disse Abel com voz trêmula de emoção — já havia eu renunciado a esse amor e a tinha induzido também a fazê-lo.

"Foram as primeiras rosas vermelhas que despetalei ao vento da eternidade, e sou feliz com isto, porque esse amor me segue imortal e sereno como luz que não se apaga, imensamente engrandecido com as infinitas compensações que dá o dever cumprido.

"Ao passo que, de outra maneira, teríamos possuído um ao outro apenas por breve tempo, pois a morte da mesma forma nos teria separado, sem a glória do sacrifício e com o remorso de ter descuidado da minha caravana para consagrar-me inteiramente a um único dos meus viajantes e à minha própria satisfação.

"Compreendeis agora, matriarca, como devemos desenvolver a nossa vida, se queremos ser viajantes conscientes de onde começa o caminho e onde acaba?"

— Oh, sim, compreendo muito claramente, príncipe Abel, e vou estabelecendo paralelos entre a vossa viagem e a minha, entre o vosso dever e o meu. Eu vos bendigo do fundo da minha alma porque me fizestes compreender que é santo e sublime o amor que sabe silenciar o seu canto, que sabe esconder-se no fundo do coração, que sabe chorar na sombra e diluir-se como um perfume no mais recôndito da alma que lhe deu a vida! ... Oh, bendito sejais!

— Obrigado matriarca, mas eu vos digo que estais num ponto da viagem diverso do meu, e que se esse amor do qual falais está em vossa lei, pode realizar-se no plano físico sem entorpecer o vosso caminho.

A matriarca moveu em sinal negativo sua formosa cabeça.

— Meu amor — disse — é demasiado grande para poder realizar-se dentro das misérias humanas. É demasiado puro para descer ao nível de todos os amores humanos. Se o deixasse expandir-se ao exterior, talvez a morte me derrubasse com suas flechas para que não servisse de obstáculo ao que deve ocorrer sem deter-se para observar-me!

"Príncipe-Luz! ... — exclamou repentinamente, estendendo para Abel duas mãos unidas como em fervorosa oração.

"Eu vos amei como amo a Apolo, porque não sois um homem, mas um Deus!...

"Recebei-me em vossa caravana de viajantes, porque quero, como a meiga árabe do vosso sonho, ver iluminado o meu caminho pela Luz Divina do vosso amor imortal."

Abel levantou-se profundamente comovido e, tomando aquelas mãos entre as suas, disse a meia voz:

— Matriarca!... Como uma rosa vermelha despetalada ao vento seja o vosso amor nesta hora, e que o Eterno Amor o recolha como gotas de sangue do vosso coração sacrificado ao dever.

Fechou os olhos para dar-lhe a força de seu pensamento cheio da luz do Infinito.

— É o sonho de Deus... É o êxtase de Deus! ... — disse Walkíria, vendo-o de pé com os olhos fechados e conservando ainda suas mãos entre as dele.

239

Levantou-se na ponta dos pés e deixou um suavíssimo beijo na testa de Abel, que o sentiu como o roçar das asas de uma borboleta ...

Separando suavemente suas mãos, a matriarca deitou o véu branco sobre o rosto e saiu do aposento...

Os guarda-fogos tinham adormecido sobre uma pele junto à lareira, que apenas deixava ver brilhos ocultos pelas cinzas.

Todos os círios ardiam com sua luz amarelenta, e Abel, voltando ao mundo exterior, apagou-os, deixou somente o menor, velado com um sutil quebra-luz; e, sentando-se à cabeceira do leito do ferido, murmurou:

— Meu Pai... Pai imortal das almas!... Que a tua inefável piedade se derrame como um bálsamo sobre todos os corações feridos de amores que nunca podem morrer!...

Quando os guarda-fogos despertaram e novamente acenderam a lareira, viu Abel a seus pés despetaladas as rosas vermelhas da matriarca.

Tirando do peito a que ele guardava, desfolhou-a também pausadamente, em silêncio.

— Eis aqui um viajante que percorre em breve instante todo um longo caminho — exclamou com voz apenas perceptível.

Poucos momentos depois o sono cerrava seus olhos.

No sonho viu a vida de Juno, o marítimo, o mago das tormentas, e encontrou a matriarca na vestimenta carnal de um príncipe severo e audaz que lhe disse:

— Mago das tormentas!... Como pétalas de rosas vermelhas no outono caem meus súditos nas garras dos piratas. Dize-me em que abismo do mar se escondem, que ali os encontrarão meus veleiros. Que fazer, Juno, que fazer?

— Ama a teus súditos como amas a ti mesmo e serás o salvador do teu povo — respondeu o grande marinheiro.

Na madrugada seguinte, apenas haviam terminado os kobdas o hino do amanhecer, apresentou-se à porta da antecâmara do Serru, onde dormiam Abel e dois kobdas mais, um kora-forca levando um brioso cavalo pelo cabresto.

— Para o príncipe Abel — disse. — Da parte da matriarca. — E entregou um pequeno tubo de prata do qual extraiu Abel um pequeno rolo de papiro. E leu para si:

"Príncipe Abel: bem sabeis que quero fazer a grande viagem numa vertiginosa carreira. Rogo-vos, pois, que entregueis uma mensagem a este kora-forca de toda a minha confiança para vossa nobre irmã, a rainha de Num-ma-ki, a fim de que ela, que desfruta do amor e da confiança dos kobdas do Cáspio, me consiga algumas mangraves como as que velam junto ao seu trono. Considerai que se ela, nascida entre as túnicas azuis, necessitou delas para iluminar o seu caminho, quanto mais necessito eu que, desde o berço, aspirei o furacão das paixões humanas.

"Tal favor concedido por vós será a melhor prova de que me aceitastes em vossa caravana de séculos.

Walkíria de Kiffauser."

240

Abel meditou durante alguns instantes.

— Esperai um momento — disse ao kora-forca — que voltarei em seguida.

Tomando conselho de Muref e do notário-mor, escreveu à sua irmã Hélia esta breve mensagem:

"Minha irmã: Do país dos eternos gelos escrevo para fazer-te participante das flores formosas que o Eterno Amor nos brinda. Estamos nos domínios de uma soberana de vinte anos consagrada matriarca, sacerdotisa e rainha de um vasto país. Abraçou com amor a nossa lei e nossos grandes ideais, abraça-te por meu intermédio e pede que lhe consigas do vizinho Santuário do Cáspio algumas mangraves como a Balbina que te serve de mãe. Teus irmãos kobdas, e principalmente eu, digo que ela merece qualquer sacrifício de nossa parte, porque poucas inteligências vi tão rápidas para compreender-nos e tão decididas a seguir-nos. Dize de minha parte a Fredik, ou melhor, Alegrinis, que se seu pai ainda não conseguiu terras para o excesso de habitantes de Soldan, esta soberana necessita aqui de homens jovens e laboriosos decididos a formar família e lar, pois vai dotar três centenas de donzelas a quem as grandes revoltas deixaram sem pais, sem irmãos e sem futuros esposos. Respondemos pela felicidade dos emigrados que vierem, porque sabemos quem é a soberana que vão ter.

"Dá notícias nossas a todos aqueles que nos amam.

Abel".

Colocou a missiva no tubo de prata que a matriarca lhe havia remetido e o entregou ao kora-forca.

— Dai este tubo à matriarca — disse — e por ele verá que foi atendida.

Entretanto, Walkíria, apenas viu o cabeçalho endereçado à jovem rainha de Numma-ki, fechou novamente o tubo e colocou-o ela mesma dentro da rede de cobre que os kora-forcas levavam ao redor do busto e sob o jaquetão de pele. Deu ao mensageiro uma sacolinha de pedras preciosas que, vendidas em Num-ma-ki, poderiam proporcionar-lhe todo o necessário para cumprir sua missão.

— Trazei — disse — as pessoas que vos serão entregues como se trouxésseis a mim mesma.

— Sereis obedecida, matriarca — respondeu o kora-forca inclinando-se.

Nesse momento se aproximaram três mulheres veladas e dois meninos varões e o kora-forca acrescentou:

— Aqui tendes minha esposa e meus quatro filhos. São vossos, matriarca, até o meu regresso.

As três mulheres levantaram o véu.

— Muito bem; sereis hóspedes desta fortaleza até que o vejamos voltar. Viajai, pois despreocupado, que eu cuidarei da vossa família.

— Se me derdes um cavalo, matriarca, irei junto com meu pai — disse atrevidamente o varão, que não tinha mais que dez anos.

— Que grande homem será no porvir — disse a jovem acariciando-o. — Por enquanto estarás bem junto à lareira, meu filho.

Viu que a esposa e as filhas choravam ao abraçar o viajante, cuja travessia era extremamente perigosa para um homem só. Vendo isto, disse a matriarca, despedindo-se dele:

— Tomais cinco arqueiros do vosso agrado dos que descansam no acampamento e não passeis as noites a não ser nos lugares que vos foram indicados. Se obedecerdes as minhas ordens, eu responderei pela vossa segurança.

Aquele homem partiu para o país no Num-ma-ki julgando-se o último e mais obscuro servidor de Kiffauser, sem pensar nem remotamente que era o instrumento da Eterna Lei para pôr em contato dois vigorosos ramos da raça ária que tinham sido tão terrivelmente dizimados pela rainha guerreira e que estavam destinados nos séculos futuros a criar a grandiosa civilização de todo o Norte Europeu, desde o Mar Cáspio até as costas do Atlântico.

O Veleiro Branco

Dez dias depois já estava completamente restabelecida a ordem em Kiffauser.

Os chefes guerreiros da matriarca tinham regressado com mais prisioneiros, entre os quais vinha o filho do sumo sacerdote de Vitgner. O próprio sumo sacerdote, quando viu que os seus poderes mágicos não produziam efeito algum naqueles a quem dirigia seus raios de ira, julgou-se abandonado por seu deus e tomou uma forte dose de sais de cobre e prata, que lhe produziu a morte quase instantânea.

Seu filho foi ferido por uma flecha de Kaíno que lhe atravessou a coxa direita, produzindo-lhe grande hemorragia não obstante as vendas que lhe puseram. Foi colocado na enfermaria das prisões.

A matriarca, acompanhada de seu tio e dos chefes de guerra, passou em revista todos os cativos. Quando chegou ao filho do sumo sacerdote, Kaíno se aproximou para dizer:

— Matriarca, este é o homem que os chefes da revolta queriam que aceitásseis por esposo. — E Kaíno observou a impressão que isto causaria no formoso rosto da jovem.

Ela permaneceu impassível, observando o ferido que tinha os olhos fechados e a face branca como o lençol no qual estava estendido.

— Ignorância de pessoas que não sabem o que dizem nem são capazes de medir as conseqüências de seus caprichos. Com que contavam para dobrar a minha vontade?

— Com a beleza do homem e com a força das armas — respondeu um dos conselheiros, para evitar que respondesse Kaíno, a quem alguns do Conselho observavam com certo receio por terem já suspeitado de sua ardente paixão pela matriarca.

— Matriarca, nós o trouxemos para vós porque o príncipe do Eufrates não quis que o matássemos como merecia, temendo que isto vos causasse desgosto — disse um dos chefes companheiros de Kaíno.

— O príncipe do Eufrates fez bem, pois não quero mortes inúteis. Embora este homem não seja súdito meu, nem por isso far-se-á injustiça com ele.

"Entregai-o aos nossos médicos e enfermeiros, e quando estiver restabelecido, veremos o que fazer com ele."

— Segundo a nossa lei, pertence a quem o capturou — observou o tio da matriarca, interrogando-a com o olhar.

— É o príncipe do Eufrates — respondeu um dos chefes dos arqueiros.

— Eu renuncio a esse direito — disse Kaíno — e renuncio em favor da matriarca de Kiffauser. Considero pouco nobre e generoso aceitar um servo em recompensa da minha modesta cooperação nesta luta. Julgo-me suficientemente recompensado com a confiança que a Soberana me dispensou e com a cordial amizade que me obsequiastes. Aceitais a oferenda, matriarca?

— Eu o aceito como um prisioneiro de guerra que será julgado mais tarde, e, segundo sua culpacidade ou sua inocência, será retido na prisão ou devolvido ao seu país.

Repentinamente o ferido ficou arroxeado e, de sua boca aberta, projetava horrivelmente a língua para fora. Dir-se-ia que uma mão invisível apertava sua garganta, produzindo-lhe um asfixiado ronco.

A matriarca empalideceu até ficar lívida, mas não se moveu do lugar.

Os médicos fizeram colocar uma bolsa de gelo em sua cabeça e um pano molhado em extrato de flores de laranjeira em seu nariz. A crise horrível continuava.

— Chamai os kobdas — disse Walkíria a Kaíno, o qual saiu incontinenti.

Abel e três kobdas se apresentaram em poucos momentos.

Os quatro se inclinaram sobre o ferido e todos os presentes ouviram com assombro que um dos kobdas, que era vidente de grande desenvolvimento, levantando-se cheio de força e energia, disse em voz de comando:

— Sumo sacerdote de Vitgner, que a Eterna Energia aniquile a fúria com a qual queres estrangular o teu filho.

Abel e os outros kobdas se uniram pelas mãos em cadeia fluídica e repetiram em voz alta as mesmas palavras. Os presentes, aterrados, as repetiram também junto com os kobdas e viram com assombro que o jovem enfermo foi recobrando pouco a pouco a calma.

— Nós somos demais aqui — disse um dos médicos, dispondo-se a sair.

— Ficai — disse a matriarca com voz imperiosa. — Não sereis demais se quiserdes aprender o que não sabeis, ou seja, a ciência de conhecer e dominar as forças invisíveis que atormentam e encadeiam muitas vezes os seres.

— Forças invisíveis! — exclamou desgostoso o médico. — Perdoai-me matriarca, mais eu chamo a isso uma congestão cerebral.

— Talvez seja, talvez não, mas o fato patente — respondeu a matriarca — é que os vossos meios não foram eficazes, e que é justo aprender a usar os que dão resultados melhores e mais rápidos. Não julgais assim também?

243

— Sois vós que mandais, matriarca, mas eu sou demasiado velho para começar uma nova escola — respondeu o mais ancião dos médicos.

* * *

Forte nevasca desatou-se antes do meio-dia, pressagiando a chegada rápida do horrível inverno do Norte, cuja sombria presença não se esperava a não ser uma lua depois.

Espantosa avalanche de blocos de gelo obstruiu parte do Golfo de Azove e do Báltico, de forma que a navegação por aquelas águas ficou quase completamente interrompida.

Muref e os kobdas conhecedores daquelas regiões compreenderam que seria loucura continuar viagem para os países do Báltico, máxime quando mais de três quartos dos viajantes eram originários de países temperados; corria-se o grave risco de expô-los a longas enfermidades e talvez à morte.

Ademais, o Serru, já consciente de seus atos, compreendeu que abarcar muito era destruir tudo e entregou à princesa Alcmene, viúva do príncipe Icléias, irmão de Walkíria, o país da costa sul do Báltico que antes estivera nas mãos de seu pai Lugal Marada. Reservou para si somente os países costeiros do Golfo de Azove ocupados pelas imensas tribos dos tordolanos e tateseus, cujas terras estavam divididas pelas águas do Danuvve dos países de Gorilândia, Gorkun e Calidônia, que formavam a parte mais rica e civilizada da Trácia.

Resolveram, de comum acordo com o Serru, atravessar o Ponto Euxino rumo ao ocidente levando uma delegação do príncipe Eric, ainda convalescente, para dar segurança de seu regresso aos países que conservara para si: Algebirque, Frixos, Dantzig e Geridano, sobre o grande rio deste nome que era a grande artéria que comunicava estes países com o Báltico.

Dos domínios de Eric poderiam facilmente cruzar o Danuvve para as terras da Trácia, onde eram esperados pelos povos que permaneciam fiéis à viúva e ao filho do Cheru assassinado; estes, como se sabe, esperavam no Monte Kasson que seus antigos domínios fossem restabelecidos.

A jovem matriarca sentiu que a sua alma era invadida por uma tempestade de gelo quando lhe foi anunciada a partida dos kobdas. Compreendia demasiado bem que não devia retê-los por mais tempo, expondo-os ainda mais aos rigores do inverno.

— Todos vós viajareis, e eu ficarei sozinha em minha fortaleza de pedra — disse aos kobdas no dia em que lhe anunciaram a partida.

— Nem todos, matriarca, porque eu ficarei — respondeu Kaíno.

— Agradeço o vosso sacrifício, ó príncipe. Não sabeis o que é o nosso terrível inverno.

Abel, que escutava em silêncio, disse finalmente:

— Ele quer ficar, matriarca, e como ninguém tinha previsto tal decisão, não havia ordens a respeito: nem a favor nem contra.

— No entanto, há um motivo a favor — observou Kaíno — pois vos lembrais que eu devo encontrar-me com certa pessoa residente a seis dias de viagem daqui, e para a qual já mandei um mensageiro.

— Ah, sim, é verdade — disse Muref. — O mais jovem dos filhos de Etchebéa, prisioneiro entre os roxolanos.

A matriarca deu ordem de preparar o maior de seus veleiros, o veleiro branco, para que conduzisse os kobdas aos países do Serru e à Trácia.

Numa noite, véspera da viagem, enquanto Abel e seus companheiros estavam reunidos em torno da lareira no grande refeitório da fortaleza, entrou sibilando uma flecha pela porta que dava para o bosque de amoreiras e foi cravar-se no encosto da poltrona ocupada por Abel, junto da matriarca.

A flecha levava uma espécie de fita de pano encerado, na qual tinham gravado estas palavras:

"Por mar ou por terra, na montanha ou na planície, encontrará a morte o estrangeiro que se assenhoreou da vontade do sumo sacerdote dos mingos."

Walkíria foi quem primeiro arrancou a flecha e leu aquela gravação. Todos a interrogaram com o olhar.

— Ide à enfermaria dos prisioneiros — disse — e vede que novidade ocorreu.

O chefe guerreiro que recebeu a ordem saiu em seguida. Instantes depois voltou com o semblante alterado.

— Desapareceu o filho do sumo sacerdote, e os guardas e enfermeiros não viram entrar nem sair ninguém.

— Pois dele provém esta gravação — disse a matriarca, dando-a a ler.

Então, que os kobdas não se afastem daqui — disse o Serru.

— Mas é impossível que permaneçamos sempre aqui — observou Abel sorrindo.
— Em mar ou em terra, na montanha ou na planície, deveremos deixar o corpo físico. Tal é a lei da vida, que se cumprirá quando chegar a hora. Assim não há que temer, Serru. Vede como continuais vivendo não obstante a horrível ferida que vos causaram.

— Que dizeis, matriarca? — perguntou Eric a sua sobrinha.

— O príncipe Abel tem razão — respondeu ela completamente serena — e já tomaremos medidas para evitar qualquer inconveniente.

Nessa noite os kobdas deveriam despedir-se dela, porque o barco desprenderia velas na madrugada seguinte; mas enquanto eles se despediam da mãe e das irmãs da matriarca, dos conselheiros e chefes de guerra, ela tinha formulado já um novo plano em vista da ameaça contida na flecha que lhes acabavam de disparar.

— Agora cabe a vós, matriarca, receber nosso adeus — disse Abel aproximando-se quando viu que ela terminara de falar em voz baixa com os conselheiros e chefes ali presentes.

— Ainda não, príncipe — respondeu —, porque o adeus para mim será mais adiante.

— Ah!... Empenhar-vos-ei acaso em ir ao porto para ver-nos embarcar?

Walkíria sorriu enquanto lhes dizia:

— Convém que agora volteis pelo caminho subterrâneo ao vosso pavilhão e descanseis até pouco antes do nascer do Sol.

"Deveis ir à enseada pequena, onde vos aguarda já preparado o veleiro branco que uso em minhas viagens pelo mar, e que vos conduzirá ao vosso destino."

— De modo que vos privais do vosso veleiro por nossa causa?

— Com muita satisfação, príncipe. Oh, já vereis que o meu formoso cavalo marinho é tão dócil ao timão como o meu cavalo de terra o é ao bridão.

Tomando uma tocha das mãos de um criado, foi ao gabinete onde se abria a portinha do caminho subterrâneo, por onde os kobdas desapareceram.

Logo a matriarca despediu-se do Serru e de seus chefes de guerra fazendo-lhes várias recomendações, assim como aos seus conselheiros. Disse que, em vista de estar tudo tranqüilo, queria tirar uns dias de completo descanso, enquanto eles o tiravam também. Recomendou grande atenção a seu companheiro, o chefe de arqueiros que havia sido ferido e cuja melhora era já bem acentuada. Kaíno e os outros dois chefes, em união com dois conselheiros, poderiam estudar o grau de culpabilidade dos prisioneiros de guerra para que, chegado o dia do julgamento, no primeiro dia de Lua nova, se determinasse se deviam continuar nos calabouços ou passar para as pedreiras, para talhar a pedra.

Quando todos desapareceram cada qual em direção aos seus alojamentos habituais, a matriarca passou para a sua alcova sem chamar criada alguma; acendeu os círios que velavam as estátuas de Apolo e Nórthia e, acariciando distraída as flores que em ânforas de prata espalhavam o encanto de suas cores e perfumes, meditava e sorria.

— Pai Apolo!... Mãe Nórthia!... — exclamou finalmente com voz muito profunda e muito baixa. — Sacrifiquei tudo pela felicidade destes povos que me confiastes: juventude, felicidade e amor! Resta-me unicamente a íntima felicidade de levar ao mais alto grau o meu esforço do sacrifício pela paz, pela quietude e pelo sossego de outros que não são povos meus nem seres do meu sangue.

"Eu o farei, oh sim, o farei. É a única felicidade que me resta aos vinte anos, quando cheguei à ancianidade do coração.

"Vós que vedes o meu esforço, estejais comigo para que eu jamais caia no caminho solitário!" Beijou a mão de Apolo que segurava uma tocha e a de Nórthia com sua cestinha de espigas.

— Mãos frias de mármore!... — disse. — As únicas que me restam para apoiar-me em minha longa viagem... — Duas lágrimas silenciosas correram por suas faces, que tomaram a cor das rosas brancas que coroavam Nórthia.

Entrou em sua alcova e, em vez de recostar-se no leito, tirou o véu e a túnica azul e vestiu seu traje de campo com o grande capote de pele branca que lhe cobria da cabeça até abaixo do joelho. Pôs botas de pele de búfalo curtida em branco, acendeu uma tocha, apagou os círios e se dirigiu ao gabinete das armas para onde convergiam todos os caminhos subterrâneos que já conhecemos.

Dirigiu-se pelo caminho que conduziu à enseada pequena onde estavam ancorados todos os veleiros. Quando já estava quase chegando, saiu ao seu encontro um sentinela que tomou sua tocha para guiá-la ele mesmo.

— Para onde, matriarca?

— Ao veleiro branco.

— É que agora são cinco os veleiros brancos.

— Como?

— O vosso capitão de naves trouxe ontem um exército para pintar de branco quatro veleiros. Não sabíeis?

— Não, mas fez muito bem, e eu vinha justamente para ordenar que nesta noite pintásseis um de branco. Ocorreram novidades aqui hoje?

— Sim, matriarca. Ouvi dizer que lançaram uma flecha ameaçando de morte o príncipe estrangeiro, o representante do Rei do Eufrates.

— O capitão dorme?

— Talvez não, quereis que vos anuncie?

— Sim, é urgente que eu lhe fale.

O sentinela pôs a tocha num aro de bronze incrustado na rocha e saiu veloz como uma flecha.

Voltou acompanhado de um homem já de idade madura. Era o primeiro chefe da marinha ligeira que estava ancorada naquela enseada.

— Oh, matriarca! ... Viestes nesta noite gelada, quando poderíeis ter-me chamado à fortaleza.

— É que faz apenas uma hora que resolvi falar-vos.

— Pois então que ocorre?

A matriarca tirou de seu bolsinho a fita escrita levada pela flecha. O capitão extraiu de sua casaca fita igual que dizia o mesmo. Comparadas, via-se que provinham da mesma mão.

— Esta é a causa da minha vinda.

— E é por isto que mandei pintar de branco quatro veleiros que tinham faixas azuis e vermelhas. Oh, matriarca, eu vos aconselho a deixar para outro momento esta viagem. Suponde que matem o príncipe do Eufrates, estando ele conosco!...

— Não, não!... Não o matarão! — respondeu com vivacidade. — Julgais que eu deixarei que o matem, ou que toquem sequer num fio de cabelo da sua cabeça?

— Oh! Isso eu bem sei, matriarca, mas vós bem sabeis que às vezes uma flecha entra onde não queremos. Adiai essa viagem, matriarca.

— Não pode ser!... O inverno avança este ano com mais rapidez que nos outros, e seria grande imprudência deter mais o príncipe em nossos gelos. Eu o observei já um tanto afetado dos brônquios. É urgente levá-lo.

"Vejo que tendes medo" — continuou ela, vendo que o capitão movia a cabeça.

— É que os adeptos do sumo sacerdote juraram sobre seu cadáver que os estrangeiros não sairão vivos deste país. Como supuseram que com as últimas nevadas não sairão por terra, têm procurado os nossos marujos para pô-los a par destas notícias.

— Para quê?

— Para que nos neguemos a conduzir os viajantes ou para obrigar-vos a reforçar as tripulações, de modo que as enseadas fiquem quase abandonadas dos melhores marinheiros.

A matriarca meditava.

— Sabeis que o meu imediato ainda está enfermo — observou o capitão.

— Não faleis mais, capitão... Já está resolvido o problema. Vós ficareis aqui para qualquer eventualidade. Eu guiarei o veleiro até Geridano.

— Matriarca!... Isso não pode ser!

— Pois será, capitão, será. Acaso não cruzei o Ponto Euxino até Anatólia no veleiro branco nos começos da grande revolta?... Não vos lembrais?

— Sim, matriarca, o cruzastes para trazer aquele sábio que prometia curar de suas feridas o vosso divino avô, e que depois não o curou. Mas então todos julgávamos que éreis o príncipe Freas...

— Pois pensai a mesma coisa agora e está tudo resolvido.

— Além do mais, os blocos de gelo agora estão dançando nos mares como fantasmas de morte. Quando cruzastes os pontos, era verão...

— Não faleis mais, capitão... Já está resolvido. — O pobre homem deu um grande suspiro.

— Quero que mais dois veleiros saiam em horas diferentes para diversas direções a fim de desorientar os espiões que andam pelas costas; um para o norte, de madrugada; o outro para o ocidente ao nascer o Sol, e será este o que levará o príncipe e que eu comandarei; e o terceiro para a costa oriental, que pode ser aproveitado para conduzir as mulheres kobdas que devem chegar a esse porto dentro de poucos dias. O que vai a Anatólia pode trazer a família da minha mãe e do chefe ferido que fugiu para lá durante a revolta e que ainda não pôde regressar. Como vedes, não são viagens inúteis, e além do mais servem para desorientar os espiões, que ignorarão em qual dos três veleiros viaja o príncipe do Eufrates.

— Está bem, Matriarca, está bem. Será feito como dizeis. Mas que dirão aqui ao vos ver partir?

— Ninguém saberá além de vós, capitão! Ninguém! Entendeis? Nem sequer os próprios viajantes. Eles julgarão que eu me despeço em terra.

— E a vossa mãe?

— Ela... orará no altar de Apolo pela feliz viagem. Ele saberá como vós. Silêncio! Vem gente aí!

Eram os sentinelas quem vinham substituir os que haviam terminado a guarda e que, ao ver a matriarca, ficaram quietos saudando-a.

— Ide cumprir com o vosso dever, e obrigada pela vossa fidelidade. Baixando a voz, disse:

— Conduzi-me ao veleiro branco, que tenho algumas mudanças a fazer.

Os dois se perderam entre o labirinto de barcos grandes e pequenos, de cordas enroladas e velas estendidas, até tropeçar com uma escadinha de barrotes de cobre que brilhava à luz da Lua. A matriarca subiu correndo por ela e se encontrou a bordo do seu veleiro, ao qual acariciou como fazia com seu branco cavalo de campanha.

— Ó minha amada Gaivota... Minha bela Gaivota!... — disse, como se o barco

248

pudesse compreendê-la. — Vais ter a glória que jamais teve barco algum: vais levar no teu regaço o melhor e mais belo príncipe que vê a luz do Sol!...

E percorreu de proa a popa o formoso veleiro, que tinha exatamente a galhardia e a beleza de linhas da ave marinha cujo nome levava.

A matriarca percorreu os camarotes um por um.

— O meu já sabeis que está destinado ao príncipe — disse — e é o primeiro que quero ver.

— Todas as vossas ordens foram cumpridas — disse o capitão, guiando-a.

Ela examinou o estrado de repouso, o armário de roupas e o depósito de armas e de víveres. Do armário de roupas tirou uma formosa capa de pele cinzenta, fina e suave como seda e a estendeu sobre o estrado de repouso. Tirou umas calças de pele de cabrito, brancas como a neve; prendeu-lhes os lados, que estavam desprendidos, e deixou-as junto ao estrado. Correu as cortininhas dos armários para que o viajante visse o seu conteúdo, do qual seria absoluto senhor durante a viagem.

Examinou as flores das ânforas que estavam sobre a mesa de carvalho. Tudo estava como tinha ela determinado: rosas vermelhas e lírios do vale, brancos como a neve.

— Eu ocuparei o vosso camarote, capitão.

— Oh, matriarca!... Ali não há flores, mas apenas suco de amoras em álcool e peixe seco.

— Colocai pão, mel e manteiga e isso me basta.

— Vosso velho lobo do mar sabe preparar um camarote de barco — disse o capitão — e mais ainda quando esse camarote vai ser ocupado por vós... Ainda espero, matriarca, que durante o sono mudeis de idéia.

— Eu?... Não espereis em vão, capitão, e preparai tudo para zarpar ao nascer do Sol. Eu virei antes do amanhecer. Boa-noite.

Desceu correndo a escadinha de barrotes de cobre que brilhavam com reflexos de fogo à luz da Lua, e desapareceu pela portinha secreta debaixo de um vinhedo, onde o sentinela a aguardava com a tocha acesa.

Pouco depois tudo dormia na quietude na velha cidade. Velava somente o capitão do Gaivota, transformando seu rústico camarote de bordo em um gabinete atapetado de peles macias e perfumado de rosas vermelhas e lírios do vale, assim como aquele que a matriarca cedia para Abel.

— Tudo está maravilhosamente bem — disse o velho lobo do mar, contemplando o confortável camarote. — Entretanto, agora estou certo de que não é o príncipe Freas quem comandará este barco, e não está bem que a matriarca vá sozinha. É uma jovem de vinte anos, pode enfermar, pode ser ferida e se encontrará sozinha entre homens que não são irmãos nem parentes. Apolo a guarde! Contudo, passará maus momentos se isto acontecer e creio estar cumprindo com o meu dever se remediar esta dificuldade. — Mas, como seu gênio não era tão rápido quanto o de Walkíria para encontrar soluções, o capitão demorou em dar uma suave palmadinha na testa. — Ah!... Já encontrei a solução! Quem melhor que a minha netinha, que é uma loba do mar? A verdade é que a matriarca não quer que ninguém o saiba, e a garotinha deverá saber. Vamos! Uma mentirinha não mata ninguém e menos ainda quando se trata de servir a esta valente mulher que esquece a cada passo o que é. Diremos que a minha Kalina pensou que era eu quem comandaria o veleiro, como de costume, e por isso se meteu a dormir no guarda-roupa como costuma fazer quando não quer ficar sozinha em terra. Creio que a coisa está bem planejada. — Dizendo isto, abriu o roupeiro, que era uma espécie de quartinho vizinho ao camarote onde eram guardados os cobertores, mantas, abrigos e outras roupas em previsão de qualquer emergência para os passageiros. Na estante onde havia uma infinidade de mantas dobradas podia dormir com toda a comodidade uma jovem de dezessete anos que não fosse de grande altura.

— Minha Kalina dançará de alegria quando souber que vai estar servindo de perto a sua rainha. Vamos, pois, instruí-la para que não faça disparates.

Apagando os candeeiros, acendeu uma tocha, e desceu à terra e tomou um tortuoso caminho entre a montanha, coberta em trechos por pinheiros e vinhedos. Era o caminho de sua velha casinha de rochas nos arrabaldes da cidade, onde vivia com apenas dois velhos marinheiros aposentados e sua neta, que era a alegria da casa. Os pais da moça haviam morrido nas revoltas passadas e seus outros filhos varões viviam na enseada grande, pois eram tripulantes nas barcaças de carga. A garota era um peixe para o mar e remava com admirável destreza.

Escolheu três dezenas de remeiros entre os melhores e mais fortes para que, no caso de um vento contrário, pudessem facilitar à matriarca o governo da nave. Repetia uma e dez vezes a lição que queria introduzir no cérebro de sua neta a respeito da mentirinha que devia dizer à matriarca, e principalmente acerca dos bons modos e finezas que devia usar na presença de sua soberana.

Quando se aproximava a hora do amanhecer, fê-la vestir as roupas de grumete com as quais sempre andava quando ia pescar no mar.

— Coloca o melhor capote, as melhores calças, o mais bonito gorro — disse o marinheiro à sua neta. — Pareces um belo moço ruivo. Mas bem entendido, eh? Quando chegares à presença dela, apressa-te em dizer-lhe que és mulher, que és minha neta Kalina. Ela te viu algumas vezes; eu lhe falei de ti e creio que lhe será fácil reconhecer-te. Vamos! Leva também as tuas mais bonitas roupas de mulher, para o caso de ela querer que te vistas com elas em algum momento. E cuidado!... Pois, se a matriarca voltar descontente de ti, eu corto as tuas duas orelhas!...

— Nada além das orelhas? — interrogou a esperta garota.

— Nada mais, isto basta. Já é hora de seguir-me!

O ágil e forte capitão Kilmo saiu, seguido de sua neta convertida em grumete, em direção ao veleiro branco, onde a deixou em seu esconderijo.

O capitão ia descer para que os homens do primeiro veleiro que devia zarpar começassem as manobras, quando chegou a matriarca já pronta para tomar o comando do veleiro.

— Sois novamente o príncipe Freas! — exclamou o velho marujo. — Eis o rico traje de peles brancas usado por ele em suas viagens pelos mares gelados. Entretanto, em nada vos pareceis com o velho capitão Kilmo.

— E que importa aos viajantes se é outro o marujo que comanda o barco? — respondeu a matriarca. — Olhai para mim — acrescentou, baixando a parte dianteira do gorro de pele, que tinha duas aberturas para os olhos, e mostrando suas mãos cobertas com grossas luvas de pele de foca forradas de lã. — Pode-se reconhecer Walkíria sob esta grossa tapeçaria?

— Como poderá reconhecer-se, matriarca! Parece, sim, que sois um capitão, dez vezes capitão! Sois maravilhosa em tudo!

— Obrigada, Kilmo! Agora dizei-me se introduzistes alguma variação nos costumes e condições do veleiro e de seus tripulantes, para que eu me adapte totalmente a eles e os marinheiros não percebam o engano.

— Oh, isso é difícil, matriarca! Quereis que lhes diga a verdade? Ficarão tão contentes e orgulhosos!...

— Contudo, temo que percam o ânimo na primeira dificuldade que tivermos se nos sobrevier algum imprevisto.

— Eu creio que não, matriarca; são os melhores marinheiros que temos, e vão entre eles alguns daqueles que cruzaram o mar comandados por vós, quando julgávamos que éreis o príncipe Freas.

— Deixai isto por minha conta. Se eu ver que suspeitam do engano, eu lhes direi a verdade; se não suspeitarem, guardarei o segredo para mim.

Quando o velho marinheiro deu todos os detalhes pedidos pela matriarca, ele a deixou em seu camarote, despertou os marinheiros e fez começar as manobras costumeiras, sabendo que o veleiro zarparia ao nascer do Sol.

— Capitão Kilmo — disse Walkíria, quando viu aparecer os kobdas na portinha do subterrâneo. — Dizei que me despeço deles por vosso intermédio, pois, não tendo podido dormir durante a noite, precisei ficar descansando no meu quarto.

Ela viu, sem ser vista, o embarque de Abel e dos seus companheiros, e notou que todos eles olhavam ao redor procurando alguém.

Então o capitão apresentou as desculpas de que ela o havia encarregado, ao mesmo tempo que punha à disposição dos kobdas o barco e tudo o que nele existia.

— Teria a matriarca que ser de bronze para não enfermar com tão rudes fadigas e emoções diárias — disse Abel, visivelmente entristecido. — Sois vós o capitão que nos conduzirá?

— Não, príncipe, eu sou o guardião dos navios desta enseada. O capitão é um marujo jovem e perito, contudo um tanto retraído e triste por causa de graves desgostos na família. Entretanto, em compensação tereis o primeiro grumete, que é um conversador incansável e é, além do mais, meu netinho. Com isto julgo que fareis uma travessia feliz.

— Então — disse Abel — dizei à matriarca que de nossa parte não lhe dizemos *adeus,* mas *até logo,* porque o nosso coração fica com ela, e além do mais esperamos vê-la nas planícies do Eufrates, conforme nos prometeu, e que o Altíssimo a abençoe como também à sua família e ao seu povo.

O capitão Kilmo inclinou-se comovido, e Abel, seguido de seus irmãos e da delegação do Serru, subiu a bordo.

O velho guardião instalou-os em seus respectivos camarotes e desceu à terra.

Quando o Sol apareceu, descerrando os rosados véus da aurora, foi levantado no mastro mais alto o pavilhão violeta e branco de Kiffauser; a âncora foi alçada com grande estrépido de correntes, as brancas velas foram soltas ao vento e os remeiros entoaram ao compasso de seus remos o hino do mar que costumavam cantar quando levavam a bordo personagens de elevada aristocracia.

A CANÇÃO DO MAR

Formoso mar que refletes
Tudo quanto em ti se espelha,
És soberbo em tuas iras
E suavíssimo em tuas queixas.

Magnífico em tuas querelas
Com a névoa ou com o vento,
Melodioso no acento
Com que aguardas as estrelas.

Formoso quando a bruma
Irisa tuas esmeraldas
E quando bordam tuas saias
Os arabescos de espuma.

Risonha, a Lua reflete
Em ti seu rosto de prata
Substituindo o escarlate
Que o Sol do ocaso te deixa.

Ama-te o Oriente que chega
Com seus barcos carregados
De tesouros ignorados
De seus montes e suas várzeas.

E em tua margem o Ocidente
Ansioso e febril espera
Qual fantástica quimera
As riquezas do Oriente.

Quebra feliz teus espelhos
A quilha do navegante
Levando sempre adiante
Seus sonhos até muito longe...

Tudo é em ti soberano
Teus furores e tua calma!
Ponto Euxino!, tens alma
Como os seres humanos?

Na ponte de comando, o garboso capitão fazia girar o timão enquanto um marinheiro dizia com voz forte pelo megafone:

— Rumo ao ocidente! Duas milhas mar adentro!

O veleiro branco deslizou como uma gaivota com as asas abertas pelas águas esverdeadas do Ponto Euxino, em cuja serena superfície o Sol nascente desfolhava suas rosas escarlates e douradas!

OS FANTASMAS DO MAR

A intensidade do frio naquela madrugada obrigou Abel e vários de seus companheiros a permanecer encerrados nos camarotes, em cada um dos quais se via um globo de cobre sobre pedestal de pedra contendo brasas acesas para temperar o ambiente.

Embora houvesse flores em todos os compartimentos, somente no camarote de Abel luziam as rosas vermelhas e os lírios brancos, todo o delicado simbolismo que almas delicadas podiam encontrar. O jovem Mestre encontrou a alma de Walkíria em cada lírio e seus heróicos sacrifícios em cada rosa vermelha que se assemelhava a um coração sangrando!... Parcialmente estendido em seu estrado de repouso, fechou os olhos em suave meditação enquanto os marinheiros do Gaivota continuavam cantando com uma cadência melancólica e suave a canção do mar, cujas notas pareciam ser o reflexo dos mais ternos e tristes adeuses.

Em Kiffauser ficaram o kobda Muref e o notário menor que, sendo oriundos do Báltico, não sofriam de forma alguma com o clima frio. Nem o Serru nem Kaíno estavam ainda em condições de ficar sozinhos sem um orientador que os ajudasse a andar pelos caminhos da Lei.

Os kobdas viajantes, já afeiçoados à franca e leal amizade da matriarca, agradeciam que ela não houvesse saído para se despedir deles, pois uns mais, outros menos, sentiam deixá-la entre um povo que, embora amando-a muito, não era capaz de compreendê-la. Percebiam o grande abismo de solidão em que aquela alma devia encontrar-se em dados momentos, e todos pensaram, embora ninguém dissesse:

"Pobre matriarca!... Necessitaria de um Bohindra ao seu lado, mas... onde está ele?"

Como cada camarote tinha abundância de víveres nos armários, apenas uma refeição era feita em conjunto: a do anoitecer.

— Serão também aqui surdos-mudos os criados? — perguntaram os kobdas uns aos outros.

253

— O guardião da enseada nos falou de um grumete conversador que nos divertiria muito. Procuremo-lo — disse um kobda jovem ainda, pois apenas chegava aos trinta anos.

O ponto de reunião era o camarote do notário-mor que, por estar próximo à grande lareira dos cozinheiros, era o que desfrutava de uma temperatura melhor.

O capitão era visto somente na ponte de comando, quando um grumete subia e alguma das portinhas permanecia aberta. Esperavam vê-lo na refeição do anoitecer, mas apresentou-se em seu lugar o oficial imediato, que já era um marujo de idade, bonachão e alegre; entretanto, só falava o dialeto mais antigo do país e os kobdas custavam muito a compreendê-lo. Mais por sinais e gestos que por palavras, lhes fez compreender que o capitão estava de muito mau humor e que nem a ele respondia palavra alguma. Tudo o que queria, escrevia num pano encerado e lhe mandava pelo grumete, que o levava em seu próprio camarote.

— Não vinha também aqui uma delegação do Serru? — perguntou o notário, que começava a sentir-se incomodado ante a misteriosa conduta do capitão.

— Está vindo — respondeu o marujo com grande esforço. Com gestos fez sinal de que esperassem um momento. Falou algumas poucas palavras com o primeiro criado que apareceu para servir a refeição. Quando já terminavam, apareceu um jovem ruivo todo vestido de finas peles de leopardo. O imediato lhes fez sinal de que ele poderia responder suas perguntas.

O notário-mor fê-lo sentar-se a seu lado, com o que o lindo grumete ficou defronte a Abel. Este se lembrou de ter visto a sua fisionomia nessa mesma manhã, pouco depois de embarcar.

— Nós vos vimos subir e descer da ponte de comando, e certamente falastes com o capitão — disse o notário.

— Claro que sim, pois somente comigo ele gosta de falar...

— Olá!... E dizes isto assim com tanta tranqüilidade?

— E por que não?

— Porque isto pode significar duas coisas: ou bem o capitão desconfia dos passageiros que leva, ou bem uma dor muito profunda o mantém de mau humor e o faz fugir das pessoas. Dize-me, grumete, como te chamas?

— Kalin, vosso criado.

— Muito bem, Kalin, deves saber se há neste navio uns personagens muito antigos deste país, representantes do Serru nos países para onde nos dirigimos.

— Oh, sim, estão aí!... E a verdade é que me dão bastante que fazer, pois pedem fogo e moruka quente a cada vez que me vêem passar. Para vós eu nunca trouxe moruka quente. Acaso não vos agrada? O capitão me repetiu muitas vezes que vos traga a melhor moruka, bem quentinha e carregada de mel.

— Ah!... Então o capitão se preocupa conosco? — perguntou outro dos kobdas.

— Sois vós os passageiros da túnica azul? — perguntou o grumete.

— Sim — responderam vários ao mesmo tempo, entreabrindo seus capotes de pele para que fosse vista a túnica azulada.

— O capitão está sem dúvida avisado de que o mais jovem dentre vós padece dos brônquios em conseqüência do frio...

254

Os kobdas olharam para Abel.

— É aquele o enfermo? Oh, oh!... — exclamou o grumete, devorando-o com seus grandes olhos claros. — O capitão chama-o *príncipe* e está inquieto pela sua saúde.

— O capitão está muito triste?

— Ah!... Nessas intimidades eu não entro, senhor viajante. Qualquer pessoa que perguntar a esse capitão se está triste!... Se não precisais de mais nada eu vou embora, porque o capitão não pode passar tanto tempo sem mim.

— Kalin — disse Abel, fazendo-lhe um sinal com a mão para que se aproximasse.

— Darás da minha parte os meus agradecimentos ao capitão pelo quanto se interessou pela minha saúde, e lhe dirás que estou bastante bem; apenas me preocupa doloro- samente o motivo que ele possa ter para privar-nos da sua presença na refeição. Certamente a vossa gentil soberana sentirá pesar se souber que o seu capitão nos fez comer sem ele no Gaivota.

Todos observaram que o grumete escutava perturbado as palavras de Abel.

— Causa-te estupor a minha mensagem?

— A mim, não — disse o grumete —, mas causará ao capitão.

— Por quê? Acaso falei mal?

— Oh, não, senhor viajante; mas o capitão... o capitão sabe suas coisas, e cer- tamente puxará minhas orelhas porque estou falando demais... Com licença, passai bem e até logo. — Com uma rudeza que beirava a má educação, saiu rapidamente.

— Aqui há mistério — disse o kobda notário.

— Entretanto, creio que este mistério não nos deve causar temor algum — ob- servou Abel. — Não estranhastes que a matriarca não comparecesse para se despedir de nós?

— Muito, visto que é uma mulher de bronze que não se cansa por nada. Até me ocorre pensar se não a fizeram prisioneira e este barco não estará sendo comandado por seus inimigos.

— Disso podemos estar certos que não — observou Abel, pensando que aquelas rosas vermelhas só poderiam vir de Walkíria.

— E por que essa segurança?

— Não reconhecestes em nossos camarotes as flores dos jardins da matriarca?

— Certamente! — responderam todos.

— O que eu penso — disse Abel, levantando-se da mesa para aproximar-se da estufa de grades de cobre — é outra coisa muito diferente e que talvez tachareis de puerilidade infantil.

— Dizei-a e veremos.

Abel olhou discretamente para o imediato que presidia a mesa, e que comia e sorria, bebendo grandes jarros de moruka, como dissera o grumete.

Finalmente, os kobdas se retiraram para o camarote do notário-mor e Abel pôde explicar seus pensamentos com maior clareza.

— Pensei — disse — que o nosso capitão retraído ou triste é alguém que quer ocultar-se de nós... ou, mais evidentemente, é a própria matriarca.

— Mas como? Seria extraordinário!

— Não sabeis que ela é extraordinária em toda a sua existência?

— Mas por que esse empenho em se ocultar?

— Porque julga que não teremos confiança tendo-a como piloto.

— Ou teme que a tripulação se desalente se sobrevier uma tormenta ou outra emergência pior que uma tempestade.

— Um assalto de piratas, por exemplo?

— Estamos falando muito, e na verdade isto de nada adianta. Se é ela, muito melhor; e se não é, pelo menos sabemos que o capitão é alguém a quem ela nos confiou.

A noite chegou com toda a calma serena e fria das noites de Lua no Ponto Euxino à entrada do inverno. Não se ouvia senão o girar do corta-gelo* e o chapinhar compassado e igual dos remos na água.

Uma ligeira brisa do sudeste inflava um tanto as velas, mas era tão suave e sutil que, a não ser pelo impulso que os remeiros davam ao barco, o veleiro quase teria detido sua marcha.

O capitão chamou o imediato por intermédio do grumete Kalin e abandonou-lhe o timão sem pronunciar palavra.

O marujo ficou observando-o afastar-se pela coberta solitária. — Apolo nos guarde — disse em voz baixa. — Parece ser o príncipe Freas saído do seu sepulcro de gelo para tomar novamente o comando do Gaivota. Quem será este novo capitão que tão caras vende as suas palavras?

Fazendo um gesto que significava: "Isto não me diz respeito", tomou vários tragos da moruka quente que levava em seu odre de couro de foca, pendurado às suas costas. E se encarregou do timão.

— Se tens sono, vai dormir — disse Walkíria à sua jovem companheira.

— E vós, matriarca, não descansais?

— Não digas matriarca, já te disse. Chama-me capitão.

— Perdoai-me, capitão! Tenho a cabeça muito dura. Não vais descansar? — insistiu o grumete.

— Descanso passeando sobre a coberta. Eu não tenho sono algum.

— Tampouco o têm os viajantes de vestimenta azul. Observai a luz dos círios que sai pela escotilha. Se estivessem dormindo, teriam apagado essa luz que está no corredor dos seus camarotes.

— Deixai-os, talvez estejam com vontade de velar. Que mais ocorre?

— Nada, capitão, nada!... Como pareciam inquietos porque não comparecestes à refeição!...

— E os viajantes anciãos?

— Oh, eles dormem desde que o Sol se pôs!

_____

* Corta-gelo: Assim chamavam os navegantes a uma forte lança ou machado giratório, espécie de grade de arado para romper a terra, e que era usada quando os invernos do norte congelavam as águas, aprisionando ramos de árvores que, com o gelo, formavam barreira que impedia a navegação. Este corta-gelo era posto em movimento por um pedal operado por quem ia no timão.

Repentinamente, o grumete embargou entre o capuz de peles um grito de terror, ao mesmo tempo que se apertava contra o corpo de Walkíria.

— Que tens, Kalin? Enlouqueceste?

— Fantasmas no mar, capitão! — grunhia, e não falava, a aterrada garota.

— Está mentindo, Kalin, não há nada! — respondeu a matriarca levantando a dianteira de seu gorro para observar melhor.

— Observai a popa, capitão!... Olhai a estibordo!... Como dançam sobre a água, escarnecendo de nós! — E Kalin olhava com seus olhos desmesuradamente abertos.

— Vamos. Estás dormindo, moço, dormes de pé e sonhas loucuras. Vamos para o camarote. — E arrastou-a, pois parecia que os pés da moça se negavam a obedecer-lhe. O estrado era extenso, e fê-la estender-se nele. Kalin caiu como um fardo e logo dormiu.

— Fantasmas no mar! Capitão, eles querem afundar o nosso barco... — E a garota levantou-se trêmula e agitada.

— Mas que companhia me deu o teu avô!... — disse a matriarca rindo. — Estás morta de medo, e muito mal assentam em ti as tuas roupas de grumete e o nome de Kalin. Tua roca está fazendo falta, bem como precisas voltar às fraldas e ao nome de Kalina.

"Vamos ver se és capaz de explicar-me que fantasmas são esses e como são. Têm pernas, têm braços, têm cabeça com olhos, boca e nariz?"

— Oh, sim, capitão, têm tudo isso e mais uma vontade louca de nos pôr a pique!

— É extraordinário! Vem, vamos novamente para a cobertura, mas agora irás com os olhos vendados. — Com um pano escuro vendou os olhos da moça e, tomando-a pela mão, levou-a à coberta.

— Oh, oh! Capitão, eu os vejo da mesma forma e agora são mais, muito mais! — Aterrada, se abraçava a Walkíria. Esta, por sua vez, se lembrou das conversas que tivera com os kobdas a respeito de certas faculdades existentes em determinadas pessoas, que lhes permitem perceber coisas que os outros não percebem nem sentem.

— E tu podes falar-lhes? — perguntou a matriarca. — Vamos ver, pergunta-lhes quem são e o que querem.

— É um velho maligno como um demônio! Diz que por vossa causa encontrou a morte e seu filho perdeu tudo quanto esperava; que antes de três dias nos dará caça num veleiro e tomará prisioneira a vós e aos estrangeiros que levais. Ele ri, capitão! Não ouvis a sua gargalhada sinistra?

— Não, nada ouço.

— Apolo!... Apolo!... Mãe Nórthia, salvai-nos, salvai-nos! — e, dominada por um supremo terror, a moça caiu desmaiada aos pés de Walkíria.

— Eis aqui — murmurou levantando-a em seus braços — que este desgraçado incidente obrigar-me-á a sair do meu esconderijo antes do que eu pensava.

Entrando novamente em seu camarote, recostou novamente a jovem. Misturou moruka com mel, aqueceu-a na estufa e deu-lhe de beber. A moça estava gelada e pálida como a morte.

— Vamos, vamos! Reanima-te, não é para tanto! Chamaremos esses viajantes que têm poder para mandar nos fantasmas, e já verás como não voltarás a vê-los.

— Mas afundarão o nosso barco! Oh, sim, eu sei que o afundarão — repetia a moça soluçando.

— Não, mulher! Não vão afundá-lo coisa nenhuma! Não tens confiança em mim?

— Oh, sim, capitão!... — E um novo desmaio cortou a frase em sua garganta.

Walkíria ajoelhou-se junto ao estrado e cobriu seu próprio rosto com ambas as mãos.

— Apolo... Forte e grande Apolo, Mãe Nórthia!... estou sozinha sobre o mar!... É demais esta dor!... Um vago terror me amedronta... Eu posso lutar com os piratas e com a tempestade, mas lutar contra fantasmas que não vejo!... Oh!... Estou sozinha, sozinha, sozinha sobre o mar!...

— Matriarca!... Não estás sozinha!... — disse do topo da escadinha a meiga voz de Abel. — Permitis que eu desça?

— Sois também vós um fantasma? — interrogou a jovem levantando-se e observando-o com seus expressivos olhos cheios de interrogações. — Como sabeis o que se passa no meu camarote?

— Acalmai-vos, matriarca, e começai por acreditar que não sou um fantasma. Eu contemplava esta formosa noite de Lua no monte formado pelas cordas e velas enroladas e pude ouvir o diálogo que tiveste com Kalin ou Kalina, pois me parece que o capitão e o grumete pertencem ambos ao sexo feminino. — A matriarca apenas pôde sorrir, e Abel a imitou. — Por que viestes? — perguntou ele, suavizando ainda mais a sua voz. — São muitos os riscos do mar, e em Kiffauser será notada hoje mesmo a vossa ausência.

— Perdoai-me o engano!... Tinha de vir, porque não há quem saiba defender a vossa vida como eu a defenderei. A desonra ou a morte de uma mulher da minha raça é considerada como presságio de irreparável desgraça pelos habitantes de todos os países onde chegou o nome de Nórthia.

— E quereis servir de escudo para a minha vida? Obrigado, matriarca. Se minha mãe, para quem a minha vida é a luz do Sol, vos ouvisse falar assim, vos amaria quase tanto quanto ama a mim.

— Oh, vossa mãe!... Eu faria dela um símbolo como foi feito aqui com Nórthia, minha avó.

A moça despertou sobressaltada e, vendo Abel perto da matriarca, começou a gritar.

— Escondei-vos no depósito de mantimentos, no guarda-roupa, tomai meu traje de grumete... É a vós que buscam os fantasmas do mar!

— Acalma-te, menina, que nada acontecerá se Deus não o quiser.

Enquanto assim falava, dava-lhe passes magnéticos a fim de romper a rede de fios fluídicos que pudessem ter feito contato com a faculdade vidente da jovem.

— Vai interessar-vos continuar ocultando a vossa verdadeira personalidade à tripulação? — perguntou Abel.

— Tanto de vós como deles quis ocultar-me até chegar ao alto-mar, e amanhã ao cair da tarde pensava em descobrir-me. Recordais o acontecimento que, amanhã, terá ocorrido há exatamente uma lua?

258

— Nossa chegada a Kiffauser, creio!

— Vossa chegada e aquelas palavras que eu vos disse: "Hoje é um dia de glória ou de morte para mim. Ajudar-me-ás, príncipe?"... E vós destes a vossa palavra de honra que me ajudaríeis se eu agisse com justiça e eqüidade.

— Oh!, aquele foi um grande dia, pois o povo vos consagrou com o seu amor; o Serru, vosso tio, vos consagrou como sua autoridade; e nós, os kobdas, vos recebemos como irmã em nossa grande e formosa fraternidade...

— Sim, e então toda a Kiffauser ficou sabendo que eu não era o príncipe Freas, mas sua irmã Walkíria; e amanhã ia saber-se no Gaivota que eu não era o capitão, mas a matriarca.

— Muito bem, mas não vos afetará o murmúrio que pode ocorrer com aparências de aventura?...

— Perdoai-me... Muito mais me afetaria se em minha ausência vos ocorresse uma desgraça. Além do mais, que quereis que murmurem de uma mulher que andou durante dez luas entre os acampamentos e os campos de luta sem que nenhum homem tenha podido dizer que viu em mim outra coisa que não um chefe guerreiro dominando uma terrível situação? Creio, príncipe, que a minha existência saiu tanto da rotina comum de toda mulher que já estou a salvo de murmurações.

"Que explicações dais ao que o singular grumete do Gaivota acaba de manifestar?" — perguntou a matriarca mudando de assunto.

— Penso que deveis estar alerta, porque pode encerrar uma visão premonitória; pode ser que efetivamente exista o plano de perseguir este barco, embora o fato não tenha chegado a realizar-se. Nos planos astrais ou extraterrestres, os pensamentos se plasmam com as aparências e formas que teriam se chegassem a realizar-se no plano físico. Por isso, uma visão premonitória deste gênero não pode ser tachada de falsa, ainda que não se realize à vista de todos. Sucede igualmente com os sonhos, no qual o espírito do dormente vê fatos bons ou maus, felizes ou trágicos, que poderão ou não realizar-se no plano físico, segundo estejam, ou não, na Lei. É agir com prudência tomar todas estas manifestações como avisos para manter-vos alerta, de forma a resistir com a nossa própria energia ao mau pensar que alguém possa ter a nosso respeito. Por exemplo, Kalin viu que esses fantasmas projetam pôr a pique o barco...

— É isso!... salvar a matriarca e vos afogar, príncipe... Oh, sim!... É isso que buscam — disse com vivacidade a mocinha, que parecia ter já recobrado toda a sua serenidade.

— Vedes, príncipe, como era necessário que eu mesma conduzisse o veleiro? — observou a matriarca.

— Parece que está em nossa lei que eu vos deva a vida física nesta época da minha jornada terrestre. Se nos virmos assaltados por inimigos mais fortes, já pensastes na forma de defesa que podereis adotar?

— Sim, príncipe, já tenho tudo pensado. Mas isto é meu segredo por enquanto.

— Confiais no êxito?

— Plenamente!

— Oh, na verdade, matriarca!, vossos pontos de vista são quase mágicos, pois são sempre claros, rápidos e precisos. Estais chamada a ser o Thidalá dos países do gelo. Unicamente em Bohindra tenho visto tão clara e rápida compreensão do que *deve ser feito*, até nas mais árduas situações humanas.

Atendendo às instâncias da matriarca, Abel despetalou diante dela a formosa rosa branca desse imortal poema de amor, de um pastor, poeta e músico que amou uma princesa de Otlana da Atlântida; que prolongou sua vida física no corpo do único filho daquele amor para continuar amando aquela mesma alma encarnada no corpo de outra mulher...

— E esse homem é o Thidalá das Nações Unidas, o homem que encontrou o segredo de fazer grandes e felizes os povos por meio da concórdia, da fraternidade e do amor.

— Qual é esse segredo? — perguntou a matriarca.

— Esquecer-se de si mesmo para não escutar outra voz além daquelas que lhe dizem: "De ti esperamos a felicidade."

— E foi esse grande amor que tornou fecunda a grandiosa obra de Bohindra? — voltou a matriarca a perguntar.

— Sim, matriarca. Desse sublime amor, desventurado em sua primeira fase, espiritualizado e pleno na segunda, surgiu toda a maravilhosa rede das obras de Bohindra, o mago do amor e da paz, como o chamam no Eufrates e no Nilo.

— Então, príncipe Abel, eu vos posso dizer que as obras de Walkíria de Kiffauser não chegarão nem à metade da grandeza das obras do Grande Rei das pradarias, porque minha alma solitária e gelada é, como já vos disse noutra oportunidade, um jardim sem amor, enquanto que as pradarias do Thidalá foram regadas por duas abundantes correntes: o amor de Sadia em sua primeira juventude e o amor de Ada no entarceder de sua vida!...

— Matriarca!... — disse Abel com voz profunda como se viesse do íntimo de seu coração. — Vedes a Lua beijando as águas do mar? Sentis o leve sopro da brisa marinha impulsionando nosso barco para diante? Vedes as grandes estrelas fixas parecendo abrir rotas no infinito às suas irmãs menores que lhes vão seguindo desde há séculos e que o continuarão fazendo?

"Há nas almas abismos de amor que os sentidos não percebem e que são como o raio da Lua beijando as águas do mar, iluminando a rota ignorada de milhares de viajantes sem que nem o raio de Lua nem as ondas mudas e serenas saibam do bem emanado desse beijo perdido no infinito.

"Sabe acaso o sopro suave da brisa, que dá impulso ao nosso barco, o quanto o bendizem os remeiros que descansam e repousam enquanto ela acaricia nossas velas?

"Pensam as estrelas maiores que a sua meiga e forte cadeia de atração impede que os pequenos satélites e os astros errantes se estatelem em formidáveis choques, desagregando-se como pó luminoso quando uma longa vida ainda os espera?

"Oh, matriarca!... Assim também não sabe a criatura humana dos ocultos poderes do seu espírito quando chegou, como vós, a ser senhora de si mesma. Então, não está jamais a alma solitária e fria, embora não veja surgir ao redor da sua matéria física essas manifestações recíprocas de ternura e afeto que os homens desta Terra chamam amor e que é alimento indispensável aos espíritos novos, que enfraqueceriam na inércia e no desalento sem esse raio de luz, e que mais acentuadamente entorpecem o voar gigantesco das grandes almas como pequenas flores que se inclinasse para recolher em seu caminho um venturoso viajante que está chegando às portas de ouro de um jardim encantado. Em nossa vida eterna, matriarca, chega uma hora em que o amor à altura dos sentidos físicos esgota as energias da alma em obras e desejos efêmeros de satisfação pessoal e sem benefício de terceiros, a não ser talvez numa pequeníssima e quase insignificante porção.

"Daquela ordem de amor foram os amores do kobda-rei em sua primeira etapa, na qual apenas lhe foi dado gerar um ser no qual pudesse continuar sua própria vida, pois se não fosse com tal fim, tampouco a sua lei lho teria permitido, por não lhe ser necessário. A segunda etapa do amor de Bohindra é unicamente uma sublime aliança espiritual de almas gêmeas realizando em conjunto uma obra de redenção humana, que teria achado obstáculos no caso de não se terem encontrado.

"Direis que há momentos na vida humana em que se sente um profundo vazio, grande como um abismo, e a alma se vê invadida de geladas correntes de solidão, tristeza e incompreensíveis aspirações que lhe produzem imensa desolação, talvez como o início da agonia numa morte lenta.

"É então que as almas grandes, que voam já muito alto, vibram em uma intensidade de que às vezes se espantam elas mesmas, e essas vibrações de intenso amor, chegadas a seu mais alto tom, são as geradoras dessas grandes manifestações espirituais que os seres desta terra chamam criações artísticas, quer sejam plasmadas numa tela, num pedaço de mármore, em rolos de papiro ou nas cordas de uma lira. Acreditai, matriarca, se não fossem essas sensações de imenso abandono, de gelada solidão produzidas nas almas grandes pela incompreensão dos pequenos, este pequeno globo terrestre manter-se-ia em duplo atraso e escuridão, porque não chegariam até ele as explosões de luz, harmonia e beleza que arrancam do infinito essas almas fortes e grandes que, como a vossa, choram de solidão, abandono e isolamento entre o tumulto de seres que passam sem chegar a compreender a sua formidável e ansiosa pergunta:

" 'Onde está o que eu busco? Onde está o que eu amo? Onde está o canto imortal que ouço ao longe e cujas notas não posso prender?' "

— Oh, quanta verdade se encerra em vossas palavras!... — exclamou a matriarca com os olhos umedecidos de lágrimas, como se lhe custasse grande esforço coordenar idéias e pronunciar frases reveladoras de recônditas intimidades.

— E não julgues, matriarca, que eu seja totalmente alheio a essa forma de amor sem horizontes e sem limites... amar por amar, sem saber quando começa nem quando há de terminar, sem poder dar formas tangíveis e definidas a essa infinita ternura que flui da alma como um caudal e que vai deixando cair sobre os demais vagas notas daquelas vibrações, como pétalas de rosas de fogo, como gotas perfumadas de um bálsamo tíbio, ou como resplendores tênues de um íris maravilhoso que em momentos especiais lhes faz desejar uma vida mais bela, mais pura e melhor!...

"Ignoram acaso os seres novos e ainda pequenos, de onde lhes vêm esses felizes anelos de algo melhor do que as vulgaridades em que vivem submergidos; e os que observam, estudando a carreira infinita das almas, compreendem e sabem quem são os rouxinóis que exalam esses arpejos... onde estão as roseiras que emanam esses perfumes... em que várzea se esconde o fecundo favo que derrama gotas de mel tão delicado..."

— Jamais pensei que da boca de um jovem príncipe como vós pudessem brotar palavras de tão profunda sabedoria!... Não há anos suficientes em vossa vida para ter lido assim nas íntimas palpitações de cada coração... Ou será acaso que em vossas Escolas e Santuários, a ciência dos grandes mestres ilumina a vossa mente com claridades desconhecidas pelo resto dos homens?

— Já vos disse, matriarca, que a juventude da matéria não é a juventude do espírito. Vós, os habitantes dos países do gelo, dizeis que o vosso deus ou gênio tutelar Apolo surgiu do beijo ardente do Sol do meio-dia sobre a neve do Monte Elburz, e que isto ocorreu quando não existia vida humana nestas geladas paragens. Tal é a poética tradição, toda símbolo e alegoria, transmitida por vossos antepassados, e no fundo da qual há ocultas verdades profundas que as humanidades novas não podiam chegar a compreender. Deuses tutelares, gênios das tribos, raças e famílias, não são senão almas como a vossa e a minha que, em seu eterno subir, chegaram à altura em que se ama por amar, sem horizontes nem limites, sem poder precisar o que é aquilo que amam, nem onde se encontra situado, nem que formas tangíveis e definidas têm. É então que essa fogueira da alma se converte em labareda a incendiar muitas almas, procurando fazer de cada uma delas uma lâmpada nova. Vosso bom e meigo Apolo foi um grande aliado de Anfião na época de seu desterro na solidão a que ele mesmo se condenou; foi irmã e discípula de Antúlio,* e nas mais remotas idades se encontrou nos caminhos dolorosos e solitários de Juno, o marujo sepultado sob as ondas do mar, e de Numu, despenhado do alto de u'a montanha.

— Numu, dissestes!... Numu, o deus dos kobdas, o meu deus também, visto que vesti a sua túnica e amo a sua lei!...

— Oh, matriarca!... Não vos decepcioneis se vos disser que Numu e Apolo ainda não estão livres da dor que atormenta os homens a cada vez que se encarnam nesta Terra, cujas grosseiras condições de vida perturbam e escurecem espíritos de evolução muito avançada.

— Dissestes que Numu e Apolo se encarnam como os homens nesta Terra?... — interrogou Walkíria, fixando seus olhos nos de Abel como que para surpreender um súbito raio de luz que lhe faltava para compreender a insondável verdade...

— Sim, matriarca, eu disse isso! Apolo e Numu estão atualmente revestidos de formas humanas sobre esta Terra. Apolo tomou formas de mulher e é uma matriarca kobda como vós, nascida entre as ondas azuis do Lago Van e que hoje canta, sente e vive o imenso amor dos deuses entre uma humanidade primitiva na afastada Mauritânia do continente africano. Chama-se *Solânia*.

A matriarca apertou com ambas as mãos suas têmporas, que pareciam explodir...

---

* Irmã de adoção, órfã de uma irmã de Walkíria do Monte de Ouro, adotada quando Antúlio foi escolhido Atlas do Monte Grande.

— E Numu? Onde está Numu?... — murmurou debilmente, temerosa de sentir o peso enorme de outra verdade esmagadora.

Abel fechou suavemente seus olhos como se o peso de grandes recordações o adormecesse, e respondeu em voz baixa e profunda:

— Numu está na vossa presença e se chama Abel!...

— Meu coração o havia pressentido! — exclamou a matriarca num soluço, e, sem poder conter-se, caiu de joelhos com suas mãos juntas e seu rosto inclinado para o pavimento do veleiro que continuava deslizando empurrado pelo vento da noite sobre as serenas ondas do mar.

Como visse Abel que a menina havia adormecido, que os círios iam apagar-se e que sua emoção era demasiado profunda, não se sentiu com forças para contemplar a cascata de luz que havia deslumbrado a alma da matriarca, e leve como uma sombra saiu daquele camarote e buscou em silêncio o seu para repousar.

Quando Walkíria levantou novamente seu rosto umedecido pelo pranto e desfigurado pela emoção, somente um dos círios cintilava e a estufa estava cheia de cinzas geladas.

— Não está mais!... — murmurou, fazendo girar seus olhos na penumbra apenas interceptada por um suave raio de Lua entrando pela clarabóia de seu camarote.

— Numu é Abel!... Sonho de luz e de glória! Delírio da alma! Puro e excelso amor meu!... Sois também acaso um fantasma do mar?

Derramando lágrimas que ela mesma não podia definir se eram de angústia suprema ou de suprema felicidade, o amanhecer a surpreendeu e ela ouviu a melodia do hino com o qual os kobdas saudavam a saída do Sol:

Maga dos Céus
Dize-me ao ouvido
Com tua voz sem ruído:
Como é Deus?
Como tu, quando vibras como eu!

— Assim é Ele!... — murmurou Walkíria deixando seu leito. — Não é fantasma do mar! Aí está Ele, o homem que vibra como a luz!... O homem que eleva em asas de amor todos os homens que querem subir!... O homem que canta como um arpejo infinito!... O homem puro como um raio de Sol, o Homem-Deus! E sou eu quem defende a sua vida!... Sou eu quem o conduz em meu veleiro sobre as ondas do mar!

Como se estas palavras houvessem injetado em sua alma e em seu corpo uma nova energia, vestiu rapidamente seu traje púrpura de grande sacerdotisa de Apolo e cingiu em sua cabeça o alto capacete de ouro salpicado de rubis e ornamentado com as simbólicas nadadeiras de delfim.

Aprisionou seu delicado busto entre uma malha de couro coalhada de rubis, de cujo cinturão pendia a acha sagrada e, pendurando ao ombro uma aljava cheia de flechas, fez soar de um modo particular a vóskia de ouro. Em seguida subiu numa veloz carreira a escadinha da ponte de comando e tomou novamente o timão.

— Que ocorre?... Vós aqui? — exclamou o imediato, vendo-a com essa indu-

263

mentária que somente podia ser usada nos templos de Apolo, quando o deus era senhor soberano das vidas dos homens.

— Descei! Deixai-me sozinha aqui — disse, como que possuída de um poder mágico ao qual ninguém podia resistir. — Um deus encarnado viaja neste veleiro e Apolo me entregou a sua vida para que a guarde de todo o perigo. Meu veleiro é neste instante o templo de Apolo flutuando sobre o mar. Já sabeis o que a todos compete fazer.

O homem aturdido por aquele inesperado acontecimento desceu num piscar de olhos para avisar a toda a tripulação que se armasse em pé de combate. O turno dos remeiros foi reforçado com dupla quantidade de homens, todas as velas soltas ao impulso do vento; em todos os mastros ondeavam pavilhões de Kiffauser e o Gaivota corria veloz sobre as ondas encrespadas do mar como uma branca ave marinha perseguida de perto pelo furacão.

Para alguns dos kobdas eram bastante conhecidas as manobras de bordo, pois a maioria deles viajava continuamente, motivo pelo qual lhes foi fácil compreender que algo extraordinário ocorria. Como havia entre eles alguns afeiçoados às viagens marítimas, puseram roupas adequadas e foram misturar-se com a tripulação.

Enquanto se fazia todo este movimento, ouviram a voz pausada e sonora do vigia:

— Blocos de gelo a estibordo! Descem com velocidade do norte pelas bocas do Donda!

Então o Gaivota, como um corcel de brandas rédeas, virou mar adentro em direção ao sul. A matriarca, com suas vestimentas sagradas de grande sacerdotisa de Apolo, parecia uma labareda flutuante na ponte de comando, para onde convergiam os olhares de todos. O amplo véu púrpura salpicado de diminutas estrelas de ouro estava preso às douradas aletas de seu capacete, e agitado pelo vento lambia suavemente as velas numa carícia contínua, como se fossem asas vivas que quisessem injetar-lhes mais vigor e energia.

Abel, que contemplava esta visão de um recanto da coberta, estava aturdido por ela. Jamais vira nada semelhante, e compreendeu então por que as humanidades primitivas construíam ídolos, gênios e deuses de seres que realmente ultrapassam o nível comum dos demais.

Compreendeu igualmente a infinita grandeza do Grande Atman, da Alma Criadora, naquela centelha de grandeza, poder, força e sobre-humana energia que emanava daquela mulher, cuja juventude física apenas lhe dava tempo de ter aprendido as primeiras noções da ciência da vida.

— Grandes são — disse ele para si mesmo — os espíritos meigos e suaves do amor, da concórdia e da piedade! Entretanto, são também grandes e belos os espíritos da Justiça e do Poder, que parecem canalizar com a pressão de um dedo toda a maravilhosa combinação da Eterna Lei sobre um país, sobre um mundo, sobre uma civilização.

— Dois veleiros a bombordo! Sem pavilhão e a toda a velocidade! — gritou novamente o vigia.

Outro terço de remeiros reforçou os que já trabalhavam, e uma vela a mais se desprendeu com grande ruído, como se repentinamente tivesse crescido sobre o lombo do Gaivota uma asa maior e mais poderosa que as outras.

Os kobdas observavam com curiosidade o semblante da matriarca, que também parecia de púrpura como seus vestidos e o véu. Era o reflexo de suas vestimentas acariciadas pela luz solar ou era a agitação daquela marcha forçada, somada à angústia de um perigo que ela adivinhava próximo?

Finalmente Abel, alarmado pelo que ele julgava já temerário, aproximou-se dela o bastante para fazer ouvir sua voz:

— Matriarca! — disse. — Não vos arrisqueis assim para salvar nossas vidas... Se na Eterna Lei está escrito que havemos de morrer nesta hora, por que empenharnos em ir contra a Lei?

Ela voltou serena a sua face para ele e disse estas únicas palavras:

— Príncipe Abel!... Se de alguma forma apreciais a minha paz e a minha vida, entrai no vosso camarote e não me peçais contas do que faço. Neste momento não sou eu. É Apolo quem manda em mim!

Prolongou durante alguns instantes seu olhar meigo e fixo sobre Abel e deu uma acentuada virada mar adentro, para que um enorme bloco de gelo que se aproximava como um fantasma ameaçador não partisse o Gaivota em duas metades.

O veleiro deu um forte vaivém na popa ao receber o choque da enorme onda produzida pelo correr do bloco de gelo para sudeste. Abel, que já se dirigia para seu camarote, voltou-se para observar novamente a matriarca, julgando-a vacilante à vista do perigo que acabava de evitar.

Ela, impassível, com o olhar fixo na rota que seguia, não deixava transparecer ao exterior nenhuma emoção.

— Oh, verdadeiramente — exclamou Abel a meia voz e descendo já a escadinha — a Eterna Justiça escolhe seus instrumentos de piedade e amor tão bem como escolhe os de justiça e poder!

Ato contínuo, chamou o notário-mor e os outros dois de mais idade, e consultou-os sobre a conveniência de fazer uma forte concentração para ajudar com forças mentais a matriarca no risco em que se encontrava.

— Verdadeiramente, é a forma mais eficiente de ajudá-la. Que fiquem lá embaixo os dez kobdas que remam bem e entendem mais das manobras de bordo — responderam. — Enquanto isto, nós cooperaremos de outra forma.

No camarote de Abel, que era o mais próximo do lugar onde Walkíria se encontrava, entregaram-se completamente ao mundo espiritual.

Entre eles havia três videntes e dois que se desdobravam com facilidade, podendo seu corpo astral transladar-se a distância; outros tinham grandemente desenvolvida a telepatia; outros, a parapsicografia e o transe falante.

Isolados do mundo exterior pela força potente de seu próprio pensamento, logo se diluíram no vazio os ruídos das velas agitadas pelo vento, o golpe compassado dos remos e o estremecimento ondulatório do barco rompendo as ondas do mar.

O duplo astral de uns cruzou esse mar e outro muito maior, o Mar Grande, o que dividia a Europa da África, e logo se encontraram no penhasco de Corta-Água numa casinha de pedra suspensa num pico da montanha, quase coberta por acácias e tamareiras. Solânia, a matriarca kobda das grandes e diárias excursões astrais, dormia profundamente desde há três dias, com apenas breves espaços de lucidez em vigília, nos quais pedia para tomar somente um jarro de xarope de laranja e um pedaço de pão, e se assegurava de que suas irmãs cuidassem no exterior de sua completa quietude. Dizia-lhes em todos os seus momentos lúcidos:

— A vida e a missão terrestre do Homem-Luz estão em grave perigo nos países do gelo, para onde uma força poderosa me arrasta, como se alguém que é coisa muito minha me gritasse continuamente com dilacerantes gritos da alma: "Vem, vem!" E sem poder evitar, vou, porque quero e porque devo ir.

Os kobdas videntes, concentrados no Gaivota, viam flutuando sobre a ponte de comando um ser belíssimo que parecia uma tocha vivente, envolvido numa labareda de ouro e púrpura que parecia tingir o Gaivota e o mar de um rosado vivo do amanhecer tropical.

Sobre o veleiro estremecido em sua carreira, esse ser astral se chamava Apolo, a divindade benéfica dos países do Norte que impulsionava a soberana de Kiffauser a salvar a vida do Homem-Luz. No ninho de pedra suspenso de uma montanha de Corta-Água, na distante Mauritânia, era uma jovem matriarca kobda adormecida em seu banco de repouso enquanto seu espírito forte, obreiro infatigável do espaço infinito, injetava ondas formidáveis de energia, labaredas vívidas de amor, esperança e fé na jovem mulher-piloto do Gaivota, levando sobre as ondas do mar o enorme peso de uma vida de Messias que impulsionava toda uma humanidade.

Aproximava-se o entardecer e os veleiros perseguidores não tinham conseguido encurtar a distância que os separava do veleiro branco. Qualquer um que fosse conhecedor dos costumes, modalidades e ritos daqueles povos teria suposto que a matriarca fugia temerosa de um encontro que lhe era desvantajoso, teria pensado que ela se reconhecia incapaz de enfrentar um combate com dois barcos maiores e contendo talvez tripulação mais numerosa que a sua. Os que assim pensassem estariam equivocados. Ela corria sobre o mar para dar tempo a que a noite chegasse; assim, sua autoridade e seu poder chegariam ao mais alto limite na mentalidade carregada de ignorância e superstições daquelas gerações dos países do gelo. Segundo tais crenças, os deuses superiores baixavam entre os homens em momentos supremos, quando as sombras da noite enegreciam a terra.

A própria Walkíria, mais preparada e consciente que os demais, ia julgando-se próxima de ser possuída por uma força sobre-humana que a tornaria superior a todas as contingências que lhe sobreviessem.

Eram as duas fortes alianças espirituais, que conheciam este momento crucial de sua própria evolução relacionado com a vida física do Homem-Luz, que lhe injetavam ondas formidáveis de energia, conhecimento pleno e fé em si mesma.

Quando as sombras da noite se estenderam silenciosas sobre o mar em cujo escuro verdor se refletiam opacamente as estrelas, Walkíria fez soar cinco vezes sua vóskia, que era o sinal para soltar os remos, prender as velas e subir todos à coberta com tochas acesas.

Breves momentos bastaram para que o Gaivota, brandamente embalado pelas ondas, parecesse um branco fantasma coroado de chamas.

Quando os veleiros perseguidores estavam a tiro de flecha, começaram a funcionar os megafones:

— Quem sois? — perguntou o imediato, a cujas costas se encontrava a matriarca.

— Servos de Apolo que reclamam justiça dos magos de vestimenta azul. Entregai-os a nós e seremos vossos amigos.

A matriarca não ouviu mais e, tomando a tocha das mãos do seu grumete, subiu ao balcão mais alto da ponte de comando, para onde convergia a avermelhada luz de todas as tochas; com voz que parecia o tinir de um metal, dura e resoluta, disse:

— Homens insensatos que vos chamais servos de Apolo e correis enlouquecidos em perseguição do veleiro que conduz a grande sacerdotisa de Apolo!... Esquecestes que esta investidura e as sombras da noite me dão poder sobre as vossas vidas e propriedades, sobre as vossas mulheres e filhos, sobre a água que bebeis e até sobre o musgo que verdeja em vossos campos?

"Sabei que os homens de vestimenta azul são meus amigos, são meus aliados, são os filhos de Numu, irmão de Apolo; são os pacificadores dos povos, são os educadores dos homens, são os defensores dos órfãos, dos anciãos decrépitos, dos leprosos abandonados!

"Não sabeis o que é a orfandade, o abandono, a lepra, a miséria, para desta forma procurardes causar dano aos que buscam curar todos os males da terra?

"Se depois do que escutastes persistirdes ainda em persegui-los, vinde buscá-los, e eu vos juro por Apolo que a acha sagrada em minhas mãos fará cair uma por uma as vossas cabeças como frutas podres aos abismos do mar!"

Com vertiginosa rapidez, os tripulantes do Gaivota jogaram ao chão as tochas já apagadas e mantiveram os arcos estendidos, prontos para disparar. Somente ardia a tocha da matriarca em sua mão esquerda, enquanto a direita levantava ao alto a acha sagrada brilhando com sinistros fulgores à luz da vermelha labareda.

As tripulações dos outros veleiros tinham descido pelas escotilhas, aterrados de haver merecido as iras de Apolo. Ninguém imaginara que a grande sacerdotisa ia a bordo do veleiro branco. Finalmente, o que comandava aquela expedição fez ouvir sua voz trêmula de emoção:

— Perdoai, ó majestade, a nossa loucura! Fomos enganados pelo filho do sumo sacerdote dos mingos. Asseguraram-nos que esses magos de vestimenta azul tinham enlouquecido o jovem Serru e vos haviam raptado para seus prazeres imundos; que Apolo pedia justiça e que seriam galardoados com a felicidade neste mundo e no reino de Apolo os homens que conseguissem exterminá-los da face da Terra.

— Está bem! Quero acreditar em vossas palavras; não usarei do meu poder sobre vós; contudo, não vos permito voltar ao porto de onde saístes a não ser quando eu voltar.

"Colocai-vos um a bombordo, outro a estibordo, rumo a Gorilândia, a toda a velocidade!"

Um longo apito de sua vóskia de ouro pôs em movimento as tripulações dos três veleiros. A tocha da matriarca continuava ardendo, suspensa num anel de bronze na ponte de comando, enquanto ela, tomando novamente o timão, punha em movimento o poderoso corta-gelos e escutava novamente o compassado golpear dos remos sobre as ondas do mar.

Chamou o imediato e lhe deu a ordem de pôr secretamente quatro vigias de toda a confiança para que observassem até os menores movimentos nos dois barcos inimigos, pois apesar de sua aparente submissão, não lhe inspiravam maior confiança.

Abel e seus companheiros tinham terminado seu trabalho mental, o jovem Mestre, envolto em seu capote de pele, saiu do camarote para pedir à matriarca que consentisse em descansar por pelo menos uma hora.

— Matriarca — disse — ides vos matar. Não podeis deixar o comando do navio ao capitão enquanto repousais alguns instantes?

Ela o observou com serena placidez, cheia de encantos, e respondeu:

— O capitão sou eu, príncipe Abel! Quando for avisada de que nossos vizinhos dormem, descerei para descansar. Não tenhais cuidados por mim.

Nesse momento, Kalina, que estava envolvida entre peles quase aos pés de Walkíria, aproximou-se para dizer-lhe em voz muito baixa:

— Os fantasmas do mar meteram-se por entre as velas do barco que vem a bombordo.

— Novamente tuas visões de medo?

— Não, matriarca... É a pura verdade! Estão aí nesse veleiro vermelho e azul.

Voltando-se Walkíria para o lugar onde Abel permanecia de pé, disse:

— Fazei-me um favor, subi.

Quando o jovem kobda estava na metade da escadinha, ela se inclinou para lhe dizer sorrindo:

— Dos inimigos de carne e osso, eu vos defendo; mas dos fantasmas, defendei-me vós, pois assegura Kalina que estão escondidos no veleiro que vem a bombordo.

— Acreditai, matriarca, que alguns dos nossos videntes os vêem também nesse mesmo veleiro. Certamente viajam ali pessoas que não vos obedecem com satisfação, e que talvez tramam em segredo um motim noturno.

— É ali onde vai o capitão — acrescentou a matriarca. — Mas esse homem me pareceu leal e sincero em suas palavras.

— Pode ser que a tripulação não o seja e querem desentender-se com ele.

Nesse instante saiu outro dos kobdas e disse a Abel:

— Visitei espiritualmente esse barco e vi um homem amordaçado e atado com cordéis no camarote do capitão. Se o que comanda o barco não é ele, é sinal de que o prisioneiro é o próprio capitão. Há luta surda entre a tripulação desse barco, enquanto que no de estibordo está tudo tranqüilo.

— Matriarca — disse Abel, subindo um degrau a mais para se fazer ouvir na meia voz em que falava. — Ficai alerta, pois nesse veleiro parece que amarraram o capitão em seu camarote, e há revolta entre os marinheiros.

— Como sabeis disso? Nossos vigias observam e nada avisaram.

— Entretanto este kobda, vigia espiritual, viu o que não foi visto pelos olhos dos vossos vigias, Matriarca.

— Está bem, está bem, descei para o vosso camarote, mas antes chamai o meu imediato e os marinheiros de guarda.

268

"Preparai os vossos arcos e flechas, armai-vos de machados e punhais e aguardai o meu sinal: três apitos agudos e breves. Ficai atentos."

Abel voltou a sair para avisá-la de que no camarote do capitão no barco suspeito havia já dez homens atados e amordaçados, alguns feridos gravemente de punhaladas nas costas. Os demais se preparavam para assaltar o Gaivota à meia-noite.

— Obrigado, príncipe Abel — disse a matriarca com serenidade. — Ide para o vosso camarote que, com o que me dissestes, tenho já o suficiente. — Como visse que Abel permanecia ali, percebeu seu desejo de fazer-lhe companhia e voltou o rosto para dizer-lhe com a mais meiga voz:

— Enquanto guardo a vossa vida, sou vossa mãe. Obedecei-me, por favor, que, de todos os males, o pior para mim seria vossa morte. Sabeis que esses perversos vos querem tirar a vida?

Viu Abel a dor naqueles olhos claros que o observavam e, sem dizer palavra alguma, desceu ao seu camarote para reunir-se com seus irmãos.

Apenas tinha desaparecido, a matriarca mandou iluminar o Gaivota com uma profusão de tochas e, tomando o megafone, fez ouvir sua voz clara e vibrante dirigida ao veleiro de bombordo.

— Capitão, permito-me convidar-vos para uma refeição comigo. Trazei os vossos oficiais, se vos agradar.

— O capitão descansa em seu camarote, porque não se sente totalmente bem. Eu sou seu imediato, e os oficiais são estes. Moços, para a coberta!

Uns dez homens rodearam o que se denominara o imediato.

— Muito bem; apresentai ao capitão meu convite para amanhã quando despertar, e agora vinde vós.

— Um momento e estaremos aí.

O Gaivota tinha quase detido a sua marcha, e os outros veleiros também.

Quando os onze homens voltaram as costas para descer aos camarotes para vestir-se de gala, como lhes haviam feito supor, ouviram-se três apitos breves da matriarca e uma chuva de flechas caiu sobre eles, fazendo-os rolar pela coberta entre imprecações e gemidos.

— Assim morrem os traidores! — gritou a voz vibrante da matriarca. — Meus marinheiros, à abordagem!

Vinte escadas de corda caíram ao mar e outros tantos marinheiros, com saltos de tigre, transpuseram a curta distância de um veleiro ao outro, pois a matriarca, ao deter a marcha, fora aproximando insensivelmente o seu barco.

— Aos porões com eles — ordenou novamente a matriarca — e soltai os amarrados.

— Grande Sacerdotisa de Apolo! — ouviu-se pelo megafone do veleiro de estibordo.

"Acabam de chegar três sublevados para fazer campanha entre nós, que queremos a paz. Que devemos fazer com eles?"

— Acorrentai-os nos porões ou dê-lhes a morte, antes que a causem a outros! — respondeu a matriarca.

De ambos os lados do Gaivota se levantava um vozerio infernal. Gritos de dor, gritos de raiva, maldições, juramentos de vingança, aquilo era uma algaravia terrível que enchia a alma de terror. Em meio daquela confusão ouviu-se o grito de um vigia do Gaivota:

— Blocos de gelo a bombordo!... Alerta e depressa, que estão sobre nós!

Apenas teve tempo o capitão, que fora desamarrado com seus homens fiéis, de saltar na popa do Gaivota quando o bloco de gelo alcançou a popa do veleiro rebelde, fazendo-o dar uma tremenda cabeçada seguida de um estrondo, como se algo se quebrasse em pedaços. O mastro maior desmoronou com grande estrépito, arrastando para a popa quase todo o velame. O barco começou a afundar.

— Salvai os acorrentados nos porões — gritou a matriarca — se isso for possível sem arriscar as vossas vidas.

— Já é tarde, ó majestade!... — respondeu o último marinheiro que saltava no Gaivota. — Nosso capitão acabou com eles apenas o desamarramos.

— São piratas contratados pelo sumo sacerdote dos mingos, que desconfiavam de mim e vinham unicamente para vigiar meus atos e matar-me no caso de não obedecer às suas ordens — acrescentou o capitão do barco. — Demasiada honra, ó majestade, que o mar os receba em seu seio! Somente ali não causarão mal algum.

A matriarca deu ordem de apressar a marcha e o Gaivota partiu a toda a vela, enquanto o barco avariado continuava submergindo-se lentamente.

— Graças a ti, Pai Apolo, que as águas do mar tragaram esses malditos fantasmas que me tiram o sono!... — exclamou com infantil espontaneidade a pobre Kalina, que tão importantes serviços prestara aos viajantes à custa dos terríveis sustos que sentiu ao ver os fantasmas do mar.

— Esses não se submergem, moça — disse Abel, que presenciara sem ser visto a terrível catástrofe.

— Como não se submergem?... — perguntou aterrada a garotinha.

— Tranqüiliza-te, pois já não os vereis mais, porque desta vez nosso Apolo os venceu — respondeu o jovem Mestre.

Descendo Walkíria para a coberta, para logo dirigir-se ao seu camarote particular, disse a Abel:

— Só agora posso descansar.

— Bem o mereceis, matriarca.

— Dentro de breves momentos estarei convosco no refeitório. Esperai-me — disse.

E desapareceu pela escotilha seguida de Kalina.

Entre o Céu e o Mar

— Pouco tempo nos resta, príncipe Abel, para estar perto um do outro — disse Walkíria com tristeza numa tarde serena e tíbia na qual os passageiros do Gaivota tomavam sol sobre a coberta em longa fileira, ou passando de popa a proa.

— Quando entrares completamente nas pradarias iluminadas da grande Ciência de Deus e das almas, não repetireis mais essa dolorosa palavra que machuca o vosso coração — respondeu Abel, sentando-se no soalhado coberto de pele onde estava a matriarca.

— Será que possuís também o segredo de vencer as distâncias e deter o tempo?

— O kobda que chega a sê-lo de verdade pode vencer as distâncias e dominar o tempo. Dominá-lo não é detê-lo.

— Sou rústica, príncipe Abel, como as minhas rochas abruptas e geladas, e não chego a compreender essas vossas palavras...

— Não é isso, matriarca. A verdade é que, em vossos vinte anos, não chegastes ainda a folhear esse grande livro que os kobdas chamam *Lei Eterna,* porque não nascestes, como eu, às portas de um santuário kobda.

"Queria dizer-vos que, para nós, as distâncias desaparecem quando os fortes laços da afinidade e da simpatia chegam a estender-se de uma alma para a outra.

"Por exemplo, acabais de dizer que nos resta pouco tempo para estarmos juntos, vós e eu."

— Sim, o tempo que demorar o Gaivota para chegar à costa do mar, não é verdade, acaso?

— Não, matriarca, e perdoai-me. Esquecerei eu acaso alguma vez o tempo passado ao vosso lado, recebendo como chuva de flores as mais nobres e puras manifestações do vosso afeto e amizade?

"Esquecereis vós, porventura, o que, por minha causa, padecestes ou compreendestes, anelastes ou vislumbrastes num futuro cheio de luz e de amor?"

— Oh, não! Isso não! Jamais, jamais poderei esquecer! — respondeu com veemência a jovem matriarca.

— Se nem vós nem eu podemos esquecer, que é isso senão a presença contínua de um e do outro no mais profundo da alma?

"No dia da nossa chegada a Kiffauser, perante a estátua de Nórthia, me pedistes ajuda. Nesse dia, que era de glória ou de morte para vós, eu compreendi a vossa dor, e, quando da vossa glorificação na Praça da Justiça, eu compreendi primeiro a vossa confusão e depois o vosso triunfo.

"Eu vos asseguro que não vereis mais a estátua de Nórthia nem a Praça da Justiça sem ver novamente diante de vós os mesmos quadros, as mesmas imagens. O véu branco de matriarca kobda posto pelas minhas mãos sobre a vossa cabeça, as rosas vermelhas do vosso jardim, a vossa sala de audiência, os três livros da Lei, as passagens subterrâneas da vossa fortaleza e este mesmo veleiro que nos conduz sobre as ondas, sob este céu azul sereno como o manto da Alma Criadora sobre o infinito número dos seus filhos... Dizei-me, matriarca, não será tudo isso a presença permanente de nós mesmos no mais íntimo do nosso ser? Onde está, pois, a ausência, onde está a separação, onde está o adeus?..."

— Que formosa maneira de compreender a vida tendes vós, príncipe Abel!... Sábios são os que vos chamam o Homem-Luz, porque tudo encheis de claridade! As sombras se diluem em suaves matizes de amanhecer quando vós as tocais, e as mais negras borrascas se transformam em finos véus dourados de Sol... Que magia é a do vosso pensar e sentir, que vos faz aparecer para mim não como um homem mas como uma visão?

"Será porque sois Numu, o deus dos kobdas, e os deuses parecem ter a alma da imensidão, que tudo alcança, tudo possui, tudo vê, tudo encerra em si mesma? Assim sois vós!... Mas assim não sou eu!..."— e Walkíria fechou seus belos olhos cor de mel e descansou a cabeça deitada para trás na grade que lhe servia de encosto.

— Vós me entristeceis, matriarca!... — disse Abel em tom de queixa. — Porque me fazeis ver que a minha vinda à vossa terra serviu para que encontrásseis uma nova forma de padecimento. Isso não pode agradar-me de maneira alguma, porque julgo compreender em vossas palavras que não podeis sentir a presença dos seres amados na viva recordação que deles vos é oferecida de forma permanente e contínua, não é assim?

— Sim, é assim, e será assim enquanto eu não aprender essa ciência maravilhosa que vos faz vencer a distância e dominar o tempo.

— Dizei-me, matriarca, não vos julgáveis mais feliz antes da nossa chegada ao país do gelo?

— Não, porque me acreditava sozinha no meio de uma imensa solidão. Acreditava enfermar de uma estranha loucura que me levava a desejar, a sentir e a pensar de maneira muito diferente que os demais. Incompreendida pelas mulheres da minha terra e mal compreendida pelos homens, que era eu antes da vossa chegada a não ser uma planta exótica, um ser sem reflexo de semelhança em nada e em ninguém?

— E agora, matriarca? ...

— Oh, agora, príncipe Abel, compreendi à luz da vossa tocha por que não sou compreendida pelas mulheres e sou mal compreendida pelos homens; e por que sou planta exótica em meu próprio país, e por que não encontro seres que se pareçam comigo.

— Compreendereis muito mais à medida que fordes avançando por esses pequenos caminhos iluminados de Sol que abundam na divina pradaria que chamamos Ciência de Deus e dos mundos, das almas e das coisas.

— Uma só coisa não posso compreender, sentir nem reter aqui dentro de mim, e é essa meiga e plácida serenidade com que observais a separação dos seres amados, embora sabendo que é para sempre... para toda a vida. Oh! acreditai-me! Sinto uma grande dor ao ver que este barco se aproxima de momento em momento da costa, que já vemos como uma linha escura no horizonte; e de pensar que ali eu vos devo deixar para não voltarmos a nos ver jamais, para toda a vida... para sempre!

"Como fazeis para não sentir o terror desse gelado 'para sempre'?"

— Destruindo-o, simplesmente.

— Destruí-lo! Mas, como destruí-lo se existe, se é real, se chega... se já está quase à vista?

— Prestai atenção, matriarca: vestistes a túnica azul e o véu branco dos kobdas; contudo, não é a túnica nem o véu que faz o kobda, mas a plenitude do Conhecimento e a plenitude do Amor. Quando regressardes a Kiffauser, talvez encontrareis as instrutoras que pedistes ao santuário do Mar Cáspio, e elas, mais do que eu, vos ensinarão o segredo de dominar todas as coisas e de não se deixar dominar nem subjugar por elas.

"Se eu vos disser que me podeis ver, ouvir e sentir ainda que o meu físico esteja em outro continente, persistireis em dizer que a ausência é *para sempre, para toda a vida?*"

— Oh, então não, claro que não! — respondeu a matriarca com sua face iluminada pela esperança.

— Pois bem; reuni-vos todos os dias ao entardecer com os dois kobdas que ficaram em Kiffauser e com as instrutoras quando chegarem no *Recebedor de Apolo;* pensai fortemente nas rosas vermelhas que juntos recolhemos e despetalamos, como símbolo dos nossos sacrifícios e renúncias conjuntas; e eu vos prometo em nome de Deus que me vereis, me escutareis e me sentireis ajudando-vos a subir aquele longo e penoso caminho do qual noutra oportunidade falamos longamente, vós e eu. Não significa isto destruir esse gelado "para sempre" que tanto terror vos causa?

— Mas é verdade que tal maravilha pode realizar-se? Não dizeis isto para atenuar a amargura que me causará o vosso adeus?

— É verdade, toda a verdade, mas não é nenhuma maravilha nem prodígio. É apenas o uso de forças existentes no espaço infinito, forças desconhecidas da maioria dos homens, forças que os kobdas estudam e utilizam para estender cada vez mais as redes divinas da solidariedade, da fraternidade e do amor entre todas as almas que povoam todos os mundos.

— Por que vós não participais a todos os homens esse sublime conhecimento que tão grandes e fortes nos faz?

— Porque são muito poucos os homens que querem em verdade pôr-se em condições de utilizar essas forças, ante as quais não basta dizer *eu quero,* mas *eu posso.*

— Posso saber quando o homem chega a poder dizer *"eu posso"*?

— Vós podeis e deveis saber, desde que estejais decidida a ser kobda como nós. Em primeiro lugar, o ser inteligente deve estudar a sua própria personalidade e analisar as faculdades espirituais que traz de outras existências distantes. Vossa graciosa grumete Kalina tem a faculdade de ver os seres invisíveis atrasados, porque existe em seu passado coisas que a vinculam a eles e das quais ficou desligada neste momento. Se a puserdes perto das instrutoras kobdas, tereis uma excelente médium vidente que muito me ajudará a cumprir a promessa que vos acabo de fazer, de que me vereis embora eu esteja a longa distância.

— Eu não posso ter essa faculdade de vos ver por mim mesma, sem a cooperação de outros?

— No momento não, matriarca.

— Oh!... Então é bem triste a minha sorte.

— Esperai, eu vos explicarei. Digo que não por enquanto, porque na época atual estais consolidando todo um vasto país que até agora esteve envolvido na labareda da discórdia e da guerra civil, e seria talvez a ruína do vosso povo se fosse despertada em vós a sutilíssima sensibilidade que deve ter um médium apropriado para as manifestações suprafísicas. Essa grande sensibilidade vos impediria de ser o arrojado comandante-chefe de forças armadas que necessariamente hão de conter a desordem de povos ainda novos, nos quais não há ainda a clara compreensão dos direitos e deveres. No dia em que vos conheci, pude compreender que no mais profundo do vosso ser vibra suavemente essa fibra sutil da sensibilidade que mais de uma vez vos fez quase adivinhar o meu pensamento. Vosso cérebro é um poderoso caça-ondas, entretanto dorme e deve dormir por mais tempo até que o vosso povo entre num período de calma e estabilidade, ou até que a Eterna Lei faça surgir junto a vós um homem que vos possa substituir com vantagem na complicada função de governante de um povo.

— Quereis dizer-me que devo tomar esposo?

— Se vos encontrásseis defronte à vossa alma gêmea eu vos diria que sim; entretanto, este é um assunto que o tempo decidirá. É tão infinitamente fecunda em combinações cheias de sabedoria a Eterna Lei, que vai levando os seres ao cumprimento do seu destino! Por que fatigar-nos pelo futuro? O que deve ser, será, e o será para a nossa felicidade, sempre que não abandonarmos o caminho verdadeiro por um outro equivocado e falso.

— De que forma perceberei que o ser encontrado é minha alma gêmea, destinado a compartilhar a vida comigo?

— Será o primeiro ao qual amardes com um amor grande, decidido e forte que não vos deixará em paz de espírito até que tenhais enlaçado com suave cadeia as vossas vidas. Em segundo lugar, o conhecereis na semelhança de gostos, aspirações e anelos; na igualdade de sentir e pensar, na harmonia que se estabelecerá imediatamente apesar das diferenças de caráter, educação e costumes que pode haver pelas diversas contingências de países, climas e raças.

— Eu acredito absolutamente em tudo, mas posso dizer com toda a sinceridade que não tenho o desejo e nem sequer a idéia de tomar companheiro para a minha vida na forma de um esposo comum. Em compensação, as belas e nobres alianças ou amizades que se compreendem e se amam, sem comprometer em absoluto a independência e a liberdade de cada um, isso sim, me atrai grandemente. Minha amizade, por exemplo convosco, não é de uma inefável beleza por seu desinteresse, por seu inegoísmo, por sua sutileza de compreensão e de afinidade?

— Oh, sem dúvida, matriarca, é uma das flores mais belas que podem se abrir numa esfera tão inferior como esta Terra!

A matriarca meditava silenciosa.

— Já está tudo resolvido! — disse repentinamente com o rosto iluminado pela felicidade. — Vós procurareis em vossos santuários um, dois ou três homens que me compreendam e me amem e que queiram vir para o meu país com a finalidade de formar um Conselho Superior de Governo, no qual eu possa descansar plenamente. Que vos parece?

— Nada vos prometo por enquanto, mas me ocuparei disto com nosso kobda-rei, que é todo prudência e discrição, e vos avisarei oportunamente.

— Então eu poderei entregar-me completamente a desenvolver essa força oculta que me permitirá ver, ouvir e sentir as infinitas belezas desse outro plano que não se vê com os olhos do corpo. Percebestes o que eu queria?

— Desde o primeiro momento! É grande a vossa ânsia pelo infinito, e por isso o tereis na mesma abundância com que em verdade o desejais!

— Dizei-me, príncipe, até onde se chega andando sempre para diante por esse caminho de magnificência e esplendor?

— Digamos melhor, caminho de sacrifícios e abnegação, matriarca, porque o esplendor e a magnificência que vislumbrais são em sua maior parte conquistas do espírito, visto que é necessário submeter-se a leis iniludíveis para conseguir entrar no país encantado. Esta é a razão *por que* os kobdas não podem derramar com profusão nesta Terra estes elevados conhecimentos. Já sabeis que o homem é um composto de espírito e matéria, e que ambos os elementos estão sujeitos a leis perfeitíssimas e exatas até o âmago. Se a matéria transpassa essas leis, enferma, se desequilibra, sofre tormentos e morre.

"Se o espírito transpassa essas leis, também enferma, perde as forças na inércia ou se agita com tão louca inquietação que, buscando o que nunca encontra, se precipita por equivocados caminhos, padecendo horríveis torturas, causando danos sem conta e retardando-se em sua evolução até conseguir voltar finalmente ao caminho verdadeiro.

"Compreendereis perfeitamente que não é coisa fácil no plano terrestre manter um perfeito equilíbrio entre o espírito e a matéria, duas entidades completamente diferentes e destinadas, não obstante, a manter-se estreitamente unidas por vínculos rompidos somente pela morte. O espírito, centelha divina emanada da Eterna Energia, quer seguir o impulso de crescer, expandir-se, dilatar-se no infinito espaço de que se sabe senhor e dono, e ai dele! se a matéria que lhe foi dada como um meio de desenvolver suas atividades no plano físico chega a subjugá-lo e dominá-lo. Isto é o que, por desgraça, acontece mais comumente."

— Então a perfeição do homem está em que a matéria esteja submetida ao espírito? — perguntou a matriarca.

— Justamente, e em que nem um nem outro ultrapassem as leis imutáveis que lhes estão demarcadas desde toda a eternidade. No entanto, bem sabeis: o homem é consciente do mal que faz e não obstante o faz.

"Pois para pôr o ser em condições de utilizar com vantagem e com êxito as grandes forças ocultas no insondável espaço que nos envolve, é totalmente necessário o perfeito equilíbrio entre o espírito e a matéria, e que cada um destes dois elementos constituintes do homem estejam enquadrados dentro da sua própria lei. A obtenção disto resume todo o trabalho que se faz em nossos santuários kobdas. Compreendeis, matriarca?"

— Compreendo, oh sim! Compreendo a grande obra educadora que realizais, e compreendo, além disso, o segredo dos vossos poderes, que nos parecem mágicos, e o êxito das vossas obras, que nos parecem maravilhosas. Mas quão difícil é chegar ao que vós conseguistes chegar!

— Mil duzentos e vinte e cinco anos tem já a nossa escola de aperfeiçoamento humano terrestre, e bem vedes: os kobdas não chegam a três mil, e só conseguimos fazer compreender a justiça e o amor numa terça parte da humanidade atual.

— Oh, quão grande sois vós, os homens de vestimenta azul!... Ao vosso lado parecemos moluscos amontoados entre o musgo das rochas!

— Não tenhais ilusões, matriarca, pensando que os kobdas são homens perfeitos. Procuramos com grandes ânsias chegar a sê-lo; mas a Eterna Bondade é amor e é piedade infinita, e compensa sobejamente esses sinceros desejos, esses trabalhos, essa luta heróica às vezes, para silenciar as exigências do egoísmo, da sensualidade e, enfim, de todas as baixas paixões que uivam como feras famintas em nosso *eu inferior*.

— Julgais que eu poderia chegar a conseguir essa perfeição que buscais?

— E por que não? Vós com maior facilidade que outros, porque sois já um espírito velho e tendes uma idéia muito clara da justiça e do bem, aos quais buscais e amais por natural inclinação.

"Sois, pois, uma pedra preciosa já polida, à qual somente falta engastá-la na abóbada de âmbar onde os seres desta Terra vão buscar o Amor e a Verdade."

— Não sereis vós o artífice que incrustareis esta pedrinha no lugar que lhe corresponde? — perguntou Walkíria sorrindo.

— Não, matriarca, sereis vós mesma quando, dentro de pouco, à luz da Divina Sabedoria que ides beber, chegardes a compreender os caminhos de Deus para as humanidades e para as almas, e o porquê de todas as coisas. Um imenso amor e uma piedade maior ainda despertar-se-ão em vós para todos os seres, e então desejareis refundi-los e diluí-los na Alma Geradora, no Eterno Amor, para amar com amor eterno, infinito, todos os seres que vos foram confiados em tutela para ajudá-los a se levantar de seus lamacentos caminhos.

— É assim que amais, ó príncipe Abel! Porque eu sinto que flui de vós uma espécie de perfume de suave ternura, um eflúvio de amor piedoso, suave, imenso, maior que este mar adormecido a nossos pés e maior que este céu de safira no qual vai o Sol poente estendendo os seus véus de púrpura e ouro!... Oh! Se soubésseis como vibra em meu ser uma inefável melodia a cantar incessantemente a vossa alma de Deus!...

— Deuses, nascidos de Deus, somos todos, matriarca, com a única diferença que uns saíram primeiro do Infinito Coração e antes devem se refundir n'Ele.

— Quando vos houverdes submergido nesse infinito que chamais de Coração e que imagino como uma ilimitada imensidão de luz, serenidade e harmonia, que farão os seres que vos foram dados um dia em tutela, como acabais de dizer?

— Quando os seres ultrapassam a etapa final da sua evolução e chegam a refundir-se na Eterna Energia que é Vida e Amor, estão por isto mesmo em tudo quanto vive e ama no incomensurável Universo e podem perceber com perfeita clareza até a mais imperceptível vibração de amor de todos os seres que lhes estão unidos por leis de afinidade e por alianças particulares. Os grandes amores, matriarca, não terminam jamais, e o eterno rodar dos séculos e das idades não faz mais que engrandecê-los e fortificá-los. Desaparecem as civilizações, as grandes metrópoles se reduzem a pó em cima do qual cresce o musgo como um manto piedoso cobrindo essas tumbas milenárias, os continentes se submergem sob os mares, as estrelas e os sóis correm pela imensidão conduzindo milhares de humanidades, e quando chegam à decrepitude destroem-se, sua matéria se desagrega, são flores murchas e secas... permanece unicamente a sua aura astral, como névoa luminosa nos abismos siderais; contudo, o amor dos que se amam não se desagrega nem perece!... Para ele não há decrepitude, velhice nem morte, porque o amor é a Imortalidade, é a Luz Infinita, é a Vida eterna e perdurável! Não muda nem varia, a não ser para engrandecer-se!...

Suave silêncio de êxtase e arrebatamento pareceu embargar-lhes completamente. Dele veio tirar-lhes o prelúdio do hino ao Sol do ocaso que os alaúdes dos kobdas desprendiam como pérolas de cristal na serenidade da tarde opalina!...

Transbordando suas almas de ternura, repetiram as estrófes repletas de pranto:

> *E chora a alma como a tarde chora*
> *E solta ao vento sua dolente voz*
> *Quando vê que no mar do Infinito*
> *Vai-se o Amado sem dizer-lhe adeus!*

Na manhã seguinte, quase ao chegar o meio-dia, o Gaivota ancorava no porto de Gorilândia.

Uma numerosa delegação escoltada por arqueiros e lanceiros esperava os representantes da Grande Aliança, pois o pavilhão de Kiffauser fora visto muito antes da chegada do barco.

Walkíria esperou-os sobre a coberta ataviada com as vestimentas escarlate e ouro da Grande Sacerdotisa de Apolo.

— Sou a neta do grande Serru, o inesquecível Lugal Marada, que até a morte foi o vosso aliado e protetor...

Imensa aclamação embargou suas palavras:

— Viva eternamente a filha do grande Serru, a filha de Nórthia!...

A mulher salvadora do seu povo!... A que encarnou em si mesma a glória e a nobreza de seus antepassados!

— Obrigada, muito obrigada, amigos de Kiffauser, amigos de Lugal Marada, amigos de Nórthia, amigos do Cavaleiro de Bronze, amigos de Walkíria... Obrigada!

— Aproximem-se daqui os que representam a mais alta autoridade do país, porque só a vós posso entregar o sagrado depósito que me fizeram os deuses benéficos dos nossos países irmãos!

Uma vintena de homens de idade madura subiu a bordo do Gaivota. O mais ancião disse:

— Somos os chefes das tribos que permaneceram fiéis ao nosso Cheru assassinado pelos revoltosos.

Então Walkíria tomou Abel pela mão para apresentá-lo:

— Aqui tendes — disse — o ilustre filho e representante do Grande Rei das

Nações Unidas. Não confiei senão em Apolo e em mim mesma para conduzi-lo até aqui, pois os perversos mingos querem a sua morte. Jurai por Apolo, em minha presença, que guardareis a sua vida como guardais as vossas.

— Nós o juramos! — responderam todos, pondo a mão direita sobre o peito encouraçado de malhas de prata e pedras preciosas. E a matriarca acrescentou:

— A Grande Sacerdotisa de Apolo, o deus que flutua nos raios deste Sol que nos ilumina, vos entrega o príncipe Abel, que não apenas é a representação viva do Grande Rei das Nações e de dois continentes, como também é a encarnação de Numu, Deus dos kobdas, que desceu à Terra para dar a paz aos homens!

Uma onda de rubor cobriu a branca face de Abel enquanto estendia as mãos, segundo o costume, para que pusessem sobre elas as suas todos aqueles a quem era apresentado de tão solene maneira.

Entretanto, eles o viram demasiado grande através das palavras de Walkíria, talvez também porque a meiga majestade do Homem-Deus os tenha subjugado desde o primeiro momento. Não se julgaram dignos de apertar aquelas brancas mãos de lírio que se estendiam para eles, mas, dobrando um joelho em terra, foram deixando naquelas palmas beijos mudos e reverentes, como teriam feito com um amado soberano que lhes colmasse de bens.

A emoção de todos era visível, mas a de Walkíria transbordava de seus olhos cheios de lágrimas e do seu rosto pálido, que parecia uma rosa branca entre gazes de púrpura.

Quando Abel estendeu suas mãos para despedir-se, ela, procedendo da mesma forma que os anciãos chefes de Trácia, tirou seu capacete de ouro, dobrou um joelho em terra e as beijou com fervor. Abel colocou as mãos sobre aquela ruiva cabeça inclinada ante ele e lhe disse, com a voz entrecortada pela emoção:

— Para mim sois a matriarca kobda, minha meiga irmã, e me despeço de vós como se despedem os kobdas: até logo!... — Deixou sobre aquela pálida testa o beijo fraternal dos kobdas e, sem voltar a cabeça, desceu correndo pela escadinha. Seus irmãos o imitaram, e os anciãos desceram atrás deles.

Walkíria fez soar um longo apito de vóskia, que em seu próprio coração ressoou como um lamento, e desapareceu pela porta de seu camarote, seguida sempre de Kalina, que chorava como no dia em que viu morrer sua mãe. Aquele apito, como um lamento, era a ordem de partir. O Gaivota, estremecido pelo violento desdobrar-se das velas, pelo ruidoso correr das amarras da âncora e pelo bater em conjunto de sessenta remos castigando as águas, empreendeu seu vôo de regresso com uma velocidade que espantava.

Walkíria, semi-estendida no leito como se um grande esgotamento a houvesse invadido repentinamente, disse a meia voz:

— Foge!... Foge, minha Gaivota, para que o vento que infla as tuas velas leve até o infinito as pétalas das rosas vermelhas que despetalo neste dia!...

Ao mesmo tempo dizia Abel, observando da margem afastar-se o veleiro da matriarca:

— Gaivota, como foges! Não sei qual corre mais, se ela em seu caminho eterno ou tu, sobre as ondas do mar!

278

Observando afastar-se o veleiro, sentiu que uns braços robustos o obrigavam suavemente a sentar-se num carro coberto de peles e com dossel de púrpura bordado de ouro.

— Ah!... É verdade que represento um grande rei!... — murmurou em voz baixa, deixando-se conduzir por numerosa escolta entre cânticos e músicas que troavam nos ares.

Entretanto, Kalina mantinha guarda permanente no camarote da matriarca, que permaneceu naquela lassidão até as primeiras horas da tarde. Ela vestiu a túnica azulada e o véu branco, e ao ver os olhos assombrados de Kalina, disse sorrindo:

— Estás assustada porque já não vês a Sacerdotisa de Apolo?

— Não, majestade... Assusto-me porque já não vejo o capitão!... E se já não sois o capitão, tampouco eu sou grumete.

— Tens razão!... — disse, tirando ela mesma o gorro da menina e arrojando-o sobre o estrado.

"— Agora não sou senão a matriarca Walkíria e tu, minha donzela de honra. Vai ao guarda-roupa e veste-te. — Dizendo assim, passou para o camarote que Abel ocupara durante a travessia, e ao qual não voltara a ver desde aquela noite, véspera do embarque em Kiffauser, quando, acompanhada do velho guardião dos navios, examinava o veleiro branco para certificar-se de que tudo estava como ela tinha determinado.

Voltava, pois, a contemplar aquele precioso e tépido ninho quando a mística calhandra havia voado. De pé no centro do camarote observava detidamente todas as coisas, e seu pensamento foi cantando um monólogo mudo que, traduzido em palavras humanas, era um poema de arrebatamento e adoração:

"O estrado de almofadões onde ele descansou durante as horas de sono!... Vós deveis saber de suas angústias e dores, porque embora seja um deus encarnado, parece-me que seus sofrimentos devem ser maiores e mais profundos que os dos homens!...

"A vigia por onde seus olhos estenderam o olhar sobre o alto-mar e para esse céu azul, buscando entre milhares a radiante estrela de onde desceu um dia para dar luz aos homens traidores, pérfidos, miseráveis!...

"A taça de prata onde bebeu e a mesinha onde apoiou seus braços para meditar e pensar esses luminosos pensamentos que são como anjos a passar abençoando os homens!...

"Finalmente, os lírios brancos já murchos em todas as ânforas e as rosas vermelhas, murchas porém ainda vivas, como se me houvessem esperado para acabar de morrer em minhas mãos!..."

Aproximando-se com passos lentos e suaves, foi recolhendo uma por uma aquelas murchas corolas vermelhas, e, pondo-as na taça de prata quase totalmente cheia de água, que estava sobre a mesa, continuou o monólogo mudo de seus pensamentos:

"Esta água é o resto da última vez que ele bebeu. Seus lábios de deus a tocaram. Seu alento de deus a vitalizou, e o perfume destas rosas vermelhas que suas mãos de deus terão acariciado transforma esta água num elixir maravilhoso. Com o reflexo das pétalas vermelhas, torna-se vermelha também... Parece ser uma taça de sangue!...

Sangue dos sacrifícios de um deus feito homem!... Sangue de um coração de mulher imolado para sempre ao amor de um homem que é um deus!..."

Bebeu com avidez a água daquela taça, deixando no fundo apenas as rosas murchas que ao contato da água pareciam querer reviver novamente...

Kalina, que voltava, encontrou-a ainda com a taça na mão.

— Matriarca, que fazeis!... Bebeis sangue!

— Não, bebo água de rosas vermelhas, que dá novas energias às almas que desmaiam. E a minha havia desmaiado tanto!...

Walkíria, que foi se tornando cada vez mais pálida enquanto observava as rosas murchas no fundo da taça, deixou-se cair suavemente sobre o estrado que estava às suas costas. As rosas vermelhas espalharam-se a seus pés e a taça de prata caiu sem ruído sobre as crespas lãs de uma imensa pele de carneiro que cobria o pavimento.

Quando os esplêndidos olhos claros da matriarca se fecharam dominados por uma mortal languidez, a pobre Kalina caiu de joelhos a seus pés, beijando aquelas mãos geladas enquanto dizia numa suprema prece:

— Não deveis morrer, por piedade, matriarca!... Que será da vossa mãe, das vossas irmãs, do vosso povo, dos vossos chefes guerreiros, de todos os órfãos, de todos nós!... Não deveis morrer! A água destas rosas vos envenenou... E dizíeis que vos ia dar novas energias!... Ó príncipe Abel! A alegria da vida dela foi convosco!... Voltai, voltai, visto que és um deus!... Os deuses voam no ar, saem das ondas do mar, das nuvens esbranquiçadas e dos raios do Sol!... Príncipe Abel!... Acaso não vedes que ela morre?...

Apenas tinha terminado estas queixas dolorosas e angustiosas quando viu, entre assombrada e feliz, que o jovem kobda, de pé entre a mesinha e o estrado, contemplava a matriarca com inefável ternura enquanto agitava suavemente as mãos como se fosse asas de pomba querendo voar...

Compreendeu que Abel lhe dizia:

— Kalina, necessito de ti para que a matriarca queira viver. — A mocinha não ouviu mais; pesado torpor fechou-lhe os olhos e sua cabeça ficou apoiada sobre os joelhos de Walkíria, que poucos momentos depois voltou a si do desmaio que sofrera. Viu Abel de pé ante ela e, com o assombro pintado no semblante, tentou sentar-se sem consegui-lo. Quis falar, mas a palavra morreu-lhe na garganta.

Seus expressivos e belíssimos olhos interrogavam... perguntavam... inquiriam:

— Como estais aqui?

A formosa visão, flor divina de amor e piedade, respondeu com a voz sem ruído das aparições astrais:

— Não prometi que me veríeis não obstante a distância que nos separa? Por que quereis morrer se a vossa lei vos destina à vida ainda para muito tempo? Não dizíeis que queríeis chegar de um vôo ao cume? Vivei, pois, e chegareis... Vivei com amor, esperança e fé no Supremo Ideal que nos une e pensai sempre que aqueles que se amam não têm ausência, não têm esquecimento, não têm adeus!

As mãos intangíveis da visão se apoiaram sobre a testa pálida e fria da matriarca, que sentiu o roçar suavíssimo de uma frescura acariciante e, sem poder articular palavra alguma, viu como a amada imagem foi se diluindo no éter luminoso com transparências cada vez mais sutis...

Teria querido recolher aqueles véus, aquelas porções de gaze que se diluíam, aquelas partículas que se iam desintegrando lentamente. Quando só restava da visão a recordação, como uma luz em suas pupilas, pôde apenas exclamar, unindo suas mãos numa intensa evocação:

— Príncipe Abel!... Homem e deus! Só vós podeis vencer a pequenez humana para dizer que *"Aqueles que se amam não têm ausência, não têm esquecimento, não têm adeus!"*

Suave chuva de lágrimas de amor e felicidade inundou-lhe os olhos e refrescou-lhe o coração. Quando Kalina despertou, anunciando que sonhara com o príncipe Abel, ouviu Walkíria dizer:

— Quão grande e eterno é um amor sem ausência, sem esquecimento e sem adeus! É como a imensidão que está em toda parte! É como a eternidade que nunca morre! É como o Grande Deus dos Deuses, cuja Vida Eterna é amar indefinidamente!...

"A Matriarca Descansa"

Quando Walkíria deixou avisado, antes de abandonar Kiffauser, que precisava descansar vários dias, bem compreenderá o leitor que havia distribuído todas as ordens necessárias a seus conselheiros e aos chefes de guerra; que dera instruções detalhadas a seu velho tio e primeiro conselheiro do governo, assim como à sua mãe, para que pudessem agir até seu regresso sem que ficasse conhecida fora da fortaleza a sua ausência da Capital.

"A matriarca descansa", diziam com voz sigilosa conselheiros, guerreiros, guardas e servidores na velha cidade de pedra, às margens do Ponto Euxino. Na verdade, bem que o merecia, depois de quatorze luas de lutas contínuas e de um desgaste tão formidável que todos, sem exceção, estavam de acordo em que aquele organismo feminino devia ser verdadeiramente de bronze para resistir a tão espantosa borrasca.

Mais esmero na vigilância punham os guardas e sentinelas, e os chefes de guerra faziam turno sem interrupção para manter alerta e em perfeita ordem seus exércitos, de forma a não ser surpreendidos por nenhum levantamento armado que pudesse vir do exterior.

O príncipe Eric entrara no período de convalescença, e o ancião kobda Muref havia conseguido, com sua prudente discrição, suavizar o ressentimento dos médicos do Cheru pela preferência que a matriarca dera aos procedimentos cirúrgicos dos kobdas, os quais, vendo já fora de perigo o enfermo, embora sem descuidar-se completamente, deixavam-no com seus médicos de cabeceira. Kaíno aproveitava também as horas que o turno lhe deixava livre para dedicar-se a seus assuntos particulares, pois o leitor não terá esquecido que o principal motivo de sua viagem ao norte fora encontrar-se com seu pai, o mais jovem dos filhos de Etchebéa, o desventurado príncipe do país de Nairi. O ancião Muref, a quem tinha sido especialmente encomendado como a um zeloso tutor, tinha em seu poder todos os documentos que arrojavam viva luz sobre a origem do filho adotivo da Adamu e Évana. Tais documentos, enrolados dentro de um tubo de cobre, absorviam completamente Kaíno quando, em companhia de seu tutor, se entregava à tarefa de estudá-los.

Principalmente o relato gravado em papiro por seu próprio pai no desterro e na escravidão era algo que Kaíno não podia ler sem sentir as mais profundas emoções. O amor, a compaixão, o ódio, o desejo de vingança, todos estes sentimentos opostos pareciam formar um torvelinho em sua mente até que o ancião Muref, com o suave bálsamo de sua palavra, levava-o novamente à serenidade e à calma. Os martírios e perseguições que sua pobre mãe sofrera até a morte por causa de Droith, primeira esposa de seu pai, eram algo que lhe tirava o controle.

— Agora pensa somente em ser feliz, reconstruindo a tua vida — disse seu afável tutor.— Não deve tardar em chegar a caravana que trará teu pai, visto que, apenas chegamos a Kiffauser, foi mandada a soma em ouro e prata exigida por seu amo como resgate.

— Mas dizei-me, tenho ou não direito sobre o país de Nairi, que foi domínio de Etchebéa?

— Terias tido, meu filho, se não houvesses fugido de "A Paz", envolvendo-te com tanto desatino e loucura como fizeste. Entretanto, como o bom agir pode apagar todo um passado tempestuoso e equivocado, da tua conduta daqui para diante dependerá o teu porvir. És muito jovem e tens tempo para dar a compreender a quem conheceu teus erros que hoje és um homem novo, como novo será o nome com o qual te apresentarás no cenário da vida.

— *Áktrion de Nairi*, o nome que foi meu ao nascer e do qual tive conhecimento aos vinte e seis anos da vida. Parece mentira que não me disseram antes!

— Voltamos ao assunto anterior!... Mas, meu filho... Estás rodeado pela Bondade Divina por toda parte e não a vês, não a sentes, e tens ainda a coragem de queixar-te? Isto sim que parece mentira, Kaíno. Como haviam de dizer-te teu nome se não o sabiam? Estas anotações feitas por nosso irmão Dhabes dizem que, quando foi tirado do Eufrates o cadáver da tua mãe, já em estado de decomposição, encontrou-se atada à cintura dela, junto da pele, uma lâmina de cobre na qual havia uma estranha gravação que não compreendiam, mas que tempos depois foi traduzida da seguinte maneira: "Irma de Shivara, segunda esposa do príncipe Áktrion de Nairi, filho de Etchebéa. Meu filho chama-se como seu pai."

"Entretanto, tudo isto nada teria significado na descoberta da sua origem, pois os kobdas missionários que descobriram o cadáver ignoravam que na caverna do país de Ethea se encontrava refugiado o filho daquela mulher. A relação existente entre aquele cadáver e tu foi descoberta anos depois, ou seja, quando já não estavas em 'A Paz'. Unidos os relatos de Adamu e Évana a este respeito com os papiros e cadernetas encontrados por Iber e Selyman em Nairi, foi-se lançando luz sobre este assunto, até que os kobdas irmãos de teu pai, residentes em Negadá, e dois dos quais estão em 'A Paz', deram a Dhabes as últimas comprovações sobre qual dos filhos de Etchebéa foi o esposo daquela mulher perseguida por Droith, que fugiu para sua terra natal."

— Este papiro gravado em língua cuchita, que não compreendo... posso saber de que se trata? — perguntou o jovem ao seu tutor.

— Para que tu o saibas foi colocado aqui... Isto se refere às informações que foram mandadas de Shivara, cidade natal da tua mãe, e aqui está a tradução dessa gravação: "O velho príncipe de Ghanna deixou a vida terrestre quando apenas tinha sido fundada a Grande Aliança, e foi um dos oitenta príncipes dos países de Ur-Bau que primeiramente escolheram por Chefe Supremo nosso kobda-rei, que então era Chalit de Zoan. Tinha o dito príncipe vinte e três esposas, a segunda das quais, filha do príncipe de Shivara, levou em dote este pequeno país. De sua segunda esposa teve dois filhos: Dathan e Irma, os quais, pela morte do príncipe, se estabeleceram em Shivara com sua mãe, originária daquele país.

"Dathan é o atual príncipe de Shivara que conheceu o nosso irmão Abel em sua primeira missão e que está atualmente casado com uma filha de Ismaku, príncipe de Babel.

"A filha Irma foi tomada como primeira esposa por um filho de Etchebéa, príncipe de Nairi, o qual mais tarde, enfastiado dela por causa, segundo disse, de seu caráter rude e taciturno, relegou-a a segunda categoria e tomou como primeira esposa Droith, formosa mulher das margens do Rio Kura.

"Irma tinha um menino de vinte luas que Droith queria fazer desaparecer, temerosa de que o grande amor que seu pai lhe professava fosse causa de ver-se ela preterida, pois não tinha filho algum. Tão duramente perseguiu Irma para tirar-lhe aquele menino, e tanto domínio chegou a ter a estrangeira no velho lar de Etchebéa, que a pobre mãe fugiu com seu filho para sua terra natal, seguindo para isto as margens do Eufrates, que passava junto à porta de Shivara. Lá encontraria a proteção da sua mãe e do seu irmão Dathan. Como a Shivara não chegou nunca, supôs-se ter morrido na longa viagem."

— De modo que — disse Kaíno — tenho uma numerosa parentela nas regiões do Eufrates, com grandes direitos a reclamar, e andava correndo como um louco em busca de um nome e de um pedaço de terra para cobrir meus ossos!...

— A febre da conquista e da grandeza trazes desde séculos atrás, meu filho, e ela te fez cometer grandes desatinos. Já que nesta vida a lição foi tão dura, trata de aproveitá-la em benefício de tua evolução, para que cesse já a saraiva que a Eterna Lei descarrega sobre as almas rebeldes para fazê-las tomar seu verdadeiro caminho.

— E qual chamais vós meu verdadeiro caminho? — voltou Kaíno a perguntar.

— Aquele que deixaste para tomar o falso.

— Eu estava com Adamu e Évana entre os kobdas de "A Paz".

— Se houvesses permanecido lá até agora, terias livrado o teu espírito desse enorme fardo de erros que carregaste, e haverias livrado a tua matéria das dores que sofreste. Talvez estivesses ocupando o lugar do teu avô Etchebéa em Nairi, ou junto ao príncipe de Shivara, teu tio, que pela morte do seu irmão mais velho, governa também a populosa cidade de Ghanna com as terras e povos que lhe estão unidos.

— Então... Então... não estou tão distante como homem da matriarca Walkíria de Kiffauser! — exclamou Kaíno com entusiasmo.

— Se observas somente a tua origem, estás no mesmo nível, é verdade; mas se analisas o fato de outros pontos de vista, estás a uma distância enorme dela.

— Entretanto, essas diferenças podem ser apagadas por uma poderosa vontade posta ao serviço de um grande amor.

— É certo, meu filho, mas é necessário ver se existe essa poderosa vontade e esse grande amor.

— Duvidais?

— Duvidarei até que os fatos o comprovem.

— E que fatos esperais?

— De ti, muitíssimos. Acreditas que é fácil e é pouco o que terias que fazer para conquistar Walkíria de Kiffauser?

"Tenho mais do dobro da tua idade, meu filho, e pude compreender que alma tem essa mulher, cuja beleza física te fascinou mas cuja grandeza espiritual não chegaste a compreender, porque não te preocupaste em estudá-la. Parece-me que ela não foi feita para as alianças nupciais."

— E por que não? Não é uma mulher como todas as demais, embora seja mais bela que todas?

— É uma mulher, mas não como todas. Dize-me, qual é o homem que, posto ao seu lado, não ficaria como um pigmeu? Menos ainda, como um lagarto ou um escaravelho?

"Teria que ser um Beni-Abad, um Ghinar, um Lugal Marada, um Bohindra. Onde está esse homem?"

Kaíno atirou sobre o banco de repouso os papiros reveladores de sua nobreza de origem, que tão seguro o haviam deixado, e, afundando o rosto entre as mãos, permaneceu em silêncio.

— Não é abatimento o que eu quis produzir em ti, meu filho — acrescentou o ancião kobda — mas uma reação da tua vontade e das tuas energias para o bem. O homem é filho dos acontecimentos; contudo, mais o é das suas próprias obras.

"Tomemos como exemplo Bohindra, a quem conheces de perto. Um acontecimento inesperado o fez Chalit de Zoan, o que o apresentou no cenário da vida pública. Suas obras o fizeram depois Thidalá, ou seja, Chefe Supremo de Grande Aliança das Nações Unidas de dois continentes."

— Tendes razão, kobda Muref — disse finalmente Kaíno. — Sou um néscio a pensar na conquista de Walkíria de Kiffauser. Que tenho eu para oferecer-lhe? Uma vida de pirata, porque isso fizeram de mim os acontecimentos.

— Enganas-te, meu filho! Isso fizeste tu. O acontecimento inicial da tua vida te levou ao humilde lar de Adamu e Évana, onde nasceu o Homem-Luz, o Verbo de Deus, motivo que ocasionou mais tarde a tua entrada no Pavilhão dos Reis para a tua educação. Os acontecimentos te levaram aonde podias chegar a ser um homem de bem, um grande príncipe, um governante justo de numerosos povos, pois estavas a um passo das terras originárias dos teus ancestrais maternos, como acabamos de ver. O fato original que abriu caminho a todos os teus erros foi a tua fuga de "A Paz" e isso foi obra exclusivamente tua e de ninguém mais.

— Porque ao saber que não era filho de Adamu e Évana, me considerei um farrapo tirado de um muladar, tive asco de minha origem e quis apagá-la conquistando um nome...

— Tudo o que queiras pôr como escusa eu aceito, meu filho; tua intenção não foi má, humanamente falando, mas foi contrária à tua lei, e por isto te estatelaste. Bendigamos à Bondade Divina que, por intermédio do amor dos que verdadeiramente te amam, te fez voltar ao teu caminho. Eis aqui o segundo acontecimento inicial da segunda etapa da tua vida física.

"Do uso que fizeres dele, depende o teu porvir."

— Kobda Muref, que com Dhabes e Abélio formais a trindade dos meus instrutores kobdas, eu quisera jurar-vos ser o que quiserdes que eu seja. Verdadeiramente o quero.

— Não jures, não há necessidade de juramentos, mas de fatos. Dhabes e Abélio estão longe de ti neste momento; somente eu estou ao teu lado. Deixar-te-ias guiar por mim, certo de que, sendo eu muito inferior a eles, tenho a mesma vontade de conduzir-te pelo caminho da felicidade e da paz?

— Sim, deixar-me-ei conduzir por vós, kobda Muref.

— Obedecer-me-ás em tudo?

— Sim, eu vos obedecerei como se fôsseis meu pai.

— Pois bem, é esta uma aliança de justiça, paz e amor, na qual guardamos lugares a Dhabes e Abélio, que com mais direitos que eu podem ser chamados teus mestres.

"Um abraço para selá-la."

E o afável ancião abriu seus braços ao venturoso pródigo que, ainda depois de todos os seus extravios, encontrava um amor verdadeiro em seu caminho. O altivo jovem abraçou-se ao ancião kobda com profunda emoção, enquanto murmurava ao seu ouvido:

— É uma pena que minha mãe Évana não esteja aqui, pois tanto desejou este momento!

* * *

Três pessoas em Kiffauser padeciam grave inquietação com a frase que a todos sabia a sossego e tranqüilidade: *"A matriarca descansa."*

Estas três pessoas eram sua mãe, seu tio e o velho guardião de navios, únicos que conheciam a viagem secreta de Walkíria, conduzindo ela mesma o Gaivota à costa ocidental do Ponto Euxino. Não havia precisado o dia de seu regresso, por ignorar completamente as contingências da viagem. O ancião conselheiro e o velho guardião visitavam diariamente antes do meio-dia a triste e silenciosa mãe, a meiga

Electra, irmã mais jovem da ilustre Nórthia, a morta inesquecível que fora elevada ao panteão dos deuses do Norte, chamada deusa da abundância e da paz.

A visita diária tinha o suposto motivo de informar-se da saúde da matriarca para transmitir ao povo qualquer novidade, mas na realidade eles tranqüilizavam-se mutuamente com as observações feitas no dia anterior de todos os movimentos dos guerreiros e do povo. O velho marujo Kilmo passava o dia e a noite observando os ventos, a temperatura, as nuvens que passavam como garças gigantescas pelo azul dos céus, e momento a momento ia anotando tudo em sua caderneta de bolso. Segundo seus cálculos, a viagem devia ser rápida e feliz, pois Apolo tinha ordenado os ventos conforme o Gaivota necessitava para ir e voltar sem dificuldades, assegurava à mãe o velho lobo do mar. O tio e primeiro conselheiro assegurava por sua vez que dentro e fora da fortaleza tudo se encontrava em calma.

— Mãe, porque Kíria não nos deixa entrar na sua alcova?— perguntou à mãe a menor das meninas, uma encantadora criança de cabelos dourados e olhos azuis a quem chamavam Efévia, que significava *raio de Sol.*

— Nossa Kíria padeceu e trabalhou muito para salvar a todos nós, e se ela pediu descanso é porque necessita dele para a sua saúde — respondeu a mãe. — Então ficai quietinha e deixai-a em paz, e logo a vereis.

A inocente Efévia acreditou e se entregou tranqüilamente às suas diversões depois de dar dois beijos em sua mãe, um dos quais era sempre *"para Kíria".* No entanto, a maior das meninas, Griela, que tinha já treze anos, não era tão fácil de enganar como sua irmãzinha menor, e havia observado que quando sua mãe entrava na alcova de Walkíria, fechava-a por dentro e permanecia ali por longo tempo. Via-a levar ânforas com flores, pincéis, utensílios para trabalhos manuais, e até uma vez viu que fazia entrar um homem carregando uma caixa de madeira e prata e um feixe de finos pedaços de madeira de cerejeira polida.

Como daquela vez a mãe demorou em fechar a porta, Griela pôde lançar um olhar ao interior e viu que Walkíria não estava ali, pois o cortinado de seu leito estava recolhido e o leito vazio. Além do mais, nunca tinha visto levarem alimentos para sua irmã nem que entrasse criada alguma em sua alcova.

— Certamente Walkíria não está na fortaleza — disse a menina, cuja discrição de maiorzinha lhe impedia de fazer as francas perguntas de sua irmãzinha menor. Griela tinha, além do mais, o caráter tímido e retraído de sua mãe, de quem era o vivo retrato. Tinha os cabelos do ouro pálido de Walkíria e os meigos olhos de sua mãe. Era o verdadeiro tipo da mulher circassiana, lânguida, graciosa, suave como uma vara de nardos em flor tingida de ouro pelo Sol poente. Grande admiradora de sua irmã mais velha, a quem não podia compreender à força de vê-la grande, dedicava suas horas livres para desenhar em telas esboços das mais notáveis passagens da vida de Walkíria, quer vestida como *príncipe Freas,* quer como sacerdotisa de Apolo, quer como amazona sobre seu formoso cavalo branco, quer esquiando sobre a neve. Seu gabinete de estudo era um verdadeiro museu de pinturas de Walkíria em todas as formas e aspectos. Faltava desenhá-la numa tela vestida como matriarca kobda, com sua túnica azul e véu branco, e a isso se entregava completamente quando viu o homem da caixa que saía da alcova de Walkíria acompanhado de sua mãe, que

286

lhe entregava uma sacolinha das usadas para guardar pedras preciosas e barrinhas de ouro. Certamente era em pagamento de algo que o estrangeiro fizera para sua irmã. Como passaram por seu gabinete aberto, ouviu o estrangeiro dizer à sua mãe:

— Encarregastes-me de conseguir um pintor quando tendes aqui um muito bom. Para a sua idade, é demasiado o que faz. Com o tempo será uma maravilha. Observai que coloridos tão suaves na pele e que formosos claro-escuros nas sombras desvanecidas dos fundos!

— Quereis dizer que a minha Griela maneja bem os seus pincéis? — perguntou sorridente a mãe.

— Ela, melhor do que ninguém, fará esse trabalho que desejais; ninguém fará melhor o serviço, ao que me parece.

Quando o estrangeiro se retirou, a mãe sentou-se no gabinete de Griela para contemplar suas pinturas que até então lhe haviam passado quase despercebidas, tão absorta a haviam mantido as grandes tragédias das últimas onze luas!

— Minha filha — disse —, vejo com satisfação que te adiantaste muito nos teus trabalhos de pintura, e isso apesar de teres ficado sem mestra na metade deles por causa das nossas grandes dores. Serás capaz de guardar um segredo?

— Até hoje ninguém me contou segredos, mas creio que não serão tão pesados que eu não possa guardá-los dentro de mim mesma. Dizei, mãe, pois se for coisa que deve ser silenciada, bem sabeis que, por natural caráter, sou silenciosa.

— Agrada-me ouvir-te falar assim. Onde está Efévia?

— A aia levou-a para ensaiar com as meninas do coro as novas canções das festas de Nórthia.

— O momento é oportuno; vem comigo à alcova da tua irmã.

— Verei Kíria?

— Não, filhinha. Ela não está, e este é o segredo.

— E onde está?

— Numa viagem urgente, mas já não deve tardar em chegar. Não comentes isto, porque ninguém deve sabê-lo.

Entraram na alcova deserta. A mãe recolheu a grande cortina que a separava da salinha-oratório onde se achava aquele estrado de mármore com as estátuas de Apolo e Nórthia, que o leitor visitou e de que certamente recordará.

Havia sobre o estrado mais uma estátua, mas coberta com um grande pano.

A mãe levantou aquele véu.

— A estátua do príncipe Abel! — exclamou a menina. — Está formoso. Pena que não seja de mármore.

— Será, sem dúvida, mais adiante; por enquanto, e por causa do pouco de que posso dispor, somente o busto é de argila, como vês, e o restante uma armação de madeira com a túnica azul, o suficiente para apresentar uma surpresa à sua irmã.

— A melhor oferenda que lhe podeis fazer, mãe, porque ela o ama muito e já não o terá quando voltar.

— Agora peço a cooperação dos teus pincéis para a decoração do rosto e das mãos. Serás capaz de dar a esses olhos agora apagados a luz e a cor, o amor e a vida dos olhos do príncipe Abel?

— Experimentarei, mãe, se quiserdes.

— Sim, eu o quero; e agora mesmo, porque não há tempo a perder.

A mãe deixou sozinha a menina artista, que fechou por dentro a porta da alcova para não ser surpreendida em sua tarefa. Horas de evocação e recordação, horas de sonhos e visões viveu aquela menina de treze anos para dar cor e vida àquele rosto e mãos de argila, que tinham só as linhas frias de uma coisa morta!

Recordava-se bem, oh, sim, muito bem! Os cabelos castanho-claros, o rosto branco e pálido, os meigos olhos cor de folha seca que observavam tão fundo, tão fundo, que faziam pensar na ideal beleza do infinito!...

A menina, fascinada por sua recordação, e por sua própria visão de artista, deu vida à argila incolor; e o jovem kobda, filho de Adamu e Évana, ficou sobre o estrado de mármore coberto com dosséis de seda e ouro no qual a soberana de Kiffauser colocara os deuses tutelares de sua raça.

— É um deus encarnado! É o Numu dos homens de vestimenta azul — dissera Walkíria um dia à sua mãe — e esta terra será bendita porque ele passou por ela. — A mãe, não sabendo que oferenda fazer à sua heróica filha, teve a idéia, terna idéia de mãe, de surpreendê-la com uma efígie de argila do homem-deus, que a deslumbrara com resplendores de eternidade.

Antes de retirar-se daquela sala-oratório, impregnada do odor dos círios perfumados que sempre ardiam, a menina artista recolheu dentre aquela profusão de flores as mais belas rosas vermelhas, tão amadas de Walkíria, e as derramou como caídas ao acaso no estrado onde aparecia de pé a bela efígie do príncipe Abel.

Quando sobrevinha já a noite, o velho marujo Kilmo fez avisar à mãe de Walkíria que o Gaivota estava à vista e que logo teria a sua filha.

Efetivamente, não tardou muito tempo em fundear na baía o veleiro branco no maior silêncio, pois a matriarca descera pouco antes para obsequiar seus remeiros com os pequenos escudos de prata que levavam o busto de seu avô e ostentavam uma gravação que, traduzida em nosso idioma, diria: "Vale por dez quilogramas de ouro e vinte diamantes de primeira água."

Tal escudinho representava, pois, a vida folgada de uma família durante um ano. A tripulação recebeu o legado junto com a ordem de guardar o mais profundo silêncio a respeito do capitão que conduzira o barco. O veleiro inimigo que se unira à matriarca ficou fundeado perto das bocas do Donda à espera de que, em algum momento propício, os gelos o deixassem entrar em seu país, onde o capitão daria conta a seus superiores de que tinham sido enganados pelos amotinados de Kiffauser.

— Kilmo — disse Walkíria ao saltar em terra —, obrigada pelo grumete que colocaste no meu camarote. É uma preciosa dádiva. A partir de amanhã eu o quero como pupilo na fortaleza. Mandá-lo-ás?

— Matriarca! Tudo o que quiserdes, e se eu tivesse dez mais, dez vos mandaria.

— Está bem, obrigada. Ele te relatará a travessia. Amanhã falaremos.

E desapareceu pela portinha do subterrâneo onde Kilmo já havia acendido a tocha da matriarca.

Pouco depois entrava ela no gabinete de armas, que estava iluminado somente pela lareira central. A jovem deixou-se cair sobre um estrado junto ao fogo e exalou um grande suspiro.

Era cansaço físico, mais que depressão moral, o que nela se podia notar. Não quis chamar ninguém para entregar-se completamente a seus pensamentos. Vivera cem luas numa única que o Homem-Luz permanecera a seu lado, segundo foram profundas e variadas as emoções sofridas. Ora de sonhos gloriosos e visões heróicas, ouvindo a magia divina de sua palavra; ora de angústia e aflição na perseguição da qual precisava protegê-lo e salvá-lo. O silencioso gabinete, tépido e rosado pelo resplendor do fogo, ajudava-a a serenar-se e a descansar, e seu vivaz e atrevido espírito iniciou um monólogo ardente na penumbra:

"Novamente sozinha em Kiffauser! Sozinha e carregada com o enorme peso de um numeroso povo, que acredita haver-me dado a felicidade colocando-me sobre o altar da raça, mas me colocou no alto de uma montanha de gelo onde a solidão me espreita como um fantasma enamorado.

"Serru, meu tio! Um menino, maior que os outros, mais difícil de conduzir que os outros, melhor talvez que os outros, mas menino também, incapaz de fazer-me companhia, de compreender as coisas como são, de ver os horizontes tais como se apresentam.

"Minha mãe!... Meiga mãe enamorada de mim, que absorveu todos os seus amores destroçados e mortos!...

"Concebeu formosos sonhos de felicidade e amor para sua filha, sem poder compreender que ela é um pássaro das neves eternas, destinado a voar sempre sobre a terra, sobre o mar, sem que jamais construa seu ninho nas covas dos penhascos nem nos ramos de um álamo branco.

"Mas... não sou eu mesma que busco, forjo e construo este infranqueável castelo de solidão para mim mesma? Acaso não sou uma mulher como todas as demais?

"Está acaso vedado para mim o amor, com todo o seu florido cortejo de meigas compensações? Está vedada para mim a amizade, a família, uns ruivos querubins que, batendo palmas junto à lareira, me chamem mãe? Não, ninguém o impede a não ser eu mesma, que aceito cargas demasiado pesadas.

"Oh, cruel destino meu, que esboças à minha vista os panoramas da vida passando em ronda majestosa, impulsionados por grandes causas, por leis inalteráveis, por acontecimentos não esperados nem buscados! Cruel destino meu, fazendo-me ver qual é o meu lugar nesses panoramas, qual é o meu caminho, qual é o meu lugar próprio, qual deve ser o meu labor, a rede que devo tecer, o campo que devo cultivar... A montanha que hei de demolir com a dura picareta para abrir cenários novos aos seres que vão chegando ao meu campo! Posso acaso, entre tão emaranhado campo de ação, deter-me a escolher flores para coroar a minha cabeça, quando há tantos milhares de cabeças torturadas pela angústia da vida e curvadas pelo peso de suas próprias debilidades? Tenho acaso o direito de pensar no meu descanso e na minha paz num lar próprio, quando em todos os lares há uma tragédia, há uma angústia obrigando-os a estender suas mãos e seus olhares para esta fortaleza enquanto pensam em silêncio: Ela me salvará; será obrigada!... Não é acaso a matriarca, a mãe grande, a soberana que tudo sabe, que tudo vê e que tudo pode?

"Apolo! Nórthia!... Eu ouço em minha grande solidão todos esses gritos de pensamentos que não falam, como vós sentis a vibração destes meus pensamentos que tampouco falam, mas que são, existem e vivem com força formidável. Deuses protetores do meu lar, gênios tutelares da minha raça... Numu, divino Numu, estrela polar desta humanidade terrestre!...

"Dizei o que sou eu no concerto da vida..." — E a jovem matriarca afundou seu formoso rosto de açucena entre as mãos, parecendo aguardar a resposta.

Esta não se fez esperar. A mãe, as duas meninas, o ancião tio e o jovem Serru chegaram sigilosamente uns depois dos outros, cada qual acreditando ser o primeiro a acender os círios, chamar a criadagem e levar Walkíria para celebrar, com um ágape familiar longe de todo o tumulto, o ver-se novamente unidos com o abraço estreito dos que verdadeiramente se amam.

— Minha filha!... Sofres assim sozinha e não pensaste em nós, que com ansiedade te esperávamos!... — Os braços da mãe, com outros e outros mais, foram formando uma cadeia em torno do corpo da jovem matriarca que sorria, enquanto os beijos de suas irmãzinhas apagavam os vestígios que em suas faces deixaram as lágrimas que haviam rolado em silêncio.

— Que mal te fez o descanso, Kíria! — disse a menor, observando com seus travessos olhinhos azuis o pálido rosto da irmã. — Estás pálida e choraste! Quanto mal te fez o descanso! Se houvesses corrido comigo pelo parque cheio de neve, estarias muito melhor.

— Cala-te, louquinha! — disse a jovem, cuja poderosa vontade reagiu entre o amor dos seus, esvoaçando junto dela como um bando de pombas.

Depois de breve troca de palavras, que não podiam ser muito claras em face do estado ainda delicado do Serru e da presença das meninas, tomou o ancião o braço de Walkíria, o príncipe Eric tomou o de sua tia, e seguidas da buliçosa Efévia, que Griela se empenhava em aquietar, passaram para a grande sala-refeitório onde deviam celebrar aquela reunião.

A mãe e Griela tiveram uma troca de palavras a meia voz:

— Está tudo terminado?

— Sim, mãe, tudo como dissestes.

— As lamparinas de azeite?...

— Sim, sim, tudo. Deixar-me-ás ir com ela?

— E com Efévia, com o Serru e com o vosso idoso tio. É uma festa de família, que recebe entre o altar dos deuses familiares de seus antepassados outro gênio tutelar. Por ela!... Tudo por ela, que mereceu tudo.

Enquanto se desenrolava este breve diálogo, Walkíria, o Serru e seu idoso tio conversavam sobre os últimos acontecimentos, dolorosos em seus princípios, mas de feliz término. Informaram-na que o filho do Pontífice de Vitgner fora novamente capturado e conduzido à prisão; que quase todos os prisioneiros declaravam ter sido enganados para sublevar-se, e que apenas uma vintena, no máximo, se prestara voluntariamente a cooperar com os chefes da revolta. Ela, por sua vez, convidou seus dois tios para a solene assembléia que devia ser celebrada no dia seguinte ao meio-dia, para ouvir em audiência pública os chefes dos diversos corpos do exército e os conselheiros que cuidavam da administração dos tesouros do povo.

— A claridade emanada do Homem-Luz — disse a jovem matriarca — obriga-nos a observar a vida coletiva das porções de humanidade que nos estão encomendadas de um modo muito diferente do que até hoje observamos. Os que nasceram junto aos cetros e aos tronos não são diferentes dos que rasgam as montanhas e lavram a terra se não tiverem um grau maior de compreensão da verdade e da justiça. Se o meu grande avô, vosso ilustre pai, ó Serru, houvesse feito aliança com os homens de toga azul trinta anos antes, quão diversa civilização teríamos agora nos países do gelo!

— Pensais que vos será possível dar num dia esse formidável salto de trinta anos?

— Experimentaremos, tio, se todos vós me ajudardes. Experimentaremos, e creio não enganar-me ao pensar que será para a felicidade destes povos do gelo.

— Vós vistes Walkíria em sua atuação de "príncipe Freas", e por isso não deveis duvidar de que seja capaz de dar o formidável salto — disse o velho conselheiro, único membro que restava da já desaparecida geração de Lugal Marada e Nórthia.

— Vossas longas enfermidades vos retiveram longe do país, ó Serru, meu filho, e não pudestes apreciar a grande obra realizada pelos vossos pais nem a que começa a esboçar a vossa sobrinha nos horizontes de gelo que nos envolvem.

— Minha filha — disse Electra, a mãe —, não devemos terminar esta última reunião de família sem pôr os nossos corações no altar dos nossos gênios tutelares, que te devolveram ao nosso carinho nesse lar desolado e triste por tantas mortes.

— Tendes razão, mãe! Apolo e Nórthia devem sentir a falta da minha gratidão neste momento.

"Amanhã colocaremos sobre o altar dos gênios familiares nosso grande avô, pois o mármore que por ocasião da sua morte mandastes esculpir, ó Serru, já está terminado!"

— E as cópias? — perguntou o Serru, que falava muito pouco.

— Estão prontas para ser colocadas em Kaldis, Algebirque, Frixos e Nerthus, os quatro países que vos reclamam como único chefe e príncipe.

Todo este diálogo ocorreu enquanto caminhavam lentamente pelo terraço coberto ou jardim de inverno que separava o grande refeitório das alcovas que em círculo rodeavam a suntuosa *câmara redonda,* símbolo do Eterno, que naqueles países era destinada ao sagrado altar dos gênios tutelares da raça.

O mais ancião devia levantar o véu da entrada e penetrar em primeiro lugar no sagrado recinto. O velho irmão da pranteada Nórthia puxou a corrente de ouro que recolhia para cima o pesado cortinado de púrpura e o magnífico altar ficou a descoberto. O Apolo de âmbar sobre seu brilhante pedestal de ouro iluminava com sua tocha de reflexos dourados o suntuoso recinto, como se fosse uma imagem verdadeira de um formoso Sol do ocaso. Nórthia, a meiga Nórthia de mármore branco com seu colar de safiras e a lâmpada azulada, era um resplendor tênue de Lua crescente refletindo-se sobre simbólica cestinha de espigas de trigo.

No meio de um canteiro de relva verde onde crescia uma roseira de vermelhas corolas, via-se de pé a efígie de Abel com suas mãos estendidas para diante, na natural atitude usada para dar e receber a saudação fraternal dos que nos amam e nos são amados. Porém, como essa efígie não era de âmbar nem de mármore, mas de argila pintada ao natural, a ilusão era completa, e dir-se-ia que o amado hóspede de Kiffauser permanecia ainda na velha fortaleza para prolongar com sua presença a nova luz com a qual a havia iluminado. Uma lamparina de cristal vermelho cheia de azeite e habilmente escondida entre a roseira parecia refletir no belo rosto o purpúreo matiz das rosas vermelhas.

— O príncipe Abel — exclamou o ancião.

— O Homem-Luz dos kobdas do Eufrates!— foi a exclamação assombrada do Serru.

— Kíria, Kíria!... — disse a pequena Efévia, chamando a atenção da irmã. — Olha o formoso príncipe estrangeiro que tanto amas.

A mãe e Griela observavam em silêncio a impressão que a inesperada surpresa causava na jovem matriarca, única que não pronunciara palavra alguma e que permanecera plantada à entrada do recinto sagrado. Teve a idéia de que era para ela aquela meiga imagem que estendia as mãos e, dominando como sempre suas mais profundas impressões, tocou com as suas aquelas mãos que a saudavam, enquanto dizia em voz alta:

— Homem-Deus dos kobdas!... Bem sabeis que eu levantei para vós um santuário dentro do meu coração; entretanto, já que alguém que me ama vos introduziu no altar dos deuses familiares, bem-vindo sejais junto a Apolo e Nórthia, que vos amam tanto quanto eu. Os países do gelo vos reconhecerão um dia, talvez muito distante, como o semeador da felicidade e da paz simbolizadas em vossas rosas vermelhas, que são sangue de imolação e sacrifício derramado por futuras gerações de heróis e mártires!...

A formosa face da matriarca parecia iluminar-se com a claridade de visões distantes. Dir-se-ia que a grande Sacerdotisa de Apolo respondia a um divino conjuro... o sagrado conjuro do amor que fez exclamar séculos depois o Cristo divino:

"Aquele que não ama a seus irmãos tanto quanto a si mesmo, não pode ser meu discípulo."

Tomando seu alaúde dourado de Grande Sacerdotisa, recitou ao compasso de suaves acordes a canção do ritual:

"Sóis e estrelas, moradas radiantes dos deuses familiares!... Abri vossas portas de ouro para dar passagem ao clamor dos que vos amam nesta mísera Terra!

"Deuses tutelares dos homens, a quem observais com piedade desde a altura dos vossos templos de luz!... Apagai com o vosso amor seus ódios profundos...

"Gênios amados que flutuais na luz das estrelas, no perfume das flores e nas ondas sonoras do vento!... Ensinai aos homens a ciência divina do amor que é paz, abundância e alegria!...

"Deuses tutelares dos países do gelo!... Vosso amor fará germinar as messes e amadurecer as espigas entre as pedras das nossas rochas geladas!

"Deuses tutelares, imploramos a vossa piedade, a vossa tutela e o vosso amor pelos séculos dos séculos!..."

Esta frase final foi acompanhada por todos os presentes. A Grande Sacerdotisa apagou um por um os círios, e todos, em profundo silêncio, abandonaram o recinto sagrado, cheio, segundo a crença, da majestade dos deuses que haviam descido dos céus para escutar a prece de seus servidores.

OS MISSIONÁRIOS EM FRIXOS

O imenso rio, afluente do Ponto Euxino ou Mar Negro, que hoje conhecemos com nome de Danúbio, na remota antigüidade a que nos referimos foi chamado com inumeráveis nomes, como ocorria com os países, povoações e cidades segundo as raças e tribos das quais iam se povoando. Assim como os urbausinos chamavam o Eufrates de *Rio Grande,* porque era o maior conhecido por eles, assim os povoadores do território ocidental do Ponto chamaram *Rio Grande* ao Danúbio. Em algumas paragens o chamavam Rio Turquesa, em razão da cor azulada que tomavam suas águas. Os poetas o cantavam em suas trovas chamando-o *rio de safiras, banho das nuvens,* nome que foi sendo abreviado com o tempo e as variadíssimas línguas dos povos que habitaram suas margens, o que nos permite compreender que a última denominação foi De-has-nube, mais tarde Danube, e hoje, breve e simplesmente Danúbio.

Seja como for, o certo é que este caudaloso rio era o limite que dividia os domínios que haviam sido de Lugal Marada do vasto país que então se denominava Trácia. Disto resultava que toda a região ocidental do Ponto estava ocupada, na metade norte, pelos países que queriam como rei o príncipe Eric, e na metade sul, pelos que esperavam o pequeno filho do Cheru assassinado, cuja viúva se refugiara no santuário do Monte Kasson.

Abel havia desembarcado em Gorilândia, porto importante pertencente à Trácia, mas tendo se informado de que não tinha chegado ainda a Cherua com seu filho, atravessou o grande rio de azuladas águas com dois dos kobdas, levando também os três anciãos emissários do príncipe Eric. A primeira capital à qual devia chegar a embarcação que os conduziu era Frixos, cidade muito semelhante a Kiffauser, só que de aspecto era mais risonha e alegre, pois naquelas paragens as montanhas tomam uma cor rosada com listras azuis e negras. Além do mais, abundavam os cedros e carvalhos, cuja ramagem verde-clara dava matizes pitorescos e suaves à paisagem.

Duas numerosas tribos, os kurganos e os kassis, tinham repartido entre si aquela formosa região (parte da Bulgária atual). Mais ao norte tinham como vizinhos as tribos lulubi, alzu e kurtos, cujas povoações continuavam quase sem interrupção até a costa sul do Báltico.

O pavilhão esmeralda de Lugal Marada, com uma arrogante cabeça de cervo bordada em ouro ao centro, flutuava no alto do mastro que sobressaía de um pedestal de rocha que era ao mesmo tempo farol para os navegantes do Ponto e do Danúbio, em cuja desembocadura se achava a grande capital dos kurganos: Frixos. Os três representantes do príncipe Eric, quando o barco chegou à vista da margem, hastearam também o pavilhão esmeralda do velho e pranteado rei do norte, que era um semideus para aqueles povos engrandecidos à luz de seus talentos de governante e civilizador.

O povo em massa saiu para recebê-los, mas ao ver que não vinha o príncipe Eric, começou a julgar-se enganado, até que alguns chefes reconheceram os emissários que chegavam com Abel. O mais ancião dos três, dirigindo um discurso ao povo, descreveu toda a história dos últimos acontecimentos até chegar à prisão dos kobdas que haviam acompanhado o herdeiro desde os vales distantes do Eufrates. O delírio subiu ao mais alto grau quando o orador referiu a infame traição dos mingos, o seqüestro do príncipe Eric e a ferida que esteve a ponto de custar-lhe a vida, se não houvesse sido salvo oportunamente por Walkíria de Kiffauser, neta do adorado rei e de Nórthia, a inesquecível deusa da paz e dos trigais. Gritos de furor pedindo justiça e vingança por tamanho delito foram a resposta dada ao velho orador. Hosanas de glória e amor para o príncipe Eric e a valente jovem que o tinha salvo ressoaram depois entre aquela excitada multidão.

— Aqui tendes, em confirmação de minhas palavras — acrescentou o ancião orador — o representante da Grande Aliança das Nações Unidas; aquele grande rei que firmou aliança nas margens do Eufrates anos atrás com nosso antigo e pranteado Serru; aquele que lhe ensinou o segredo de dominar e vencer os astutos mingos e seu maléfico deus Vitgner, causa e origem dos nossos males; aquele que lhe ensinou o segredo da imortalidade, da felicidade, da paz e da abundância para os povos.

Abel foi levantado ao alto da plataforma onde estava o orador e uma salva de aplausos o recebeu. E ele falou assim:

— Nobres e laboriosos kurganos, fortes filhos da montanha sombria regada pelo Danube! Um jovem representante dos urbausinos dos vales do Eufrates vos dá o abraço fraternal de raças irmãs que, em seus fortes anelos de paz e grandeza, se complementam e convivem; vós, arrancando da montanha e dos mares seus tesouros e segredos; nós, arrancando da terra o fruto e o grão que há de alimentar a todos por igual.

"Muito mal sei expressar-me no vosso idioma, mas o bastante para vos dizer que o Grande Rei que represento neste momento devolve o vosso legítimo soberano, cujo abraço recebereis na próxima lua, em que espera estar curado de suas feridas. Ficam ainda no Santuário de 'A Paz', no Eufrates, os dois filhos menores do grande Lugal Marada, vosso antigo soberano, que também serão devolvidos ao vosso amor e cuidado daqui a vinte luas, quando terminam os estudos aos quais quis dedicar-lhes o seu ilustre pai como um meio de pô-los em condições de ser nobres e justos dirigentes de povos."

Depois de dizer estas breves palavras, Abel tomou, segundo o cerimonial, um punhado de pó aromático e o arrojou num turíbulo que lhe foi apresentado, ao mesmo tempo que se cobria com o pavilhão esmeralda bordado de ouro, significando com isto que se acolhia sob a proteção dos deuses familiares e antepassados, cuja memória e autoridade eram sagradas para os kurganos.

— Apolo falou pela tua boca, jovem do Eufrates!... — exclamou uma grande voz que foi acompanhada pelo povo.

— O amor de Nórthia beijou os teus olhos e o gênio de Lugal Marada acende raios de luz nas tuas pupilas!...

— Bendito sejas em teu amor a nossos deuses, a nossos príncipes e ao nosso povo!

— E sejais benditos vós — respondeu Abel — em vossas aspirações de justiça, e que vossos gênios tutelares vos façam sempre merecedores de ter à vossa frente governantes como Lugal Marada e Nórthia, que vos entregaram os tesouro do trabalho e da liberdade que constituem a vida dos homens bons sobre a Terra!

Abel e seus dois companheiros pensavam em permanecer três dias no país dos kurganos, grandes metalúrgicos que superavam em muito os mineiros provenientes do Monte Tauro que se dedicavam às indústrias de metais e pedras preciosas, e de cujas atividades nos ocupamos ao falar do governo de Iber no país de Ethea. Seus vizinhos mais imediatos, os kassis, eram mais numerosos e se dedicavam também ao cultivo de cereais e à criação de búfalos, renas e cabras. Sua capital e mercado era Kaldis, sobre o Ponto, onde Lugal Marada transformara um templo-escola de magia, que fora dos mingos expulsos do lugar, em santuário-oficina para refúgio das esposas secundárias dos chefes de tribo, no estilo do Monte Kasson. Só que este não era dirigido por mulheres kobdas, mas por um conselho formado pelas berecinas de maior idade.

Esta instituição contava apenas três anos de vida e ameaçava desmoronar por falta de organização, pois a morte do grande chefe a deixara como um corpo sem alma, onde todos se julgavam com igual direito de ordenar e legislar. Em seus imensos pavilhões de pedra hospedavam-se mulheres de diversas tribos e de afastadas regiões, desde Frixos até Dantzig, sobre o Báltico. Tão complicado se apresentava o problema daquele conglomerado de mulheres anciãs, jovens e meninas, de línguas, costumes e religiões diferentes, que todos os chefes de tribo começavam a inclinar-se à idéia de tomar cada qual suas berecinas, a fim de evitar as grandes questões que se levantavam.

Mais de setenta chefes de tribo visitaram o jovem representante da Grande Aliança, e quase todos eles repetiram que lhes seria impossível manter a ordem e o justo equilíbrio no Santuário de Mulheres, que já começava a tomar uma orientação muito diferente da que o grande rei desaparecido quisera dar-lhe. O cabedal que em âmbar e pérolas produziam as povoações do Báltico para ser trabalhado naquelas oficinas, da mesma forma como o ouro, a prata e as pedras preciosas, as lãs, peles e sedas de outras regiões, tudo estava se perdendo naquelas grandes salas onde todas se constituíam em mandatárias e nenhuma em operária.

— Quanto bem faria se viesse para cá uma Walkíria de Kiffauser — pensou Abel. — A Eterna Lei a fará surgir, sem dúvida alguma, e talvez de onde menos se pensa.

Sua mente lúcida, cheia de nobres e belos sonhos, recordou a anciã Elhisa e suas companheiras do Monte Kasson, as kobdas organizadoras das oficinas-refúgios de Negadá, de "A Paz" e do Monte Cáspio, onde vira por si mesmo as quase maravilhosas transformações operadas em mulheres aparentemente inúteis para a vida de ordem e trabalho.

— Que pensais?... — reclamaram os chefes das tribos, vendo que o jovem kobda não respondia às suas objeções contra aquela instituição feminina que parecia pronta a desintegrar-se na inação e na desordem, comprometendo um dos princípios fundamentais da lei moral dos kobdas, baseada na família constituída com uma só esposa.

Aqui não se tratava, como nos princípios do Monte Kasson, das dezesseis esposas do príncipe Elhizer, mas das esposas secundárias de setenta e oito chefes de tribo, alguns dos quais haviam tido vinte, que era o número mais alto permitido em sua lei.

— Que pensais vós, que sois chamado o Homem-Luz?... — inquiriram aqueles homens, quase todos de idade madura.

— Pensava — respondeu suavemente Abel — na mulher capaz de transformar essa mansão de berecinas num templo-escola de cultura, paz e trabalho.

— Teria que ser uma Fredia, uma Ilduna, uma Ictriana, e essas já não estão na Terra, mas nas brilhantes estrelas, moradas eternas dos deuses!... — disse com pesar e desespero um dos chefes mais jovens.

— Poderia ser uma Nórthia!... — exclamou Abel. — Eu vos peço que não deis lugar em vós mesmos a esse gelado pessimismo, porque se é verdade que há muita inferioridade na humanidade atual e grande nulidade entre as mulheres, é justamente por causa do errôneo conceito de que delas se teve até que a Grande Aliança conseguiu elevá-las à merecida categoria de companheira do homem.

"Acreditai-me: há mulheres capazes de realizar a obra cujas graves dificuldades vos têm acovardado. Tendes verdadeira vontade de solucionar esta questão?"

— Temos, pois é de capital importância para o país — responderam todos a uma só voz.

Abel disse:

— Mandai trazer aqui meus irmãos kobdas que ficaram do outro lado do Grande Rio, em Gorilândia. Antes do cair da tarde podem estar aqui. Enquanto isto, ide ao grande santuário e falai em particular, cada qual, com as que foram suas berecinas, para que hoje mesmo, na última hora da tarde, recebam a nossa visita em nome do Chefe Supremo da Grande Aliança, do Thidalá das Nações Unidas. Passada esta visita, creio poder anunciar-vos a forma e o modo de solucionar este grande problema.

— Ou anunciar-nos que ele não tem solução — observou o que primeiro pusera dificuldades.

Abel sorriu afavelmente e, aproximando-se mais dele, disse:

— Concedei-me o favor de não duvidar até passado o dia de amanhã. Por enquanto, pensai comigo que vamos resolver este assunto.

— Eu o farei, eu o farei porque vós o pedis, mas creio que se contásseis as luas que eu já vivi, talvez não fôsseis tão otimista.

— Ainda não nevou em vossa cabeça, meu amigo — respondeu Abel.

— Entretanto, caiu muita neve sobre o meu coração!... — E o jovem chefe, que não aparentava mais de trinta e dois anos, deixou transparecer em sua fisionomia uma profunda decepção. E Abel pensou:

— Eis aqui o primeiro enfermo que me sai ao encontro. Feliz de mim se conseguir curá-lo! — Levantando a voz, disse:

— Vós me interessais grandemente, eu vos asseguro, e se aceitardes a minha amizade, dar-me-eis grande satisfação.

— Muito me honrais, ó príncipe! — respondeu o chefe. — Estou à vossa disposição.

— Muito bem. Eu vos dedico o tempo que tardo em esperar a chegada de meus irmãos.

Nesse momento, os três anciãos enviados por Eric, em união com o Conselho do país, despachavam um pequeno veleiro que, atravessando o Danube, devia voltar com os kobdas na metade da tarde.

— Equivoquei-me pensando que aqui nada teria a fazer, dado que estes países em calma esperavam de comum acordo o príncipe Eric — disse Abel falando com os dois kobdas que o acompanhavam, um dos quais era o notário-menor e o outro um kobda jovem ainda, irmão de Walker, o kobda-arquivista do Santuário do Cáspio. Chamava-se Kerlés e era grande vidente.

— Na verdade — disse este — havia motivos para imaginar que esta cidade, sede habitual do governo de Lugal Marada, estivesse completamente em ordem. Ele faleceu há apenas dez luas.

Foi decidido que ao meio-dia os chefes de tribo visitariam suas berecinas com o fim já conhecido.

— Como eu não quero fazer tal visita — disse o chefe cuja amizade Abel solicitara —, se fizerdes a honra de me acompanhar, eu vos conduzirei à minha residência, onde podereis esperar a chegada dos vossos companheiros.

— *"Não quero"*, dissestes, meu amigo? — perguntou Abel com estranheza. — De modo que vos permitais duvidar do êxito da empresa e respondeis assim ao primeiro ato de cooperação que vos é pedido?

— Omiti todo o juízo antes de haver-me ouvido, e, para que me ouçais, eu vos convidei à minha casa.

— Aceito — disse Abel. — Vamos. — Os três kobdas seguiram o chefe, enquanto todos os demais foram ficando cada qual em suas residências de pedra rosada sombreadas de idosas faias e espessos e formosos terebintos.

A cidade de Frixos começava na própria costa do Ponto e se estendia pela encosta de uma montanha de suave declive em direção ao Grande Rio. O panorama era soberbo. Para o oriente estendia-se o verde-cristal do Ponto Euxino como um imenso manto de esmeraldas que os resplendores do amanhecer e do ocaso encrespavam de ouro e púrpura. Enquanto isso, ao sul e ao oeste, estendia suas ondas de safira o azul Danube, com suas margens como artísticos altiplanos que os gênios das águas e dos bosques teriam transformado em jardins flutuantes entre numerosas cascatas de cristal líquido.

A parte da cidade que ficava sobre a costa do mar era para a classe média e para os de mais modesta condição, enquanto as famílias mais opulentas tinham suas enormes vivendas de rocha nos altiplanos da vasta colina tingida do verde brilhante das faias seculares.

Um original labirinto de caminhos sob a forma de escadarias lavradas na montanha saíam da esplanada chamada do Conselho, que se abria entre o mar e a montanha e que era a praça do mercado e o lugar onde o povo se reunia para suas festas, compras e vendas, quando chegavam do distante Oriente os grandes barcos conduzindo mercadorias.

Por um daqueles caminhos-escadarias caminhavam Abel e seus companheiros guiados pelo jovem chefe, a quem, para mais clara compreensão, daremos o nome com o qual era conhecido: chamavam-no Araxés. Este ia, pois, indicando o destino que tinham os edifícios ou construções que mais se destacavam à vista do viajante.

297

Finalmente deteve-se ante um soberbo penhasco talhado verticalmente na frente e onde se destacavam em alto relevo dois enormes búfalos cujas cabeças, tocando-se em forma de luta, formavam a cavidade que era a porta de entrada, ou seja, uma grossa lâmina de pedra que se fechava e se abria correndo sobre um trilho de cobre. Esta entrada dava para um pátio coberto de quartzo, que era o elemento usado para teto de lugares onde se desejava que penetrasse uma luz velada.

Uma lareira ao centro e grandes bancos cobertos de peles eram o ornamento daquele recinto, respaldado em todas as direções por grandes reposteiros de faia reforçados de cobre e por vistosos tapetes de tecidos de lã.

O velho criado que parecia encarregado do fogo arrojou novas lenhas na lareira e retirou-se em silêncio.

A sensibilidade dos kobdas percebeu em seguida um ambiente de grande solidão e até da mais profunda tristeza.

Araxés convidou-os a se sentar junto ao fogo, perto do qual havia uma espécie de caldeirão de cobre cheio de um líquido vermelho fumegante. O jovem chefe serviu-de dele em jarros de prata e os ofereceu a seus visitantes.

— É o suco das minhas cerejas — disse — e isto acalmará o frio que passastes desde o rio até aqui. Quanto tempo permanecestes em Kiffauser?

— Não se completaram duas luas — respondeu Abel.

— Eu vos perguntava para saber se poderíeis ou não apreciar a diferença existente em Kiffauser e Frixos, que, embora governadas há até dez luas pelo grande Serru e Aitor Lugal Marada, diferem muito nas leis e nos costumes. Para que compreendais a causa das minhas dúvidas a respeito da solução de certos problemas, eu vos quero explicar com simplicidade e franqueza a cruel realidade das coisas. Pelo pouco ou muito que tenhais visto no país preferido pela nobre e grande Nórthia, não podeis formar juízo exato deste país dos kurganos ao qual pertenço. Minha tribo é das menos numerosas. Ao morrer meu pai, que viu noventa e seis vezes florescer as cerejeiras, ficamos vinte e quatro irmãos varões e vinte e nove mulheres, a maioria já unidos às mulheres e aos maridos que haviam de dar-lhes filhos. Eu, que era dos menores, ainda não me havia unido a nenhuma mulher.

"Meu pai era por direito natural o chefe de toda esta numerosa família e compartilhava sua autoridade com dois anciões irmãos seus, mais moços que ele e cuja prole, ao todo, apenas chegava à metade da do meu pai.

"Segundo nossas leis e costumes, antes das reformas da Grande Aliança aceitas e implantadas pelo nosso grande soberano, o Serru e Aitor dos países do Ponto, quando as donzelas chegassem à idade competente para ser mães davam-se-lhes trinta luas de prazo para tomar esposo em condições vantajosas para a tribo a que pertenciam. A palavra tribo se emprega entre nós para significar a família consangüínea, embora seja em segundo, terceiro ou quarto grau de parentesco. Aqui os laços do sangue são sagrados e trazem como conseqüência invioláveis direitos de solidariedade e comunhão de interesses e bens entre as diversas ramificações de uma família, por vasta que seja.

"As donzelas que nessas trinta luas não tomaram esposo passam para uma categoria inferior que prejudica os interesses da tribo, porque os pais já não têm o direito de exigir um dote de primeira classe, mas estão obrigados a deixar que os pretendentes fixem o valor desse dote. As tribos criadoras de gado pagam os dotes com cabeças de gado, búfalos, renas, cervos ou camelos, segundo a espécie a que se dedicam. Os agricultores os pagam com sacos de cereais ou frutos ou cântaros de vinho, mel ou azeite. Os mineiros e metalúrgicos, com pedaços de metais em bruto ou polido, ou pedras preciosas; e com pérolas e âmbar, os ribeirinhos do Báltico."

— De modo que — observou Abel — tanto as donzelas como seus pais são compelidos a tomar esposo no primeiro prazo, ou seja, na primeira juventude.

— São compelidos também os mancebos — acrescentou o notário-menor — porque todos desejarão levar para si as melhores.

— Isso é feito segundo a riqueza dos pretendentes, pois os de modesta condição se vêem obrigados a esperar que passem, para a escolhida, as trinta luas, e assim a conseguem com um dote muito menor; contudo, estes não podem chegar nunca a chefes de primeira categoria, aptos para formar Conselhos de Governo ou deter o comando de mais de uma centena de guerreiros. Da mesma maneira que os filhos das esposas secundárias jamais chegam à categoria de príncipes, a não ser pela morte dos filhos da primeira esposa ou porque alguma esposa secundária leve o sangue de algum homem ou mulher ilustre, quer por ter dado honra e glória ao país com suas façanhas ou virtudes mereça ser elevado depois de morto ao panteão dos gênios tutelares da raça. Tal sucede nos países do Ponto Oriental, ou seja, em Kiffauser, com as donzelas da raça de Nórthia, cuja mãe dá privilégios de príncipes àqueles que se unem com elas, ainda que sejam filhos de esposas secundárias.

— Tal foi, segundo creio — observou Abel —, o ocorrido com Icléias de Kiffauser, filho de Lugal Marada e de uma esposa secundária, mas cujo casamento com a irmã menor de Nórthia o elevou a uma hierarquia superior.

— Justamente! — afirmou o chefe. — Sem levar em conta que o príncipe Icléias, pai, foi um dos pilares no qual o Grande Serru levantou seu poderio e sua influência, e além do mais teve a sorte de receber dos deuses um filho que foi chamado o "cavaleiro de bronze" por sua maravilhosa fortaleza, que ultrapassava o nível comum dos humanos. Mas voltemos ao que diz respeito à minha tribo e a mim em particular.

"Ordinariamente, os jovens tomam esposas secundárias antes de escolher a que elevarão ao seu próprio nível, principalmente as donzelas de tribos poderosas e de mais elevada categoria.

"Um dia meu pai disse: 'Já é hora de pensares em dar prole à nossa tribo, mas como não somos suficientemente ricos para escolher uma primeira esposa que aumente os bens e a honra da nossa casa, escolhe primeiro uma ou duas esposas secundárias, de dote modesto, como o fizeram antes os teus irmãos mais velhos, deixando a escolha da primeira esposa para quando tiveres realizado alguma obra notável, que te dê o direito de escolher como primeira esposa uma donzela que, por sua categoria, traga nobreza e riquezas, em vez de teres tu que dar dote à sua tribo.'

"Cumprindo a vontade de meu pai, solicitei como esposas secundárias duas donzelas irmãs que estavam no primeiro prazo das trinta luas e que, por pertencer a uma tribo de segunda ordem como a minha, apenas me obrigaram a dar aos pais como dote cinco barras de ouro, cinco de prata e vinte rubis ou esmeraldas pelas duas donzelas. A família delas julgou-se favorecida com o enlace, pois minha tribo tinha descoberto então um valioso veio de ouro na parte da montanha que nos fora designada e meu pai obtivera alguns privilégios de chefe de primeira ordem, com direito a ser escolhido nos Conselhos de Governo que o Grande Serru estabelecia em cada país ou região.

"Alguns dos meus irmãos mais velhos se haviam destacado como o meu pai por serviços prestados nas campanhas do Grande Serru, e isto aumentou o modesto esplendor da nossa tribo. Aquelas duas irmãs demonstravam achar-se a gosto comigo, e fizeram pressão sobre o meu ânimo para que tomasse outras duas irmãs suas, já viúvas embora muito jovens, porque seus esposos foram mortos num acidente na pesada operação de purificar metais e pedras.

"Viam-se humilhadas pelas famílias dos maridos e desejavam contrair segundas núpcias fora daquelas famílias. Eu vi a conveniência material de tomá-las, porque as viúvas acrescentavam ao segundo esposo os dotes que por elas tinha dado o primeiro, além da metade dos bens que o esposo falecido adquirira. Meu pai aprovou minha resolução e me disse: 'Com o que as duas viúvas acrescentam ao teu patrimônio, poderás dar o dote de uma primeira esposa e já terás o teu lar perfeitamente formado.'

"De modo que me encontrei esposo de quatro irmãs que, embora procedentes de mães diferentes, eram as quatro quase da mesma idade. Meu lar era um lugar de gente muito tranqüila, pois as quatro se entendiam perfeitamente. Assim, quando houve necessidade de enganar-me, as quatro estiveram de acordo. Quando veio para o lar a primeira esposa, as quatro irmãs fingiram aceitá-la de boa vontade como chefe da família, e se uniram contra ela com tal dissimulação e tenacidade que eu demorei muito tempo para dar-me conta.

"Eu não concedi à minha esposa a não ser os direitos e prerrogativas que a lei lhe concedia, segundo minha categoria e posição, mas o egoísmo refinado das quatro irmãs achava sempre exagerados a minha solicitude e os meus cuidados para com a primeira esposa, que se apresentava ao meu lado nas festas e acontecimentos da tribo, enquanto elas deviam comparecer em segundo lugar e não tinham voz nem voto nos conselhos de família. Tinham sonhado que eu tomaria uma delas, a mais velha, como primeira esposa, e ao ser frustradas nesta esperança adquiriram grande aversão pela que fora escolhida. As quatro me deram três filhas e um varão. Em compensação, a primeira esposa, quando chegou o tempo, ficou grávida, mas o menino nasceu antes da hora natural e nasceu morto, fato esse que chegou a repetir-se três vezes.

"É uma mulher inútil, não serve para nada, disseram elas, para que eu ouvisse e me desgostasse daquela mulher, cuja bondade de caráter e amor por mim eram tais que nunca se atreveu a dar-me o desgosto de revelar-me o que lhe acontecia. De grande sensibilidade e de muitos bons sentimentos, impressionava-se grandemente por qualquer coisa; e as quatro irmãs, instruídas nas escolas secretas dos sacerdotes mingos, mestres em toda a classe de magia negra, procuravam ocasionar-lhe grandes sustos quando se achava em estado de maternidade, produzindo-lhe graves doenças. Finalmente me inteirei do que se passava e, apresentadas as quatro ante um conselho de família, foram condenadas a ser repudiadas, ficando seus filhos a meu cargo.

Quando veio a lei da Grande Aliança, que parece esgotar o tesouro da bondade que pode caber num coração de homem, fui obrigado a levantar o repúdio em atenção aos filhos e atender à manutenção dessas quatro mulheres, depois de exigir-lhes, ante o mesmo tribunal de família, que fizessem o juramento de continuar com uma conduta inatacável.

"Essas quatro mulheres se acham no grande santuário e não tenho nenhum desejo de voltar a vê-las; saiba-se que não me descuido do pagamento por sua alimentação que me foi exigido."

— E a primeira esposa? — perguntou Abel, enternecido por aquelas cruéis dores humanas.

O jovem chefe levantou-se em silêncio e descerrou um cortinado do anteparo circular daquele pátio coberto. Apareceu ao fundo uma preciosa câmara onde, semi-estendida num estrado, parecia dormitar uma jovem e bela mulher.

— Aí a tendes — disse com voz surda e profunda como se saísse de uma profunda caverna. — Ficou idiotizada pela dor de seus três filhinhos nascidos mortos, e fazendo ela mesma pequenos bonecos de algodão ou de lã, passa a vida embalando-os com meigos cantos e depois os despedaça com as mãos crispadas; começa a chorar amargamente ou ri em gargalhadas quando vê os bonecos despedaçados, cujos pedaços são levados pelo vento.

Aquele jovem cobriu o rosto com as mãos e profundos soluços lhe saíram do peito.

— Acalmai-vos — disseram ao mesmo tempo os três kobdas — que a vossa esposa pode ser curada.

— Uni-me a ela unicamente atraído por sua beleza e bondade. Sua meiga e suave ternura por mim me obrigou a consagrar-lhe todo o meu amor e eis que, quando este amor se tornou profundo, imenso como um abismo, a maldade humana o derrubou e destroçou como o furacão à terna flor que se abriu às carícias do Sol e às gotas do orvalho. Oh! Sou muito desgraçado e estou tentado a comprar a morte para mim e para ela aos mingos. Por uma sacolinha de pedras preciosas ou umas quantas barrinhas de ouro, eles vendem o descanso da morte para os que já não podem suportar a vida!...

— Meu amigo — disse Abel tomando-o por ambas as mãos. — Não sejais covarde ante a dor; muito pelo contrário, amai-a como a um sábio mestre, pois suas lições estão cheias de grandeza se soubermos escutá-las com a alma prosternada ante a voz inconfundível da Eterna Lei. A morte não é o descanso a não ser para aquele que mereceu esse descanso.

"Dizei-me, que fazeis com um criado que deixa seu trabalho pela metade sem fazer, alegando que é demasiado penoso? Não o despedis sem recompensa alguma ou o mandais começar novamente? Tal faz com as almas covardes o Grande Atman, o pai imortal das almas, dos seres e das coisas.

"Vamos, tende coragem e aproximemo-nos de vossa amada enferma!"

O jovem chefe sentou-se na borda do estrado onde a mulher dormitava. Tomou suavemente uma de suas mãos e, inclinando-se sobre seu rosto, falou baixinho:

— Vadina minha, dormis?

301

Ela entreabriu os olhos e, ao ver vários homens, demonstrou grande sobressalto.

— Vindes roubar meu filho? — Recolheu e apertou sobre seu peito um disforme envoltório de algodão e panos.

— Não, minha irmã!... — disse Abel com meiga voz. — Somos os médicos que vamos devolver a vossa saúde e o vosso filhinho vivo, que vos traremos assim que vos encontreis com forças necessárias para cuidar dele.

— Então vós o tirastes de mim? — perguntou com veemência a pobre louca.

— Sim, irmã, eu retenho bem guardado o vosso menino até que se restabeleça a vossa saúde. — Os outros dois kobdas, concentrados, tratavam de aprofundar-se mais no abismo daquele espírito perturbado.

— E tu, Araxés, por que choras? — perguntou ela ao jovem chefe, vendo-o enxugar lágrimas silenciosas que não pôde ocultar.

— Porque te vejo enferma e não queres ser curada.

— Por vós e por meu filho eu quero... Entretanto, outras mulheres felizes vos amam e seus filhos tornam meiga a vossa vida... Que quereis de mim, que fui amaldiçoada pelos deuses?

— Irmã!... Com tal linguagem ofendeis os gênios benéficos que, como enviados do Altíssimo, vos querem curar e consolar — disse Abel. — Não ouvistes que eu quero devolver o vosso menino?

— Trazei-o, trazei-o, porque este está morto! — e arrojou longe de si o rolo de algodão e pano que antes defendia com tanto calor.

— Antes deveis obedecer às minhas indicações. Estais disposta?

— Falai.

— Quereis chamar as vossas criadas? Mandai pôr em vós a túnica de banho, enquanto nós preparamos a fonte.

O chefe fazia sinais que eles não compreendiam.

— Criadas, dissestes? Eu expulsei todas para fora de casa porque são maléficas como o veneno. Mataram meu menino e procuravam assassinar-me também. Se quereis trazer criadas, não quero a vossa cura. Ide! — E a louca, já sentada e com o olhar faiscante, apontou-lhes a porta.

— Acalma-te, minha Vadina — disse-lhe o esposo. — Eles não sabiam que receias as criadas. Tu mesma, ajudada por mim, vestirás a túnica de banho, e eu te submergirei na fonte.

Ela se levantou e abriu um roupeiro.

— Ide todos, eu sozinha me visto.

Araxés e os kobdas saíram.

— Vigiai-a, que nós precisamos falar. — Abel afastou-se em direção ao pátio coberto com seus dois companheiros.

— Compreendestes algo? — perguntou-lhes.

— Eu vi muitas coisas — disse Kerlés, o kobda vidente. — No entanto desejaria que por intermédio de algum de vós, os nossos aliados do espaço infinito dissessem se o que eu observei é correto.

Abel e o notário tiraram do bolsinho suas cadernetas de tela encerada e o estilete e evocaram os espíritos. Ambos receberam palavras iguais ou muito parecidas:

302

"Divide em três partes as tuas visões junto ao leito da enferma. A primeira retrata o seu passado; a segunda, o seu estado atual; a terceira, o que deveis fazer para devolver-lhe a lucidez completa."

— Bem! — disse Kerlés. — Agora vos direi o que vi e o que efetivamente me parece somar os três atos de um drama, o que me causava certa confusão.

"Vi que ela em sua vida anterior foi sacerdotisa de um culto que castigava com duríssimas penas aquela que, sem ter terminado os votos do seu sacerdócio, houvesse tido união conjugal. Para ocultar o dito delito, este ser deixou entre matagais abruptos três crianças recém-nascidas que foram devoradas pelas feras. O remorso e a dor daqueles acontecimentos a enlouqueceram naquele remoto passado. Estes erros deste ser puseram-na sob a ação das forças más arrojadas sobre ela pelos perversos magos, pagos para o crime pelas berecinas de Araxés. Esta é a primeira parte.

"A segunda me faz compreender que, por expiação e como conseqüência dos três maus nascimentos, seu organismo se tornou infecundo e não terá mais filhos.

"A terceira parte indica que é necessário um engano piedoso e benéfico para curá-la."

— Então é o que pensei ao falar-lhe — observou Abel.

— Justamente.

— Então? — perguntou o notário.

— Que o esposo procure um órfão recém-nascido e faça com que ela acredite que é seu filho. Agora vamos preparar a fonte de águas vitalizadas, depois do que ela beberá suco de uvas com xarope de dormideira. Um sono profundo de Sol a Sol e que, quando despertar, tenha seu menino nos braços.

— Bem pensado! — responderam os dois kobdas.

Araxés apresentou-se conduzindo pela mão a enferma e passaram para outro aposento, no centro do qual se achava a fonte dos banhos. Os kobdas formaram cadeia fluídica, em seguida introduziram na água suas mãos, ao mesmo tempo que o pensamento emitia ondas e ondas de potente energia. A enferma foi submergida e ali mesmo lhe foi administrado o xarope de uva e dormideira.

Tiraram-na já profundamente adormecida, e, envolvida em grossos cobertores de peles, foi recostada em seu leito.

— Araxés, meu irmão — disse Abel ao chefe. — Peço-te que não nos tomes por magos nem por homens capazes de produzir maravilhas. Tudo quanto vistes não é senão efeito dos conhecimentos que adquirimos sobre as enfermidades e dores humanas que, em nosso caráter de educadores de povos, temos o dever de aliviar e curar. Tudo quanto se encerra nesta frase: *fazer o bem,* está incluído no programa da nossa vida de Missionários da Verdade, da Justiça e do Amor Fraterno entre os homens. Confias em nós, que desejamos com toda a verdade a tua felicidade e a da tua esposa?

— Nunca vos vi antes, mas me inspirastes grande confiança, talvez porque a teve em vós o nosso Grande Serru, que foi sempre um amante da verdade e da justiça.

— Está boa a tua resposta, e ela nos permitirá agir com liberdade. Tens quem vele aqui pelo sono da tua esposa?

— Um velho criado que foi da minha mãe e que me viu nascer.

— Deixai-o aqui com a segurança de que a enferma não despertará até que nós queiramos, e neste meio tempo procura uma criancinha recém-nascida, órfã, que possa ser beneficiada com a vossa adoção; e que tudo seja realizado sob o mais rigoroso segredo, de forma que a tua esposa não chegue a sabê-lo, pelo menos até que esteja perfeitamente curada do seu mal. Compreendestes?

— Perfeitamente. Isto quer dizer que procurais curá-la com o mesmo fato que lhe causou a loucura, ou seja, tirando dela a idéia de que seus filhinhos morreram.

— É isso. São experiências que já tivemos de muitos casos parecidos, nos quais enganos piedosos como este deram belíssimos resultados.

— Entretanto, recordai que viestes compartilhar comigo da triste solidão da minha casa e já é bastante passada a hora.

— Compartilhamos da vossa dor e da esperança da vossa felicidade.

Conduzindo-os para um pequeno gabinete, vizinho do aposento da enferma, no qual havia uma mesa cheia de viandas, Araxés convidou-os a comer.

Os kobdas aproveitaram estes momentos para tomar informações sobre o que ocorria no imenso santuário das berecinas, que dentro em breve deviam visitar.

— Observai — disse o jovem chefe — que eu inclinei sempre a minha cabeça ante as disposições do Grande Serru, tendo em conta que o seu desejo era sempre bom, embora estivesse equivocado nas formas de obter a realização desses desejos. Creio que o Grande Serru se equivocou em mandar para lá todas essas mulheres que, afastadas de seus maridos pela lei da Grande Aliança, ficavam sem guia e sem orientação na vida.

— Permiti-me — interrompeu Abel. — Nos países do Eufrates e do Nilo há santuários como este, que deram ótimos resultados; contudo, foi necessário pôr à frente pessoas capazes de extrair o melhor que cada refugiada podia dar de si mesma.

— Aqui foi escolhido um conselho de governo que é formado pelas berecinas mais antigas do Grande Serru, as quais exercem uma autoridade quase ilimitada como prolongamento da autoridade de seu marido sobre os povos. Enquanto ele viveu, sua sombra foi como uma auréola de poder e grandeza para esse conselho de mulheres que foram suas esposas e mães de seus filhos. No entanto, falecido ele, essas mulheres pouca coisa são no conceito das demais. Portanto, deveis compreender que ter sido esposas secundárias do Grande Serru não é uma garantia de sua capacidade para o governo daquele santuário.

— Isso percebemos imediatamente — responderam os kobdas.

— Poderá suceder que entre as mais modestas por sua posição se encontrem as de melhores aptidões — observou Abel.

Assim falando durante a refeição e depois dela, os kobdas ficaram amplamente informados de tudo quanto necessitavam saber para agir com acerto no país dos kurganos. Quando avançava a tarde, saíram acompanhados de Araxés, que os deixou na grande Praça do Conselho, no quiosque mais próximo do desembarcadouro, pois já não devia tardar o veleiro que trazia de Gorilândia os kobdas companheiros.

— Que sejais afortunado na escolha! — disse Abel ao jovem chefe ao despedir-se dele, fazendo alusão ao pequeno órfão que devia procurar para ajudar na cura de sua esposa.

304

— Que nossos gênios tutelares guiem os meus passos — respondeu tristemente o chefe guerreiro, que desapareceu por um dos caminhos da montanha.

Quando o perderam de vista, falou Kerlés, o vidente:

— Recordais — perguntou — as principais passagens da vida de Numu na montanha, depois da desencarnação de Vesperina?

— Sim, recordamos, em parte pelo menos.

— Pois sabei que este chefe era filho de uma escrava da mãe de Vesperina, que inteirada das curas que se operavam junto ao dólmen de pedra que guardava as cinzas da princesa, levou seu filhinho paralítico para que fosse curado.

"Essa escrava é a pobre enferma que acabamos de ver; ela e seu filhinho ficaram na montanha habitada por Numu, ao qual consagraram desde então seus serviços e seu carinho. Vejo a escrava e o menino já adolescente recolher o cadáver sangrento de Numu despenhado do alto da rocha da morte, naquela populosa Mirtain-Mari das margens do Grande Oceano. E logo, vejo esse adolescente considerado como um menino milagroso, ao qual a multidão de aleijados e enfermos desterrados da grande cidade seguem e obedecem.

— Isto quer dizer — murmurou Abel — que é apresentada hoje a mim a oportunidade de pagar uma dívida de gratidão pendente durante muitos milênios.

— Parece-me que já a pagastes muitas vezes — respondeu Kerlés — porque estes seres se aproximaram de vós naquela época, mas apareceram também entre os amparados pelo amor de Anfião, Rei de Orozuma; e salvos da morte pelos conhecimentos médicos de Antúlio, o benfeitor das massas doloridas da esplendorosa Manh-a-Ethel.

— Oh, a grandeza infinita de Deus nas alianças eternas das almas, na sucessão interminável dos séculos!... — exclamou Abel, parecendo submergir-se num abismo imenso de luz, no vasto horizonte que lhe abria sua memória de iluminado.

— O passado, o presente e o porvir são todos um só Hoje na Eterna Inteligência Mãe! — acrescentou o kobda notário, tirando sua caderneta de anotações onde gravou as revelações que sobre Araxés e Valdina Kerlés acabava de fazer.

O SANTUÁRIO DE KALDIS

De acordo com o programa que haviam feito, nas primeiras horas da tarde encontraram-se Abel e seus companheiros no caminho para Kaldis, a vizinha cidade dos kassis.

Num opulento vale decorado de carvalhos, cedros e terebintos, levantava-se um

305

promontório de rochas como obra de titãs em desatinada fúria, porque aquilo era um formidável amontoamento de pirâmides truncadas, cones irregulares, torres altas e baixas, quadradas e redondas; lavrado tudo isto no corte de uma montanha que limitava o vale pelo ocidente. As tochas acesas com profusão bem denotavam que o colossal edifício esperava grandes personagens.

O santuário achava-se na metade do caminho entre duas cidades, Frixos e Kaldis, e era como a linha de fronteira que dividia ambos os países. A viagem, muito breve, uns haviam feito a cavalo e outros em pequenos carros puxados por renas, parecidos com os atuais trenós arrastados pelos cães entre os gelos do norte.

Mais que um santuário, aquele edifício era uma fortaleza bastante parecida com a que Walkíria habitava em Kiffauser, só que esta de Kaldis era ainda em seu interior de um aspecto mais severo, mais tétrico, mais imponente. Aqui não se podia dizer, ao entrar, que "parecia um jardim de amor", como foi dito da morada de Walkíria.

— Isto parece um presídio de gigantes que se odeiam — disse um kobda muito sensitivo ao ouvido de um companheiro, quando iam entrando acompanhados dos setenta chefes que tinham ali suas berecinas. Estas os esperavam reunidas num vasto salão atapetado de verde-esmeralda, onde abundavam as cabeças de alces gravadas em ouro, que era o símbolo e emblema do Grande Serru do Norte.

Sobre o estrado principal estavam as vinte e quatro berecinas de Lugal Marada, cobertas com grandes capas de pele branca.

Nos demais estrados, e segundo a aristocracia de seus maridos, achavam-se sentadas as outras, mas cobertas com peles cinzentas, negras ou leonadas. Eram oitocentas e trinta mulheres, a mais idosa das quais tinha cinqüenta e oito anos, e a mais jovem, vinte e um. Havia-as de todos os tipos e de diversas raças, predominando as de cor castanha e ruiva. Eram verdadeiramente muito belas mulheres, até as de mais idade. O tipo lânguido, suave e delicado das ribeirinhas do Descensor (Jordão) via-se escassamente representado, num estrado modesto bastante afastado do estrado principal. Alguns tipos do Nilo, branco mate e cabelos escuros; algumas do Irã, recordando a suave beleza de Shiva, e até das margens do mar Vermelho, do distante país de Arab, que fizeram Abel lembrar-se da beleza ideal e mística de Zurima.

— Se fosse possível obter nestas almas tanta formosura como aparece nos rostos! — pensaram os kobdas em uníssono, enquanto os chefes iam apresentando as que haviam sido suas esposas.

O kobda notário observou um grupo de quatro belas mulheres, do tipo do país, ruivo castanho, das quais nenhum chefe se aproximou. Eram as de Araxés, o qual não compareceu àquela visita.

O amargo despeito estava marcado naqueles olhos umedecidos pelas lágrimas que a humilhação lhes arrancava.

Avisado Abel, teve pena delas e falou ao mais velho dos chefes.

— Araxés fez-me confidente de suas grandes dores, e vos peço que me apresenteis às suas berecinas, com as quais é necessário ensaiar um sistema de redenção — disse. — Se quisermos que nesta casa floresçam a ordem e o trabalho, é necessário estender antes um véu de perdão e indulgência.

— Tendes razão — respondeu o ancião, e encaminhou-se com Abel e o notário em direção àquele estrado.

— Araxés não pôde comparecer a esta reunião — disse o chefe — mas eu o substituo neste momento e vos apresento as suas quatro berecinas, filhas de um mesmo pai, no entanto de mães diversas; pois são as quatro meias-irmãs, e bem vedes que se parecem bastante.

Os kobdas, segundo o programa que traçaram, estavam disseminados por todo o salão juntamente com os chefes, com o fim de sondar o ânimo daquelas mulheres e ver o que delas se podia esperar para o bem geral das famílias e tribos às quais estavam ligadas. Abel insinuou ao ancião que se não houvesse inconveniente, lhe deixasse falar com as berecinas de Araxés para suavizar a humilhação da ausência dele. O ancião voltou para junto de suas berecinas e Abel e o notário ficaram perto do estrado das de Araxés.

— Sou amigo de Araxés — disse Abel — e em atenção a ele me permito ter uns momentos de conversa convosco.

— Sempre que há reuniões, ele nos humilha e nos despreza com sua ausência — respondeu a mais idosa, que era uma das viúvas.

— Não o julgueis mal, pois bem sabeis que ele padece muito — respondeu o jovem Mestre.

— A Lei da Grande Aliança nos faz padecer a todas — disse outra das quatro. — Perdoai a minha franqueza, príncipe, pois segundo entendi sois filho do Thidalá das Nações.

— Não tenho nada que perdoar — disse Abel — e me agrada muito que faleis tal como pensais, porque assim mais rapidamente nos poremos de acordo. O médico, para curar uma chaga, forçosamente há de causar dor, não é verdade? A Grande Aliança, para arrancar a causa de muitas dores e chagas, viu-se obrigada a causar dor.

"Estou plenamente inteirado da vossa vida no lar de Araxés, e se todas sois infelizes, foi justamente em razão dessa lepra cancerosa das esposas múltiplas que a Lei da Aliança procura curar; e, como toda reforma exige seus sacrificados e mártires, vós o sois neste momento para que os vossos filhos, os vossos netos e os que hão de vir em futuras gerações sejam mais felizes. Não julgueis por isso que estais obrigadas a viver nesse sacrifício contínuo. Creio que podeis refazer a vossa vida amparadas por essa mesma lei da Grande Aliança que censurais sem ter chegado a compreendê-la em seu elevado espírito de melhoramento da humanidade."

— Refazer nossas vidas! — exclamou a mais idosa com grande amargura. — Impossível, totalmente impossível. Sabeis que fomos repudiadas?

— E que a Grande Aliança anulou esse repúdio? — respondeu Abel.

— Porque não havia motivo para isto — acrescentou outra das quatro berecinas.

— Creio que o conselho de família encontrou motivo — observou o kobda notário. — Entretanto, a tolerância que emana da lei permitiu ao conselho de família anular o repúdio em atenção aos vossos pequenos filhos, inocentes de tudo quanto ocorreu no lar de Araxés.

— É a Grande Aliança que nos obriga a viver relegadas nesta fortaleza, pouco menos que prisioneiras? — perguntou uma delas.

— Não; é a disposição do falecido Serru, que julgou fazer-vos bem dando segurança honrosa à vossa vida separada dos vossos esposos.

— As que são ricas obtêm cartas de soberania e se casam novamente; no entanto, como nós só temos nossos modestos dotes, não podemos mover-nos daqui a não ser com o risco de perecer de fome — acrescentou a mais idosa.

— Dizei-me, não deveis agradecer a Deus que, sendo pobres, vos vejais refugiadas numa mansão de princesas viúvas onde sobra tudo e até o amor e a felicidade, se souberdes conquistá-los? — perguntou Abel irradiando sobre elas toda a ternura e a bondade de seu coração.

— Príncipe!... — exclamou a mais jovem delas. — Por piedade, levai-nos para o vosso país, para os vales do Eufrates, de onde era minha mãe, pois longe desta terra onde temos padecido creio que encontraremos o sossego e a calma.

— Tranqüilizai-vos e esperai, que o Altíssimo, mediante a vossa boa vontade, vos abrirá um novo caminho de paz e felicidade!

— Obrigada!... Muito obrigada!

— Não nos esqueçais em nossa desgraça — disseram as quatro, já próximas ao pranto.

— Estejai certas de que não deixarei esta terra sem ter melhorado a vossa situação.

Deixando aquele estrado que o remorso e a humilhação enchiam de amargura, misturou-se com seus irmãos e os chefes, continuando a recolher o pranto que se derramava daquela porção de humanidade relegada à condição de seres inúteis, uma vez que não podiam ser utilizadas para a procriação e o prazer.

— A energia e as faculdades espirituais, bem como a intensidade do querer e do sentir de todas estas almas, centelhas divinas emanadas de Deus, perder-se-ão no vazio?... — perguntou Abel, de pé junto à grande lareira central que, num formoso assobradado de pedra rosácea com grades de cobre, ardia em vermelhas labaredas, onde dois criados surdos-mudos arrojavam pedaços de madeira e ervas aromáticas.

Quase todas as mulheres o observavam com curiosidade, e aquela meditação silenciosa que sombreava de tristeza seu rosto tornava-o duplamente interessante para elas.

Era tão jovem e tão belo! A cor de suas pupilas, a brancura de sua tez e o bronzeado fulgor de seus cabelos o assemelhavam às belas pinturas com que os artistas pintavam Apolo nos afrescos das paredes rochosas de palácios e santuários.

Havia algo nele que não falava aos sentidos, e muitas daquelas mulheres, não sabendo que explicação dar à grandeza invisível emanada da pessoa de Abel, acudiam em buscar no maravilhoso de antigas superstições a solução do enigma.

— Correm rumores — disse uma, que julgava estar bem-informada — de que é um filho dos deuses protetores da Terra, aparecido numa pequena barca de nácar que flutuava nas águas do Eufrates.

— Eu sei — disse outra — que a Grande Sacerdotisa de Apolo o trouxe a

Gorilândia a bordo do seu veleiro, e que ao entregá-lo aos trácios disse: "É um Deus encarnado. Jurai-me que guardareis a sua vida como guardais as vossas."

O enigma engrandecia-se cada vez mais, envolvendo o jovem kobda numa auréola de luz e amor e predispondo os ânimos para uma plena aceitação de tudo quanto o jovem missionário pudesse pedir àquela assembléia feminina.

Vários dos kobdas aproximaram-se para manifestar-lhe suas impressões particulares recolhidas através das conversações. Das observações de todos, Abel tirou esta conclusão:

— Aqui há mais dor e ignorância que maldade! Há feridas profundas e trevas demasiado densas.

"A luz da Verdade e o bálsamo do Amor, eis aí tudo quanto é necessário neste recinto.

"Grande Atman!... Inteligência Suprema! Sou um débil passarinho na matéria; mas enviai minhas alianças espirituais em meu auxílio para que este punhado de almas sombrias se tornem uma constelação de estrelas!"

Um ambiente sereno, de paz e harmonia, se havia estabelecido suavemente, e as conversações baixavam de tom como se a meditação silenciosa de Abel houvesse contagiado os presentes. Como que obrigado pelo mesmo esgotamento de todas as conversas, o mais ancião dos chefes levantou sua voz para dizer:

— Príncipe do Eufrates, dai-nos, se vos agrada, as vossas impressões sobre este santuário de berecinas que acabais de visitar. — E indicou-lhe o estrado onde costumavam sentar-se Lugal Marada e seu Conselho quando visitavam a casa.

Abel subiu e sentou-se, rodeado por seus irmãos. O silêncio tornou-se profundo e a expectativa via-se em todos os olhos, fixos nele; e ele falou assim:

— Peço ao Eterno Amor e à Divina Sabedoria a sua Luz e as suas ternuras para falar com almas que sofrem porque ignoram.

"Minhas irmãs!... Mulheres dos países do gelo, falo para vós, aqui congregadas como avezinhas náufragas na vida, a quem o furacão desfez seus ninhos, destroçando afetos, esperanças e ilusões!

"Mais jovem que todas vós, não é desta minha breve vida que aprendi as lições sublimes da dor, da humilhação e do abandono. Mais do que todas vós, conhece o meu espírito os tormentos do *mal chamado amor* por esta humanidade, que ainda não chega a compreender nem a sentir o amor a não ser interpondo nele as piores baixezas, as mais grosseiras bestialidades.

"Compreendo a gelada solidão do vosso coração buscando entre trevas algo a que agarrar-se na escuridão dessas sombras.

"Compreendo que nem sequer os vossos filhos sejam capazes de consolar o vosso sofrimento, pois eles não são para vós senão uma recordação de que fostes mães sem amor unicamente pela obrigação contraída de dar prole numerosa a quem vos desposou somente com esse fim.

"Contudo, não culpeis a Lei da Grande Aliança pelas vossas dores, embora ela vos afaste dos vossos senhores; porque chegou a hora de compreenderdes que não sois um rebanho de ovelhas sem outro fim além da procriação.

"Chegou a hora de compreenderdes que sois inteligências, centelhas da divindade baixadas à matéria para o vosso progresso intelectual e moral, para fazer parte ativa do concerto magnífico da evolução humana marchando em conjunto para um luminoso porvir de paz, amor e felicidade.

"A Lei da Grande Aliança vos arranca da humilhante condição de objetos de prazer para vos dizer: 'Mulheres de todas as condições e raças, levantai-vos à altura dos vossos nobres destinos. A soberana Inteligência Criadora vos chama nesta hora para ser a companheira gêmea do homem; uma alma para outra alma; um coração para outro coração; dois seres num só consórcio de compreensão, companheirismo e conveniência durando tanto como essas duas vidas que se unem no êxtase sagrado do amor que nem sequer a morte pode interromper.'

"O próprio homem, inconsciente das causas fundamentais das suas próprias dores, vos tomou até agora como se arranca uma flor cujo perfume se aspira e se arroja depois quando murchou. Ele vos esmagou como um fruto maduro para extrair em seu elixir embriagador o gérmen de novas vidas, exigindo em troca uma fidelidade servil e absoluta *ao senhor,* sem que jamais haja pensado que as vossas almas têm sede de amor, de ternuras, de íntimos desafogos, de suaves e secretas confidências esvaziadas de um coração em outro coração, o vosso, como o que sentis bater dentro do peito.

"Acaso vos foi possível algo disto, pobres almas, esquecidas de que existis para pensar somente na bela matéria carnal que vos envolve? Para essa matéria são suficientes banhos perfumados, ricas túnicas de seda e ouro, delicados manjares, licores enervantes e adormecedores, adornos de flores e pedrarias. Tudo isto tivestes em abundância, mas não saboreastes uma única migalha de felicidade. Vossa alma geme e chora horrivelmente aprisionada em calabouços sem luz, sem ar, sem Sol!.... Eu me sinto quase asfixiar-me na pesada atmosfera do vosso pranto contido, do vosso despeito, das vossas humilhações, das vossas rebeliões íntimas, dos vossos desejos de vingança e até dos vossos impulsos para o crime ante a horrenda figura espectral de uma vida sem amor, de uma vida de animal manso para quem não há outro porvir a não ser a brutal satisfação dos sentidos!

"Oh, mulheres... Mulheres! Formosa metade da humanidade a quem amo intensamente na meiga e terna mãe que me trouxe à vida!... Depois de tantas vidas planetárias que precisei realizar em busca da libertação e da luz, eu vos digo: abençoai a Lei da Grande Aliança que vem colocar-vos sobre o pedestal que vos pertence, embora para isto seja necessária da vossa parte a aceitação de uma situação penosa até certo ponto, enquanto não chegais a conquistar a plenitude das vossas prerrogativas como companheiras do homem que pactuou convosco a comunhão de amor e de vida até mais além da tumba.

"Mulheres... Nobres e belas mulheres, irmãs gêmeas das que foram e serão mães das minhas vidas humanas!... Não choreis mais, porque soou para vós a hora do amor e da liberdade!... Eu tenho o segredo da vossa felicidade, paz e libertação como espíritos. Vós o quereis?"

Formidável explosão de soluços, prantos e gemidos ressoou como uma tempestade desatada repentinamente no vasto salão. A maior parte caiu de joelhos com as mãos estendidas para Abel como numa suprema oração:

— És um deus feito homem! — ouvia-se o clamor repetido. — Salva-nos, príncipe do Eufrates!... Somos muito desgraçadas!... Pecamos impelidas pela solidão, pela dor e pelo abandono!...

"És Apolo que vem salvar as filhas de Nórthia!... Queremos ser boas mas queremos viver, amar, ser felizes, ser amadas, ser alegres!..."

Os chefes, comovidos com a situação delas, choravam também, embora silenciosamente, pois à clara luz emanada da dissertação de Abel achavam-se grandemente culpados da triste situação daquele desolado rebanho de seres humanos que haviam nascido mulheres.

Quando a dolorosa explosão se acalmou, Abel falou novamente:

— Autorizais-me — perguntou — a fazer pela vossa felicidade tudo quanto eu entender ser necessário?

Um *sim* repetido em coro em todos os tons deixou-se ouvir firme e resoluto.

— Esperai-me reunidas amanhã a esta mesma hora e vos revelarei o segredo da vossa felicidade, da qual o bom Deus me fez depositário. Entretanto, como preparação para recebê-lo, eu vos peço que deponhais toda aversão ou receio entre vós e que nenhuma se julgue maior que suas irmãs, seja quem for o homem que foi seu senhor. Não sois mais que almas revestidas de um corpo de mulher, irmãs de origem, lutas e infortúnios, e nem sequer os anos de vida terrestre vos devem servir de pretexto para assumir privilégios destruidores da paz e da concórdia.

Compreendendo o significado destas últimas palavras, as que vestiam capas brancas e ocupavam os mais altos estrados desceram chorosas; e, abraçando-se com as demais, se confundiram entre elas.

Então chegou a vez de Abel se comover, e sem preocupar-se em secar as lágrimas de suave emoção que corriam serenas por seu rosto juvenil, abriu os braços ao mesmo tempo em que lhes dizia:

— Mulheres que padeceis!... Eu dou a todas o abraço da Alma Criadora, que se compraz nesta hora com o vosso formoso despertar para a vida e o amor!

Para os kobdas companheiros de Abel, todos sensitivos, clarividentes alguns, auditivos outros, haviam passado em grandioso desfile, como num cenário sem limites, estupendas cenas do passado que explicavam o presente e faziam prever o porvir. O Homem-Luz tinha evocado suas elevadas alianças espirituais para auxiliá-lo em sua obra de *transformar aquelas almas sombrias numa constelação de estrelas,* segundo o seu eloqüente dizer; e essas alianças acudiram em conjunto como um torvelinho radiante que na marulhada de luz, harmonia e amor, tinha saturado almas e corpos de inefável doçura.

Por isso, naquela numerosa assembléia, o arrependimento arrancava lágrimas e soluços. Por isso os chefes derramavam seu pranto silencioso à vista do feroz egoísmo com que haviam sacrificado aquelas mulheres a seus instintos e ambições.

Por isso as altivas mulheres que haviam sido do Grande Serru desciam do seu estrado de honra para misturar-se com suas companheiras do infortúnio de mais modesta posição. Por isso sentiam todos no mais profundo do seu ser a voz dolente da alma prisioneira reclamando em gritos seus direitos à libertação e ao amor.

Os ódios, os receios e os pensamentos delituosos haviam-se apagado como uivos

311

de feras que se vão afastando corridas pela labareda de um incêndio visto de longe. A visão radiante de uma nova esperança deixava ondular sua vestimenta flutuante saturada de frescor, promessas e carícias!...

Oh! Milagre da divina esperança, semeando rosas sobre a nevada, sobre as rochas, nas areias escaldantes e até nas tumbas desertas!...

Tal é a alma, centelha divina, cativa e encadeada, esfarrapada e leprosa, às vezes corroída de úlceras e chagas, mas sempre disposta a emancipar-se e a voar!...

Ao retirar-se, Abel foi com os chefes a um grande torreão chamado dos Conselhos, onde se realizavam as deliberações importantes e secretas. Ali estavam os arquivos em tábuas de argila correspondentes às famílias das berecinas e dos chefes que foram seus donos e senhores.

Os kobdas deviam aproveitar aqueles momentos de boa disposição para solucionar o problema daquelas oitocentas e trinta mulheres que ficaram sem lar, relegadas como um rebanho de ovelhas cativas num redil amuralhado de rochas.

A árdua tarefa de pôr em ordem nomes, famílias, dotes, tribos, países a que pertenciam, número e idade dos filhos que cada uma tinha, causas de repúdio, situações especiais, etc.; tudo isto tomou aos kobdas e chefes quase toda a noite. Embora fosse outro o alojamento preparado para Abel, em Frixos, não podiam abandonar o torreão em face da abundante neve que caía, obstruindo os caminhos e dificultando a viagem.

Ninguém pensara em pernoitar na vetusta mansão de pedra. Como poderiam supor os chefes que o representante do Grande Thidalá das Nações dos dois continentes tomaria com tão grande interesse a causa de suas berecinas? Estavam ali relegadas havia trinta luas e eles, *seus senhores,* só se haviam ocupado de satisfazer com abundância as necessidades físicas de alimentação e vestuário e de enviar-lhes elementos de trabalho que servissem de distração. Contudo, os kobdas eram os decididos cultivadores do espírito, os apóstolos da redenção humana terrestre, e para eles era assunto de primeira necessidade pôr no caminho do progresso espiritual e do melhoramento moral aqueles oitocentos e trinta espíritos estancados na inércia e no tédio, na ignorância e na ociosidade.

O grande Torreão dos Conselhos, que se dizia ter sido propriamente o templo utilizado pelos mingos para seus cultos macabros, levantava-se num ângulo da imensa cidadela de rocha, com a qual comunicava-se por uma passagem ou ruela curta aberta como um túnel na montanha. Como a fada da nova esperança estendeu seus véus refrescantes e suaves sobre as infelizes mulheres ali prisioneiras, elas, com inaudito afã, transformaram as amplas cavidades do torreão em morada confortável para que pudesse servir de lar por essa noite ao único homem que lhes havia demonstrado amor.

Numa ampla sala baixa, contígua ao arquivo onde kobdas e chefes deliberavam, prepararam elas um refeitório-dormitório, com uma lareira em cada ângulo, cobrindo de mantas de peles e cobertores de lã os grandes estrados de pedra que circundavam a vasta sala em todas as direções; e, sobre a enorme mesa de pedra negra que fora altar dos sacrifícios, haviam disposto com abundante profusão alimentos de toda espécie, onde predominavam o delicado pescado assado do Báltico, os gansos defumados, frutas, mel e manteiga do país. Nas quatro lareiras viam-se enormes caldeirões de cobre onde fumegava o xarope de cerejas e o suco de uvas com os quais aquela gente acompanhava sempre suas refeições.

— Aqui passaram as fadas que velam pelos famintos — disse pouco depois um chefe jovem que, vendo a impossibilidade de voltar a Frixos, se dirigia ao túnel de comunicação para pedir alguns víveres no aprovisionamento da fortaleza. Ao ver a maravilhosa transformação que sofrera a *sala do altar,* perguntou a quatro velhos criados que ali encontrou cuidando do fogo:

— Quem preparou tudo isto?

— As berecinas, assim que começou a cair a neve com tanta abundância, porque compreenderam que não poderiam voltar a Frixos nesta noite.

— Que os deuses compensem a sua boa ação, porque estamos todos morrendo de frio e até de fome. Logo deve amanhecer.

— Ainda não, amo — disse um dos velhos. — Começam já as noites a ser mais longas e ainda haverá tempo para que tomeis um longo sono.

— E vós, que sois aqui?

— Os guardas-noturnos de plantão. Bem sabeis que não há aqui outros homens além de nós, que somos doze, postos aqui pelo Grande Serru, nosso pai e senhor. As amas nos mandaram para vos servir.

Poucos momentos depois, kobdas e chefes rodeavam aquela enorme mesa, presente que deviam às infelizes cativas nas quais a fada da esperança começava a despertar os bons e nobres sentimentos adormecidos pela inércia de uma vida inútil, sem alegria e sem amor.

Quando já havia nascido o Sol, os kobdas despertaram, Abel pensou que não havia necessidade de esperar a noite seguinte para terminar aquele assunto, visto que já haviam recolhido no arquivo os dados que lhes eram necessários para agir com acerto e justiça. Fez-se conduzir à grande sala das assembléias, onde foram chamadas as berecinas acompanhadas de seus filhos. Para abreviar a árdua tarefa, dividiram o conjunto em grupos, ou seja, por idades: as mais jovens, as medianas e as de idade madura. Estas últimas eram em menor quantidade e tinham menos filhas ou não tinham nenhuma, pois já as haviam casado.

Os kobdas tomaram para si a tarefa de averiguar quais as que desejavam ser devolvidas às suas famílias e países, e quais as que desejavam permanecer no santuário.

Aquele arquivo do Torreão dos Conselhos permitira aos kobdas tomar inumeráveis fios soltos, almas esquecidas e perdidas no vertiginoso turbilhão da vida, que arrasta às vezes os seres como o vento às folhas do outono.

Ali estavam várias das donzelas do país de Arab vendidas pelo infortunado Diza-Abad aos piratas, juntamente com Zurima e suas irmãs.

Ali estavam filhas e netas de Etchebéa, o desventurado príncipe do país de Nairi, atualmente sob o governo de Iber. Uma dessas netas era filha do pai de Kaíno, filho caçula de Etchebéa. Era, pois, meia-irmã do filho adotivo de Adamu e Évana.

Ali havia filhas de Ismaku, o príncipe dos cuchitas; filhas de esposas secundárias

313

que ele tivera. Filhas também das berecinas de Jebuz, o pai de Ada, a Rainha do Eufrates. Eram, pois, meias-irmãs da meiga esposa do kobda-rei.

Encontraram entre aquele amontoamento de mulheres sem lar algumas originárias das montanhas do Irã, algumas do próprio país de Aranzan ou Num-ma-ki, governado por Hélia; e, entre estas, uma filha do conselheiro que foi descoberto em traição e que se enforcou ao ver-se encerrado na Torre da Justiça.

Havia uma berecina de Icléias, o pai de Walkíria, a qual tinha duas filhas, uma já adolescente e a outra muito jovem; e ambas eram meias-irmãs da matriarca de Kiffauser.

Entre as belas mulheres circassianas, duas meias-irmãs de Vladiko, o esposo de Mabi, com três filhinhas cada uma, todas meninas menores de doze anos.

Quando chegaram a examinar o grupo das mulheres do Nilo, encontraram duas netas do kobda Ghinar, que fora rei de Mizrain, o país vizinho de Zoan que pertencera ao velho Chalit Armhesu.

Até a anciã Elhisa, a boa fada do Monte Kasson, estava ali representada naquela filha que perdeu de vista ao fugir de seu marido despótico e cruel, e que contava já perdida para sempre. Aproximava-se já dos quarenta anos e tinha somente duas filhas pequenas, pois os filhos maiores eram varões e ficavam sob a tutela dos pais.

Todas estas mulheres pediam para ser devolvidas a seus países e às suas famílias, onde poderiam dar uma nova orientação às suas vidas.

A maioria era de Frixos, de Kaldis e dos demais países circunvizinhos, e eram as que desejavam permanecer no santuário até tomar alguma resolução.

Abel conseguiu dos chefes que custeassem a viagem das mulheres que desejavam voltar para junto de seus parentes e que as dotassem segundo seus meios, dando-lhes carta de soberania para que em nenhum caso fossem injuriadas como repudiadas.

Quando obteve o que era de justiça para elas, disse:

— As que desejam partir para os seus respectivos países, preparem suas maletas de viajantes e ponham em ordem seus assuntos particulares, pois sairão daqui dentro de poucos dias, assim que nós tivermos resolvido os assuntos que nos trouxeram aos países do Ponto. Eu mesmo as conduzirei ao destino de cada qual.

"Quanto a vós, as que decidistes permanecer no vosso país e neste santuário, eu vos digo que, se tiverdes um pouco mais de paciência, logo devem chegar a Kiffauser, se já não chegaram, mulheres kobdas do santuário do Cáspio para formar um Conselho Feminino ao lado da matriarca, que quer entrar nas nossas fileiras de educadores de povos. Eu vos prometo conseguir dela que vos visite com o dito conselho. Dali tomareis a luz e a orientação necessária para governar-vos e agir de forma a ter paz e felicidade. Santuários como este florescem como jardins em Ethea, no Nilo, em Soldan e em 'A Paz', às margens do Eufrates. A própria matriarca Walkíria quer fundar um em Kiffauser, pondo à frente mulheres kobdas, minhas irmãs, já com longa experiência em abrir horizontes de luz e de amor para mulheres que, pela Lei da Aliança, ficaram nas mesmas condições que vós.

"Esperai, pois, e confiai, que as promessas que vos faço, em nome de Deus eu as faço, e Ele estará comigo para cumpri-las.

"Em Gorilândia e em Calidônia permanecerei ainda vários dias. Meditai em vossas resoluções e estareis a tempo de dar-me aviso antes da minha partida."

Seguido pelas pranteadas bênçãos de todas aquelas mulheres que viam sair um novo Sol com a visita de Abel, este saiu da fortaleza seguido de seus irmãos e dos chefes, pensando que Araxés deveria estar esperando-o, porque aproximava-se a hora de despertar Vadina.

O DESPERTAR DE VADINA

Numa espécie de largo natural aberto entre verdes colinas à entrada de Frixos, encontraram Araxés um tanto agitado e nervoso por parecer-lhe que os kobdas tardavam demasiado. Como no dito largo se bifurcavam os numerosos caminhos que conduziam a todos os pontos da cidade, chefes e kobdas se despediram, e estes últimos seguiram a Araxés para sua morada.

— Tendes já o que necessitávamos? — perguntou Abel, aludindo ao menino que devia cooperar na cura de Vadina.

— Dois em vez de um — respondeu o chefe.

— Como é isso? — interrogou Kerlés, que também caminhava ao lado de Araxés.

— É bem original a ocorrência, que eu chamo fruto da casualidade.

— Ou da Eterna Lei abrindo caminhos desconhecidos — respondeu Abel.

— Enquanto não chegamos à minha casa, eu vos relatarei tudo.

— Estamos escutando.

— Quando me separei de vós, oprimido pela amargura e quase completamente desnudo de esperanças, perguntei a mim mesmo: aonde irei agora em busca de um recém-nascido sem pais, ou cujos pais queiram dá-lo a mim para jamais pretender recobrá-lo? Como queria ocultar aos transeuntes minha desesperada angústia, fui procurando os caminhos mais afastados para evitar encontros que pudessem dificultar minhas ações ou causar-me mais dor além daquela que tinha em meu coração.

"Eis que havia outro homem que, procurando evitar encontros onerosos, vinha na direção oposta pelos mesmos lugares solitários onde eu andava.

"Este homem era o mais novo dos meus irmãos, que vinha à minha casa para confiar-me a terrível situação em que se achava, antes que as altas autoridades do país o declarassem réu de morte ou de prisão perpétua. Nessa mesma noite dera morte à jovem esposa de um dos primeiros chefes de Frixos, o terceiro no Conselho Supremo do Governo.

"— Mas, homem! — disse-lhe. — Estás louco? Bem dizia o nosso pai que o teu mau caráter te levaria a um fim desastroso!

"— Espera, não me culpes ainda. Bem sabes que eu era o segundo notário do Conselho, por este motivo tinha muita intimidade com aquele chefe, que era diretor das minas da primeira Seção.

" 'Não sei se sabias que, por ocasião da morte da sua primeira esposa, ele se casou com uma nobre donzela dos alazões da bacia ao sul do Ponto; e esta teve a má idéia de se enamorar de mim com tanto desatino que eu quase me via impedido de cumprir minhas tarefas de notário por temor de que o marido dela percebesse essa situação. A tal ponto chegaram as coisas que ontem de manhã eu a tratei duramente, ameaçando-a de avisar o esposo; dizendo, além do mais, que eu era feliz com minha esposa, que unia a uma grande beleza física a virtude da fidelidade conjugal, que faltava a ela.

" 'Jurou vingar-se e se afastou como uma serpente enfurecida. À noite, aproveitou-se de que os chefes pernoitaram no Santuário de Kaldis e se introduziu disfarçada em minha casa com um criado da sua confiança. Assassinou minha esposa que dormia enquanto eu trabalhava no gabinete contíguo, e quando acudi aos gritos, armado de minha acha, vi que um dos assassinos escapava; naquele que ficou, assestei um golpe tão feroz no pescoço que a cabeça caiu sobre o ombro esquerdo.

" 'Era aquela mulher?' "

"Que horror! — disse eu, e abracei quase chorando o meu pobre irmão, enquanto pensava em minha própria desgraça, não tão grande quanto a dele.

"— Em minha casa há dois cadáveres em minha própria alcova. Imagina! De um momento para outro isto vai ser descoberto.

" 'Só tem conhecimento disto uma velha criada da minha pobre esposa. Essa criada ficou com meus dois filhinhos, uma menina de dezoito luas e um pequenino de duas não completas. Se eu for encerrado na torre ou morto, quem senão tu pode velar por eles? Os demais são meio-irmãos; somente tu és meu irmão e só em ti posso confiar.' "

Até aqui relatou Araxés, quando já chegavam em casa.

— Já compreendo o restante — disse Abel. — As duas crianças a que fizeste alusão são os filhinhos do teu irmão.

— Certamente. Para que iria buscar outros se estes me saíam ao encontro, trazidos para mim por uma horrível tragédia que ainda não sei como terminará? Meu irmão está em minha casa com seus filhinhos e a criada. Não quis dar passo algum, esperando a vossa chegada.

— Fizestes bem. Agora vamos terminar com a tua amada enferma e já veremos se também podemos ajudar de alguma forma ao teu irmão.

Entraram naquele gabinete já conhecido pelos leitores.

Vadina dormia profundamente. Os kobdas ajudaram Araxés a transladá-la para a câmara nupcial que ocuparam como recém-casados e de onde ela fugira com horror por causa dos três partos desgraçados que ali ocorreram, e por parecer-lhe existir ali horríveis fantasmas.

316

Junto ao grande leito encortinado de azul-turquesa via-se a cestinha para recém-nascido coberta de sedas e bordados.

— Ponde aqui flores e lamparinas de azeite perfumado e mandai acender a lareira — ordenou o kobda notário.

Enquanto isto era providenciado, a enferma, ainda adormecida, foi recostada no leito e o garotinho na cestinha.

A anciã criada, chorando amargamente pela atroz morte de sua ama, foi afastada, Abel tomou nos braços a menina maior, que já pronunciava palavras com uma meia língua encantadora. Instruindo-a, Abel disse:

— Observe como a tua mamãezinha dorme; agora a despertarás com muitos beijos e muitas flores. Aqui chega o papai, vês?

A menina olhou para ele e sem dúvida o achou parecido, pois com linguagem especial fez compreender que queria ir com ele.

Abel entregou-a com o objetivo de fazer desaparecer qualquer indício de estranheza na criatura, enquanto dizia a meia voz a Araxés:

— Cuidado para que ela não veja por muito tempo o pai verdadeiro, porque deitaria tudo a perder.

— Ficai despreocupado, o infeliz aceitou o sacrifício exigido por sua situação.

Quando a câmara estava convenientemente preparada, Araxés sentou-se com a menina nos braços na borda do leito. Os kobdas se concentraram fortemente para purificar o ambiente, atraindo eflúvios benéficos.

Depois se retiraram todos, ficando Araxés sozinho com a esposa e as duas crianças, a maior das quais, já familiarizada com seu novo papai, entretinha-se graciosamente em fechar-lhe os olhos e fazer com que ele adivinhasse se era noite ou dia.

Poucos instantes depois Vadina despertou, mas tão suavemente que Araxés, entretido com a menina, não percebeu.

Ela o observava em silêncio e olhou logo para o rosto da menininha. As azuis pupilas de Vadina se dilataram, abismadas num grande esforço de memória.

Finalmente ela exalou um grito:

— Araxés! — exclamou. — Eu sonho!... Eu deliro!... Ou estou morta e me julgo viva? Que aconteceu aqui?

— Aconteceu, minha amada, que finalmente os nossos gênios tutelares te fazem voltar à vida e ao amor do teu esposo e dos teus filhinhos! — respondeu ele, beijando seu rosto empapado de suor.

Fez com que a menina maior a beijasse e a colocou a seu lado, ao mesmo tempo que levantava da cestinha o pequenino adormecido e o colocava junto ao peito de Vadina.

— Como! Outro mais? — perguntou assombrada.

— Mas, querida!... A febre te fez esquecer nossos dois filhinhos?

— E o morto? Que fizestes dele?

— Ainda perdura em ti o delírio da febre — disse Araxés alisando suavemente seus cabelos ruivos. — De que morto falas?

Ela ficou em silêncio, mas via-se o esforço mental que fazia para recordar.

A menininha interrompeu, como que inspirada, tal meditação, e arrojando-se espontaneamente no pescoço de Vadina, perguntou:

— Comeste as cerejas que te dei? — Fechando-lhe também seus olhos, como fizera com Araxés, perguntou:

— É noite ou é dia?

— Quantas luas estive enferma? — perguntou a mulher a seu esposo ao mesmo tempo que beijava as mãozinhas da criatura e examinava o rostinho do garotinho adormecido.

— Levaste o tempo que tem este pequenino, duas luas. A anemia te debilitou em tal extremo que caíste em contínuos delírios. Benditos sejam Apolo e Nórthia, que nos devolveram a vida e a felicidade.

— Oh, que horrível é não poder recordar!... — exclamou ela. — Julgava que nossos filhinhos tinham morrido!...

— Em razão do teu estado grave, as crianças foram postas aos cuidados de uma boa ama que, como vês, os conservou formosos e sãos como fruta madura. Essa separação terá aparecido diante da tua imaginação febril como uma morte.

"Entretanto creio, querida, que agora não duvidas mais que estão vivos."

— Quanto se parecem contigo, principalmente esta, que é preciosíssima!... — e abraçou ternamente a formosa criatura, que pronunciava palavras com sua língua quase ininteligível.

— Eu tenho outra mãezinha tão linda como vós.

Araxés se alarmou, mas a própria Vadina, compreendendo, disse:

— Essa é a ama, querida; tua mãezinha sou eu.

O garotinho despertou com grandes gritos, e a anciã criada, que já havia chamado a jovem ama-de-leite, entrou com ela, fazendo inauditos esforços para não deixá-lo chorar.

— Esta é a anciã — disse Araxés — que cuidou dos nossos filhinhos. — Estas palavras foram confirmadas pela menininha que desceu do leito para abraçar-se com a criada, dizendo-lhe uma torrente de palavras confusas, como de costume.

Araxés, diante de tal cena, sentiu-se comovido até às lágrimas. Saiu, pois, para o grande pátio coberto onde encontrou seu ancião criado, que lhe entregou uma folha de tela gravada por Abel. Dizia somente estas palavras:

"Meu amigo: bendigamos ao Altíssimo igualmente na felicidade como na dor.

"Nós vos deixamos com a vossa felicidade recém-encontrada, porque outros deveres nos chamam à vizinha Trácia. Levo comigo o vosso irmão, cuja situação acomodaremos favoravelmente.

"Sede justo como sois feliz.

ABEL."

— Que homem!... Sem nenhum egoísmo, sem nenhuma vaidade! A Grande Sacerdotisa de Apolo estava certa quando anunciou ao desembarcá-lo em nossa costa que era um Deus feito homem!

Guardando reverente sobre seu peito o pedacinho de tela gravada por Abel, voltou à câmara de sua esposa, a qual encontrou sentada no leito sobre o qual a menininha despetalava flores. Vadina adormecia o pequenino com um suave e meigo cântico de berço:

> Dorme, coraçãozinho
> Dorme, minha luz
> Nos braços amorosos
> Da fada azul...

Um terno pensamento de gratidão vibrou fortemente na alma de Araxés ante o aprazível quadro de sua nova felicidade, e esse pensamento ia dirigido a Abel e a seus irmãos, que haviam entrado em sua casa como gênios benéficos inundando tudo de paz, alegria e esperança.

Entretanto, ao ver as duas criancinhas que, inocentes de sua desgraça, haviam cooperado para a felicidade de que ele desfrutava, sentiu seu peito transbordante de amor paternal e piedade imensa para aquele que lhe fazia o holocausto voluntário desses pedaços de seu próprio coração.

Depois de breve silêncio, Araxés disse à esposa:

— Agora que estás bem, devo participar-te as novidades ocorridas durante a tua enfermidade.

— Mas o que aconteceu?

— Meu irmão Furkis partiu com sua família para um país distante, chamado por um grande rei para ensinar aos mineiros o polimento dos metais e das pedras preciosas.

— Eu sinto muito, mas se é para o seu bem, devemos alegrar-nos. Em nossa tribo o pobre Furkis vegetava por causa da sua condição de mais moço, e principalmente pelo modesto berço de sua esposa. Como foi isso?

— Esteve aqui o representante desse rei, que é o Thidalá da Grande Aliança. Ele travou grande amizade comigo, a tal ponto que lhe devemos a tua vida e a tua saúde, pois ele e seus acompanhantes, todos homens sábios e justos, te submeteram a seus métodos curativos, como bem o vês, com ótimos resultados. Pois esse jovem príncipe, delegado do Thidalá, foi quem levou meu irmão. Repara. — E mostrou-lhe a tela gravada por Abel.

— Oh!... Por que não esperou para que eu o visse e lhe desse meus agradecimentos? — perguntou Vadina quase enternecida.

— Minha querida, deves compreender que um personagem assim tem inumeráveis negócios a cuidar. Ele fez demasiado ocupando-se do nosso lar para deixá-lo convertido num céu de paz e felicidade. Esteve também toda uma noite no santuário de Kaldis para solucionar o problema das berecinas e de suas filhas.

— E as tuas?... — perguntou alarmada.

— Não te preocupes; elas irão para a sua tribo e para o seu país, como irão todas as que assim o desejarem, segundo os convênios que o delegado firmou com os chefes do Alto Conselho.

— Parece-me que sentirás a separação dos filhos! — disse Vadina meditabunda.
— Deixá-los-ás partir com elas?

Araxés permaneceu em silêncio...

— Tu buscaste a minha felicidade, e é justo que eu pense na tua. Se quiseres deixá-los aqui, eu cuidarei deles da mesma forma como cuidarei dos meus.

Comovido por aquela terna abnegação, Araxés beijou com amor o rosto da sua companheira enquanto lhe dizia:

— A enfermidade fez murchar um tanto a tua beleza física, mas não conseguiu esgotar a bondade do teu coração. Eu sabia que ias dizer-me isto, e tanto o sabia que já estava feito. — Chamando com um apito, disse ao criado que se apresentou:

— Trazei as crianças, que estão em meu gabinete.

Uns momentos depois o criado voltou com quatro crianças mais ou menos da mesma idade, ou seja, de vinte e seis a quarenta luas, vestidas todas com pequenos capotes de pele branca que as assemelhavam a pompons de lã onde só se viam quatro rostinhos rosados e risonhos.

— Oh, como são belas!... E são tuas, oh, sim, tuas! — disse Vadina encantada.
— Basta observar os olhos delas.

Araxés foi sentando todas no grande leito.

— O maior é varão e será no futuro um grande homem, chefe de sua tribo. Estas outras são meninas que, com a nossa, aprenderão a ser boas donas de casa para fazer a felicidade de outros tantos lares.

— Oh, que beleza, Araxés, que beleza!... Adormeci nesta penosa letargia julgando-me sozinha entre cadáveres de crianças mortas, e desperto entre um jardim de belíssimas criaturas...

"Que bom gênio passou por aqui que desta forma fez florescer de rosas o nosso lar?"

— A tua bondade, minha querida, a tua bondade mereceu dos deuses estas dádivas divinas do céu. São todos teus, todos! Entendes? Faz de conta que nenhuma outra mulher é mais mãe deles do que tu.

"Vê quantos anjinhos Nórthia te mandou num só dia!"

Vadina fez trazer um estilete e anotou num pedaço de argila o nome de cada qual, à medida que eles o diziam.

— Ah! Mas uma mãe de tantos filhos não pode estar ociosamente estendida no leito — disse repentinamente, saltando da cama e começando a andar, embora ainda vacilante, pelo aposento.

Araxés cobriu-a com uma grande capa de peles, porque ela quis percorrer a casa e os jardins acompanhada das crianças.

— Estou forte!... Vivo novamente, depois desse horrível pesadelo que me prostrou enlouquecida. Dize-me a verdade, Araxés, não é certo que estive louca? Eu estou convencida de que estive louca, porque só assim se explica que eu não me lembre de absolutamente nada.

— Isto de fato ocorreu, minha amada, e quantos lúgubres e longos dias passaste entre a vida e a morte! Mas cubramos tudo isso com um véu de eterno esquecimento, já que os nossos deuses espantaram as trevas desta casa.

— Sim, sim, é verdade! Que os deuses nos sejam propícios e recebam como um perfume eterno a gratidão dos nossos corações.

Sentaram-se ambos num banco de pedra sombreado por uma laranjeira em flor e contemplaram o formoso panorama do Sol do entardecer tingindo de dourados matizes os cumes das montanhas cobertas de neve.

Como um rebanho de cordeirinhos brancos, brincavam em torno deles as travessas e belas crianças cujos risos lhes soavam como notas cristalinas de uma música exótica naquele lar abatido até havia pouco tempo pelo mais amargo infortúnio.

Pensando Araxés e Vadina na missiva de despedida de Abel, disseram ao mesmo tempo, tomando-se pela mão:

— *Sejamos justos como somos felizes! Assim Ele o quer!...*

OS FILHOS DE CHAL-MOKSIS

Ao sair da câmara de Vadina, Abel e os kobdas já tinham a intenção de levar para "A Paz" o desventurado Furkis. Quem senão eles podiam encontrar o segredo de curar também aquele coração partido?

Foi assim que o procuraram e o encontraram numa casinha que era destinada a depósito de lenha para as lareiras.

— Furkis — disse Abel. — Sei tudo quanto te ocorreu, e assim como o Altíssimo me tomou como instrumento para devolver a felicidade ao teu irmão, pode ser que me tome para dá-la também a ti.

— Vós sois o príncipe do Eufrates, representante do Thidalá da Grande Aliança, e talvez vos comprometais amparando um assassino, muito embora eu tenha agido em defesa do meu lar e da minha vida.

— Sim, sou o que dizes, e por isso mesmo estou em condições de fazer justiça contigo. Nada temas de mim. Vem comigo para o outro lado do Danube. Agora mesmo o cruzaremos, porque nos esperam em Gorilândia.

— Seja como dizes — respondeu Furkis tristemente. — Nada me liga já a esta terra, onde fui tão infeliz.

E seguiu em silêncio os kobdas que, cobertos com grossas capas de peles, passaram despercebidos até a praça do porto, onde um veleiro os aguardava.

Ali encontraram os três representantes de Eric que junto com eles haviam vindo de Kiffauser para assumir a mais alta autoridade do país.

— Apresentai nossas despedidas a todos os chefes, porque é urgente que eu chegue a Trácia nesta mesma noite — disse Abel aos três anciões. — E não retardeis mais que três dias o embarque das berecinas com destino a Calidônia, onde as esperarei.

— Ficai despreocupado, que desde ontem assumimos este encargo.

— E que os chefes cumpram com os convênios firmados — acrescentou o jovem kobda com firmeza.

— Tudo será feito conforme o vosso desejo. E agora?... Esta despedida será para sempre. Somos já demasiado velhos!... — disse o mais ancião dos três.

— Mas como eu não sou velho, pode ser que algum dia possais ver-me novamente no Ponto. Quem pode saber o futuro? — Ao dizer assim, o jovem kobda foi abraçando um por um os três anciões que lhe recordavam Kiffauser e a matriarca Walkíria, junto da qual os havia conhecido.

— Jamais esqueceremos aquela viagem do veleiro branco, o Gaivota, pilotado pela Grande Sacerdotisa de Apolo, que vos conduziu a esta margem.

— Se voltardes a Kiffauser — disse Abel — relatai-lhe tudo quanto vimos aqui, e dizei à matriarca que para concluir a obra iniciada no Santuário de Kaldis, contei com ela sem consultá-la, porque conheço a sua grande vontade voltada para o bem. Dai-lhe isto de minha parte. — E lhes entregou um pequeno tubo de prata encerrando um papiro gravado. Fechado com o selo da Grande Aliança, aquele documento era sagrado e secreto.

— Juramos por Apolo que este tubo irá para as mãos dela sem que ninguém o haja tocado.

Uns momentos depois, o pequeno veleiro levantou âncora rumo ao sul, cortando como uma ave marinha as azuis ondas do Danube quando os últimos resplendores do ocaso pareciam diluir-se nas penumbras da noite que se aproximava. Os kobdas baixaram ao camarote que lhes tinha sido destinado. Só duas silhuetas escuras se viam de pé olhando para Frixos, cujos rosáceos casarões de pedra se confundiam com as colinas coroadas de árvores corpulentas que as sombras tingiam de um verde quase negro. Eram Abel e Furkis.

— Ali fica insepulto o cadáver dela. Ali ficam meus dois filhos, que ignorarão para sempre o seu nome e o meu!... — exclamou com surda voz o irmão de Araxés.

Cobriu o rosto com ambas as mãos para não ver mais a cidade natal, onde ficava enterrado para sempre tudo quanto amara em sua vida.

Abel havia esperado este momento terrível, e por isso ficou sobre a coberta.

— Meu amigo — disse ele, pondo uma das mãos sobre o ombro de Furkis —, até na tua terrível dor há uma fonte de consolo, se quiseres beber dela. Não sintas pesar pelo cadáver daquela que foi tua esposa, pois Araxés fará o que tu terias feito, depois que a justiça dos homens interferir neste caso. Além do mais, que é um cadáver? Nada! A maldade humana arrebatou o corpo da tua companheira; mas se um verdadeiro amor te unia a ela, podes estar bem certo de que o espírito dela te seguirá em toda parte.

"Quando eu te disse em Frixos: *vem comigo,* foi porque uma íntima voz dentro de mim pareceu me revelar que dessa tumba prematura sairia uma grande luz para te iluminar. Tudo o que pensas vive eternamente. Viver é amar as almas, tenham ou não corpo material que lhes permita atuar no plano físico. Por que falar, pois, como se a esposa que choras fosse uma massa informe sem alma?"

— Sim, sim!... É como dizeis. Mas onde está ela, onde?

— Em ti mesmo, quando pensas nela e quando a amas!

— Eu penso sempre nela!... Eu a amarei em todos os momentos!... Como poderia esquecê-la?

— Se o teu amor é daqueles que forma alianças eternas, eu te asseguro, Furkis, que antes que floresçam novamente as cerejeiras, a tua esposa se haverá aproximado tanto que deixarás de lamentar a morte dela.

"Por isso pensei em levar-te comigo a 'A Paz', nas margens do Eufrates, onde encontrarás uma imensa família que desejará consolar-te, que se esforçará por fazer-te entrever um céu que desconheces, uma felicidade que ainda não provaste sobre a terra."

— Meu coração está cheio de gratidão por vós, príncipe Abel — respondeu Furkis. — No entanto, não consigo compreender por que tanto afã em consolar a minha dor. Eu vos asseguro que não quero ser consolado. Não vedes que consolar-me desta imensa dor é esquecê-la?

"Eu não vos disse que não quero esquecê-la jamais? Eu vos seguirei ao Eufrates!... Eu vos seguirei aonde quiserdes, unicamente pela franca acolhida que me dispensastes na desgraça; contudo, por piedade, não faleis em consolar-me, pois isso equivaleria a perder a última e única satisfação que me resta: a de sentir, enquanto viver, a dor de havê-la perdido."

— Está bem, meu amigo, não falarei mais de consolo, e se te peço que desças comigo ao camarote, é porque a névoa gelada ameaça congelar-nos e meus irmãos estão esperando.

Ambos desceram em silêncio.

Pouco depois foi servida a refeição do anoitecer, e Furkis, que não queria ser consolado, sentia-se invadido por uma paz serena e suave. Então, começou a contar aos kobdas dos costumes dos povos da Trácia onde, passadas duas horas, deviam desembarcar.

Efetivamente, pouco depois viram o farol de Gorilândia e numerosas labaredas que pareciam correr de um lado para o outro produzindo um quadro fantástico, como se aquelas luzes flutuassem sobre a superfície do majestoso rio. Eram as tochas dos guardas do porto que os aguardavam.

Quando Abel pôs o pé em terra, encontrou novamente aquele grupo de anciãos faustosamente vestidos, a quem Walkíria exigira juramento de cuidar da vida dele como das deles próprios.

— Príncipe! — disse o mais ancião. — Muito tememos pela vossa vida e pelo juramento que fizemos à Grande Sacerdotisa de Apolo, que nos entregou há três dias a vossa pessoa; e acreditai que, se não chegásseis neste momento, cruzaríamos nós o rio para vos buscar.

— Pois já estou aqui, e obrigado pelo interesse que a minha modesta pessoa vos inspira. Chegaram a Cherua e o seu filho?

— Ontem ao meio-dia, e vos esperam no Templo de Chal-Moksis para finalizar o ritual fúnebre, pois já se cumpriram as quarenta luas da morte do Cheru. O ritual é absolutamente necessário para que ela e o seu filho recebam a consagração amanhã, segundo a lei.

323

— Vamos lá — disse Abel.

Apenas disse isto, foi sentado numa espécie de poltrona enorme coberta de peles e tapeçarias e transportado por dois guardas formidáveis. Atrás dele vinham os vinte anciões e os kobdas, que ocuparam outras poltronas, formando uma numerosa comitiva escoltada pelos guardas das tochas.

Um estranho soar de cornetas e apitos compassados e harmônicos foi chamando a atenção da cidade adormecida, que começou a pôr-se em movimento seguindo a mesma direção que a comitiva seguia.

Depois de um bom andar, chegaram ante um enorme penhasco cujas aberturas verticais lhe davam o aspecto de um torreão ameado, mas tão imponente e severo que mais parecia um presídio que um templo, como o haviam chamado.

As numerosas tochas que o coroavam estendiam seus vermelhos resplendores sobre as palmeiras que em espesso bosque rodeavam o vetusto e majestoso torreão.

Quando as portas de pedra correram sobre seus trilhos, uma torrente de luz se derramou ao exterior, e uma silhueta delicada e graciosa, toda velada de negro, se destacou no centro daquele recinto.

Esta silhueta segurava pela mão um menino de nove anos, coberto por uma capa de pele branca que apenas lhe chegava aos joelhos, deixando ver seus pés e pernas encerrados numa rede de ouro e pedras preciosas.

Era a Cherua viúva com seu pequeno filho.

— Cherua!... — disse Abel inclinando-se e estendendo ao mesmo tempo as mãos, que ela tocou com as suas sem levantar o véu.

— Príncipe delegado do Grande Rei das Nações!... — exclamou ela com voz comovida. — Cheguei ontem do Monte Kasson para receber a justiça das vossas mãos. Eis aqui meu filho.

— Cherubin!... — exclamou Abel, acariciando o menino que devia ser consagrado soberano de um numeroso povo. — Deus te conserve na justiça e na santidade da sua Lei para que faças felizes os homens desta terra.

Sua mãe falou-lhe ao ouvido, e o menino, dobrando um joelho em terra, respondeu:

— Chal-Moksis esteja convosco, príncipe do Eufrates!

Neste instante começou a se ouvir um coro de gemidos de mulheres acompanhados por uma lúgubre melodia, apenas perceptível.

— Já chegou a hora! — anunciou um dos vinte anciãos que rodeavam a Cherua; e, ao levantar-se uma pesada cortina de púrpura que dividia em dois o recinto sagrado, viram um desfile de mulheres veladas de negro parecendo fantasmas em danças compassadas. Delas partiam os gemidos, que continuaram subindo de tom cada vez mais até transformar-se em lamentações agudas e angustiosas.

A Cherua e seu filho sentaram-se num tapete no centro da ronda lamentosa dos fantasmas velados. À frente deles foi colocado uma espécie de candelabro de ouro com sete braços, em cujas pontas estavam sete taças cheias de azeite perfumado com mecha pronta para acender.

Repentinamente, dois fantasmas dançantes se arrojaram ao pavimento como que fulminados por um raio, e um dos anciãos anunciou com voz estentórea:

324

A morte caiu vencida
Suas sombras já não são mais.
Cantaremos à vida,
Ao amor e à paz!

Os fantasmas ergueram-se rapidamente, mas deixando no solo seus negros véus para aparecer velados de azul-celeste, e começaram uma nova dança, febril e harmoniosa, acompanhada de músicas e aplausos que pareciam uma tempestade.

O Cherubin acendeu uma por uma as sete lamparinas de azeite do candelabro de ouro.

Entretanto, Abel pensava na inutilidade e no disparate de toda aquela algaravia, como da funerária comédia com a qual a cerimônia se iniciara.

Sua alma cheia de luz e conhecimento encheu-se de piedade e lástima pela tenebrosa ignorância dos seres, que veriam como sacrílega profanação a tomada de posse do governo daquele povo sem a realização daquele ato, ao qual chamavam "fim da cerimônia fúnebre".

Então a Cherua abraçou o seu filho e, já despojada do negro véu, deixou-se ver em toda a sua esplendorosa beleza, trajada com o tradicional manto cor de laranja bordado de prata e salpicado de esmeraldas.

O mais ancião dos conselheiros convidou-a a subir com seu filho no grande estrado em cujo centro estava uma estátua de Chal-Moksis, o deus dos trácios, que simbolizava tudo o que de grande, belo e bom podem os homens esperar na vida.

A seus pés tinha um javali, símbolo da força da terra, e com sua mão esquerda segurava pelas barbatanas um delfim, símbolo da força do mar. Abel foi também convidado a subir ao grande estrado com seus acompanhantes, os kobdas.

Em seguida, o notário do Conselho, desenrolando papiros e mais papiros, foi relatando os trabalhos feitos por indicação do Thidalá da Grande Aliança para esclarecer quais as tribos que queriam continuar pertencendo ao governo do Cheru falecido e agora representado em seu pequeno filho. Mais ou menos a metade delas se havia rendido ao promotor das anteriores revoltas, um meio-irmão do Cheru que, havendo desempenhado o alto posto de chefe de arqueiros, gozava de grande influência entre os guerreiros.

Os vinte anciãos ali presentes eram os chefes das vinte tribos que ficavam fiéis ao Cheru, ou seja, os tartésios e os tordolanos, tribos pacíficas e laboriosas, pouco amigas de guerras e de conquistas, e que ocupavam desde o Danube até a Ática, sendo suas principais cidades Gorilândia, Gorkun, Calidônia e Anfípolis, todos portos sobre o Ponto e o Bósforo. O Cheru tivera a sua residência em Calidônia, mas a viúva tinha todos os seus parentes em Gorilândia, de onde era originária e onde gozava de grande prestígio.

Todos estes esclarecimentos foram sendo feitos pela leitura dos papiros pelo notário do Conselho, e quando já nada restava do vasto informe, os vinte anciãos juraram ante Abel que suas tribos escolhiam livremente o governo da Cherua e de seu filho, e que eles estavam dispostos a auxiliá-los no desempenho de suas tarefas.

A Cherua jurou por sua vez agir de acordo com a Lei da Grande Aliança para governar seu povo até que o menino fosse declarado de idade suficiente.

Perguntou-se-lhe se ela pensava em contrair segundas núpcias, e ela respondeu que não.

Um dos anciãos insistiu, pondo em evidência sua juventude e a solidão à qual ela mesma se condenava.

Abel julgou necessário intervir, pois observou o sofrimento que tal interrogatório causava à Cherua.

— Creio — disse o jovem kobda — que não é totalmente necessário definir isto neste momento, pois sempre haverá tempo para uma resolução dessa ordem.

— É que a nossa lei determina que, se a viúva pensa em contrair segundas núpcias, é necessário designar um Audumbla ao Cherubin para que, independentemente da nova família, ele possa governar o seu povo. — Isto foi dito pelo notário, respondendo à proposição de Abel.

— Eu disse que não tomarei um novo esposo, e creio que a minha palavra basta — disse com gravidade a jovem e bela mulher.

Então o mais ancião dos conselheiros, ajudado pelos outros, desdobrou um enorme manto azul turquesa dividido em duas metades por uma franja de ouro. De um lado havia uma cabeça de javali bordada em ouro e pedras preciosas, e na outra uma cabeça de delfim bordada da mesma forma. Com esse manto cobriram a Cherua e seu filho, enquanto pronunciavam as palavras do ritual:

— Chal-Moksis vos dá o seu poder na terra e no mar.

Abel colocou no dedo indicador da Cherua o anelzinho da Grande Aliança, ao mesmo tempo que lhe dizia:

— Que o Altíssimo Senhor de todos os mundos esteja convosco e com o vosso filho, para que jamais esqueçais que o bom soberano deve ser o primeiro servidor de seu povo.

Depois, e cobertos com o grande manto-símbolo, a Cherua e seu filho foram elevados ao alto do torreão ou templo de Chal-Moksis para que, entre o resplendor das tochas, fossem vistos pelo povo ali congregado.

Uma voz emitida por um megafone de ouro pronunciou o versículo do ritual:

A morte foi vencida
Suas sombras já não são mais;
Cantemos um hino à vida
À glória, ao amor e à paz!

— A Cherua e seu filho, o Cherubin, foram cobertos com o manto de Chal-Moksis, o deus da alegria e da abundância, que quer a vida entre a concórdia e o trabalho. A Cherua e seu filho foram libertados do pranto e da angústia para receber amanhã de seu povo a consagração como soberanos do nosso formoso país.

O povo, em grandes vozes, repetiu inumeráveis vezes o versículo do ritual, enquanto arrojava folhas de palmeira e ramos de terebintos para a Cherua e para seu filho, que agitavam suas mãos em sinal de amor e agradecimento.

326

Para os que haviam conhecido a soberana da Trácia à sua chegada ao Monte Kasson e a viam agora, parecia outra mulher. Sofrera uma dupla transformação: no espírito e no corpo. A obra das mulheres kobdas, da Mangrave Elhisa, tinha dado seus frutos na alma desta mulher, que lentamente foi se esvaziando no molde de ouro da Justiça e da Verdade, da Sabedoria e do Amor.

Nós a ouvimos um dia dizer a Iber:

— Eu quero que meu filho e eu sejamos repostos no trono, que nossas terras e nosso povo nos sejam devolvidos.

Ao chegar agora a seu povo natal, perguntou aos vinte chefes das tribos que ficavam fiéis:

— Essas tribos querem a mim e ao meu filho por soberanos?

Quando lhe asseguraram que sim, ela voltou a acrescentar:

— Pois sabei que não quero o ódio de ninguém, mas o amor de todos.

A dura lição da dor, do desterro e da morte do Cheru assassinado pelos que se haviam rebelado contra arbitrariedades e injustiças intoleráveis contribuíra poderosamente para que os sábios ensinamentos recebidos em Monte Kasson a fizessem observar as coisas sob o ponto de vista verdadeiro.

— Vós sois o Homem-Luz de que tanto se fala no País de Ethea, de onde venho — disse a Cherua a Abel no dia seguinte ao da sua consagração como soberana da Trácia. — Sois em verdade um irmão do príncipe Iber, com o qual tendes mais em comum do que a cor azul do vestuário; vós vos fazeis amar intensamente, e o vosso coração permanece impassível, sem uma vibração, sem um pulsar mais apressado. Sois verdadeiramente incompreensível.

— Cherua! É possível que um kobda vos pareça incompreensível depois de haver convivido com as kobdas durante trinta e seis luas? E Abel sorriu afavelmente ao responder-lhe desta maneira. — Pode-se saber, Cherua, qual é o enigma que encontrais nos kobdas?

— Observai! Como sois o Homem-Luz, pode-se dizer tudo a vós, visto que tudo perceberíeis, de qualquer modo, com a sutileza do vosso duplo olhar. Não é assim?

— Como quiserdes, Cherua!

— Eu vos queria dizer que cheguei a amar o príncipe Iber com tão imenso amor que passei duas luas enferma quando compreendi que ele permanecia indiferente à minha ternura. Quis morrer, porque sem o amor dele a vida me parecia horrível.

"Se vivo e estou tranqüila, devo-o à Mangrave Luvina, que hoje governa o Monte Kasson, e ao próprio príncipe Iber, pois ambos curaram-me parcialmente do meu desventurado amor.

— Tudo quanto dizeis, Cherua, é para mim claro como a luz do dia. Onde está, pois, a parte incompreensível dos kobdas? Em que Iber não tenha correspondido ao vosso amor, sendo vós merecedora dele sob todos os pontos de vista, segundo o sentir humano? Não é verdade?

— Sim, justamente. Em compensação, saíram ao meu encontro desde o Monte Kasson até aqui pelo menos uma meia dúzia de enamorados, ou seja, em cada porto onde fizemos escala e em que se soube que era a Cherua viúva quem ia a bordo do veleiro que nos trazia.

327

"Um filho do soberano da Ática, um príncipe dos tartésios do arquipélago e outro dos alazões da margem vizinha. Mas como compreendi que neles não havia amor mas interesse, não pude amar nenhum. É caprichoso e excêntrico também este meu coração, empenhando-se em amar a quem o rechaça e rechaçando a quem o busca."

— Ao meu ver, Iber agiu acertadamente e vós o fizestes também, pois, embora o amor seja uma grande e formosa dádiva do Altíssimo aos homens, deve ele obedecer a leis que estão demarcadas desde há séculos e de cujo cumprimento depende a felicidade e o bem dos seres.

"Agora não deveis pensar em nada a não ser no fato de que sois mãe de um menino-rei, que são muitos os seres que esperam o vosso amor, a vossa ternura, a vossa solicitude. Nesta etapa da vossa vida, parece-me que já passou a hora do amor, não obstante estardes ainda vós, Cherua, em plena juventude. Vossa situação neste momento é tão delicada que somente um ser de grande consciência e lucidez poderia unir-se a vós sem torcer o vosso caminho, o do vosso filho e o do vosso povo. Se sois capaz de encher a vossa vida com o amor de mãe e o amor de soberana de um povo que foi duramente açoitado por infortúnios de toda espécie, eu vos aconselharia a permanecer tal como estais, sem buscar complicações para a vossa vida, que vejo abrir-se como um largo caminho cheio de luz e de flores: a luz que vos enviará a Divina Sabedoria se souberdes ser a sua fiel intérprete, e as flores da gratidão e do progresso das almas impulsionadas pela vossa vontade posta ao serviço da justiça e da verdade.

"Além do mais, Cherua, a preparação deste menino para a grande missão de fazer feliz o seu povo e propender para a sua evolução espiritual e material é tarefa que a Eterna Lei vos confia, de cujo cumprimento não podeis excusar-vos desde o momento em que aceitastes a maternidade de um ser destinado a dirigir multidões."

Estavam Abel e a Cherua, cujo nome de família era Fantina de Gorilândia, nesta conversa quando chegou uma faustosa embaixada de Calidônia, a importante cidade que até então fora residência dos soberanos da Trácia. Vinham ali quatro dos vinte anciãos que receberam Abel e que eram, como se sabe, os chefes das tribos fiéis ao Cheru.

Quando entraram em presença da Cherua, o mais ancião falou:

— Viemos à presença de Vossa Majestade para manifestar a vontade das tribos dos sartos, povoadores de Calidônia, Anfípolis e terras circunvizinhas.

"Ó Cherua! Desde tempos remotos os soberanos da Trácia tiveram a sua residência em Calidônia, o que deu lugar a que todos os chefes de tribos da Trácia edificassem ali seus mercados, casas de venda e de elaboração de todas as manufaturas que formam a riqueza do nosso país.

"Os sartos julgam-se injuriados e humilhados pela decisão de Vossa Majestade de estabelecer a vossa sede em Gorilândia, pelo único motivo de ser ela a vossa cidade natal.

"Na Calidônia lavraram os vossos antepassados na montanha o grande templo de Chal-Moksis, que hoje em dia é refúgio de berecinas e será em breve oficina de tecidos de ouro, seda e pedras preciosas.

"É, além do mais, a fortaleza de Calidônia a única do nosso país que jamais foi pisada pelo pé de nenhum invasor, porque suas muralhas de pedra são inexpugnáveis. Nenhum palácio, mesmo se fosse de ouro, seria mais seguro para Vossa Majestade que aquele onde são guardadas as cinzas dos antepassados e os troféus de suas grandes vitórias.

"Tal é, ó Cherua, a mensagem dos vossos súditos, os sartos da Calidônia e de Anfípolis!"

O semblante da Cherua havia-se tornado severo e grave.

— De modo que — disse — me fizestes a vossa soberana e vos permitis impor a vossa vontade.

— Não vos está sendo imposta, ó Cherua; nós vô-lo pedimos e fazemos notar as circunstâncias que tornam justo este pedido — respondeu com firmeza um dos embaixadores.

Abel viu que a Cherua ia explodir num desses violentos acessos que eram parte do seu caráter e julgou seu dever intervir em representação da Grande Aliança dos povos.

— Permiti-me, Cherua — disse suavemente o jovem kobda. — Dissestes-me que vínheis do Monte Kasson para receber das minhas mãos a justiça, e eu ainda não atendi a esse vosso desejo. Creio, pois, que está dentro das minhas faculdades e do meu dever deixar-vos em segurança material e moral no vosso trono de soberana, ao lado do vosso filho, demasiado pequeno ainda para servir-vos de escudo e defensor. Vossa segurança pessoal, Cherua, vossa tranqüilidade e felicidade, exigem o sacrifício do vosso desejo de residir em Gorilândia por estarem ali radicados os vossos parentes. Seria grave imprudência introduzir esta inovação, desnecessária, por outro lado, no momento em que se reorganiza todo um povo ao vosso redor. Nada nem ninguém vos impedirá de transladar-vos, quando quiserdes, na qualidade de visita, a qualquer das cidades da Trácia, que se julgarão grandemente honradas com a vossa presença.

"É um princípio de sabedoria num governante novo continuar na rota de seus antepassados em tudo aquilo que está de acordo com a vontade do povo que vai governar e que, além do mais, encerra a boa lógica e o bom raciocínio.

"Creio que, pelo vosso bem e o do vosso filho, deveis atender ao que pedem os povos de Calidônia."

— Obrigado, príncipe, pelo interesse que demonstrais por meu filho e por mim.

— E dirigindo-se a Cherua aos embaixadores, disse afavelmente:

— Dizei ao povo sarto da Calidônia e de Anfípolis que suas razões me convenceram, e que não era meu pensamento humilhá-los nem prejudicá-los de forma alguma. Se desejava residir em Gorilândia, era para fugir da horrível solidão daquela enorme fortaleza, já sem o companheiro da minha vida e com meu filho ainda demasiado pequeno para servir-me de companhia. Em Gorilândia tenho mãe, irmãos, irmãs e todos os seres que me amam e são amados por mim.

"Dizei ao povo sarto que vou residir em Calidônia."

Os embaixadores se inclinaram profundamente e o mais ancião falou novamente:

— Vossa Majestade contará na Calidônia com todos os afetos que queira ter a vosso lado, pois o povo sarto verá com agrado que a Cherua translade para Calidônia os seus familiares e íntimos, aos quais serão facilitados todos os meios de desenvolver seus negócios, considerando-se eles como filhos naturais do país, com voz e voto na Assembléia e nos Conselhos.

"De modo que", pensou a Cherua, "o povo me faz concessões e favores." Seu semblante refletiu novamente seu amor-próprio ferido. Um olhar de Abel fê-la dominar-se.

— Obrigada! — disse ao ancião que havia falado. — Esses são assuntos que se resolverão mais adiante, pois, tendo acabado de chegar, ignoro a participação atual da minha família entre os tordolanos aos quais pertence. Ide, pois, levando a mensagem da vossa Cherua, a quem tereis entre vós amanhã ao meio-dia.

— Esperam-vos sessenta chefes de tribo para jurar fidelidade quando o grande sacerdote de Chal-Moksis cingir a vós e ao vosso filho com a coroa dos vossos antepassados.

— São todos chefes sartos?

— Todos, Cherua.

— São numerosas as tribos?

— Todas juntas formam novecentas centúrias de homens, sem contar as mulheres e as crianças.

"Sabe-se que já teve lugar o final da cerimônia fúnebre, e foi bem visto que a realizastes no meio da vossa família. Entretanto, deve ser na capital da Trácia e no grande Templo que devereis receber as chaves da fortaleza e o cofre dos tesouros.

"Comparecerão, além do mais, delegações de todas as tribos da Trácia, até algumas que vacilavam, crendo que não voltaríeis a este país. Bem vedes, pois, Cherua, que os sartos procuram o engrandecimento do país que vos quer como soberana."

— Assim o compreendo, e vos dou novamente meus agradecimentos. Creio que com o tempo vos darei provas de que sei apreciar a fidelidade e o amor que demonstrais por mim.

Os embaixadores se retiraram, e novamente a Cherua ficou com Abel e seu filho.

— Acreditai — disse — que vim em busca de um velho trono no qual sentar-me com meu filho, e, a ocupá-lo, preferiria mil vezes fugir para o formoso país de Ethea, onde recebi uma desilusão e, em troca, verdadeiras demonstrações de amizade e de amor.

— Eu o percebo, Cherua, porque esta disposição do vosso espírito me faz entrever que apreciais com justiça o enorme peso que significam um trono e uma coroa para o ser que chegou a compreender que não há grandeza verdadeira nem superioridade alguma, a não ser na grandeza e na superioridade conquistadas pelo espírito com obras belas e boas no decorrer dos séculos. Porque para a Eterna Justiça do Altíssimo, maior é um lenhador que cumpriu com sua lei que um poderoso monarca que não a cumpriu.

— Pude compreender, pelas conversas tidas com o príncipe Iber e com as kobdas do Monte Kasson, que para vós nada vale a realeza nem as dinastias nobiliárias nem as grandezas humanas emanadas do poder dado pela riqueza. Mas se nada disto tem valor, por que existem na Terra?... Por que são as coisas como são e não como vós, os kobdas, as vedes e as desejais?

— Prestai atenção, Cherua, e fazei o possível para compreender-me: A Lei Divina sob a qual tudo foi criado e conservado pelo Eterno Poder da Energia *é uma*; e as leis criadas pelos homens desta terra *são diferentes,* e às vezes muito contrárias à Lei Divina.

"Todos os seres, tanto aquele que nasce rei como o que nasce escravo, saíram dessa Eterna Energia que chamamos Deus, Alma Criadora, Suprema Inteligência, a qual determinou a vida e a morte da mesma maneira para uns e para outros. A fome, a sede, as enfermidades, as necessidades e misérias da carne, tudo é comum ao rei e ao escravo. As desigualdades, as diferenças de que tão envaidecidos se sentem os poderosos, são efêmeras leis criadas pelo orgulho e pela ignorância humanas que ainda não conseguem compreender outra grandeza nem outra beleza a não ser a que podem perceber com os olhos do corpo. Como a escola dos kobdas lhes faz ver todo o conjunto do Universo com os olhos da alma, os kobdas buscam e encontram a grandeza e a beleza na realeza do poder conquistado pelos espíritos, quer estes estejam encarnados num escravo ou num monarca. Isto não significa que estejamos contra o princípio da autoridade, que é necessária para a ordem e a harmonia das sociedades humanas. Se buscamos a elevação moral da humanidade terrestre, é justamente com base na harmonia, na concórdia e na compreensão entre os que devem mandar com justiça e eqüidade, e os que devem obedecer com lealdade e sinceridade. No dia em que os mandatários dos povos souberem mandar com justiça e eqüidade, haverá povos obedecendo com alegria e amor.

"Compreendeis, Cherua?"

— Vossos quadros são muito belos, pintados com uma ardente imaginação no céu azul; entretanto, a realidade inutiliza esses quadros a cada passo.

— E os continuará inutilizando, Cherua, ainda por muitos milhares de séculos.

"As humanidades atrasadas não chegam à conquista do Ideal Supremo de um só salto, mas passo a passo; e felizes daqueles que cooperam com o esforço e o exemplo para que elas avancem em seu eterno caminho de ascensão."

Os kobdas companheiros de Abel voltaram nesse instante de sua excursão pelos arrabaldes da cidade, em busca, como sempre, da porção dolorida da humanidade que não falta em parte alguma. Traziam umas quantas criaturas semidesnudas, famintas, algumas cheias de úlceras que se viam entre os pedaços de suas roupas rasgadas. A Cherua e Abel viram-nos do terraço onde tomavam Sol.

— Observai, Cherua, este quadro: também são kobdas que o pintam sobre o céu azul. Dizei-me, não é justo que para essas crianças haja calor, abrigo, pão e ternura como as há para o vosso filho, que nasceu rei?

"Quem, a não ser a ignorância e o fanatismo, deturpou a Lei Divina que brinda suas dádivas para todos os seres? Quem, senão a mesquinhez humana, institui a fome para uns e a fartura para outros?"

Sem poder conter-se ante aquele doloroso espetáculo, Abel desceu rapidamente a escadaria de pedra que dava acesso à pracinha onde se achavam os kobdas e as crianças.

Uns mercadores ambulantes foram chamados do mercado vizinho e os kobdas se entregaram à tarefa de abrigar aqueles corpinhos enfraquecidos, trêmulos de frio. Poucos instantes depois desceu a Cherua com seu filho e, vários criados com grandes cestas de pão, queijo e mel, que repartiram entre as crianças famintas. Estas faziam parte dos numerosos órfãos que ficavam perambulando pelas cavernas ao redor da cidade, onde acudiam diariamente para buscar pedaços de pão duro e desperdícios de comida que eram arrojados aos cães.

— Compreendeis agora, Cherua — perguntou Abel — qual é a missão dos poderosos da Terra?

— Oh, sim, compreendo!

— Pois bem; já sabeis o que vos cabe fazer se quereis que a grandeza da vossa posição seja verdadeira e duradoura ante a Eterna Lei que é igualdade, justiça e amor.

A jovem mulher estava profundamente comovida, pois jamais vira uma miséria semelhante e menos ainda em crianças de tão pouca idade.

— Será possível! — disse. — Trácia tão rica, tão abundante em tudo! Como os chefes das tribos ignoravam esta miséria e esta dor?

— É que estas crianças fogem de todos, pois viram de perto a matança no próprio lar — respondeu um dos kobdas.

— Nós as encontramos por sorte, graças a uma anciã que pedia esmola para eles e que nos conduziu à caverna onde ela os mantinha abrigados.

— Aí tendes, Cherua, a grandeza real e sublime de um ser que é uma mendiga. Tem uma pocilga e a compartilha com estes órfãos sem teto, nos quais não pensaram os poderosos e os ricos. Não tem para ela a não ser os pedaços de pão duro que recebe de esmola, e esses ela os reparte com os órfãos famintos. Dizei-me, não é isso uma real grandeza que ultrapassa a de um manto de púrpura e um diadema de pedras preciosas?

— Oh! — disse a Cherua. — Eu farei o que os outros não fizeram. E pensar que isto ocorre em Gorilândia, onde toda a minha família tem grandes posses cheias de tudo quanto pode satisfazer os gostos mais exigentes!

Aquelas crianças e a anciã que os havia protegido das intempéries e da fome foram os primeiros hóspedes de um pequeno pavilhão do templo destinado a depósito de ornamentos, roupas e utensílios do culto. Foram chamados, a partir daquele momento, *os filhos de Chal-Moksis,* o que bastava para compreender que eram órfãos e desamparados recolhidos no templo desse gênio tutelar da Trácia pré-histórica.

332

As Roseiras Florescem

Recordará o leitor que, a partir de Frixos, Abel deixou nas mãos dos anciãos um tubo de prata que continha um papiro destinado à matriarca de Kiffauser, sobre o qual os representantes do príncipe Eric juraram pô-lo nas mãos de sua destinatária. O mais ancião dos três devia regressar imediatamente a Kiffauser para pôr o jovem Serru a par de tudo quanto ocorria em seus domínios, ao mesmo tempo que conduzia uma berecina que fora de Icléias, pai de Walkíria, do qual ela tinha duas jovens filhinhas. Esta berecina e suas duas filhinhas haviam pedido para viver próximas da família de Icléias, procurando naturalmente a proteção da jovem matriarca, cuja grandeza e glória no país lhes oferecia segurança para o porvir.

O ancião levaria, pois, o tubo de prata com o papiro de Abel para Walkíria.

Podia-se notar grande movimento na vetusta fortaleza de pedra de Kiffauser, porque haviam regressado os dois veleiros que zarparam no mesmo dia que o Gaivota; um tinha trazido os anciãos, mulheres e crianças da família de Electra, mãe de Walkíria, que, durante as revoltas, se haviam refugiado em Keliora, no Ponto do Sul. No outro veleiro acabavam de chegar seis mulheres kobdas provenientes do santuário do Cáspio e duzentos jovens soldaneses dos que Abel solicitara ao príncipe de Soldan, Fredik de Kusmuch, pai, com o fim de tomarem esposas entre as jovens órfãs dotadas pela jovem matriarca.

Vinha na qualidade de mangrave das kobdas uma irmã de Adonai, o Pharaome de Negadá, e como sua auxiliar, a irmã de Agnis, aquele jovem kobda discípulo de Tubal nos começos deste relato, e que nos dias que agora historiamos era já um homem maduro e ocupava o lugar de Sisedon no Alto Conselho de "A Paz". Estas duas mulheres kobdas, a mais idosa de cinqüenta e cinco anos, a outra de quarenta e oito, eram o reflexo de Elhisa e Luvina em Monte Kasson; de Diba e Núbia no solar de Adamu e Évana; da mangrave Balbina e sua auxiliar Wilfrida ao lado de Hélia em Num-ma-ki.

A própria Lei dos Kobdas as havia forjado nesse ardente crisol da renúncia e da abnegação; da firmeza da vontade para o bem e para a justiça; do vibrante e nobre entusiasmo pela evolução moral dos seres.

O Homem-Luz as havia solicitado para os países do Ponto e o Alto Conselho dos Santuários do Cáspio as escolhera; elas, que viriam a honrar quem as havia pedido para difundir os altos ideais de fraternidade e do amor entre aquela porção de humanidade.

O ancião portador da missiva de Abel chegou, pois, no momento em que as kobdas eram recebidas por Walkíria na porta de sua fortaleza de pedra.

Ela quis demonstrar-lhes simplicidade e companheirismo desde o primeiro momento, e as recebeu acompanhada apenas por uma vintena de donzelas que costumavam compartilhar de suas expansões familiares e íntimas quando, de tanto em tanto, tomava dias de descanso entre as flores, os pássaros, o canto e a música. Aquelas jovens formavam, como se disséssemos, a companhia lírica de que se rodeava a gentil mulher quando queria afrouxar a tensão do seu espírito, em meio de seus profundos pensamentos e preocupações de soberana.

As kobdas, ao se defrontarem com o belo grupo formado por aquelas jovens, nenhuma maior de vinte e dois anos, procuravam descobrir à simples vista qual delas seria a encarregada pela soberana para recebê-las... Esta perplexidade agradou imensamente a Walkíria, que às vezes gostava de ver-se confundida entre todas, pois lhe causava a ilusão de não ter sobre seus ombros nenhuma responsabilidade que a asfixiasse.

— Sejais bem-vindas a Kiffauser, irmãs do Homem-Luz — disse a matriarca ao vê-las entrar.

— Muito obrigada, minha filha! — respondeu a mangrave, cujo nome era Letícia. — Conduzi-nos à soberana, pois julgamos que esta seja a sua residência. Viemos enviadas a ela, e sabemos que já não está aqui o nosso irmão Abel. Dizei-lhe que chegaram as mulheres kobdas do Santuário do Mar Cáspio que ela havia solicitado.

A jovem matriarca não pôde conter-se e, aproximando-se da kobda, cuja suave irradiação lhe recordava o Homem-Luz, beijou-a em ambas as faces enquanto lhe dizia:

— Essa a quem buscais sou eu. — E continuou beijando com grande ternura as outras kobdas que, tendo notícia da faustosa grandeza dos príncipes do Ponto, julgavam encontrar uma rainha no estilo da Shamurance — em riqueza e majestade, entenda-se, não nos procederes e extravios pecaminosos.

— Sois, pois, uma rainha quase menina! — disseram as kobdas, agradavelmente impressionadas pela simplicidade da soberana e pela terna acolhida que lhes dispensava.

— Tendes razão — respondeu Walkíria — e acreditai que, agora há pouco, me divertia muito com minhas companheiras espantando os tordos que se empenham em picar e destroçar as minhas flores. Mas vós chegais congeladas! — acrescentou, tocando as mãos arroxeadas de uma das kobdas mais jovens, que se encontrava junto dela. — Vamos, vamos para junto da lareira! — disse rindo como uma garotinha, fazendo movimentos rotatórios com sua grande capa de pele para espantar os tordos que revoluteavam em alegres bandos.

Algumas das donzelas, mais calmas de temperamento, faziam companhia para as kobdas enquanto avançavam pela grande colunata que o leitor já conhece.

— Vossa rainha é uma menina! — voltou Letícia a dizer. — Certamente terá um regente para o governo dos povos.

— Não acreditais nisso, mangrave! De fato é muito jovem, pois conta apenas nove luas além dos vinte anos. Agora ri e brinca porque é hora de rir e brincar, mas ela não é sempre assim. Por que necessitará de um regente se ela sabe proceder como homens acostumados às lutas e às armas? Logo ficareis conhecendo-a.

— É mesmo? — perguntaram as kobdas.

— É um belo caráter, que sabe colocar-se em sintonia com todas as circunstâncias — e seguiam com os olhos aquela formosa e graciosa silhueta branca que continuava usando sua capa para espantar os tordos de seu jardim. Repentinamente, a jovem se deteve para esperar as kobdas, colocou novamente sua capa e, como se lhe houvessem chegado seus pensamentos, disse:

— Perante vós quero ser o que devo ser, uma jovem discípula muito ansiosa de aprender; porque creio que o príncipe Abel vos terá feito compreender que vindes para junto de mim com a finalidade de ser minhas mestras nesses grandes e sublimes conhecimentos dos quais os kobdas são depositários. É para mim uma grande satisfação ter a meu lado seres em quem poder descansar, e ante os quais possa, sem temor, dar expansão ao meu espírito.

— Oh, obrigada, majestade, pela vossa confiança em nós! — respondeu a mangrave. — Faremos todo o possível para corresponder a ela!

— Oh! Disso eu estou certa. Entrai — disse graciosamente, entrando ela em primeiro lugar na grande sala de reuniões familiares, onde sua mãe e suas duas irmãzinhas faziam trabalhos junto à lareira. Depois das apresentações costumeiras, a mãe fez com que suas duas meninas servissem xarope quente de cerejas às viajantes, que foram sendo encaminhadas para o estrado circular atapetado de peles, e em torno da lareira cercada de grades de cobre onde se colocavam os pés.

Então se apresentou o ancião portador da missiva de Abel.

Apenas o viu, Walkíria foi em sua direção.

— Dizei a verdade, toda a verdade — disse. — O príncipe Abel enfermou mais? Trataram-no bem? Ainda está na Trácia?

— Majestade — respondeu o ancião inclinando-se —, o príncipe está muito bem de saúde, foi muito bem recebido e está atualmente em Gorilândia, pondo a Cherua na posse do governo daquele país. Aqui tendes isto que vos remete o príncipe Abel por meu intermédio. Com vossa permissão, passarei a dar ao Serru as notícias que lhe trago.

— Passai ao seu pavilhão, onde está com alguns chefes e conselheiros.

O ancião saiu e as donzelas se retiraram discretamente, pois já havia terminado a hora de a matriarca rir e brincar.

As kobdas mantinham-se em silenciosa observação do novo cenário no qual iam atuar, recordando as prescrições que, depois de haver-lhes vestido a túnica azul, haviam feito suas instrutoras: *"Quando chegardes a um país estrangeiro onde tiver-des de desenvolver atividades espirituais, morais e materiais, guardai-vos do muito falar antes de haver conhecido os espíritos, os temperamentos, os caracteres e costumes das famílias ou povos entre os quais ides viver. Nos primeiros dias, observação e silêncio; e quando tiverdes pisado em terreno firme, tomai resoluções às quais não faltareis jamais."*

Coerentes com estes princípios, as kobdas silenciavam e observavam, principalmente à jovem soberana, que rompeu o selo de cobre com uma pequena tenaz e, abrindo o tubo de prata, extraiu o papiro enviado por Abel. Dizia assim:

"Matriarca, minha irmã: Pressinto que ao receber estas linhas já não estareis só, pois já haverão chegado as nossas irmãs do Cáspio. Se vos foram enviadas as missionárias que estavam preparadas para o primeiro pedido que houvesse desde quando eu estive em visita àqueles santuários, de onde tirei seis kobdas para o Conselho de minha irmã Hélia, podeis estar certa de que encontrareis nelas o quanto necessita o vosso espírito ansioso de luz e conhecimento.

"Por via espiritual receberam aqui meus irmãos *seis manifestações* na véspera do embarque de nossas irmãs em Trapizonte. Eu as transcrevo para que possais ir conhecendo o que é a força dos pensamentos unidos num mesmo amor.

"1ª: Irmão Abel, muito amado; irmãos todos que o acompanhais em sua missão aos países do gelo; vossa irmã Letícia vos dá o abraço fraternal através do espaço. Amanhã embarcaremos com destino a Kiffauser, onde sabemos que já não vos encontraremos a todos, mas somente a dois de vós. Eu vou como primeira nesta missão; como sempre, vos dou e vos peço o concurso do pensamento e do amor. *Letícia de Margiana.*

"2ª: Irmãos kobdas, Homem-Luz, paz e alegria. Vou a Kiffauser como segunda na missão. Que grande caminho este por onde haveis passado, afastando de nós os espinhos mais pungentes! Tal nos anunciastes em vossa visita ao Cáspio e tal sucede. Amemo-nos sempre. *Driana de Aracósia.*

"3ª: Paz e alegria no Eterno Amor. Sou número três na missão ao Ponto, e estou feliz em fazer parte das kobdas que vêm edificar o que nosso irmão Abel e seus companheiros delinearam no campo do Senhor. Amados Irmãos, vos abraça, *Adelfa da Hircânia.*

"4ª: Sou a kobda-música que produzia em vós, com sua lira, uma vibração espiritual quase extática durante a vossa visita ao Cáspio; vos lembrais? Oxalá produza em todas as almas igual intensidade de amor infinito e divino. Pensai sempre que assim me ajudais a subir mais rapidamente em meu escuro caminhozinho. *Ileana de Atropatene.*

"5ª: A menor de todas, a *abelhinha dourada,* como a chamastes, irmão Abel, por minha afeição às pequeninas coisas belas e boas de que sou capaz, para alegrar no que posso as vidas dos que não têm alegria alguma. Também venho seguindo as vossas pegadas, trazendo volumosa coleção dos cantos de Bohindra. *Alida de Sogdian.*

"6ª: Venho como notária da missão, cargo demasiado importante para minha capacidade, mas o amor de todos os meus irmãos ajudar-me-á a cumpri-lo com eficiência. Meu domínio de várias línguas levou o Alto Conselho a dar-me esta designação. Eu vos prometo enriquecer os Arquivos de Negadá, de 'A Paz' e do Cáspio com muitos relatos esclarecedores de muitas passagens obscuras sobre as vidas dos nossos irmãos missionários desencarnados sem notícias nestes países. Ajudai-me a ser o que quero chegar a ser. *Aspásia de Bactrian.*

"Tende por bem, amada matriarca, perguntar a cada uma delas se suas personalidades correspondem a estas notícias espirituais que tivemos em Frixos.

"De viva voz vos dirá o portador que conto com a vossa boa vontade para ajudar a ser organizado o santuário de berecinas de Kaldis.

"A mangrave Letícia é uma mestra consumada para descobrir a psicologia dos seres e agir de acordo com isto.

"Não está distante o dia em que devereis resignar-vos a ser o Thidalá dos países do Ponto, desde Kólkida ao Danube. Eu já vos anunciei esta previsão e ela foi con-

336

firmada quando conheci mais profundamente estes países. São povos-crianças que precisam de uma mão suave mas firme para não errar o caminho.

"Não posso terminar esta sem vos participar a grande notícia obtida no mesmo dia em que me separei de vós. Recordai-vos da sucinta explicação que vos dei de que vosso Apolo estava encarnado numa matriarca kobda lá na Mauritânia sobre o Mar Grande, e que Numu revivia em vosso irmão Abel? Pois de idêntica maneira posso dizer-vos que vossa imortal e venerada Nórthia está atualmente revestida de carne, em vosso próprio país, em vossa imponente cidade de pedra, e se chama: *Walkíria de Kiffauser*. Assombrai-vos disto? Não há de quê. Voltou à Terra para terminar suas obras iniciadas, depois de um breve descanso de seis anos. Com isto, matriarca, já sabeis: Nórthia voltou para terminar todas as suas obras iniciadas, somente que agora mudou seu nome pelo de Walkíria, o que não significa nada.

"Podeis responder esta ao Santuário de 'A Paz' na última caravana da próxima lua, pois já me encaminho para minha terra natal.

"Fraternalmente vos abraça vosso afetuosíssimo irmão Abel."

Esta leitura causou profunda impressão na jovem matriarca. Uma mortal palidez tinha coberto seu belo rosto. A mãe ia intervir, mas a mangrave Letícia fez-lhe sinal de silêncio, pois pressentiu que lhe causaria dano uma repentina intromissão na intimidade de sua alma absorvida por pensamentos demasiado graves.

— Então já não tenho a quem clamar! Mãe Nórthia!... Oh!... É espantoso saber coisas tão profundas!... — E cobriu o rosto com ambas as mãos enquanto o papiro de Abel se enrolava novamente, abandonado em seu regaço.

— Majestade! — disse suavemente a mangrave Letícia. — Se em algo vos posso servir!...

— Tomai e lede, e depois falaremos. — E Walkíria entregou-lhe o papiro.

As kobdas, da mesma forma como os meus leitores, souberam analisar o sentimento da jovem matriarca ao saber que aquele gênio tutelar de sua família, ao qual invocava com tanto fervor em suas grandes solidões e desalentos, era ela própria.

— Mais sozinha, mais sozinha, a cada dia que passa!...

— O Eterno Amor, minha filha, somente pode dar-se completamente quando a alma que o busca chegou a conhecer que tudo está encerrado n'Ele — disse a kobda, enrolando novamente o papiro revelador do grande segredo.

Passado o primeiro momento, as seis kobdas foram se dando a conhecer, com os nomes que o jovem mestre mencionava em sua carta à matriarca.

— Eu sou Letícia, a mangrave.

— Eu, Driana.

— Eu, Adelfa.

— Eu, Ileana, a música.

— Eu, Alida, a abelhinha dos cantos.

— Eu, Aspásia, a notária.

— E eu — disse Walkíria — vos chamo a todas, mulheres e homens de toga azul, gênios e fadas que viestes à Terra para transformar em roseiras floridas as rochas cobertas de neve! Mas também ai desta Terra se o Amor e a Sabedoria dos kobdas tomar vôo para outras esferas!

— Há motivos para esperar que os kobdas não sejam todos tão incoerentes para abandonar por covardia o que desde tantos séculos atrás vêm edificando as grandes Inteligências aliadas do Homem-Luz.

Electra observava em silêncio sua filha, adivinhando que a leitura do papiro lhe havia produzido mágoa e amargura. Por quê? Não o sabia.

— Minha filha — disse aproximando-se —, creio que seria conveniente que as viajantes descansassem um pouco antes da nossa refeição do anoitecer. Pensastes em qual há de ser o aposento que ocuparão?

— Se vos agradar, o que está defronte aos nossos aposentos — respondeu Walkíria, como que distraída. — Podeis mandar prepará-lo, enquanto eu as conduzo para conhecer os jardins e o oratório.

Enquanto a mãe e as duas meninas saíam por uma porta, Walkíria, seguida pelas kobdas, saía por outra que as levava pelo jardim de inverno ao recinto de oração. Não se sentiam estranhas naquele ambiente ainda saturado pelos eflúvios dos grandes e puros pensamentos que se haviam elaborado sob aqueles tetos de rocha viva.

— Dois kobdas anciãos permaneceram aqui, sabíeis? — perguntou Walkíria.

— Sim. Onde estão?

— O pavilhão que lhes designei é aquele que apenas aparece atrás dessa longa avenida de amoreiras; no entanto, hoje estão em excursão com o irmão do príncipe Abel para receber uma pessoa esperada por eles. Creio que amanhã podereis vê-los.

— Permanecerão sempre aqui? — perguntou outra das kobdas.

— O Serru e eu desejamos que permaneçam e que venham outros mais para dirigir várias instituições que são necessárias aqui.

Quando chegaram ao recinto-oratório, a matriarca descerrou o grande cortinado e ficou à vista o suntuoso estrado dos gênios tutelares da raça.

— Nosso irmão Abel! — exclamarem as kobdas a uma só voz.

— Por enquanto é de argila — disse a jovem. — Mais adiante será de alabastro.

— Está maravilhosamente parecido! Tendes bons artistas em Kiffauser.

— Este gênio da tocha?... Quem é? — interrogou outra das kobdas.

— É Apolo, o deus tutelar dos países do Ponto. Mas devo fazer uma reforma aqui e mudar de lugar esta Nórthia. Se me ajudardes, eu a colocarei agora mesmo no lugar que lhe cabe.

— Por que, majestade? Acaso porque soubestes ser Nórthia?...

— Não digais isto, por piedade, que me magoa!... — interrompeu a jovem. — Deverei acostumar-me pouco a pouco com isto.

— Quereis tirar a estátua deste recinto?

— Não. Quero pô-la na última plataforma, aqui junto ao Homem-Luz, mas no degrau baixo, assim, como o que é: sua discípula, que lhe irá seguindo como uma sombra, como um eco, como uma mariposa à luz, durante séculos e séculos, durante toda a eternidade.

A branca Nórthia de mármore, com sua cestinha de espigas de trigo e sua coroa de rosas brancas, foi colocada quase aos pés da estátua de Abel, de forma que os ramos da roseira vermelha subiam até aquelas mãos que continham a simbólica cestinha.

338

— Majestade! — disse Letícia, a mangrave. — Porque este é um oratório particular de família podeis fazer isto, mas não o façais, por favor, num lugar público, porque ofenderia o amor reverente do povo à ilustre mulher a quem este mármore representa. A grande verdade que conheceis não a conhece o povo, nem podem compreendê-la a não ser bem poucas pessoas. Que diriam as pessoas que veneram Nórthia se vos visse descer de seus pedestais suas estátuas? Com as ignorâncias humanas é necessário ter essa mesma piedosa complacência que se têm às vezes com as crianças, quando se empenham em dar de comer às suas bonecas sentadas na mesa porque precisam iludir-se de que vivem e sentem seus carinhos e suas ternuras.

— Pois quanto a mim, acreditai que não necessito desses meigos enganos e que prefiro as verdades tais como são.

— Eu acredito em vós, majestade, porque observo que sois um espírito já ancião num corpo de vinte anos.

No dia seguinte o aposento destinado às kobdas começava a desempenhar as funções de Morada da Sombra, Jardim de Repouso e alcovas particulares daquelas seis mulheres, todas dos países do Cáspio, que haviam deixado seu santuário e suas famílias para consagrar sua vida às obras de bem e justiça que aquela jovem mulher desejava estabelecer em seu país.

Era aquele aposento uma vastíssima sala lavrada, como todas, na rocha viva, e cuja forma alongada a fazia assemelhar-se a um salão muito mais comprido que largo. As transformações para adaptar aquelas enormes cavidades aos usos a que se destinavam foram feitas por intermédio de anteparos de madeira e cobre e cortinados de espessos tecidos de lã que eram muito abundantes naquelas regiões. Assim ficaram preparadas a sala de oração e as alcovas. Do vasto jardim de inverno da fortaleza foi tomado o canto que se comunicava com aquele aposento, o qual foi dividido com blocos de quartzo reforçado de cobre e ficou transformado num formoso *Jardim de Repouso,* onde foram colocadas as plantas que a mangrave Letícia apontou como convenientes.

Desocupado de peixinhos um dos tanques de mármore que lá existiam, tiveram a fonte para os banhos de imersão e para utilizar em momentos dados os eflúvios da água, cujas forças benéficas os homens desta terra ainda não sabem apreciar em sua totalidade. Era um pequenino santuário kobda, que foi inaugurado, na forma costumeira, à hora do pôr-do-sol.

— Eu sou a mangrave desta pequena escola de Numu — disse Letícia —, mas vós sois a matriarca, e se repete o fato que ocorreu com a Rainha Ada, matriarca de "A Paz", que, mais jovem ainda que vós, recebeu o véu branco e foi posta à frente do santuário de mulheres kobdas do Eufrates, enquanto suas instrutoras foram fazendo-a entrar na fortaleza encantada da Sabedoria e do Amor.

— Observai, irmãs kobdas — disse Walkíria pouco antes da inauguração. — Quando eu transpuser o umbral deste pavilhãozinho, ficará para atrás toda a minha autoridade de soberana; vós me ensinareis e eu aprenderei. Estamos combinadas?

— Combinado — respondeu suavemente a mangrave.

— Entre minhas donzelas de honra há quatro que querem participar como alunas da vossa escola, e uma jovem neta de um capitão de barcos, que o príncipe Abel

339

conhece, que foi instruída por ele mesmo a se iniciar nestes conhecimentos. De modo que, no momento, começaremos com seis alunas. — Ao dizer isto, a matriarca chamou com um apito e as cinco jovens, que estavam à espera, apareceram.

— Estão bem assim? — perguntou a matriarca. — Ou devem vestir-se de outra maneira?

— Bem-vindas, filhinhas! — exclamou a mangrave, abraçando-as uma por uma.

— A vestimenta do desejo espiritual que tendes é no momento a mais necessária, além do que o vosso longo vestido de lã azul concorda com nossas túnicas. — E Letícia acariciou de modo especial a Kalina, pois seus grandes olhos assustados faziam compreender que o desconhecido a amedrontava um tanto.

— Vem, Kalina, meu grumete do Gaivota — disse Walkíria para aquietá-la. — Aqui não há fantasmas, não tenhas medo.

Poucos momentos depois deixaram-se ouvir suavíssimas e meigas as melodias dos alaúdes e das liras kobdas, acompanhando os hinos ao Sol do ocaso, à água purificadora, ao ar benfeitor, ao fogo no qual se queimavam perfumes e à terra onde germinam as sementes que sustentam a vida do homem. O pequeno aposento convertido em santuário kobda se impregnou de eflúvios tão suaves e sutis, tão saturados de amor fraternal, de grandes anelos e de divinas esperanças, que aquelas doze mulheres pareciam estar confundidas num único pensamento: a aliança de amor com o Homem-Luz para a elevação moral desta humanidade.

Kalina e Alida, a mais jovem das kobdas, caíram em transe profundo no próprio estrado da Morada da Sombra.

Os vultos astrais de Abel, Solânia, Adonai e Elhisa fizeram-se apenas perceptíveis para as kobdas extáticas e para Walkíria, enamorada do sublime ideal a cujos pórticos dourados chegava aos vinte anos de existência. Sentiram todas o mesmo pensamento que parecia emanar como um raio de luz da intangível aparição:

— Regadas pelo amor, florescem as roseiras entre as rochas de gelo.

Iniciando o Regresso

Conseqüente com o papel de representante do Thidalá, Abel julgou-se obrigado a conduzir por si mesmo a Cherua da Trácia até Calidônia, segundo o manifesto desejo dos povos que a queriam como soberana. Depois da faustosa cerimônia em que ela recebeu os juramentos de adesão de todos os chefes de tribos, em que o menino-rei foi ungido com o capacete de ouro e recebeu as armas usadas por seus antepassados, Abel disse:

— Cherua, fez-se justiça para vós e para o vosso filho. Agora fazei justiça com o vosso povo, lembrando-vos sempre que as rebeliões nascem da injustiça e que a paz e a concórdia são como água fresca que desce das alturas das montanhas aos campos. Assim, da altura dos tronos hão de descer o bem, a honradez e a virtude sobre os povos. No vizinho país de Frixos, na próxima lua, chegará o Serru herdeiro e continuador do grande Lugal Marada, vosso amigo e aliado, que partilhará com sua sobrinha, a matriarca de Kiffauser, o governo de todo o norte do Ponto. Entre eles há kobdas, homens e mulheres, de grandes aptidões para vos dar um bom conselho sempre que necessitardes, para o que bastará que façais constar a vossa aliança com as Nações Unidas do Eufrates e do Nilo. Eu vos autorizo a invocar o meu nome cada vez que necessitardes dele.

A Cherua estava visivelmente comovida, talvez pela forte irradiação de amor e piedade que Abel e seus irmãos emanavam sobre ela e seu pequeno filho, sabendo-os débeis e vacilantes ainda para o árduo papel de colunas sustentadoras do progresso e da paz daqueles países.

— Se passardes pelo país de Ethea, dizei ao príncipe Iber e à mangrave Luvina que espero o cumprimento de suas promessas em cada veleiro que chegar do Mar Grande. Somente a esse preço posso ser fiel no cumprimento do meu dever.

— Se ele vos prometeu mensagens consoladoras, não duvideis de que cumprirá a promessa; quanto a mim, em nome do Thidalá, deles e de mim mesmo, vos digo: Cherua!... Que o Altíssimo vos abençoe nesta hora e torne fecundos para este povo os vossos bons desejos e propósitos. — O jovem kobda deixou a mãe e o filho beijar suas mãos estendidas e subiu a bordo do veleiro onde o aguardavam as berecinas de Kaldis, que devia conduzir a seus destinos, e o desventurado Furkis, cujo pesado fardo de dor e angústia o leitor já conhece.

O estreito que dividia a Anatólia da Trácia era naquela época um largo braço de mar unindo o Ponto Euxino com o Mar Grande ou Mediterrâneo, e não existiam a infinidade de ilhas que formaram depois o labirinto do Mar Egeu. A altura das águas fazia então que essas ilhas fossem consideradas como picos de montanhas submarinas, significando perigosos escolhos para os navegantes, principalmente em épocas de borrasca, quando as fortes nevascas do norte estraçalhavam às vezes os barcos contra os invisíveis penhascos.

Por isso, para navegar pelo *Braço de Propôntide,* como se chamava a esse braço de mar, os marujos afeiçoados à luta com as ondas escolhiam dias especiais em cada lua para não "irritar", segundo diziam, as fúrias de Propôntide, o feroz e severo gênio dominador dessas ondas traidoras. Foi assim que, em Anfípolis, a última cidade da Trácia que dava para o mar, tiveram que deter-se três dias à espera de que "Propôntide" acalmasse suas fúrias. O fato de que o barco conduzia oitenta e nove mulheres e cinqüenta e seis meninas significava uma maior responsabilidade para os marinheiros que governavam a nave. Abel e seus companheiros desceram para visitar a cidade, dando-se a conhecer aos chefes de Arqueiros que guardavam a costa.

— Fostes favorecidos por Propôntide — disseram — porque ontem se estatelou contra um escolho um veleiro que saíra do Donda em vossa perseguição, e que, não podendo dar-vos caça nas águas do Ponto, veio esperar-vos na saída de Anfípolis, onde fica o último destacamento dos nossos arqueiros.

— E aprisionastes os prisioneiros? — perguntou o kobda notário.

— Somente dois ficaram com vida, pois os outros naufragaram com o barco. Alguns foram vomitados pela forte marulhada poucas horas depois do naufrágio, no entanto já eram restos de homens, pois o tridente do mau gênio os havia desfeito como frangalhos. Oh, Propôndite sabe castigar os perversos!

— Que fareis desses dois que o gênio perdoou? — perguntou outro dos kobdas.

— Os que Propôndite salva da morte, salvos ficam, mas é necessário remetê-los à justiça do Cheru em Calidônia. Somente o Conselho Supremo do Cheru pode tirar-lhes a vida ou deixá-los em liberdade.

— Permitis que os vejamos? — perguntou Abel, interessando-se pela conversa.

— Vinde por aqui. — E os guiaram a uma grande caverna da costa que era o presídio de todos os piratas que caíam sob a flecha dos arqueiros, ou que o mar embravecido arrojava à praia em dias de borrasca.

Sentados sobre um montão de palha, dois homens com as vestimentas rasgadas e presos ambos a uma mesma corrente, uma de cujas extremidades estava encravada na parede rochosa da vasta caverna.

— Temos fome e estamos gelados de frio! — gritou um deles, apenas viu aparecer os dois arqueiros guiando os kobdas.

Estes, que sempre levavam consigo *utensílios do fogo,* como os chamavam, amontoaram ramos e troncos e acenderam uma boa fogueira perto dos prisioneiros. Vários dos kobdas tinham também redomas com xaropes e lhes deram de beber.

Os dois arqueiros os observaram, curiosos de que aqueles homens tivessem piedade de piratas que haviam navegado sobre o mar para afundar-lhes o barco ou levá-los prisioneiros.

— Quem sois? — perguntou o mais idoso dos dois prisioneiros.

— Podemos melhorar vossa triste situação, se o quiserdes — responderam.

— São os que vós queríeis caçar como albatrozes no mar — respondeu um dos arqueiros — e em troca das vossas más intenções, eles vos acendem o lume e vos dão de beber suco de cerejas.

Os dois prisioneiros inclinaram a cabeça sem responder nada.

— Pode-se saber por que queríeis dar-nos caça? — perguntou suavemente Abel.

— O capitão tinha ordens muito severas, que nós ignoramos em parte. Só nos foi dito que seríamos muito bem recompensados se conduzíssemos os viajantes às bocas do Donda sem causar-lhes mal algum — respondeu um deles.

— Eu pude compreender — disse o outro — que havia entre os viajantes um grande príncipe, que Ilduna designou para ser o esposo da filha maior do nosso Eléctrion.

— Quem é Ilduna e quem é Eléctrion?

— Como! Vindes do norte do Ponto e não sabeis estas coisas?

— Somos estrangeiros no Ponto — respondeu o notário.

— Pois Ilduna é a deusa da vida, e é ela quem designa os esposos para as filhas do nosso soberano Eléctrion. Qual de vós é o príncipe escolhido por Ilduna?

342

— Nós não somos príncipes — respondeu Abel — mas irmãos e amigos de todos os homens que querem o bem e a justiça. Eu sou na verdade o mais jovem dos viajantes e, se a mim se refere a escolha da deusa, não temo a sua ira nem aspiro à sua recompensa. Eu sou um homem livre, senhor de meus atos e afetos, e nenhuma cadeia me ata, porque minha liberdade é irmã da minha justiça no agir.

— Mas não sois vós o viajante que chegou há pouco nas costas da Kólkida, trazendo o herdeiro do grande Serru?

— Sim, sou eu.

— Pois sereis condenado à morte se vos negardes a aceitar como esposa a primeira filha de Eléctrion do Donda.

— Morrerei quando chegar a minha hora, e entretanto não tenho a menor intenção de contrair matrimônio. E vós ambos, que pensais em fazer? — perguntou Abel.

— Esta pesada corrente bem vos diz o que faremos: arrastá-la-emos até que o Supremo Conselho da Trácia mande cortar a nossa cabeça.

— Mas, se analisarmos bem, a Trácia nada tem a fazer convosco; afora terdes apenas cumprido ordens, é contra mim que vínheis, e não contra ela. Eu represento a mais alta autoridade de todos estes países, visto que venho em nome do Chefe Supremo da Grande Aliança, e ninguém além de mim neste momento pode ser o vosso juiz. — Ao pronunciar tais palavras, Abel ficou um momento em silêncio e olhou para os prisioneiros.

— É tal como dizeis — respondeu por fim um deles. — Procedei conosco como for do vosso agrado.

— Tendes família? — perguntou o jovem kobda.

— Oh!... É demasiado luxo para dois lobos marinhos como nós.

— Eu — disse o mais jovem, que não chegava aos trinta anos — despertei para a vida entre as cargas de um navio mercante, e o capitão me chamava seu afilhado. O Ponto Euxino e o Mar Glacial me são tão conhecidos como minhas próprias mãos. Os gelos sepultaram o barco e o capitão que me apadrinhava, e desde então sou um pássaro do mar que presta serviços a quem melhor paga.

— Eu — disse o outro cativo, que aparentava uns trinta e oito anos — só tenho dois irmãos casados que são pastores de renas na costa norte do Báltico. Entretanto, eles são filhos de uma mesma mãe, e eu, de uma concubina de meu pai, fato esse que os faz indiferentes para comigo, como eu para com eles.

— Teríeis pesar de vos afastar destes países? — perguntou novamente Abel.

— Nenhum — responderam ao mesmo tempo.

— Quereis vir comigo ao Eufrates?

Os dois homens se consultaram com o olhar.

— Como prisioneiros de guerra ou como escravos? — perguntou o de mais idade.

— Como homens livres em busca de horizontes novos num país amigo — respondeu Abel.

— Eu aceito e com muito gosto — disse o mais idoso.

— E eu também — disse o companheiro.

343

— Está bem! Tirai essa cadeia — ordenou o jovem Apóstolo aos arqueiros que o haviam guiado à caverna e que foram testemunhas de toda a cena.

— Na verdade — disse um dos arqueiros — a deusa Ilduna vos dá novamente a vida, porque creio que na Trácia não teríeis encontrado um juiz tão benigno. Parti, pois, e que a morte vos seja propícia.

Abel e os kobdas companheiros levaram-nos ao veleiro que os conduziria ao Mar Grande, não sem antes haver passado pelas amplas tendas abertas ao Sol da praia para trocar os farrapos dos prisioneiros pelas vistosas roupas de lã e peles mais comumente usadas nos países do norte.

— Com esses farrapos que ali deixais — disse Abel ao colocar na cabeça deles, com suas próprias mãos, os gorros de pele de leopardo — fica sepultada a vossa vida passada e todo o vosso ontem. Nasceis novamente. A vida é formosa para aquele que sabe vivê-la ao amparo da Lei Eterna, que é justiça e amor. Em nome, pois, desta Lei, eu vos prometo a felicidade, se vos abraçardes a ela como à mais terna mãe que possa haver.

— E a que nos obriga essa Lei? — perguntaram a um tempo os ex-prisioneiros.

— A não fazer com os vossos semelhantes o que não quereis que seja feito convosco. Em nome dessa Lei vos dou a liberdade.

— Vós sois um homem justo! — exclamou enternecido o de mais idade. — Mereceis ser amado como um deus.

Ambos beijaram com fervor as mãos de Abel, que as estendia para eles em sinal de aliança.

— Somos vossos até a morte, príncipe! — exclamou o mais jovem, cuja emoção íntima não podia ocultar.

O kobda notário levou-os a bordo, onde os apresentou ao capitão como mensageiros do Báltico ante um dos príncipes do Eufrates.

— Nossos náufragos aumentam — disse um dos kobdas. — Continuando assim, creio que logo encheremos o barco. É uma pena que seja tão pequeno!

— Mesmo que o nosso barco fosse tão grande quanto os mares que atravessamos, sempre seria insuficiente para abrigar os pedaços inutilizados desta humanidade! — respondeu Abel, que vinha acalentando esse mesmo pensamento desde que os ex-cativos se dirigiram ao cais para embarcar.

Voltando sobre seus passos seguido por seus irmãos, disse:

— Restam-nos dois dias de permanência aqui, e em dois dias poderemos aliviar muitas dores e talvez salvar muitas vidas.

— Assim é — disse outro dos kobdas. — Peçamos aos arqueiros da guarda que nos indiquem onde se refugiam os leprosos e inválidos.

— Que faremos com eles? Não podemos levá-los a bordo — advertiu um terceiro dos kobdas.

Sem ouvir mais, Abel aproximou-se novamente dos arqueiros, aos quais obsequiou com escudos de prata da Grande Aliança. Naquela época, o possuidor de tais escudos tinha a mais valiosa recomendação que pudesse desejar um homem para obter favores e considerações da parte de seus chefes e príncipes.

344

— Vou pedir-vos um último favor — disse Abel singelamente, como se falasse com seus iguais.

— Vós mandais, Alteza!... — disseram a uma só voz os dois arqueiros. — Quereis ser conduzidos às moradas dos maiores chefes de tribos desta região?

"Os amos não estão, pois permanecerão em Calidônia até terminar as festas da coroação, mas estão alguns de seus filhos e suas esposas."

— Não é necessário visitar os felizes que gozam do bem-estar, mas os que sofrem as enfermidades, o abandono e a fome — respondeu Abel. — O que eu vos queria pedir é que nos indiqueis as cavernas onde se abrigam os leprosos e inválidos.

Aqueles dois homens se entreolharam quase com pavor.

— Mas, Alteza!... Isso não se pode ver!... — disse um dos arqueiros.

— Vossos olhos não resistiriam!... — exclamou outro.

— Não obstante, queremos vê-los. Fazei o favor, indicai-nos o lugar — insistiu Abel.

— Temos ordem de vos obedecer em tudo, Alteza! E visto que o quereis...

— Sim, sim, guiai-nos; um só de vós é o suficiente, ou melhor, iremos sozinhos, se for fácil a orientação.

— Perdoai-nos, Alteza, dos quarenta arqueiros do nosso destacamento, nós dois fomos designados para guardar a vossa pessoa enquanto permaneceis na terra da Trácia.

— Está bem, guiai-nos então.

Os arqueiros começaram a andar, afastando-se um tanto da margem do mar, seguindo caminhos tortuosos na escarpa da montanha onde os pinheiros gemiam tristemente, balançados pelo vento; e as grandes folhas das palmeiras, ao chocar-se umas com as outras, pareciam mãos batendo palmas em misteriosos chamados.

Pouco depois, chegaram à entrada de uma passagem estreita e tortuosa entre colinas cobertas de emaranhada ramagem.

— Esta é a *"Passagem da Morte"* — disse um dos arqueiros. — De um lado e do outro, está cheia de grandes e pequenas cavernas onde se ocultam esses infelizes para poder defender-se das feras que durante a noite os acossam cruelmente. Eles têm também os seus chefes. Esperai e os vereis.

O arqueiro deu um silvo particular em uma corneta de campo.

— Em poucos momentos viu-se sair da primeira caverna um vulto semelhante a uma ovelha caminhando em suas patas traseiras.

— Não vos assusteis — disse o arqueiro. — É um dos chefes, e cumpre a ordem de não apresentar-se jamais ao mundo dos sãos a não ser coberto com peles de ovelha da cabeça aos pés para evitar a contaminação.

Os kobdas estavam profundamente impressionados ao ver aquele ser que não era homem nem animal, e que se aproximava caminhando lentamente.

— Um grande príncipe dos países do Sol veio visitar-vos — disse o arqueiro.

— Deixai-nos sós — disse Abel aos arqueiros — e esperai-nos à entrada da passagem, pois não quero forçar-vos a presenciar tanta dor.

Os arqueiros não se fizeram rogar e ficaram plantados ali mesmo. Do lugar onde estavam ouviram Abel dizer:

345

— Irmão, quem quer que sejais!... Viemos aqui para aliviar as vossas dores. Descobri-vos e não tenhais acanhamento ante nós, que temos grandes leprosários e refúgios de enfermos de toda a espécie. Nenhum mal nos assusta, e para muitos males achamos remédio.

Aquele vulto abriu sua pele de ovelha de forma a mostrar a sua cabeça toda inteira. Era um homem de idade madura, e seu rosto tinha o aspecto extenuado da tuberculose pulmonar, já num período avançado.

— Falai em vosso idioma, que aqui temos quem vos entende.

— Sejais bem-vindos à guarida da dor, ante-sala da morte — disse o enfermo na língua falada pelos sartos. — Posso saber quem sois?

— Somos irmãos que vos podem aliviar — respondeu o kobda intérprete. — Queremos ver todos os refugiados aqui.

— À esquerda vivem os homens, à direita as mulheres; são estas duas primeiras cavernas.

"Por detrás destas vêm as pequenas cavernas onde habitam os casais com filhos ainda pequenos."

— Em meio de tanta dor não esquecestes esses bons princípios de ordem e retidão — disse o kobda.

— Tudo devemos aos nossos mestres.

— E quem são esses mestres? Podemos vê-los? — perguntou novamente o kobda.

— Dois podeis ver; o terceiro, o enterramos na lua passada. Era o mais velho e morreu. São cegos e têm os pés cortados. Vinde, aqui estão. — Os kobdas penetraram numa imensa caverna iluminada por uma fogueira, onde se via como manada de ovelhas uma porção de enfermos estendidos sobre leitos de palha.

Dos olhos semicerrados dos dois anciãos brotava constantemente uma água clara que já havia machucado aquelas pálpebras, avermelhadas como os lábios de uma ferida. Sua cabeleira e barba branca cobriam-lhes a maior parte do rosto.

— Estes são os nossos chefes e mestres — disse o enfermo que havia agido como porteiro.

"Temos visitas de honra" — disse, anunciando-o em alta voz para que os velhinhos prestassem atenção.

— Quem? — perguntaram ao mesmo tempo.

— Irmãos do Eufrates, do Nilo e do Cáspio, porque os kobdas de todos os países são irmãos de todos os que sofrem.

— Os kobdas!... Dissestes kobdas!... — exclamaram os dois anciãos possuídos de terror.

"Oh, justiça de Deus... do Deus dos kobdas, do Deus de Numu! A metade da nossa vida passamos fugindo dos kobdas, e quando a morte já nos espreita, os kobdas nos encontram!..."

— Mas vós conhecíeis os kobdas? — Ao fazer tal pergunta, Abel se aproximou até tomar entre as suas as mãos secas dos anciãos.

— Tua voz parece a de um adolescente — disse um dos velhos — e tuas mãos

346

são suaves como mãos de virgem que tece o linho branco dos templos. És também um kobda?

— Sim, desde os doze anos — respondeu Abel, que só parcialmente falava esse idioma.

— Vindes do Eufrates? Como te chamas?

— Venho do Eufrates, do Santuário de "A Paz", e me chamo Abel, filho de Adamu e Évana.

Os dois anciãos deixaram escapar um surdo gemido e se abraçaram um ao outro, soluçando enquanto diziam:

— Deus é justo... Deus é justo!

"Sentai-vos nessa pele de búfalo, pois não temos outro coxim para vos oferecer, e ouvi o que vamos dizer para a nossa humilhação."

— Podeis economizar essa amargura, pois o nosso desejo é aliviar a vossa dor e não aumentá-la com esclarecimentos desnecessários — observou Abel, comovido pela dor de ambos os anciãos.

— Íamos ditar as nossas desventuras a este irmão que vos introduziu até aqui para que fossem enviadas à Negadá, junto ao Nilo, porque é conveniente que os educadores de povos vejam do que são capazes quando saem do seu caminho.

— Logo, vós...

— Fomos um dia kobdas, e a nosso pedido o Alto Conselho de Negadá nos enviou para negociar com um chefe pirata de Cretásia[*] o resgate de uns escravos que ele trazia do Báltico. A maior parte eram belíssimas donzelas ruivas que seriam vendidas a preço fabuloso nos países onde o Sol queima o rosto dos humanos, razão essa para que apreciem mais as brancas beldades de olhos azuis dos países do gelo.

"— É outra a idéia que concebi — nos disse um chefe pirata — e é a de formar uma colônia destes escravos nesta metade deserta da Cretásia, onde foram descobertas riquezas incalculáveis. Eu não sou um pirata *comedor de homens,* mas um mercador que comercia com tudo quanto tem algum valor. Como vejo que sois homens de sabedoria, eu vos convido a permanecer comigo durante algum tempo, no qual procedereis como meus auxiliares no governo da colônia e tereis a alta honra de ser os fundadores de uma tribo nova, num país até agora desconhecido e desabitado. — Despertou-se em nós, viva e audaz, a vaidade de *ser algo,* visto que entre as grandes figuras do santuário-mãe éramos como formigas. O nosso amor-próprio nos fazia crer que lá estávamos postergados, razão que nos levou a pedir a saída com alguma missão. Depois de dúvidas e preocupações, aceitamos por um breve tempo, no máximo por duas luas, pensando em retornar ao santuário carregados de louros, pois sonhávamos levar toda a colônia e até o chefe pirata como troféu da vitória. Entretanto, a Eterna Justiça deixou cair sua espada sobre nós e ambos nos vimos envolvidos nos encantos de duas sereias que pareciam ter saído dos mares gelados mas que na realidade tinham escapado de uma prisão onde estavam encerradas por causa de seus maus costumes. Tendo iniciado esse caminho equívoco, continuamos dando deslizes;

---

* Ilha de Creta.

e, procurando sanar um desacerto, caíamos em outro maior, até que fugimos da Cretásia e chegamos à Eubéia, na Ática. Alguém nos delatou como companheiros do grande pirata da Cretásia e caímos prisioneiros. Conseguimos escapar novamente e, contratados num navio mercante, chegamos à Trácia quando começavam as grandes sublevações que terminaram com o assassinato do Cheru. Pusemo-nos à disposição das forças leais ao Cheru; entretanto, numa luta corpo a corpo, fomos vencidos pelos revoltosos, que nos condenaram a ter os olhos queimados e os pés cortados. Nosso irmão falecido na lua passada não sofreu este suplício, e foi ele quem nos curou e nos conduziu para estas cavernas, que são refúgio de enfermos e aleijados. Era o mais idoso dos três e culpava a si mesmo de ter sido o causador de todas as nossas desventuras, pois dizia que em razão de sua idade poderia ter exercido influência sobre nós. Nós três éramos originários do país de Cedmonéia, vizinho do país de Galaad, e as grandes vicissitudes e os grandes erros tornaram mais forte a nossa amizade. Juntos pecamos, juntos nos afundamos, e juntos esperamos a morte nesta sombria caverna."

O ancião que fez este relato enxugou com um pedaço de seus farrapos os chorosos olhos sem luz que pareciam ornamentados de sangue.

Abel, que sentia cair uma a uma suas ardentes lágrimas, ajoelhou-se sobre a palha na qual ambos os anciãos estavam recostados e em silêncio pediu forças à Eterna Energia para fazer-se superior à profunda emoção que lhe paralisava a voz na garganta.

Os outros kobdas que junto a ele presenciavam tal cena entregaram-se às reflexões silenciosas que o relato do ancião lhes sugeria, como vibrações íntimas de uma voz superior que lhes dissesse:

"Lembrai-vos disto para que, se algum dia vierdes a ter o encargo de almas, saibais distinguir quando o desejo de apostolado nasce do amor à verdade e às almas, e quando é unicamente um capricho de vaidade e de amor-próprio disfarçado."

Bendisseram ao Altíssimo, que os havia inspirado a conformar-se com as condições despercebidas e obscuras nas quais a Lei os havia mantido, na penumbra de suas abóbadas silenciosas, sem outro esplendor a não ser o da Verdade e o do Amor Fraterno, sem outra satisfação a não ser a do dever cumprido nos diversos trabalhos aos quais seus instrutores e patriarcas lhes haviam destinado segundo suas aptidões e capacidades.

— Nós saímos de Negadá — continuou o ancião relator — um tanto ressentidos por não havermos sido incluídos entre os kobdas que acompanharam Sisedon na fundação de "A Paz". Já estáveis vós sobre a Terra emanando a luz divina para todas as almas, e, não obstante, as nossas fugiram dessa luz e caíram nas trevas!... Filho de Adamu e Évana!... Oh, bem me lembro desses nomes, e as vossas lágrimas caindo sobre minhas mãos me dizem claramente que sois o Bem-Aventurado... O homem-amor que chora por todas as dores dos homens... Que chora por todos os pecados dos homens!...

Abel, ajoelhado, uniu num abraço íntimo, profundo, as duas cabeças coroadas de cabelos brancos que, repousadas sobre seu peito juvenil, se estremeceram num profundo soluço.

348

Quando a profunda onda de emoção passou, Abel foi o primeiro a falar.

— Eu não posso ir embora e deixar-vos aqui. Eu vos levarei em meu barco, pois ele viaja por conta da Grande Aliança, a quem represento.

— Não pode ser — respondeu o ancião mais idoso — porque, embora cegos e mutilados, somos o sustento e o consolo desta turba de infelizes. Assim expiamos os nossos erros e extravios.

— Se sois kobdas, conheceis a nossa frase triunfal: "O amor salva de todos os abismos."

— Sois o homem do amor!... E "o amor é mais forte que a morte", costumávamos escutar sob as abóbadas de Negadá!... — acrescentou o outro ancião.

— O amor é mais forte que a morte! — repetiu Abel, levantando-se para conferenciar em particular com os kobdas companheiros.

Depois, saíram de dois em dois para ter tempo de visitar todos os refugiados nas cavernas, tomando anotações de idade, sexo, estado civil, enfermidade, etc., com o fim de poder formar um juízo exato do estado em que se encontravam aqueles pobres diabos.

De tudo isto resultou que vários dos kobdas se dirigiram aos grandes mercados de Anfípolis e regressaram seguidos de uma porção de asnos carregados de víveres e roupas de toda a espécie.

O pôr-do-sol surpreendeu ainda os kobdas entregues à tarefa de repartir as provisões e as roupas entre os enfermos, e ali mesmo, sob aquelas cavernas sombrias por natureza e mais sombrias pela surda dor que albergavam, entoaram em coro o hino do entardecer.

Os dois anciãos cegos cantaram também aquelas estrofes que em outra época os inundavam de esperança e fé:

> O amado volta
> Como volta o sol
> Canta a alma como a tarde canta
> No êxtase suave do amor.

Para os dois kobdas mutilados e cegos, o Amado havia voltado; e, embora seus olhos não pudessem vê-lo, o amor e a piedade desse Ser os inundava como uma torrente de água maravilhosa, fazendo-os exclamar:

— Senhor, basta, que este epílogo posto em nossa vida por vossa bondade infinita põe ainda mais em evidência o nosso erro de ontem!

Harpas Eternas

Josefa Rosalía Luque Alvarez
(Hilarião de Monte Nebo)

Harpas Eternas é o mais fiel relato sobre a vida do Profeta Nazareno, resultado de mais de vinte anos de pesquisa nos centros culturais da Palestina, da Síria, da Grécia, de Alexandria, de Damasco, de Antioquia e da Ásia Menor, completados pelas informações obtidas nos antigos arquivos essênios de Moab e do Líbano e nas Escolas de Sabedoria fundadas pelos mais ilustres sábios do Oriente.

É a história de Jesus de Nazaré narrada com impressionante riqueza de detalhes sobre todas as etapas da sua vida, detendo-se mais particularmente nos seguintes aspectos:

- As circunstâncias astrológicas em que se deu o seu nascimento.
- A infância em Nazaré na companhia de Maria, de José e de seus meio-irmãos.
- Sua iniciação e educação entre os essênios.
- A juventude e as viagens que fez aos centros culturais mais importantes do seu tempo.
- O quadro social e histórico em que realizou seus milagres.
- A repercussão de seus ensinamentos no ambiente político e religioso da Judéia.
- As convicções que seus contemporâneos tinham acerca de sua missão como o Messias.
- Os incidentes que resultaram na sua condenação à morte.
- Sua ressurreição e ascensão ao céu.

A grandeza do Mestre Nazareno não está fundamentada apenas no seu martírio, mas em toda a sua vida, prova grandiosa e convincente da sua doutrina, que ele construiu sobre estas duas vigas mestras: a paternidade de Deus e a fraternidade entre os homens.

Toda a sua existência foi um vivo reflexo dessas duas verdades incontestáveis, resumo de todo o seu ensinamento, que sempre transmitia a convicção profunda de que só elas podem levar a humanidade à sua perfeição e felicidade: sentir Deus como Pai é amá-Lo sobre todas as coisas; sentir-nos irmãos de todos os homens é trazer o céu à terra.

Harpas Eternas é uma obra de interesse geral pois, na expressão do psicólogo suíço C. G. Jung, queiramos ou não, somos todos cristãos.

* * *

Esta é uma obra editada em quatro volumes que podem ser adquiridos separadamente.

EDITORA PENSAMENTO

CUMES E PLANÍCIES
Os Amigos de Jesus

Josefa Rosalía Luque Alvarez
(*Hilarião de Monte Nebo*)

Harpas Eternas, a narrativa da vida terrena do Messias, que a Editora Pensamento publicou em 4 volumes, termina às margens do lago de Tiberíades, quando Jesus faz suas últimas recomendações aos seus amigos e, principalmente, aos Apóstolos, que o seguiam mais de perto.

Mas, como bem lembra o prefácio de *Cumes e Planícies*, a história não termina aí e, por múltiplas razões que seria fastidioso enumerar, os que amam o Mestre Nazareno ignoram por completo a história dos continuadores da magna obra de redenção e amor iniciada e anunciada por Jesus.

Cumes e Planícies preenche essa lacuna retomando a narrativa desde a reunião dos Apóstolos em Jerusalém, por ocasião da festa de Pentecostes, e, refazendo seus itinerários pelas principais regiões e civilizações do Mundo Antigo, acompanha-os em seu trabalho de evangelização, narrando-lhes as peripécias, as vitórias e o martírio.

As várias histórias que se entrelaçam neste livro são sempre muito ricas em detalhes e, como em *Harpas Eternas*, não se limitam a focalizar os personagens principais – os Apóstolos Pedro, Tiago, João, André, Felipe, Tomé, Bartolomeu e Mateus, Tiago, filho de Alfeu, Simão Zelote, Judas, filho de Tiago, e Matias, eleito para ocupar o lugar de Judas Iscariotes. Este, surpreendentemente, não tem o fim de que falam os Evangelhos, mas recebe o perdão pelo gesto ignóbil que levou o Messias ao Calvário e que lhe valeu a alcunha de Judas, o Traidor.

A história começa quando todos – discípulos, amigos e colaboradores do Mestre, tendo à frente os Apóstolos – , reunidos em torno de Maria, Mãe de Jesus, decidem separar-se para obedecer ao mandado do Messias: "Ide por todo o mundo, proclamai a Boa Nova a todas as criaturas."

* * *

Cumes e Planícies está sendo publicado em três volumes, que podem ser adquiridos separadamente.

EDITORA PENSAMENTO

Outras obras de interesse:

CUMES E PLANÍCIES
Os Amigos de Jesus - (3 Vols.)
Josefa Rosalía Luque Alvarez
(Hilarião de Monte Nebo)

MOISÉS - O Vidente do Sinai - 3 Vols.
Josefa Rosalía Luque Alvarez
(Hilarião de Monte Nebo)

HARPAS ETERNAS - (4 Vols.)
Josefa Rosalía Luque Alvarez
(Hilarião de Monte Nebo)

O EVANGELHO ESOTÉRICO DE SÃO JOÃO
Paul Le Cour

OS EVANGELHOS GNÓSTICOS
Elaine Pagels

JESUS - Ensinamentos Essenciais
Anthony Duncan (org.)

A LENDA DO GRAAL
Emma Jung e *Marie-L. von Franz*

O REAPARECIMENTO DO CRISTO
Alice A. Bailey

AS VARIEDADES DA EXPERIÊNCIA RELIGIOSA
William James

O MISTÉRIO DO GRAAL
Julius Evola

A PALAVRA VIVA DE SÃO JOÃO
White Eagle

PARA CHEGAR AO CORAÇÃO DO SENHOR - Orações Inspiradas nos Salmos de Davi
Yara B. Coelho

O LADO INTERNO DO CULTO NA IGREJA
Geoffrey Hodson

A PRECE DE TODAS AS COISAS
Pierre Charles

OS MANUSCRITOS DO MAR MORTO
E. M. Laperrousaz

O SERMÃO DA MONTANHA - Segundo o Vedanta
Swami Prabhavananda

O YOGA ESPIRITUAL DE SÃO FRANCISCO DE ASSIS
François Chenique

JUNG E OS EVANGELHOS PERDIDOS
Stephan A. Hoeller

DICIONÁRIO DAS RELIGIÕES
John R. Hinnells (org.)

CRISTO - O AVATAR DO AMOR
Haroutiun Saraydarian

OS ESSÊNIOS
Christian D. Ginsburg

A DRAMÁTICA HISTÓRIA DA FÉ CRISTÃ
J.J. Van Der Leeuw

Peça catálogo gratuito à
EDITORA PENSAMENTO
Rua Dr. Mário Vicente, 374 - Fone: 272-1399
04270-000 - São Paulo, SP